고려의 토속신앙

이 저서는 2014년 정부(교육부)의 재원으로 한국연구재단의 지원을 받아
수행된 연구임(NRF-2014S1A5A2A01061984)

고려의 토속신앙

김 갑 동 지음

혜안

머리말

초등학교 다닐 때의 일이다. 10리 길을 걸어다니곤 했는데 어쩌다 혼자 올 때면 괜스레 무서운 곳이 세 군데 있었다. 하나는 큰 나무 위에 색색의 헝겊이 걸려 있고 때로는 제물이 있곤 했던 성황당이었고 하나는 상여가 보관되어 있는 상여집이 있는 외딴 곳이었다. 다른 하나는 골짜기를 돌아오는 곳이었는데 가끔씩 돌이 굴러오는 소리가 들리곤 했다. 거기에 산신령이 있다는 어른들의 말이 있는 곳이었다. 이른바 민간신앙 또는 토속신앙이 깃들어 있는 곳이었다. 그런 지역들이 때로 나의 정신세계를 지배하곤 했던 것이다. 또 이웃집에서 무당들이 굿하는 소리가 묘한 공포감으로 엄습해오곤 했다.

그러한 토속신앙은 태초의 인간들에게도 있었을 것이다. 중국은 물론 우리나라에도 그러한 신앙의 연원은 오래되었다. 고대로부터 토속신앙, 즉 산신 신앙·무격 신앙 등은 존재하였다. 그에 대한 연구도 일찍부터 활발히 연구되었다. 그런데 고려사를 전공하면서 이에 대한 연구가 전혀 없는 것이 이상하게 느껴지곤 했다. 그러다가 『고려사』를 읽으면서 의외로 이에 대한 자료가 꽤 있다는 것을 발견하였다. 이에 대한 호기심을 느끼고 처음으로 논문을 쓴 것이 1991년이었다. 『한국사연구』 74집에 발표한 「고려시대의 성황 신앙과 지방통치」란 논문이었다.

물론 이전에도 이에 대한 연구가 전혀 없었던 것은 아니었다. 그러나 그것은 민속학자나 종교학자들에 의한 연구였다. 역사적인 연구가 아니었다. 당시의 정치 상황과 연결시키거나 변화 과정에 대한 탐구가 거의 없었던 것이다. 아마 고려시대 토속신앙 연구에 관한 한 필자의 연구가 역사학자에 의한 최초의 것이 아니었나 생각한다.

여기서 필자는 사상이나 신앙 그 자체도 중요하지만 그것이 갖고 있는 역사적 의의를 밝혀보려 노력하였다. 국가와 민의 관계라는 측면을 살펴보려 했던 것이다. 국가나 지방 세력이 민을 통치하고 민의가 전달되는데 그 사상이나 신앙이 어떠한 역할을 하였는가를 탐구해 보려 하였다. 또 그것이 시대에 따라 변하는데 그 변화의 과정이나 배경에 대한 탐구도 시도하였다.

이러한 의도와 시각에서 이후에도 이에 대한 연구를 몇 편 발표하였다. 그러나 그 이후에는 정치사나 지방통치 제도 등에 관심을 기울였고 인물사에 대해서도 관심을 기울여 이에 대한 저서를 발간하기도 하였다. 그럼에도 불구하고 토속신앙에 대한 탐구의 열정은 식지 않았다. 그러던 중 2014년 한국연구재단의 지정 과제로 <고려 사상과 종교의 다양성>이 발표되었다. 이를 계기로 미진했던 고려 토속신앙에 대한 연구를 마무리지어보자는 마음을 먹었다. 그리하여 과제를 신청했고 다행히 선정되어 이 결과물을 내놓게 되었다. 부족한 부분도 많이 있을 것이지만 독자들의 질책을 바랄 뿐이다.

　이 자리를 빌어 한국연구재단의 관계자 여러분께 감사의 마음을 전하고 싶다. 별 시장성이 없는 원고를 흔쾌히 출간해 주신 도서출판 혜안 오일주 사장님께도 감사의 말씀을 전하고 편집진 여러분의 수고에도 고마움을 표한다.

2017년 3월

저자 원오(圓悟) 김갑동 씀

목 차

4장 결론 • 299

1장 서장

Ⅰ. 고려 사상의 다양성과 그 배경

고려 왕조는 종교와 사상의 다양성이 보장된 사회였다. 불교, 유교, 도교, 풍수지리는 물론 무격 신앙이나 산신 신앙, 성황 신앙 같은 토속적인 사상도 유행하였다. 그런데 이러한 사상과 종교의 다양성은 이미 고려 태조 때에 마련되었다 해도 과언이 아니다.

우선 태조 왕건은 불교에 심취했다. 그리하여 전국 각지에 절을 창건하였다. 태조 대에 창건된 사원에 관한 자료를 찾아보면 다음과 같다.

A-① 法王寺와 王輪寺 등 10개의 사찰을 도성 안에 창건하고 兩京[開京과 西京]의 塔廟와 肖像의 훼손되고 빠진 것을 아울러 수리하게 하였다. (『高麗史』 권1 태조세가 2년 3월조)

② 丁卯에 大興寺를 五冠山에 창건하고 승려 利言을 맞이하여 두고 그를 스승으로 섬겼다.(『高麗史』 권1 태조세가 4년 10월조)

③ 日月寺를 궁궐 서북쪽에 창건하였다.(『高麗史』 권1 태조세가 5년 4월조)

④ 신라왕 昇英이 薨하고 그 아우 魏膺이 즉위하여 國喪을 알려오니

왕이 슬퍼하고 齋를 베풀어 명복을 빌고 사신을 보내어 조문케 하였다. 이 해에 外帝釋院과 九曜堂, 神衆院을 창건하였다.(『高麗史』권1 태조 세가 7년 9월조)

⑤ 申崇謙의 처음 이름은 能山이라 하였으며, 光海州人이다. 몸이 長大하고 武勇이 있었다. 태조 10년에 태조가 견훤과 더불어 公山 桐藪에서 싸워 불리하게 되자 견훤의 군사가 태조를 포위하여 매우 위급하였는데, 신숭겸이 때에 大將이 되어 元甫 金樂과 함께 힘껏 싸우다가 전사하니 태조가 매우 애통하여 壯節이라 諡號하고 그 아우 能吉과 아들 甫, 金樂의 아우 鐵로 모두 元尹을 삼았으며 智妙寺를 지어서 명복을 빌게 하였다.(『高麗史』권99 홍유 附 신숭겸전)

⑥ 安和禪院을 창건하여 大匡 王信의 願堂을 삼았다.(『高麗史』권1 태조 세가 13년 8월조)

⑦ 開泰寺를 連山에 창건하였다.(『高麗史』권2 태조세가 19년 12월조)

⑧ 이 해에 廣興寺, 現聖寺, 彌勒寺, 內天王寺 등의 사찰을 창건하였다.(『高麗史』권2 태조세가 19년 12월조)

A-①에서는 10개의 사찰 명칭 중 법왕사와 왕륜사 등 2개만 나와 있다. 그러나 다른 기록에는 10개의 사찰명이 모두 기록되어 있다. 그에 의하면 10寺는 法王寺·慈雲寺·王輪寺·內帝釋院·舍那寺·普濟寺·新興寺·文殊寺·靈通寺·地藏寺 등이었다.[1] 법왕사는 주로 팔관회를 개최한 후 행차하는 절로 이용되었다.[2] 경종과 목종·정종·문종·선종 등의

---

1) 『三國遺事』권1 王曆1 太祖 己卯조 및 韓基汶, 「寺院의 創建과 重創」 『高麗寺院의 構造와 機能』, 民族社, 1998, 35쪽.
2) 인종도 즉위하자마자 팔관회를 연 후 법왕사로 간 기록이 있으며(『高麗史』권15 인종세가 즉위년 11월 丁卯조) 이규보는 왕이 팔관회 후 이 절에 행차할 때 그 발원문을 쓰기도 하였다.(『東國李相國集』권38 道場齋醮疏祭文 法王寺八關說

왕도 이 절에 행차하였다. 특히 인종은 이 절에서 百高座道場을 개설하기도 하였다.[3] 또 이때 창건된 왕륜사도 후대 왕들에 의해 중시되었다. 문종은 어머니 원혜태후의 諱辰道場을 여기에 개설하였다.[4] 이 사원은 1236년 몽고병란으로 불탔지만 1275년 중건되었다. 1277년에는 여기에 丈六尊像이 조성되고 1283년에는 석탑이 조성되기도 하였다.[5] A-④의 신중원은 선종 3년(1086) 11월 宣宗이 여기에서 팔관회를 개최하였고[6] 예종 4년(1109)에는 宰樞 및 六尙書 이상이 쌀을 내어 재를 베푼 바 있다.[7] A-⑤의 지묘사는 신숭겸이 대구 부근의 公山[지금의 八公山] 전투에서 태조를 대신해 죽자 이를 추모하기 위해 세운 절이다. 지금도 대구광역시에는 이 절의 이름을 딴 智妙洞이 존재하고 있다. A-⑥의 안화선원은 王信의 원당으로 창건되었다. 왕신은 왕건의 사촌 동생이었다. 태조 8년(925) 조물성 전투에서 견훤이 자신의 생질 眞虎를 고려에 인질로 보내자 고려 측에서는 왕신을 후백제에 인질로 보낸바 있다.[8] 그러나 이듬해 후백제에서 보낸 인질 진호가 병으로 죽자 후백제에서는 왕건이 진호를 고의로 죽였다 하여 왕신을 죽인 바 있다.[9] 이렇게 억울하게 죽은 왕신의 원당으로 안화선원을 지은 것이다. A-⑦의 개태사는 충남 연산에서 신검의 항복을 받아 후삼국을 통일한 후 일종의 전승기념 사찰로서 건립된 것이었다.[10] 이처럼 태조 왕건은 불교를 신봉하여

經文)

3) 『高麗史』 권16 인종세가 7년 9월 癸酉조.

4) 『高麗史』 권7 문종 즉위년 7월 己卯조.

5) 金曉呑 譯註, 『高麗史 佛敎關係史料集(譯註 篇)』, 民族社, 2001, 22쪽 주)5.

6) 『高麗史』 권10 선종세가 3년 11월 戊辰조.

7) 『高麗史』 권13 예종세가 4년 4월 甲申조.

8) 『高麗史』 권1 태조세가 8년 10월조.

9) 『高麗史』 권1 태조세가 9년 4월조.

10) 김갑동, 『고려의 후삼국 통일과 후백제』, 서경문화사, 2010, 73~78쪽.

많은 절을 창건하였다.

왕건은 외국에서 불경이나 불상을 들여와 절에 안치하기도 하였다. 외국에서 오는 승려들도 후대하여 불법을 숭상하였다. 다음 기록을 보자.

B-① 癸未에 福府卿 尹質이 梁 나라에 사신으로 갔다가 돌아와 五百羅漢의 畵像을 바치니 명하여 海州 崇山寺에 모셔 두게 하였다.(『高麗史』 권1 태조세가 6년 6월조)

② 신라 승려 洪慶이 唐 나라 閩府로부터 大藏經 일부를 배에 싣고 禮成江에 이르자 왕이 친히 맞이하여 帝釋院에 두게 하였다.(『高麗史』 권1 태조세가 11년 8월조)

③ 癸丑에 天竺國[印度]의 三藏法師 摩睺羅가 오니 왕은 儀仗을 갖추어 맞이하였는데 다음 해에 龜山寺에서 죽었다.(『高麗史』 권1 태조세가 12년 6월조)

④ 西天竺의 승려 弘梵大師 喀哩嚩日羅가 來朝하였는데 그는 본래 摩竭陀國 大法輪菩提寺의 승려였다. 왕이 거리에서 威儀와 法駕를 갖추어 그를 맞이하였다.(『高麗史』 권2 태조세가 21년 3월조)

여기서 보는 바와 같이 고려 태조 왕건은 사신들이 後梁, 後唐에서 오백나한상과 대장경의 일부를 가져오자 이를 환영하여 절에 모셔두었다. 뿐만 아니라 멀리 인도의 승려들이 중국을 거쳐 고려에까지 오자 이를 환영하고 우대하였다. 그의 佛心이 어떠했는가를 잘 보여준다.

그렇기에 그의 부인들 중에는 스님이 되었다가 환속한 이도 있고 아예 스님이 되어 속세를 떠난 이도 있었다. 다음 자료는 그 같은 상황을 잘 말해준다.

C-① 神惠王后 柳氏는 貞州人으로 三重大匡 天弓의 딸이다. 天弓은 집이
　　크게 부유하여 邑人이 長者라고 칭하였다. 태조가 궁예를 섬겨 將軍이
　　되어 군사를 거느리고 貞州를 지나다가 버드나무 고목 밑에서 말을
　　휴식시키는데 后가 길가 냇가에 서 있었다. 태조가 그 덕성있는 얼굴을
　　보고, "너는 누구의 딸이냐?"고 물으니 대답하기를, "이 고을의 長者의
　　집 딸입니다."라고 하였다. 태조가 인하여 유숙하였는데 그 집에서
　　一軍을 심히 풍족하게 향연하고 后로써 侍寢케 하였다. 그 뒤 서로
　　소식이 끊어졌는데 后는 志操를 정결하게 지켜 머리를 깎고 중이
　　되니 태조가 이 말을 듣고 불러서 부인을 삼았다. 궁예의 말기에
　　洪儒, 裴玄慶, 申崇謙, 卜智謙이 太祖의 집에 나아가 장차 廢立을 의론할
　　때 后로 하여금 알지 못하게 하고자 后에게 말하기를, "園中에 새로
　　익은 참외가 있을 것이니 따가지고 오라." 하니 后가 그 뜻을 알고
　　북문으로 나가 가만히 장막 안에 들어갔다. 이에 諸將이 드디어 가지고
　　있던 뜻을 말하니 태조가 안색을 변하여 거절함이 심히 완강하였다.
　　后가 갑자기 장막 안에서 나와 태조에게 말하기를, "義를 들어 虐政을
　　바꾸는 것은 옛부터 그렇게 한 것인데 지금 諸將의 의론을 들건대
　　妾도 오히려 奮發되거늘 하물며 대장부이리요." 하고 손수 갑옷을
　　들어 입히니 諸將이 부축하고 나와 드디어 즉위하였다.(『高麗史』
　　권88 후비전 태조 신혜왕후 유씨조)

② 小西院夫人 金氏도 역시 金行波의 딸이다. 김행파는 활 쏘고 말타기를
　　잘하였으므로 태조가 金이라 賜姓하였다. 태조가 西京에 행차하매
　　김행파가 사냥하는 무리를 거느리고 길에서 배알하고 청하여 그
　　집에 이르러 이틀 밤[信宿]을 머물게 하고 두 딸로써 각각 하룻밤씩
　　모시게 하였다. 그 뒤에 다시 행차하지 아니하였으므로 두 딸이
　　다 出家하여 중이 되었다. 태조가 이를 불쌍히 여겨 불러보고 말하기

를, "너희들이 이미 출가하였으니 뜻을 가히 빼앗지 못하겠다." 하고
서경에 명하여 성 안에 大·小西院의 두 절을 지어 토지와 백성을
두고 각기 살게 하였으므로 大·小西院夫人이라 칭하였다.(『高麗史』
권88 후비전 태조 소서원부인 김씨조)

여기서 보는 바와 같이 태조의 제1비였던 신혜왕후 유씨는 태조와
인연을 맺은 후 스님이 된 바 있었다. 그러다가 태조의 부름을 받고
후비가 된 것이었다. 그 때문인지 모르지만 신혜왕후와 태조 사이에는
자식이 없었다. 그러나 묵묵히 태조를 내조하였다. 궁예를 내쫓고 혁명을
단행할 때에도 그의 도움이 있었음을 알 수 있다.
  대서원부인·소서원부인 김씨도 역시 태조와 하룻밤 인연을 맺은
후 스님이 되었다. 그러자 태조는 이들을 위하여 大西院·小西院이란
절을 지어주었다. 이것이 바로 그들 부인들의 호칭이 되었다. 이들은
절에서 태조 왕건이 후삼국을 통일하기를 부처님께 빌었는지도 모른다.
  태조는 신라가 삼국을 통일한 것도 다 부처님의 도움 덕분이라 생각하
였다. 즉 신라의 삼국통일은 황룡사 9층탑을 세운 佛力의 힘이라 여겼다.
따라서 고려도 개경에 7층탑을 세우고 서경에 9층탑을 세우면 후삼국을
통일할 것이라 믿었다. 다음 기록을 보자.

  D. 뒷날 태조가 崔凝에게 말하기를, "옛날 신라가 9층탑을 세워서 드디어
      통일의 業을 이룩하였으니 이제 開京에 7층탑을 세우고 西京에 9층탑
      을 세워서 玄妙한 功德을 빌려 여러 추악한 무리를 제거하고 三韓을
      합하여 一家를 삼고자 하니 경은 나를 위하여 發願疏를 지어달라."
      하므로 최응이 드디어 지어 올렸다.(『高麗史』 권92 최응전)

여기서 보는 바대로 왕건은 후삼국 통일을 위해 최응이란 신하로 하여금 발원소를 짓게 하였다. 원래 최응은 유학을 공부한 사람이었다. 유교 경전인 五經에 능통하였고 글을 잘 지었던 인물이었다. 궁예 말기에 위기에 빠졌던 왕건을 도와 살려주기도 하였다.[11] 궁예 밑에 있다 왕건에게 온 그는 왕건이 불교에 심취해 있는 것을 처음에는 못마땅해 하였다. 그리하여 어느 날 태조의 불교정책에 이의를 제기하기도 했다. 이에는 다음 기록이 참고된다.

E. 태조는 전쟁을 하며 처음으로 나라를 세우려던 시기에 陰陽과 浮屠[佛 敎]에 유의하였다. 참모 최응이 간하면서 말하였다. "書傳에 이르기를 '어지러운 세상이 되면 文을 닦아 인심을 얻어야 한다[當亂修文 以得人 心]' 하였습니다. 따라서 임금은 비록 戰時를 당하더라도 반드시 文德을 닦아야 하는 것입니다. 불교나 지리의 음양으로 천하를 얻었다는 말을 듣지 못하였습니다." 하였다. 그러자 태조가 말하였다. "그 말을 짐이 어찌 모르겠는가. 우리나라는 山水는 빼어난데 궁벽한 지역에 편재되어 있소. 따라서 토속적인 성질이 부처나 신을 좋아하여 福利를 얻으려고 하오. 그런데 지금 전쟁이 그치지 않았고 安危가 결정되지 않아 백성들이 두려워하며 어찌 할 바를 모르고 있소. 때문에 부처나 신의 陰助와 산수의 영험이 혹 고식적인 효과가 있을까 생각했을 따름이지 어찌 이것으로써 나라를 다스리고 백성을 얻는 법을 삼겠소? 난이 평정되고 편안하게 살게 된다면 그때에는 풍속을 바꾸고 교화를 아름답게 할 수 있을 것이오." 하였다.(『補閑集』上)

---

11) 『高麗史』 권92 崔凝傳.

여기서 보는 바와 같이 태조는 그의 불교정책이 고식적이고 일시적인 것이라 하였다. 일리 있는 말이기는 하지만 사실은 아니었다. 그는 진정으로 불교를 깊이 믿었던 것이다. 이에 따라 최응 같은 유학자도 후에는 불교를 신봉하게 된 것 같다. 불교의 발원소를 썼을 뿐 아니라 불교의 계율대로 고기도 먹지 않았다. 그리하여 병이 들자 왕건은 손수 문병을 하며 고기 먹기를 권하였다. 그리고 말했다. "다만 손수 죽이지 않으면 될 것이지 고기를 먹는 것이야 무슨 해가 되리오. 경이 육식하지 않으면 두 가지 손실이 있으니 그 몸을 보전하지 못하여 끝까지 그 어머니를 봉양하지 못함이 不孝요 명이 길지 못하여 나로 하여금 일찍이 좋은 보필을 잃게 함이 不忠이다." 하였다. 최응이 이에 비로소 고기를 먹으니 과연 병이 나았다 한다.[12]

왕건은 또한 많은 고승들을 스승으로 두어 정치적인 자문을 얻었다.[13] 황해도 해주의 廣照寺에 있었던 眞澈大師 利嚴을 스승으로 모신 것이 대표적인 예다. 황해도 해주에 있는 <眞澈大師寶月乘空之塔碑銘>에는 그의 출신과 행적이 자세히 기록되어 있다.[14] 이에 의하면 이엄의 가문은 원래 신라 왕족이었으나 신라 말의 난으로 공주로 이사해 살았다. 그러다 가 지금의 서산군 태안읍에서 태어났다. 12살 때에 출가하여 충남 예산군 덕산면에 있는 伽倻寺의 德良法師 밑에서 불법을 배우기 시작하였다. 신라 진성여왕 2년(888) 道堅律師에게서 具足戒[15]를 받았다. 진성여왕

---

12) 『高麗史』 권92 崔凝傳.
13) 심재명, 「고려태조와 4무외대사(無畏大士)」, 『고려태조의 국가경영』, 서울대출판 부, 1996 ; 서진교, 「고려태조의 선승포섭과 주지파견」, 『고려 태조의 국가경영』, 서울대출판부, 1996.
14) 그 같은 상황은 崔彦撝가 찬술한 「廣照寺眞澈大師寶月乘空塔碑」에 잘 나타나 있다(한국역사연구회 편, 『譯註 羅末麗初 金石文(上)』, 혜안, 1996, 27~38쪽 참조).
15) 具足戒는 불교에서 지켜야 할 계율을 모두 구비했다는 뜻으로 받는 것이다. 비구는 250戒, 비구니는 348戒가 있는데 이를 잘 지키면 열반의 경지에 다다를

10년(906) 중국에 건너가 불법을 공부한 그는 5년 동안 정진한 후 효공왕 15년(911) 본국으로 돌아왔다.

이엄의 법력이 높다는 소식은 멀리 송악에 있는 왕건의 귀에까지 들렸다. 그러자 왕건은 그에게 서신을 여러 차례 보내 만나 뵙기를 청했다. 개경으로 온 대사는 왕건의 환대를 받았다. 왕건은 泰興寺라는 절을 수리하여 머물도록 청하였다. 그러다가 이듬해에는 劉權說과 朴守文을 파견하여 舍那內院에 주지할 것을 청하였다. 얼마 후 왕건은 그를 스승으로 모시고 좋은 말을 많이 청했다. 물고기가 물을 만난 것과 다름이 없었다. 때때로 왕건은 그에게 정치적 자문을 구하기도 했다. 다음 기록을 보자.

F. 태조는 어느 날 선사를 방문하여 물었다. "제자가 스님의 인자한 얼굴을 대하고 평소 마음속에 품어왔던 바의 생각을 말씀드릴까 합니다. 오늘날 견훤과 같은 흉악한 무리들이 나라를 어지럽히고 우리를 침략하니 楚漢이 서로 버티고 있는 것 같아 자웅을 가리지 못한 것이 36년이나 되었습니다. 저는 비록 살리는 것을 좋아하는 마음이 있으나 어쩔 수 없이 죽고 죽이는 관계가 되어가고 있습니다. 소자가 일찍이 부처님의 말씀을 배웠으므로 자애로운 마음을 가지려 하나 흉악한 도적 때문에 신변의 화를 당할까 두렵습니다. 대사께서 만 리 길을 사양하지 않고 와서 三韓을 교화하니 崑崙山을 불태울 수 있는 좋은 말씀을 해주시기 바랍니다." 선사는 조용한 음성으로 말하였다. "무릇 道는 마음에 있는 것이지 일에 있는 것이 아니며 불법은 자신에서 비롯되는 것이지 다른 사람에게서 비롯되는 것이

수 있다는 것이었다.

아닙니다. 또한 帝王과 匹夫는 닦는 바가 각각 다르지만 비록 어쩔 수 없이 군대를 움직이더라도 백성들을 불쌍히 여기는 마음이 있어야 할 것입니다. 왜냐하면 왕은 四海를 집으로 삼고 萬民을 자식으로 삼아 무고한 자를 죽이지 않는 것이기 때문입니다. 그러나 죄가 있는 무리는 여기에서 예외가 될 수도 있지요. 따라서 될 수 있으면 선한 일을 받들어 행하는 것이 중생을 널리 구제하는 것입니다."(한국 역사연구회 편, 「眞澈大師寶月乘空之塔碑銘」『譯註 羅末麗初金石文(上)』, 혜안, 1996)

즉 왕건이 견훤과 자웅을 겨루면서 이길 수 있는 방도를 묻자 대사는 제왕과 필부는 닦는 바가 다르다 하였다. 죄가 있는 무리는 어쩔 수 없이 죽여야 하지만 될 수 있으면 선한 일을 행하는 것이 종국에는 이길 수 있는 길임을 가르쳐 준 것이었다.

그 때문일까. 왕건은 될 수 있으면 평화적으로 통일을 달성하려 하였다. 고려 태조 13년(930) 古昌郡 전투에서 승리한 후 신라를 무력으로 접수할 수 있었지만 그렇게 하지 않았다. 그러자 이듬해 경주를 방문한 왕건에게 신라 사람들이 감격하여 울면서 "전일 甄氏[견훤]가 왔을 때에는 승냥이나 범을 만난 것 같더니 지금 王公[왕]의 오심에는 부모를 뵌 것이나 다름없다."고 하였다.16) 그리하여 결국 태조 18년 신라 경순왕의 귀순을 받게 되었다. 왕건이 후백제 신검을 물리친 뒤에도 후백제 서울에 들어가서 명령하기를 "적의 큰 괴수들은 이미 항복하였으니 죄 없는 백성들을 건드리지 말라."고 하였다. 그리고 백성들을 위로하고 그들의 재능에 따라 등용하였으며 군령이 엄격하여 백성들의 재물을 추호도 침범하지

---

16)『高麗史』권2 태조세가 14년 5월조.

않으니 각 주현이 편안하였다. 그러자 늙은이, 어린 아이 할 것 없이 모두 만세를 부르면서 서로 경축하기를 "진정한 임금이 오셨으니 우리들이 살아났다." 하였다 한다.[17] 대사의 가르침을 실천한 예라 하겠다.

이외에도 태조 왕건과 만난 禪僧들은 많이 있었다. 允多·慶猷·玄暉·璨幽·忠湛·兢讓·洪俊·慶甫 등이 그들이었다. 이들 중 일부는 태조를 직접 찾아가기도 하였지만 대부분은 태조가 청하여 좋은 말씀을 들었던 것이다.[18] 이렇게 招致된 고승들은 대체로 정치에는 직접적인 관여를 하지 않고 민심 수습, 즉 일반민에 대한 불교적 교화나 왕권의 존엄을 높이는데 기여하였다.[19]

왕건은 또한 유교에도 크게 관심을 기울였다. 그가 유학자들을 크게 중용한 예에서 단적으로 증명된다. 우선 그 밑에는 최응이란 유학자가 있었다. 그에 대한 기록을 보자.

G. 최응은 황주 토산 사람이니 부친은 大相 祐達이다. 처음에 최응의 모친이 임신하였을 때에 그 집 밭에 오이가 열렸는데 꿈에 홀연히 그것이 참외로 변하였다. 읍 사람들이 이 이야기를 궁예에게 알렸더니 궁예가 점을 쳐 보니 "생남하면 나라에 이롭지 않을 것이니 절대로 키우지 말라."는 것이었다. 그래서 부모가 그를 숨겨 두고 양육하였다. 어려서부터 공부에 힘썼으며 장성하여서는 五經을 통달하고 글을 잘 지었으므로 궁예 밑에서 翰林郎이 되었는데 制誥를 기초할 때마다 아주 그의 뜻을 만족하게 하였다. 그래서 궁예는 말하기를 "소위

---

17) 『高麗史』 권2 태조세가 19년 9월조.
18) 徐珍教,「高麗 太祖의 禪僧包攝과 住持派遣」『高麗 太祖의 國家經營』, 서울대출판부, 1996, 371~372쪽, 표 5-1 참조.
19) 韓基汶,「高麗太祖時의 寺院創建」『高麗寺院의 構造와 機能』, 民族社, 1998, 27쪽.

聖人이란 아마 이런 사람이 아닌가!"라고까지 하였다. 하루는 궁예가 태조를 불러 놓고 반란을 음모한다고 허망한 말을 하였다. 이에 태조는 변명하려 하였는데 최응이 掌奏로서 궁예의 곁에 있다가 일부러 붓을 땅에 떨어뜨리고 뜰에 내려서서 집어 가지고 태조의 옆을 지나면서 귓속 말로 "음모했다고 하지 않으면 위험합니다."라고 하였다. 태조는 그 의미를 깨닫고 드디어 거짓으로 복죄하여 화를 모면하였다. 태조가 즉위하자 옛 관직 그대로 知元鳳省事로 임명하였다가 곧 廣評郎中으로 임명하였다. 최응은 大臣될 만한 도량이 있고 행정 실무에도 통달하여 당시에 명망이 대단히 높았다. 태조의 인정과 우대를 받았으며 밤낮으로 근면하게 일하여 공헌한 바가 많았다. 태조는 매양 그의 건의를 찬성하고 받아들였으며 일찍이 말하기를 "그대는 학식이 풍부하고 재주가 고명하며 정치하는 방법도 다 알고 있다. 나라를 위하여 근심하며 나랏일에 복무하는 데에도 자기 몸을 잊고 충성을 다하니 옛날 명신들도 그대보다 더 훌륭하지는 못하리라!"고 하였다. 內奉卿으로 관직을 옮겼다.(『高麗史』 권92 崔凝傳)

여기서 보는 바와 같이 최응은 유교 경전인 五經[詩經, 書經, 易經, 春秋, 禮記]에 통달하고 글짓기에 능통한 인물이었다. 그리하여 궁예 밑에서 翰林郎의 직위에 있으면서 궁예의 조서를 주로 담당하였다. 그 후 궁예가 미륵관심법으로 허황된 행동을 보이자 왕건을 도와줌으로써 왕건 즉위 후 왕건에게 중용되었다. 그리하여 얼마 안 있어 내봉성의 차관급인 內奉卿에 임명되었다. 內奉省은 왕명을 받들어 정책을 실행하는 기구라 여겨진다.[20] 그렇다면 최응은 태조 왕건 정권에서도 왕의

---

20) 김갑동, 「고려 태조 초기의 중앙 관부와 지배세력」『고려전기 정치사』, 일지사, 2005, 268쪽.

조서를 작성하면서 이를 실천케 하는 중요한 업무를 수행하였음을
알 수 있다. 내봉경에 있은 지 얼마 지나지 않아 최고의 관부인 廣評省의
차관급인 侍郞에 임명되었다. 그러나 그는 그 직책을 사양하면서 자기보
다 나이가 10년 위인 尹逢을 추천하였다.[21] 유교의 謙讓之德을 몸소
실천하였던 것이다.

　왕건의 밑에는 신라에서 온 도당유학생 출신 유학자인 최언위도
있었다. 다음 기록을 보자.

　　H. 최언위의 처음 이름은 崔愼이니 경주 사람이다. 성격이 관후하며
　　　어려서부터 글을 잘 하였다. 신라 말기에 당년 18세로서 당나라에
　　　가서 禮部侍郞 薛廷珪 문하에서 유학하였으며 과거에 급제하였다.
　　　당시 발해 재상 烏炤度의 아들 오광찬과 같은 해에 급제하였는데
　　　오소도가 당나라에 입조하였다가 자기 아들의 이름이 최언위의 아래
　　　에 붙은 것을 보았다. 그러자 황제에게 글을 올려 청하기를 "제가
　　　옛날에 입조하여 과거에 급제할 때는 이름이 李同의 윗자리에 붙었
　　　으니 이제 저의 아들 광찬도 최언위의 윗자리에 올려 주십시오."라고
　　　하였으나 최언위의 재간과 학식이 우월한 까닭에 허락하지 않았다.
　　　42세 때에 비로소 신라에 돌아와서 執事省侍郞, 瑞書院學士로 임명되
　　　었다. 태조가 나라를 창건하자 가족을 데리고 왔으므로 太子師傅로
　　　임명하고 文筆에 관한 임무를 맡겨 주었는바 宮院의 편액과 이름들은
　　　모두 다 그가 지은 것이었으며 당시 王公, 貴族들이 모두 다 그에게로
　　　몰렸다. 벼슬이 大相, 元鳳太學士, 翰林院令, 平章事에 이르렀다. 惠宗
　　　元年에 죽었는데 향년 77세였다.(『高麗史』 권92 최언위전)

---

21) 『高麗史』 권92 崔凝傳.

최언위는 원래 경주 사람으로 당나라에 유학하여 빈공과에 합격한 인물이다. 아마도 수석으로 합격한 것 같다. 그 후 신라로 돌아와 집사성의 시랑과 서서원학사 등을 역임하였다. 18세에 당나라에 들어갔다가 42세에 돌아왔으니 24년이나 당나라에서 지낸 것이다. 그 동안 중국에서 얼마나 많은 학문을 익혔으며 얼마나 많은 학자들과 교류했을까 짐작이 간다. 그러나 그도 골품제의 제약 때문에 집사성의 차관까지밖에 오르지 못하였다. 그러던 중 고려 왕조가 개국되자 왕건에게 와서 태자의 사부가 되었다. 태자뿐만 아니라 왕건 자신도 최언위의 경험과 해박한 유학 지식에 많은 도움을 받았을 것임은 자명하다.

태조 왕건의 유학에 대한 관심은 최승로에 대한 대우에서도 엿볼 수 있다. 최승로는 어렸을 때부터 총명하고 학문에 정통하였으며 글짓기도 잘하였다. 그 소문을 들은 왕건은 12살인 최승로를 궁중으로 불러 『論語』를 읽어 보게 하고 그 총명함에 감탄하여 원봉성의 학생으로 삼음과 동시에 그 부상으로 鹽盆, 鞍馬, 그리고 식량 20석을 주었다. 또한 어린 나이에도 불구하고 文翰에 대한 임무를 맡기기도 하였다.[22]

그런가 하면 천문이나 占卜에도 많은 관심을 가졌다. 최지몽을 중용한 것이 그 예이다.

I. 崔知夢의 처음 이름은 崔聰進이니 남해 영암군 사람 元甫 崔相昕의 아들이다. 그는 성품이 청렴, 검박하고 인자, 온화하며 聰敏하고 학문을 즐겼으며 大匡 玄一에게서 배웠다. 經書와 史記를 많이 연구하였고 더욱이 天文과 卜筮에 정통하였다. 18세 때에 태조가 그의 명성을 듣고 불러서 꿈을 해석하게 하였더니 길조를 얻어 설명하기를 "반드

---

22) 『高麗史』 권93 崔承老傳.

시 앞으로 삼한을 통어하게 되실 것입니다."라고 하니 태조가 기뻐서 지금 이름으로 고치게 하고 비단옷을 주고 供奉職에 임명하였으며 항상 종군하여 태조의 곁을 떠나지 않게 하였다. 삼한을 통일한 후에는 궁중에서 왕을 모시었고 왕의 자문에 응하였다.(『高麗史』 권92 최지몽전)

여기서 보는 바와 같이 태조 왕건은 영암 사람 최총진이 경서와 사기에 능통할 뿐 아니라 천문과 점복에도 일가견이 있다는 말을 듣고 그를 불러 꿈 해몽을 부탁하였다. 앞으로 삼한을 통일할 징조라고 하자 매우 기뻐하여 그에게 비단 옷을 주고 供奉이란 관직에 제수하였다. 또 '꿈을 잘 안다'는 뜻으로 '知夢'이란 이름을 하사해 주었던 것이다.

한편 당시의 지식인들은 불교나 유교 등을 서로 배척하지 않았다. 불교 승려도 유학을 공부하기도 했으며 유학자도 불교에 심취하기도 하였다.

J-① 어릴 때부터 조용하여 아이들과 같이 장난하는 일이 없었다. 8살 때 학당에 가서 공부를 시작하였고 10살이 되어서는 배운 것을 책을 덮어놓고도 모두 암송하게 되었다. 甘羅가 入仕하는 나이[12세]에 이미 유교 경전을 다 배웠고 子晉이 昇仙하는 연령[30세]에는 그 재주와 학문이 공자의 제자 중에서 으뜸으로 추앙받았다. 이때에 큰 뜻을 품고 부친에게 여쭈어 入山修道를 허락해달라 간청하였더니 대답하기를 "전일 태몽을 생각하니 완연히 맞는 일이다."라 하면서 사랑하지만 마지못해 허락하고 그의 뜻을 막지 않았다. 그리하여 책 보따리를 짊어지고 집을 떠나 절을 찾다.(한국역사연구회 편, 「江陵 地藏禪院 朗圓大師悟眞塔碑文」 『譯註 羅末麗初金石文(上)』, 혜

안, 1996)

② 어느 날 왕건이 대사에게 통치의 요체를 묻자 대사는 간단히 말하였다.
"나라가 부강하고 백성이 편안해지려면 어떠한 고통도 참고 견뎌야
할 것입니다. 堯 임금의 仁과 舜 임금의 德도 오직 夏나라의 禹 임금만이
본받았을 뿐입니다. 이 세 임금을 본받는다면 화평한 나라를 이룩할
것입니다." 왕건은 이에 공손히 답하였다. "三皇五帝 때의 태평성세를
어찌 미천한 저에게 비할 수 있겠습니까? 저는 오직 최선을 다할
뿐입니다." 하였다.(한국역사연구회 편,「菩提寺大鏡大師玄機塔碑」
『譯註 羅末麗初金石文(上)』, 혜안, 1996)

③ 최응은 항상 소찬을 먹었다. 일찍이 그가 병들어 누워 있을 때 태조가
태자를 보내서 문병하고 육류를 먹으라고 권하면서 말하기를 "자기
손으로 짐승을 죽이지만 않으면 그만이지 고기를 먹는다고 해서
무엇이 나쁘겠는가?"라고 하였으나 최응은 굳이 사양하여 먹지 않았
다. 그래서 태조가 그의 집에 가서 말하기를 "그대가 고기를 먹지
않는 것은 두 가지 잘못이 있다. 첫째로 자기 몸을 보전하지 못하여
종신토록 모친을 봉양할 수 없으니 불효요 둘째로 자기 수명을 길이
유지하지 못하므로 나로 하여금 좋은 輔弼을 일찍이 잃게 하니 불충이
로다."라고 하니 최응이 그제야 비로소 고기를 먹기 시작하더니 과연
건강이 회복되었다. 어떤 날 태조가 최응에게 말하기를 "옛날에 신라
가 9층 탑을 만들고 드디어 통일의 위업을 이룩하였다. 이제 개경에
7층탑을 건조하고 서경에 9층 탑을 건축하여 현묘한 공덕을 빌어
여러 악당들을 제거하고 삼한을 통일하려 하니 그대는 나를 위하여
발원문을 만들라."고 하였다. 그래서 최응은 그 글을 지어 바쳤다.
15년에 죽었는데 향년 35세였다.(『高麗史』권92 최응전)

J-①은 신라 경애왕대(924~927)에 주로 활동했던 낭원대사 開淸에 대한 기록이다. 그는 어려서부터 유학을 공부하여 뛰어난 실력을 자랑하였으나 결국은 출가하여 스님이 되었다.

또 J-②에서서 보는 바와 같이 대경대사는 본인이 불교의 승려임에도 불구하고 통치의 요체를 유교에서 구하고 있다. 즉 요 임금과 순 임금의 예를 들면서 仁과 德을 행해야 한다고 가르쳐 주었다. 왕건은 대경대사 麗嚴과도 가깝게 지내면서 종종 자문을 들었다. 菩提寺大鏡大師玄機塔碑23)에는 왕건과 대경대사와의 인연이 잘 소개되어 있다. 그에 의하면 일찍이 基州에는 基州諸軍事 康公萱이 있었다. 그는 신라 말 이곳을 다스리다가 大鏡大師 麗嚴을 만나 불법을 배웠으며 대사를 왕건에게 소개시켜 주었다. 대사도 왕건에게 많은 가르침을 주었는데 이는 그 중의 한 부분이었다.

이와 같은 유불 통섭 경향은 이미 그 이전부터 있었던 것으로 성주사 주지로 있었던 낭혜화상(800~888)의 경우도 그러하였다. 그도 어렸을 때는 유학을 공부하였으나 출가하여 고승이 되었다. 그 때문인지 모르지만 그의 법문을 들은 헌강왕은 "三畏는 三歸依에 비견되며 五常은 五戒와 같다. 王道를 잘 실천하는 일, 이는 바로 佛心에 부합된다."라고 하였다.24) 여기서 삼외는 유학에서 군자가 두려워하고 조심하는 세 가지로 天命, 大人, 聖人을 말하고 삼귀의는 3보인 佛寶, 法寶, 僧寶에 귀의한다는 뜻이다. 그리고 오상은 유교의 仁, 義, 禮, 智, 信이고 오계는 불교의 계율로 不殺生, 不偸盜, 不邪淫, 不妄語, 不飮酒를 말한다. 이것은 불교와

---

23) 한국역사연구회 편,「聖住寺 朗慧和尙 白月葆光塔碑」『譯註 羅末麗初金石文(上)』, 혜안, 1996, 50~54쪽. 그에 대한 역주는 하권 48~65쪽에 실려 있다.

24) 한국역사연구회 편,「聖住寺 朗慧和尙 白月葆光塔碑」『譯註 羅末麗初金石文(上)』, 혜안, 1996.

유교가 크게 다르지 않다는 것을 말해주는 것이다.

　J-③의 최응도 원래는 유학자였으나 만년에는 불교에 심취하여 병이 들었음에도 불구하고 육류를 먹지 않았다. 태조가 설득하자 겨우 고기를 먹고 회복되었다 한다. 그 때문일까 그는 개경 7층탑과 서경 9층탑의 발원문을 짓기도 하였다. 이처럼 당시 불교와 유교는 별개의 종교였지만 상통하는 면도 많았던 것이다.

　왕건은 또한 풍수지리에도 깊은 관심이 있었고 신봉하였다. 다음 기록을 보자.

　K-① 世祖는 송악산 옛 집에 여러 해 살다가 또 새 집을 그 남쪽에 건설했는데 그 터는 곧 延慶宮 奉元殿 터이다. 그때에 桐裏山 祖師 道詵이 당나라에 들어가서 一行의 지리법을 배워 가지고 돌아왔는데 백두산에 올랐다가 곡령까지 와서 세조의 새 집을 보고 "기장을 심을 터에 어찌 삼을 심었는가?"하고는 곧 가 버렸다. 부인이 마침 그 말을 듣고 세조에게 이야기하니 세조가 급히 따라 가서 그와 만났는데 한 번 만난 후에는 금방 구면과 같이 되었다. 드디어 함께 곡령에 올라가서 산수의 내맥을 연구하며 위로는 天文을 보고 아래로는 時運을 살핀 다음 도선이 다음과 같이 말했다. "이 땅의 지맥은 壬方 백두산 水母木幹으로부터 내려와서 馬頭名堂에 떨어졌으며 당신은 또한 水命이니 마땅히 水의 大數를 좇아서 六六三十六區의 집을 지으면 천지의 大數에 부합하여 다음해에는 반드시 슬기로운 아들을 낳을 것이니 그에게 王建이라는 이름을 지을 것이다." 도선은 그 자리에서 봉투를 만들고 그 겉에 쓰기를 "삼가 글을 받들어 백 번 절하면서 미래에 삼한을 통합할 주인인 大原君子 당신께 드리노라."라고 하였으니 때는 唐 僖宗 乾符 3년 4월이었다. 세조는 도선의 말대로 집을 짓고 살았는데

그 달부터 위숙왕후가 태기가 있어 태조를 낳았다. 민지의『편년강목』
에는 다음과 같이 기록되어 있다. 태조의 나이 17세 되었을 때에
도선이 다시 와서 만나기를 청하며 이렇게 말하였다. "당신은 이
혼란한 때[百六之運]에 상응하여 하늘이 정한 명당 터에 났으니 삼국
말세[三季]의 창생들은 당신이 구제해 주기를 기다리고 있다." 그
자리에서 도선은 태조에게 군대를 지휘하고 진을 치는 법, 유리한
지형과 적당한 시기를 선택하는 법, 산천의 형세를 바라보아 感通保佑
하는 이치 등을 가르쳐 주었다.(『高麗史』高麗世系)

② 여름 5월 갑신일에 왕이 여러 신하들에게 다음과 같이 타일렀다.
"근자에 西京을 복구하고 백성을 옮겨 거기를 충실히 한 것은 그
地力에 의거하여 삼한을 평정하고 장차 거기에 수도를 정하려고
한 것이다."(『高麗史』 권2 태조세가 15년 5월)

K-①에서 보는 바와 같이 왕건의 아버지 용건 때에 풍수지리의 대가인
도선이 찾아와 명당을 잡아주고 36칸의 집을 지으면 반드시 훌륭한
아들을 얻을 것이라 예언했다는 것이다. 그리고 이름을 '王建'이라 지으
라 했다고 되어 있다. 그 뿐만이 아니라 왕건이 17세 되던 해에 도선이
다시 왕건을 찾아와 그에게 진을 치는 법, 천기를 보는 법 등을 가르쳤다고
나와 있다. 그것이 사실인지 알 수 없으나 왕건과 풍수지리설은 밀접한
관련을 갖고 있었다는 점을 말해주고 있다. K-②에서 왕건이 서경을
건설한 것은 서경의 지력에 힘입어 삼한을 통일하려 했다는 점을 강조하
고 있다. '地力'은 바로 풍수지리를 말하는 것으로 서경 경영을 풍수지리
때문이라 하고 있다. 그러나 이는 구호에 불과한 것이고 실제로는 고구려
의 부흥을 꿈꾸었던 것 같다. 즉 그는 즉위한 지 얼마 안 되어 고구려의
수도였던 평양 옛 서울이 황폐화되어 백성들을 옮겨 나라의 울타리를

튼튼히 하고자 하였다. 그리하여 인근의 民戶를 이 지역에 옮기고 대도호부로 삼음과 동시에 그의 사촌 동생 왕식렴으로 하여금 여기를 지키게 하였던 것이다.[25] 이러한 것으로 미루어 태조 왕건은 당시 유행하던 풍수지리를 잘 이용하여 자신의 가문을 神聖化하고 서경을 경영하여 후삼국의 통일을 꾀하였다 할 수 있다. 그리하여 그는 훈요 10조에서 「三韓 山川의 陰助로 통일의 대업을 이룩하였다」라고 하고 있는 것이다.[26]

그는 도교에도 관심을 쏟았다.

L-① 이해에 外帝釋院, 九耀堂, 神衆院 등 寺院을 창건하였다.(『高麗史』 권1 태조세가 7년)

② 醮禮山은 현의 서쪽 이십리에 있다. 고려 태조가 桐藪에서 견훤과 싸울 때 이 산에 올라가 하늘에 제사했던 까닭에 이렇게 이름하였다. (『新增東國輿地勝覽』 권27 慶尙道 河陽縣 山川)

L-①에서는 외제석원, 신중원과 더불어 구요당이 언급되고 있다. 외제석원이나 신중원이 사원임으로 미루어 九曜堂도 불교사원이라는 설도 있지만[27] 이는 도교 관련 기관이었다. 구요는 日·月과 火星·水星·木星·金星·土星, 그리고 羅睺·計都 등의 7星을 총칭하는 것으로 구요당은 이를 제사하는 곳이었다. L-②는 왕건이 현재의 팔공산에서 견훤과 자웅을 겨룰 때 산에 올라 醮祭를 지냈기 때문에 이 산을 초례산이라

---

25) 『高麗史節要』 권1 태조 원년 9월.

26) 홍승기, 「고려초기 정치와 풍수지리」 『고려태조의 국가경영』, 서울대출판부, 1996.

27) 徐閏吉, 「九曜信仰과 그 思想源流」 『高麗密敎思想史硏究』, 불광출판부, 1993.

했다는 것이다. 당시 도교 사상도 매우 유행했음을 알 수 있다.

또 옛날부터 내려오던 토속신앙에 대해서도 배려를 아끼지 않았다. 그것은 팔관회를 통해 알 수 있다.

M-① 11월에 왕이 처음으로 八關會를 열고 儀鳳樓에 나가서 이를 관람하였다. 이때부터 해마다 常例로 이 행사를 실시하였다.(『高麗史』권1 태조세가 원년 11월)

② 태조 원년 11월에 해당 기관에서 "전 임금은 매번 仲冬에 팔관회를 크게 배설하여 복을 빌었습니다. 그 제도를 따르기를 바랍니다."라고 하니 왕이 그의 말을 좇았다. 그리하여 구정에 輪燈 하나를 달고 香燈을 그 사방에 달며 또 2개의 彩棚을 각 5장 이상의 높이로 매고 각종 雜戲歌舞를 그 앞에서 하였다. 그 중 四仙 樂部와 龍, 鳳, 象, 馬, 車, 船 등은 다 신라 때의 옛 행사였다. 백관들은 도포를 입고 笏을 가지고 예식을 거행하였는데 구경꾼이 거리에 쏟아져 나왔다. 왕은 위봉루에 좌정하고 이것을 관람하였으며 이로써 매년 常例로 하였다.(『高麗史』권69 예지11 嘉禮雜儀 仲冬八關會儀)

③ 나의 지극한 관심은 燃燈과 八關에 있다. 연등은 부처를 섬기는 것이요 팔관은 天靈 및 五嶽·名山·大川·龍神을 섬기는 것이다. 함부로 증감하려는 후세 간신들의 건의를 절대로 금지할 것이다. 나도 당초에 이 모임을 국가 忌日과 상치되지 않게 하고 임금과 신하가 함께 즐기기로 굳게 맹세하여 왔으니 마땅히 조심하여 이대로 시행할 것이다.(『高麗史』권2 태조세가 26년 4월)

여기서 보는 바와 같이 왕건은 즉위한 지 5개월 만인 태조 원년 11월 八關會를 베풀기도 하였다. 즉 중동인 11월 15일에 팔관회를 성대하게 베풀고 각종 雜戲歌舞를 벌이자 구경꾼들이 거리를 메웠다 한다. 여기에는 四仙 樂部와 더불어 龍, 鳳, 象, 馬 등의 동물과 수레[車], 배[船] 등도 등장하였다. 그런데 그것은 신라 때의 것을 계승했다는 점을 강조하고 있다. 실제로 사선악부는 신라시대에 화랑 및 낭도들로 조직된 4부의 樂隊로 신라의 것이었음을 알 수 있다.[28] 그가 장려하고 설행했던 팔관회가 天靈 및 五嶽·名山·大川·龍神을 섬기는 행사였다고 술회한 것은 토속신앙을 중시하겠다는 그의 사상적 단면을 잘 말해준다. 그렇기 때문에 팔관회를 "부처를 공양하고 귀신을 즐겁게 하는 모임[供佛樂神之會]"이라고도 했던 것이다.[29]

그런데 여기서 주목할 것은 오악에 대한 제사가 이때 행해졌다는 것이다. 그렇다면 오악은 어디를 말하는 것인가. 이는 신라의 오악을 말하는 것이라 생각한다. 신라의 5악은 동악인 吐含山, 남악인 地理山, 서악인 鷄龍山, 북악인 太伯山, 중악인 父岳[八公山]을 말하는 것이었다.[30] 태조 왕건은 일찍부터 신라의 제도와 문물을 존중해 주었다. 즉위하자마자 궁예가 바꾸었던 官階와 郡邑의 명칭을 다시 신라의 제도로 환원하고 있는 데서[31] 알 수 있다. 태조 18년(935) 신라의 경순왕 김부가 귀순해 오자 그를 政丞으로 삼고 그 시종자들에게도 토지와 녹봉을 주기도 했다.[32] 따라서 신라에서 중시하던 오악을 그대로 제사했다고 할 수 있다. 그것이 공식적으로 국가의 祀典에 편입되어 제사된 것은 태조 23년(940)이 아닌가 한다.

태조 왕건은 일찍부터 토속신앙인 天神 신앙과 산신 신앙도 깊이

---

28) 안지원, 『고려의 국가불교의례와 문화』, 서울대학교출판부, 2005, 145쪽.
29) 『高麗史節要』 권1 태조 원년 11월.
30) 『三國史記』 권32 雜志1 祭祀조.
31) 『高麗史』 권1 태조세가 원년 6월 乙丑조.
32) 『高麗史』 권2 태조세가 18년 12월조.

민었다. 그것은 태조 4년(921) 충남 천안 지역의 愁歇院에 머물렀는데 동쪽의 어느 산위에 오색 구름이 걸쳐있는 것을 보고 거기에 성스러운 산신이 거주하고 있는 것으로 생각하여 그 산 이름을 聖居山이라 했다는 데서 알 수 있다.[33] 또 후백제의 신검을 토벌하고 난 후 하늘이 보호해준 산이라 하여 黃山郡에 있는 산 이름을 天護山이라 한 것도[34] 이러한 맥락에서 이해할 수 있다.[35] 실제 태조는 죽기 직전에 남긴 훈요 10조 중 제5조에도 그 같은 마음을 표현한 바 있다. 즉 "짐은 삼한 山川의 陰佑에 힘입어 大業을 성취하였다."[36]라고 하고 있는 것이다.

이처럼 태조 왕건은 한 가지 사상이나 종교에 집착하지 않았다. 다양한 사상과 종교를 신봉하고 장려하였다. 사상이나 종교의 자유를 누리게 했다. 이 같은 그의 사상정책은 민심을 수렴하여 후삼국 통일의 위업을 달성하기 위함이었다. 이는 그가 죽으면서 남긴 10훈요에 잘 나타나 있다. 태조 왕건은 26년동안 왕위에 있었는데 943년 67세의 나이로 죽으면서 訓要 10조를 남겼다.[37] 이는 후대의 왕에게 부탁하는 형식의 글이었다. 이를 살펴보자.

N. 여름 4월에 왕이 內殿에 나가 앉아 大匡 朴述希를 불러서 친히 訓要를 주었는데 그 내용은 다음과 같다. "내 들으니 舜 임금은 歷山에서 농사를 지었으나 마침내 堯 임금의 왕위를 받았으며 중국의 漢 高帝는

---

33) 『新增東國輿地勝覽』 권16 충청도 직산현 山川조.
34) 『新增東國輿地勝覽』 권18 충청도 연산현 불우 개태사조.
35) 그러나 김철웅은 여기서의 天靈은 天神이 아닌 도교의례로 보고 있다. 태조 7년 건립된 九曜堂의 존재가 그것을 말해준다 하였다(『한국 중세의 吉禮와 雜祀』, 景仁文化社, 2007, 11~12쪽)
36) 『高麗史』 권2 태조세가 26년 4월조.
37) 김성준, 「10훈요와 고려의 정치사상」 『한국중세정치법제사연구』, 일조각, 1985.

沛澤에서 일어나 드디어 한 나라의 왕업을 성취하였다고 한다. 나도 역시 일개 의로운 평민으로서 그릇되게 여러 사람들의 추대를 받았다. 더위와 추위를 무릅쓰고 19년 동안 노심초사한 끝에 삼한을 통일하여 외람스럽게 왕위에 있은 지가 25년이나 되었고 몸도 벌써 늙었다. 후손들이 감정과 욕심에 사로잡혀 나라의 질서를 문란시킬듯 하니 이것이 크게 근심스럽다. 이에 훈계를 써서 후손들에게 전하노니 아침저녁으로 펼쳐 보아 영구히 모범으로 삼게 하기를 바란다.

첫째로, 우리 국가의 왕업은 반드시 모든 부처의 도움을 받았다. 그러므로 불교 사원들을 창건하고 주지들을 파견하여 불도를 닦음으로써 각각 자기 직책을 다하도록 한 것이다. 그런데 후세에 간신이 권력을 잡으면 승려들의 청탁을 받아 모든 사원을 서로 쟁탈하게 될 것이니 이런 일을 엄격히 금지하여야 한다.

둘째로, 모든 사원들은 道詵의 의견에 의하여 국내 산천의 좋고 나쁜 것을 가려서 창건한 것이다. 도선의 말에 의하면 자기가 선정한 것 이외에 함부로 사원을 짓는다면 地德을 훼손시켜 국운이 길지 못할 것이라고 하였다. 내가 생각하건대 후세의 국왕, 공후, 왕비, 대관들이 각기 願堂이라는 명칭으로 더 많은 사원들을 증축할 것이니 이것이 크게 근심되는 바이다. 신라 말기에 사원들을 야단스럽게 세워서 지덕을 훼손시켰고 결국은 나라가 멸망케 하였으니 어찌 경계할 일이 아니겠는가?

셋째로, 嫡子에게 왕위를 계승시키는 것이 비록 떳떳한 법이라고 하지만 옛날 丹朱가 착하지 못하여 요가 순에게 나라를 선양한 것은 실로 공명정대한 마음에서 나온 것이다. 후세에 만일 국왕의 맏아들이 착하지 못하거든 왕위를 둘째 아들에게 줄 것이며 둘째 아들이 또 착하지 못하거든 그 형제 중에서 여러 사람들에게 신망이 있는 자로써 정통을 잇게 할 것이다.

넷째로, 우리 동방은 오래 진부터 중국 풍습을 본받아 문물 예악 제도를 다 그대로 준수하여 왔다. 그러나 지역이 다르고 사람의 성품도 각각 같지 않으니 구태여 억지로 맞출 필요는 없다. 그리고 거란은 우매한 나라로서 풍속과 언어가 다르니 그들의 의관 제도를 아예 본받지 말라.

다섯째로, 내가 三韓 山川 신령의 도움을 받아 왕업을 이루었다. 西京은 水德이 순조로워 우리나라 지맥의 근본으로 되어 있으니 만대 왕업의 기지이다. 마땅히 춘하추동 사계절의 중간 달에 국왕은 거기에 가서 1백 일 이상 체류함으로써 왕실의 안녕을 도모하게 할 것이다.

여섯째로, 나의 지극한 관심은 燃燈과 八關에 있다. 연등은 부처를 섬기는 것이요 팔관은 天靈과 五岳, 名山, 大川, 龍神을 섬기는 것이다. 함부로 증감하려는 후세 간신들의 건의를 절대로 금지할 것이다. 나도 당초에 이 모임을 국가 忌日과 상치되지 않게 하고 임금과 신하가 함께 즐기기로 굳게 맹세하여 왔으니 마땅히 조심하여 이대로 시행할 것이다.

일곱째로, 임금이 인민의 신망을 얻는 것이 가장 어려운 것이다. 그 신망을 얻으려면 무엇보다 간하는 말을 좇고 참소하는 자를 멀리하여야 하는바 간하는 말을 좇으면 현명하게 된다. 참소하는 말은 꿀처럼 달지마는 그것을 믿지 않으면 참소가 자연스럽게 없어질 것이다. 또 백성들에게 일을 시키되 적당한 시기를 가리고 賦役을 경하게 하며 租稅를 적게 하는 동시에 농사 짓는 것이 어려운 일이라는 것을 알게 되면 자연 백성들의 신망을 얻어 나라는 부강하고 백성은 편안하게 될 것이다. 옛사람이 말하기를, "좋은 미끼 끝에는 반드시 큰 고기가 물리고 중한 상이 있는 곳에는 반드시 훌륭한 장수가 있으며 활을 겨누면 반드시 피하는 새가 있고 착한 정치를 하면 반드시 착한 백성이 있다."고 하였다. 상과 벌이 적절하면 음양이 맞아 기후까지 순조로워지나니 그것을 명심하라!

여덟째로, 車峴 이남 公州江 밖은 산형과 지세가 모두 반대 방향으로 뻗었고 따라서 인심도 그러하니 그 아래 있는 州郡 사람들이 국사에 참여하거나 왕후, 국척들과 혼인을 하여 나라의 정권을 잡게 되면 혹은 국가에 변란을 일으킬 것이요 혹은 백제를 통합한 원한을 품고 왕실을 침범하여 난을 일으킬 것이다. 뿐만 아니라 이 지방 사람들로서 일찍이 관가의 노비나 津, 驛의 雜尺에 속하였던 자들이 혹 세력가들에 투탁하여 자기 신분을 고치거나 혹은 王侯, 宮中에 아부하여 간교한 말로써 정치를 어지럽게 하고 또 그리함으로써 재변을 초래하는 자가 반드시 있을 것이다. 그렇기 때문에 이 지방 사람들은 비록 良民일지라도 관직을 주어 정치에 참여시키는 일이 없도록 하라!

아홉째로, 백관의 녹봉은 나라의 대소에 따라 일정한 제도를 마련하는 것이니 현재의 것을 증감하지 말라! 또 옛 문헌에 이르기를 "공로를 보아 녹봉을 규정하고 사사로운 관계로 관직을 주지 않는다." 고 하였으니 만일 공로가 없는 사람이나 친척, 가까운 사람으로서 헛되이 녹봉을 받게 되면 다만 아래 백성들이 원망하고 비방할 뿐 아니라 그 사람 자신도 역시 그 행복을 길이 누릴 수 없을 것이니 마땅히 엄격하게 이를 경계해야 한다. 또 우리는 강하고도 악한 나라가 이웃으로 되어 있으니 평화 시기에도 위험을 잊어서는 안 된다. 병졸들을 보호하고 돌보아 주어야 하며 부역을 면제하고 매년 가을에 무예가 특출한 자들을 검열하여 적당히 벼슬을 높여 주라!

열째로, 나라를 가진 자나 집을 가진 자는 항상 만일을 경계하며 경전과 역사 서적을 널리 읽어 옛일을 지금의 교훈으로 삼는 것이다. 周公은 큰 성인으로서 "無逸" 한 편을 成王에게 올려 그를 경계하였으니 마땅히 그 사실을 그림으로 그려 붙여 드나들 때에 항상 보고 자기를 반성하도록 하라!"

이 열 가지 훈계 끝에 일일이 "마음 속에 간직하라[中心藏之]"라는 네 글자를 붙여서 후대의 왕들에게 전하여 보배로 여기게 하였다(『高麗史』 권2 태조세가 26년 4월)

여기서 보는 바와 같이 훈요 10조의 대체적인 내용은 ① 불교를 잘 위하고 사원의 쟁탈행위를 금할 것 ② 사원의 남설을 금할 것 ③ 왕위계승은 적장자 계승원칙을 고집하지 말 것 ④ 문물·예악에 있어 土風을 중시하고 거란의 것은 본받지 말 것 ⑤ 서경을 중시할 것 ⑥ 연등회, 팔관회를 계속 시행할 것 ⑦ 신하의 간언을 듣고 상·벌을 공평히 하여 위민정책을 실시할 것 ⑧ 車峴 이남 공주강 밖의 사람들은 등용하지 말 것 ⑨ 녹봉의 가감을 신중히 하고 국방에 유의할 것 ⑩ 널리 經史를 보아 옛것을 거울삼아 오늘을 경계할 것 등이었다.

그러나 자세히 살펴보면 2개 조항을 제외하고 나머지 8개 조항은 모두 사상 및 종교와 깊은 관련성이 있음을 알 수 있다. 우선 제1조는 고려의 건국과 후삼국 통일이 부처님의 힘에 의한 것이었음을 밝히고 있다. 그리하여 많은 사원을 세웠음도 천명하고 있다. 제2조는 사원의 남설을 경계하고 있어 불교와 관련된 것으로만 해석할 수 있으나 그렇지 않다. 왕건 자신이 세운 절들은 모두 풍수지리의 대가인 도선이 정해준 곳에 설립했음을 천명하고 있다. 그렇기에 자세히 보면 풍수지리에 더 역점이 있었다고도 할 수 있다. 3조는 왕위계승에 관한 것이지만 적장자를 고집할 필요가 없음을 유교에서 구하고 있는 것이다. 즉 요의 아들 단주가 똑똑치 못하므로 순에게 왕위를 선양한 고사를 들어 적장자만 고집해서는 안된다 하고 있는 것이다. 제5조 역시 西京을 중시하여 1백일 이상 머무를 것을 부탁하고 있는데 그 근거로 산천 신앙과 풍수지리를 들고 있다. 고려의 왕업이 삼한 山川神의 도움에 의해 이루어졌음을 밝히면서 서경은 풍수적으로 수덕이 순조로워 우리나라 지맥의 근본이기 때문에 중시해야 한다고 밝히고 있다. 제6조는 불교 행사인 연등회와 팔관회를 계속 시행할 것을 부탁하고 있다. 그러나 연등회는 그렇다 하더라도 팔관회는 당시 불교와 우리의 토속신앙이 융합된 행사였다. 따라서 토속신앙도 장려했음을 밝히고 있는 것이다. 제7조는 위민정책의 중요성을 말하면서 상벌의 공평성을 강조하였다. 그러면서 또 백성들의 신망을 얻으려면 참소하는 자를 멀리하고 간언을 따르며 부역을 가볍게 하고 조세를 적게 거두어야 함을 강조하였다. 그렇게 하면 음양이 순조롭게 되어 기후가 좋아지고 그에 따라 부강한 나라가 될 수 있다는 것이었다. 다름아닌 유교 음양오행설의 강조인 것이다. 제8조는 차현 이남 공주강 밖의 사람들을 등용하지 말라는 것이 요체이지만 그 근거로 풍수지리를 들고 있다. 그 지역은 산형과 지세가 背逆의 형세를 띄고 있기 때문이라는 것이다. 결국은 전주, 공주, 논산 등 후백제 지역의 사람을 함부로 등용하지 말라는 부탁이지만38) 풍수지리설을 그 근거로 들고 있는 것이다. 제10조는 유교 경전과 역사를 잘 공부할 것을 강조하였다. 특히 周公이 『書經』 無逸篇을 지은 것을 본받도록 하고 있다. 이상에서 살펴본 바와 같이 왕건의 훈요 10조는 8개 조항이 사상 및 종교와 밀접한 관련을 맺고 있다. 불교는 물론, 유교 및 풍수지리설, 토속신앙까지 언급되어 있다. 풍수지리설은 도교와도 불가분의 관계에 있기 때문에

---

38) 김갑동, 「왕건의 '훈요 10조' 재해석」 『역사비평』 60, 2002 ; 『고려의 후삼국 통일과 후백제』, 서경문화사, 2010, 263~270쪽.

도교도 중시했다고 보는 것이 합리적이다.

따라서 고려는 이미 태조 왕건 때부터 사상 및 종교의 다양성이 보장되었음을 알 수 있다. 그것은 당시가 후삼국 정립기이어서 후삼국 통일을 달성하기 위해서는 어떤 종교나 사회세력과도 손을 잡을 필요성이 있기 때문이기도 하였다.[39] 그러한 경향이 후대에까지 영향을 미쳐 고려 왕조에서는 사상과 종교의 다양성이 보장, 존재하게 되었던 것이다. 결론적으로 말하면 고려 왕조의 사상, 종교의 다양성은 그 기초와 배경이 이미 태조 왕건 대에 마련되어 있었다는 것이다.

따라서 고려의 사상계를 연구하기 위해서는 불교, 유교, 도교, 풍수지리, 토속신앙 등 다양한 측면을 살펴봐야 한다. 그러나 여기서는 토속신앙을 중심으로 연구를 진행하고자 한다. 다른 부분에 대해서는 이미 많은 연구가 진행되어 수많은 논문과 저서가 출간되었기 때문이다.

Ⅱ. 고려 토속신앙의 연구동향과 과제

본 연구에서 다루고자 하는 토속신앙은 무격 신앙, 산신 신앙, 성황 신앙을 말한다. 이들 신앙은 본래 민속학이나 종교학의 영역이었다. 따라서 주로 국문학을 전공한 민속학자나 철학, 종교학을 전공한 종교학자들에 의해 연구되었다. 그리하여 주로 현재 유행하는 민속이나 종교 차원에서 연구가 이루어졌다. 따라서 과거의 그것에 대해서는 조선시대나 일제강점기에 집중되었던 것이 사실이다. 그러다가 고대에는 정치적 지배자가 제사장의 역할까지 수행하였기에 고대의 그것도 점차 연구의

---

39) 윤이흠, 「고려 종교사상의 특성과 흐름」『고려시대의 종교문화』, 서울대출판부, 2002, 16쪽.

대상이 되었다. 그러나 고려시대의 토속신앙에 대해서는 거의 주목하지 않았다.

다만 일부 학자들에 의에 무격 신앙이 연구되었을 뿐이었다. 예를 들면 그 대표적인 업적이 유동식, 『한국무교의 역사와 구조』(연세대학교 출판부, 1975)이다. 이 책의 저자는 신학을 전공한 분이었지만 巫敎를 역사학적으로 고찰한 것이다. 여기서 그는 고려시대의 무교도 살펴보았는데 巫覡들이 당시 山川祭나 祈雨祭, 祖上祭 등을 주관하여 司祭적 기능과 더불어 巫醫적 기능, 예언적 기능, 使靈咀呪의 기능, 歌舞의 기능을 수행하였음을 밝혔다. 더불어 이규보의 문집인 『東國李相國集』에 나와 있는 '老巫篇'의 시를 소개하기도 하였다. 이 때문에 1992년 연세대학교 출판부에서 『韓國宗敎思想史』라는 제목으로 총 5권에 달하는 한국의 종교사상을 총망라하는 기획출판물이 출간되었는데 이때에도 불교, 유교, 기독교와 더불어 신흥종교인 증산교, 대종교 등이 포함되었지만 토속신앙으로는 巫敎만이 언급되었을 뿐이다.

그러다가 역사학자들에 의해 이들 토속신앙이 주목을 받기 시작한 것은 1990년 역사민속학회의 창립 이후라 할 수 있다. 고려시대에 한정해 본다면 역사학에서 이들 신앙에 대해 주목한 것은 김갑동, 「고려시대의 성황 신앙과 지방통치」(『한국사연구』 74, 1991)가 처음이 아닌가 생각한다. 필자는 이 논문에서 城隍의 정확한 뜻과 함께 성황 신앙이 중국에서 발생하여 우리나라에 들어왔음을 밝혔다. 그와 함께 성황 신앙이 방어시설인 城과 불가분의 관계에 있었으며 중앙뿐 아니라 지방에도 城隍祠가 건립되어 숭배되었음을 밝혔다. 특히 지방 세력들이 자신의 조상들 중 위대한 인물을 성황신으로 모심으로써 효과적인 지방통치를 꾀하려 했다는 결론을 도출하고 있다.

이어 김갑동, 「고려시대의 산신 신앙」(『한국 종교사상의 재조명』,

원광대출판국, 1993)이 발표되었다. 여기서 필자는 고대로부터 내려온 산악숭배 신앙이 고려에도 계속되어 조선에까지 이어졌음을 밝혔다. 특히 이 산신은 수호신적 기능과 降雨의 기능을 갖고 있었는데 국가적인 차원에서 뿐 아니라 지방에서도 지방세력들에 의해 山神祠가 건립되어 지방민들을 통제하는 기능도 수행하였다고 논단하였다.

이필영도 그의 저서『마을 신앙의 사회사』(웅진출판, 1994)에서 마을에서 숭배하고 있는 대상물로 당수나무, 탑, 장승, 솟대와 함께 산신당도 주목하였다. 산신을 모시는 산신당이 고려시대에는 산위에 설치되기도 했지만 그것이 不敬스럽다 하여 점차 산 중턱이나 아래에 위치하게 되었다 하였다.

그런데 이즈음 고려시대 성황 신앙이 크게 주목을 받게 되는데 그 계기가 된 것은 1992년 전북 순창에서 '城隍大神事跡'이라는 제목의 현판이 발견되면서부터였다. 이 현판의 내용에 의하면 순창의 성황사에 모셔진 성황신은 순창의 토착세력으로 고려 후기 인물인 순창 설씨 薛公儉이었다. 현판이 발견되자 향토사학자인 양만정이 1993년「순창 성황대신 사적 현판의 발견과 그 고찰」이란 제목으로『玉川文化』1에 발표를 하면서 많은 사람들의 연구대상으로 떠올랐다. 이리하여 1995년 12월 한양대학교에서 비교민속학회 주관으로 그 내용과 문제점이 소개되었고 1996년 7월에는 한국종교사연구회 주최로 학술대회가 개최되기도 하였다. 이후에도 이에 대한 연구가 속속 나오면서 한국종교사연구회에서 이를 종합하여『성황당과 성황제』(민속원, 1998)라는 책으로 출간하였다. 여기에 실린 논문은 총 12편으로 그 필자 및 제목을 보면 양정욱, 「순창 '성황대신사적' 발견과 의의」; 남풍현, 「순창 성황당 현판의 판독과 해석」; 정충락, 「순창 '성황대신사적기'의 書形態와 刻字」; 김갑동, 「고려시대 순창의 성황 신앙과 그 의미」; 김기덕, 「고려시대 성황신에 대한 封爵과 순창의 '성황대신사적'현판의 분석」; 박호원, 「조선 성황제의 祀典化와 民俗化」; 이해준, 「순창 성황제의 변천과 주도세력」; 정승모, 「조선 중기 전라도 순창군 성황제의의 성격」; 이기태, 「지역사회 이념의 통합과 城隍祠」; 신종원, 「'성황대신사적기'와 大王信仰」; 송화섭, 「'성황대신사적기'를 통해서 본 순창의 성황제」; 장정룡, 「순창과 강릉 성황제의 비교 고찰」; 서영대, 「성황 신앙사에서 본 '성황대신사적'」 등이었다.

　이후 2000년대에 들어오면서 변동명이 산신이나 성황신에 대한 일련의 연구를 발표하였다. 변동명의 「고려시대 나주 금성산신앙」(『전남사학』 16, 2001) ; 「고려후기의 錦城山神과 無等山神」(『남도문화연구』 7, 2001) ; 「고려시대 순천의 산신·성황신」(『역사학보』 174, 2002) ; 「신숭겸의 곡성 城隍神 推仰과 德陽祠 配享」(『한국사연구』 126, 2004) 등의 논문이 그것이다. 이 중 「고려후기의 錦城山神과 無等山神」(『남도문화연구』 7, 2001)는 그의 저서 『한국 중세의 지역사회연구』(학연문화사, 2002)에 재수록되었다. 그는 이 논문에서 나주를 대표하는 금성산신과 광주를 대표하는 무등산신에의 봉작을 둘러싸고 두 개의 행정 구역이 서로 주도권 경쟁을 벌였음을 규명하였다. 즉 나주에서는 나주 정씨 정가신을, 그리고 광주에서는 광주 김씨 김주정을 앞세워 각각의 산신들이 상대보다 높은 작위를 받기 위해 노력하면서 주도권 쟁탈전을 벌였음을 논단하였다. 이어 그는 산신, 성황신에 대한 연구를 계속하여 『한국 전통시기의 산신·성황신과 지역사회』(전남대학교출판부, 2013)라는 책을 출간하였다. 그는 이 책에서 한국의 산신과 성황신을 지방 토착세력과의 연관 속에서 살피려 하였다. 어느 시기에, 어떠한 사람들이, 무슨 까닭으로 산신과 성황신을 떠받들며 신앙하였고, 그 후의 추이는 어떠하였으며, 그들이 얻고자 하는 바는 무엇이었는지 하는 점을 탐구하였다.

전통시기의 산신과 성황신 숭배와 신앙이 지니는 정치·사회적인 의미가 무엇이었는지를 더듬어, 그 역사적 의의를 찾으려 하였다. 주로 지역 토착세력의 의지나 관련 활동을 검토함으로써, 지역사회 내부의 움직임을 들여다보고자 하였다. 그리하여 「금성산신앙과 나주」, 「순천의 산신·성황신」, 「감악산신 설인귀와 적성」, 「성황신 신숭겸과 곡성」, 「성황신 김인훈·손긍훈과 양산·밀양」, 「성황신 김홍술과 의성」, 「성황신 소정방과 대흥」등의 제목으로 지방의 성황신과 지방세력과의 관계를 추출하고 있다. 그러나 아쉬운 점은 그 탐구 대상을 지방에만 국한시키고 있다는 것이다.

이에 대한 보완의 의미라고나 할까. 김철웅은 「고려시대의 山川祭」(『한국중세사연구』11, 2001); 「고려 국가 제사의 체제와 그 특징」(『한국사연구』118, 2002) 등의 논문을 발표하였다. 앞의 논문에서 그는 산천 신앙을 祀典과 관련하여 규명하였다. 즉 산천 신앙은 『고려사』 禮志에는 雜祀조에 실려 있다고 하면서 그 제사의 목적으로 兵亂에 대한 호국, 祈雨, 재변에 대한 祈禳, 救病 등을 들고 있다. 후자의 논문에서는 고려 禮制의 성립과 변천을 고찰하면서 『詳定古今禮』와 『고려사』 禮志의 吉禮와 雜祀에 주목하였다. 그는 이러한 연구를 더욱 진전시켜 『한국 중세의 吉禮와 雜祀』(경인문화사, 2007)라는 제목의 저서로 출간하였다. 여기서는 고려뿐 아니라 조선전기의 길례와 잡사도 분석하여 그 변화상을 탐구하였다. 다만 이 저서는 구체적인 실례를 제시하지 못했다는 한계가 있다.

한편 허흥식은 「『고려사』지리지에 실린 名所와 山川壇廟와의 관계」(『한국사연구』117, 2002); 「개경 山川壇廟의 신령과 팔선궁」(『민족문화론총』27, 2003) 등의 논문을 발표하면서 山川神에 대한 관심을 표명하였다. 전자의 논문에서는 『고려사』지리지에 있는 名所 중에는 山川壇廟였던 곳이 많았음을 밝혔다. 후자의 논문에서는 팔선궁의 실체를 통해 불교와 도교, 산신 신앙 등이 융합적으로 존재하였음을 밝혔다. 이를 더욱 진전시켜 그는 『한국 신령의 고향을 찾아서』(집문당, 2006)란 저서를 발간하였다. 여기서 그는 산천 신앙의 실체와 변천은 물론 단군 신앙의 존재도 밝히려 노력하였다.

강은경도 고려시대 지방사회의 祭儀와 祀典에 주목하여 연구를 진행하였다. 즉 강은경은 「고려시대 지방사회의 祭儀와 공동체 의식」(『한국사상사학』 21, 2003) ; 「고려시대 祀典의 제정과 운용」(『한국사연구』 126, 2004) 등의 논문을 발표하였다. 전자에서는 지방의 공동체의식을 고양시키는 여러 매개체를 소개하면서 그 중 神祠도 지방사회의 공존의식에 크게 기여했음을 논단하였다. 후자에서는 고려 건국 초 祀典의 제정과 國家祭儀, 祀典의 규정과 祭儀의 시행, 祀典의 변화 등을 탐구하였다. 즉 고려시대 祀典과 국가제의를 분석하여 여기에는 제사 시기, 제물의 진설, 담당 기관, 절차 등 전반적인 것이 규정되었다고 주장하였다.

최근에는 김아네스가 이 분야의 연구를 발표하였다. 「고려시대 산신 숭배와 지리산」(『歷史學硏究』 33, 2008) ; 「고려시대 개경 일대 名山大川과 국가 제장」(『역사와 경계』 82, 2012) 등이 그것이다. 또 지리산의 산신 신앙에 대해서는 이미 김갑동의 「고려시대 남원과 지리산 성모천왕」(『역사민속학』 16, 2003)의 논문이 있었다. 그는 여기서 남원부의 토성과 지리산신과의 관계를 규명하였고 왜구 토벌시 지리산의 역할을 탐구하였다. 그런데 김아네스는 지리산과 고려 왕실과의 관계를 비롯하여 지리산과 국가제의, 지리산의 영험 인식을 통해 지리산신의 의미를 규명하려 하였다. 후자에서는 명산대천과 祭場의 위치, 山川祭의 정비와 제장의 의미를 탐구하여 산천제와 그 신앙을 연구하였다.

이러한 연구의 진전에도 불구하고 이들 고려의 토속신앙은 개설서에 많이 반영되어 있지 못하였다. 예컨대 고려시대의 역사를 상세히 밝히고 있는 박용운,『고려시대사(상)』(일지사, 1985)에도 토속신앙에 대한 기술은 전혀 없었다. 이 토속신앙이 고려시대 개설서에 처음으로 언급된 것은 박종기의『5백년 고려사』(푸른역사, 1999)였다. 그러나 여기서는 香徒 신앙과 더불어 성황 신앙만이 언급되고 있을 뿐이다. 그러다가 2000년대 들어오면서 고려시대 개설서에 이들의 내용이 다루어지기 시작하였다. 예를 들면 2003년 국사편찬위원회에서 발간한『한국사』 16에서는「민속 종교」라는 제목하에 天神, 山神, 城隍神, 水神 신앙 등이 다루어졌다. 이후 박용운은 기존의 저서를 수정, 증보하여『고려시대사』 (일지사, 2008)를 발간하였는데 여기에는 산신 신앙과 더불어 성황 신앙 이 서술되어 있다. 그러다가 최근 김갑동의『고려시대사개론』(혜안, 2013)에 이르러서야 고려의 무격 신앙, 산신 신앙, 성황 신앙 등이 언급되었다. 그러나 아직도 이정란,『주제로 보는 한국사(고려편)』(고즈윈, 2005) ; 이병희,『뿌리깊은 한국사 샘이 깊은 이야기(고려편)』(가람기획, 2014) 등에는 이들 신앙에 대한 서술이 전혀 없다.

그것은 한국사 개설서를 보면 더욱 그렇다. 이기백의『한국사신론』이나 변태섭·신형식의『한국사통론』은 물론 한영우의『다시 찾는 우리역사』 등에도 고려의 사상 항목에서 이들 신앙에 대한 언급은 전혀 없다. 가장 최근 발행된 고려대학교 한국사연구소 편,『한국사』에도 이들 신앙에 대한 서술이 빠져 있는 것이다.

중·고교 교과서는 두 말할 나위가 없다. 예컨대 2014년 검정을 통과한 6종의 고등학교 한국사 교과서를 보면 금성출판사와 비상교육에서 간행한 2종의 교과서에만 산신 신앙이나 성황 신앙에 대한 언급이 있다. 나머지 교과서에는 '토속신앙' '민간신앙' '무격 신앙' '산신 신앙' '성황 신앙' 등의 단어만 열거하고 있는 정도에 불과한 실정이다.

지금까지 살펴본 바와 같이 고려의 토속신앙에 대해서는 1990년대에 들어와서야 역사학자들의 관심과 연구의 대상이 되었다. 그 결과 지방의 산신이나 성황신에 대해서는 어느 정도 연구가 진행되었다고 할 수 있으나 그것이 국가의 전반적인 사상 정책과 어떠한 관련이 있었는지에 대한 규명은 부족한 실정이다. 즉 토속신앙이 국가 권력과 어떠한 연관을 가지고 있었고 지방 세력이나 지방민과의 관계는 어떠했는지 하는 종합적인 분석이 부족하다는 것이다. 또한 고려에서는 사상의 다양성이 보장되었다는 측면에서 다른 사상과의 관련성 문제 또한 미진한 편이다. 나아가 무격 신앙에 대해서는 아직 역사학자들이 쓴 논문이 없는 상황이다. 이에 대해서도 상세한 규명이 필요하다. 고대에서 조선으로 변화해 가는 과정에서 이들 신앙이 차지하는 의미도 추구되어야 할 것이다. 또 한국사 개설서나 중·고교 교과서에도 거의 서술되어 있지 못하다. 이런 문제의식을 가지고 본 연구에 접근하려 한다.

Ⅲ. 본서의 방향과 내용

2장에서는 고려 토속신앙의 전반적인 상황과 국가적인 전개 양상 등을 살펴볼 것이다. 우선 산신 신앙에 대해 주목해 보고자 한다. 먼저 산신 신앙의 개념 및 내용은 어떠한 것인가 하는 점을 살펴볼 것이다. 그리고 이 산신 신앙은 어떻게 변화, 발전하였는가 하는 것을 추구해 볼 것이다. 특히 유교나 불교 등의 관계를 중심으로 하고자 한다. 다음으로 실제 이 산신 신앙이 무엇 때문에 신봉되고 어떠한 기능을 가지고 있었는가 하는 점도 살펴볼 것이다. 마지막으로 고려시대의 산신 신앙이 차지하고 있는 정치적 의의도 추구해 볼 것이다. 여기서는 주로 국가와 지방세력과의 관계에 주목해 볼 것이다.

다음으로는 성황 신앙을 검토할 것이다. 성황 신앙의 개념 및 내용을 살펴보고 성황 신앙의 실체는 본래 무엇이었는가 하는 점을 밝혀보고자 한다. 그리고 성황 신앙의 유래 및 변천을 살펴볼 것이다. 고려시대에 처음 보이는 성황 신앙은 우리 고유의 것인가 아니면 외부에서 전래된 것인가. 또 그것은 시기에 따라 어떻게 변화·발전하였는가를 추구해 보고자 한다. 마지막으로는 그것이 지니고 있는 역사적 의의를 살펴볼 것이다. 특히 이 성황 신앙은 국가권력과 일반백성들 사이에서 어떠한 역할과 의미를 가지고 있었는가에 중점을 두어 살펴보고자 한다.

셋째로는 무격 신앙의 내용 및 기원에 대해 살펴보고 고려시대 각 시기별 무격 신앙의 변천을 살펴보고자 한다. 무격 신앙이 각 시기에 따라 어떻게 변화하였는가 하는 점도 집중적으로 검토할 것이다. 당시의 정치·사회·문화적 상황과 어떠한 관련성을 가지고 변천해갔는가를 탐구해 보고자 한다. 또 巫의 역할과 기능에 대해서도 살펴보고자 한다.

결국 이러한 검토를 통하여 현재 민속학에서 도외시되고 있는 역사성을 찾아보고자 한다. 다시 말해 歷史學과 民俗學의 접맥을 시도해 보고자 하는 것이다.

다음으로 3장에서는 주로 지방에 위치한 山神祠나 城隍堂, 城隍祠의 실체를 통해 지방의 토속신앙 실태를 탐구해 보고자 한다. 우선 현재의 전북 남원 지역에 있었던 지리산신사를 통한 산신 신앙의 상황을 살펴보고자 한다. 즉 고려시대 남원부의 탄생과 지리산신에 대해 알아보고자 한다. 먼저 남원부 성립의 시대적 배경과 토성의 분정에 대해 살펴보고 지리산신의 연혁과 그에 대한 여러 설에 대해 탐구해 볼 것이다. 그리고 고려시대 지리산 성모천왕의 실체와 그 역할에 대해서도 추구해 볼 것이다. 이러한 과정 속에서 지방사회의 모습과 중앙과의 관계가 자연스럽게 드러날 것이라 생각한다.

다음으로는 전남 나주에 있었던 錦城山神祠를 중심으로 지방의 산신 신앙 실태를 탐구해 볼 것이다. 나아가 나주의 지방세력과 각종 神祠와의 관계를 살펴보고자 한다. 먼저 고려시대에 와서 羅州가 주목받게 되는 요인과 羅州 羅氏와의 관계를 알아보고 羅州 吳氏와 惠宗 祠堂에 대해 살펴보고자 한다. 다음으로 羅州 鄭氏와 錦城山神祠의 의미를 추구해보겠다. 이런 과정에서 혜종사나 금성산신사는 단순한 신앙의 형태를 넘어 지방세력이 그 지역을 통치하는 형태와 밀접한 관련이 있음을 알게 될 것이다.

셋째로는 현재의 경남 사천 지역에 해당하는 사수현의 성황당에 대해 살펴볼 것이다. 이 성황당은 한국 역사상 최초로 나오는 성황당 기록으로 고려 제8대 임금인 현종과 밀접한 관련을 갖고 있다. 따라서 여기서는 우선 현종과 사수현과의 관계를 중심으로 현종 당시의 정책적 방향을 살펴보고자 한다. 현종이 어떻게 하여 사수현에 내려와 살게 되었는가를 살펴보고 사수현의 성황 신앙에 대해서도 탐구해보고자 한다. 다음으로 현종이 어떤 과정을 거쳐 왕위에 즉위하였으며 그의 정책 속에서 사수현이 어떤 비중을 차지하고 있는가 하는 점도 추구해보고자 한다.

넷째로는 전북 순창의 성황 신앙에 대해 살펴보고자 한다. 이 지역에서는 '城隍大神事跡'이란 제목의 현판이 전해 내려오고 있었다. 그런데 그 존재를 잘 모르고 있다가 1992년 향토사학자에 의해 그 대체적인 내용이 소개된 바 있다. 이는 성황 신앙의 존재와 그 변화상을 잘 보여주는 귀중한 자료이다. 이 자료는 그 중요성이 인정되어 1997년 문화재자료 제138호로, 2000년 1월 13일에는 '중요민속 자료 제238호'로 지정되었다. 따라서 여기서는 이 현판의 내용을 중심으로 그 특징과 문제점을 살펴보

고 고려시대를 중심으로 순창 지방세력의 동향과 그에 관련된 성황
신앙의 실태를 살펴보고자 한다. 여기서 밝혀둘 것은 '城隍大神事跡'의
내용은 고려시대부터 조선 말기까지에 걸치는 것이나 여기서는 고려시
대의 내용을 중심으로 분석하고자 한다.

2장 국가와 토속신앙

I. 산신 신앙

1. 산신 신앙의 개념 및 내용

우리 민족은 옛날부터 하늘[天]에 대해 외경심을 가지고 숭배해 왔다. 고대인들의 입장에서 볼 때 하늘은 신비롭기 한이 없는 존재였다. 맑던 하늘이 갑자기 흐려지면서 구름이 끼고 비가 오는 현상을 보면서 두려움과 더불어 외경심을 갖게 되었던 것이다. 그런가 하면 때로는 번갯불을 번쩍이면서 천둥소리를 내기도 하는 하늘이야말로 자신들의 위에 군림한 主管者라고 생각하였던 것이다. 즉 하늘이 우리 인간들을 다스리는 神적 존재로 여겼던 것이다.

산신 신앙 역시 이러한 敬天사상과 맥을 같이하는 것이다. 높고 험한 산악은 인간세계와 하늘을 매개시켜주는 중간적 존재로 생각하였던 것이다. 즉 天上 - 高山 - 人間의 단계를 통하여 인간세계가 변화, 발전한다고 믿었던 것이다.[1] 나아가 우리 인간이 처음 만들어진 것도 하늘의

---

1) 趙芝薰,「累石壇 神樹 堂집 信仰 硏究」『高麗大學校 文理論集(文學部篇)』7, 1963, 49~50쪽.

창조행위에 의한 것이라고 믿었다. 인간의 조상이 하늘에서 산을 거쳐 내려왔을 것이라 생각하였던 것이다.

이러한 사고 구조를 잘 표현해주고 있는 것이 바로 檀君神話이다. 天帝인 桓因의 서자 桓雄이 太白山 神檀樹 아래에 내려와 熊女와 결혼하고 거기에서 낳은 아들 檀君王儉이 朝鮮을 건국하였다는[2] 내용이 고대인들의 세계관을 잘 반영해 주고 있는 것이다. 여기서 환인은 天帝라고 표현되어 있듯이 天界에 사는 하느님, 즉 天神 또는 太陽神을 뜻하는 것이다. 환인은 帝釋을 가리킨다고 한 一然의 주석에서도 엿볼 수 있다. 불교의 제석은 원래 인도신화의 Indra(雷神)를 뜻하는 것으로 天神의 일종이었다. 이러한 天神의 아들 환웅이 태백산정에 내려왔다는 天神 山上降臨설은 천과 산을 일체시하는 고대인의 관념과 神은 산상에 鎭座한다는 사상이 배경을 이루어 성립된 것이었다.[3] 또한 환웅이 태백산 神檀樹 아래로 내려왔다고 하는 것은 하늘 높이 솟아 있어서 하늘과 땅을 연결한다고 믿는 거룩한 산 곧 宇宙山에 대한 신앙과 우주의 중심을 표시하는 神木信仰을 표현하고 있는 것이다. 따라서 산신 신앙과 神木信仰은 天神降臨信仰과 연결되어 있을 뿐 아니라 그 연장이라 할 수 있는 것이다. 다시 말해 고대인들은 하느님[天神]이 이 세상에 강림했다고 믿었으며 강림한 하늘의 신이 곧 山神이라고 믿었던 것이다.[4]

이와 같은 天-山 일체관념은 경남 陜川郡의 正見天王祠와 충북 보은의 大自在天王祠의 예에서 엿볼 수 있다. 이들 祠堂은 실제로는 각각 伽耶山과 俗離山의 山神을 제사지내는 곳이었지만 명칭상으로는 天王을 모시는

---

2) 『三國遺事』 권1 紀異1 古朝鮮條.

3) 洪淳昶,「神話傳說에 나타난 固有思想」『韓國民族思想史大系(古代篇)』 2, 螢雪出版社, 1973, 25~26쪽.

4) 柳東植, 『韓國 巫敎의 歷史와 構造』, 延世大學校出版部, 1975, 31쪽 및 50쪽.

天王祠라 하였던 것이다.5) 현재 지리산이나 속리산의 天王峰,계룡산의 天皇峰 등의 명칭도 산이 하늘과 인간을 매개시켜주고 天王(皇)이 강림하는 곳이란 의미에서 비롯된 것이라 하겠다. 결국 산신의 정체는 하늘에 있을 때는 天王이고 천왕이 하산하면 山王이 되는 것이다.

그런데 이러한 산신 신앙은 위에서도 잠시 언급했지만 실상은 산악 그 자체에 대한 숭배가 아니라 산악을 인격화한 山神에 대한 숭배였다. 이 산신이 인간과 똑 같이 때로 기분이 좋다가도 갑자기 화를 내기도 하고 악한 일을 하는 자에게는 벌을 주기도 한다고 생각했던 것이다. 오랫동안 가물다가 비가 오려하거나 비가 많이 오다가 개려 하면 우는 소리를 냈다는 광주의 無等山도6) 산 자체를 인간처럼 생각하였다는 하나의 방증이라 하겠다. 나라를 1,500년 동안 다스리다 1,908세의 나이로 阿斯達山의 山神이 되었다는 단군의 예도7) 산신 숭배의 예를 잘 보여주는 것이다. 高麗 太祖가 일찍이 충남 稷山의 서쪽에 행차하였는데 산위에 오색 구름이 있는 것을 보고 山神이 있다고 여겨 제사를 지내고 이 산을 聖居山이라 하였다는 이야기도8) 산신이 인격신이었음을 보여주는 예다.

다음의 예는 인격신으로서의 山神 존재를 잘 보여준다.

A-① 일설에는 죽은 후 27대 문무왕대인 調露 2년(680) 3월 15일 辛酉 밤에 太宗이 꿈을 꾸었는데 어떤 노인이 심히 위엄스럽게 나타나

---

5) 「正見天王祠 在海印寺中 俗傳 大伽耶國王后正見 死爲山神」(『新增東國輿地勝覽』 권30 陜川郡 祠廟) ;「大自在天王祠 在俗離山頂 其神 每年十月寅日 下降于法住寺 山中人 設樂迎神 以祠之 留四十五日而還」(『新增東國輿地勝覽』 권16 報恩縣 祠廟).
6) 『新增東國輿地勝覽』 권35 光山縣 山川 無等山.
7) 『三國遺事』 권1 紀異1 古朝鮮條.
8) 『新增東國輿地勝覽』 권16 충청도 稷山縣 山川條.

말하기를 "나는 脫解인데 내 뼈를 疏川의 언덕에서 뽑아 塑像을 만들어 土舍山에 안치해달라." 하니 왕이 그 말대로 하였다. 그런 고로 지금에 이르기까지 國祀가 끊이지 않았으니 이가 곧 東岳神이라 하였다.(『三國遺事』권1 紀異1 第四 脫解王條)

② (憲康王이) 鮑石亭에 가니 南山神이 御前에 나타나서 춤을 추었는데 좌우의 신하들은 보지 못하였으나 왕은 홀로 이를 보았다.……또 金剛嶺에 갔을 때는 北岳神이 나타나 춤을 추었다.(『三國遺事』권2 紀異 處容郎 望海寺條)

③ 왕이 나라를 다스린 지 24년에 五嶽 三山의 神들이 때때로 간혹 나타나 殿庭에서 왕을 모시었다.(『三國遺事』권2 紀異 景德王 忠談師 表訓大德條)

④ (虎景이) 먼저 山神에게 제사를 지냈더니 그 神이 나타나 말하기를 "나는 본래 寡婦로써 이 산을 주관하고 있었는데 다행히 聖骨將軍을 만나 서로 부부가 되어 神政을 펴고자 하는바 청컨대 이 산의 大王이 되어주시오." 하고는 말을 마치자 산신과 호경은 다 갑자기 보이지 않았다.(『高麗史』高麗世系)

여기서 보는 바와 같이 산을 주재하는 산신들이 인간처럼 때로 춤을 추기도 하고 결혼을 하자고 하는가 하면 왕을 보필하기도 하였던 것이다.(A-②, ③, ④) 또 비록 꿈이기는 하지만 무덤을 옮겨달라는 부탁도 하고 있는 것이다(A-①). 그리하여 실존했던 역사적 인물이 산신으로 숭배되기도 하였다. 전라도 順天의 경우 고려시대의 인물이었던 朴英規와 朴蘭鳳이 각각 海龍山神과 麟蹄山神으로 추봉되었던 것이다.9) 결국

---

9) 『新增東國輿地勝覽』권40 順天都護府 人物條 및 변동명, 「순천의 산신·성황신」 『한국전통시기의 산신·성황신』, 전남대출판부, 2013 참조.

우리나라의 고대인들은 山을 自然 그 자체로서가 아니라 하나의 人格神으로서 숭배하였다 하겠다.

이러한 山 내지 山神에 대한 신앙은 우리나라뿐 아니라 중국의 경우도 일찍부터 존재하였다. 周나라 때의 天子는 천하의 名山大川인 五嶽과 四瀆에 제사를 지내고 諸侯는 그의 領地내에 있는 名山大川에 제사를 지내도록 되어 있었다. 여기서 오악은 崇高山을 中嶽으로 하고 東嶽이 泰山, 西嶽이 華山, 南嶽이 藿山, 北嶽이 常山이었다.[10] 『禮記』에도 이와 비슷한 내용이 적혀있다. 天子는 5년에 한번씩 巡守를 하는데 2월에는 동쪽으로, 그리고 5, 8, 11월에는 각각 남, 서, 북쪽으로 순수하는 것이 상례였다. 그런데 순수할 때에 岱宗(泰山), 南嶽, 西嶽, 北嶽에 이르러 나무를 태워 山川에 제사를 지내고 제후들의 정치를 살폈다. 만약 제후들이 山川의 神祇를 제대로 받들지 못하였으면 不敬罪로 領地를 삭감한다고 기록되어 있는 것이다.[11] 그리하여 秦 이후의 역대 天子는 封禪하여 天地에 제사를 지내는 동시에 山神에 대해서도 大祭를 지내게 되었다. 여기서 '封'은 泰山에 올라가 하늘에 제사지냄을 일컫는 말이오 '禪'이라 함은 태산의 남쪽인 梁父山에서 땅에 제사지내는 것을 말하는 것이다.[12] 宋代에도 嶽瀆, 城隍, 仙佛, 龍神 등과 더불어 山神도 매우 숭배되어 爵位를 받는 경우도 허다하였다.[13]

따라서 중국의 산신 신앙이 우리나라에 영향을 주었다고도 볼 수

---

10) 『文獻通考』 권83 郊祀考16 祀山川條.
11) 「天子五年一巡守 歲二月東巡守 至于岱宗 柴而望祀山川 觀諸侯……山川神祇 有
   不擧者不敬 不敬者 君削以地……五月南巡守 至于南嶽 如東巡守之禮 八月西巡守
   至于西嶽 如南巡守之禮 十有一月北巡守 至于北嶽 如西巡守之禮」(『禮記』上 王制
   第五).
12) 王小盾, 『原始信仰和中國古神』, 上海古籍出版社, 1989, 22쪽.
13) 「其他州縣嶽瀆城隍仙佛山神龍神水泉江河之神及諸小祀 皆有禱祈感應 而封賜之
   多 不能盡錄」(『宋史』 권105 禮志8 諸神廟條).

있다. 그러나 중국의 영향을 받기 전부터 산신 신앙은 우리의 토착적인 사상으로 자리잡고 있었다고 보는 것이 타당하다. 그리하여 우리나라의 각처에는 이러한 山神을 제사지내는 山祠 또는 山神祠가 많았다. 기록에 보이는 산사 또는 산신사를 찾아 표로 만들어 보면 다음과 같다.

〈표 1〉 전국의 山神祠 현황

번호	지역(현 지명)	산신사 명칭	전거
1	開城府	松岳山祠	승람5, 사53 오행지1, 사55 오행지3
2	開城府	龍首山祠	승람5
3	積城縣	紺岳山(神)祠	승람11, 사63 예지5
4	加平縣	花岳山祠	승람11
5	長湍都護府	五冠山祠	승람12
6	長湍都護府	龍虎山祠	승람12
7	江華都護府	鎭江神祠	승람12
8	豊德郡(開豊郡)	德積山祠	승람13
9	豊德郡(開豊郡)	白馬山祠	승람13
10	忠州牧	月岳(神)祠	승람14, 사24
11	丹陽郡	竹嶺祠	승람14
12	公州牧	鷄龍山祠	승람17
13	慶州	昔脫解祠	승람21
14	慶州	聖母祠	승람21
15	慶州	神母祠	승람21
16	蔚山郡	亐弗山神祠	승람22
17	聞慶縣	曦陽山祠	승람29
18	聞慶縣	梓木山祠	승람29
19	聞慶縣	獐山祠	승람29
20	陝川郡	正見天王祠	승람30
21	陝川郡	美崇神祠	승람30
22	金海都護府	松岳堂	승람32
23	熊川縣	熊山神堂	승람32
24	羅州牧	錦城山祠	승람35, 사103 김경손전, 사105 정가신전
25	光山縣(光州)	無等山神祠	승람35, 사27, 사63 예지5
26	光山縣(光州)	金堂山神祠	승람35
27	靈岩郡	月出山神祠	승람35
28	珍原縣(長城)	筬山神祠	승람36
29	茂長縣	花山祠	승람36

30	長興都護府	天冠山神祠	승람37
31	濟州牧	廣壤堂	승람38
32	南原都護府	智異山神祠	승람39, 사113 정지전
33	順天都護府	海龍山祠	승람40
34	遂安郡	遼東山祠	승람42
35	牛峯縣	九龍山祠	승람42
36	文化縣	三聖祠	승람42
37	文化縣	錢山祠	승람42
38	海州牧	牛耳山祠	승람43
39	江陵都護府	大冠山神祠	승람44
40	江陵都護府	太白山祠	승람44
41	江陵都護府	近山祠	승람44
42	原州牧	雉嶽山祠	승람46
43	洪川縣	八峯山祠	승람46
44	定平都護府	鼻白山祠	승람48
45	德源都護府	所依達山祠	승람49
46	平壤府	斧山祠	승람51
47	平壤府	木覓山祠	승람51, 사63 예지5, 태조실록

*전거 항목의 승람=『新增東國輿地勝覽』, 사=『高麗史』

여기서 13번의 昔脫解祠를 山神祠로 볼수 있느냐 하는 문제가 있다. 그러나 이 사당이 현재의 土舍山頂에 있었던 점으로 미루어 산신사로 보는 것이 마땅하다고 생각한다. 기록에 의하면 신라 武烈王의 꿈에 석탈해가 나타나 疏川 언덕에 있는 자신의 뼈를 파내어 토함산 꼭대기에 묻어달라는 부탁을 하였다 한다. 물론 무열왕은 그 말에 따라 뼈를 이장하였는데 그가 곧 東岳[토함산]神이었다고 되어 있는 것이다.[14] 14, 15의 聖母祠와 神母祠도 그것들이 西嶽과 鵄述嶺에 있었다는 사실로 미루어 산신사로 보아도 좋을 것이라 생각한다. 다만 그 神體가 여성으로 婆蘇라는 중국 帝室의 딸과 朴堤上의 처였다는 점이 특이하다 하겠다.[15]

---

14) 『三國遺事』권1 紀異1 第四脫解王條 및 『新增東國輿地勝覽』권21 慶尙道 慶州府 祠廟條.

15) 『三國遺事』권5 感通7 仙桃聖母隨喜佛事 및 『新增東國輿地勝覽』권21 慶州府

金海에 있던 松岳堂(22)은 金方慶이 일본을 정벌할 때 개성에 있던 송악신을 여기서 제사지냄으로써 생겨난 것이다. 그러므로 이것 역시 山神祠였음에 틀림없다.[16] 제주에 있었던 廣壤堂(31)도 漢拏護國神祠에 있었으며 한라산신의 동생이 神體였던 것으로 보아 산신사였음을 알 수 있다.[17] 36의 三聖祠는 단군신화에 나오는 환인, 환웅, 단군을 모신 사당이지만 앞서 잠시 보았듯이 단군이 나중에 산신이 되었으며 九月山에 있는 점으로 미루어[18] 산신사로 보는 것이 옳을 것이다.

요컨대 산신 신앙은 하늘[天] 숭배 사상과 일맥상통하는 것으로 하늘과 인간세계를 매개시켜 주는 것이 바로 산이라는 생각에서 비롯되었다. 그러나 고대인들은 산을 단순한 자연물로써 숭배한 것은 아니었다. 산도 하늘과 마찬가지로 조용하다가 때로 화를 내고 울기도 하는 하나의 人格神으로 생각하였다. 그리하여 실존했던 역사적 인물을 山神으로 숭배하였다. 이렇게 하여 많은 山神祠가 생겼는데『신증동국여지승람』에 기록된 산신사만 하더라도 47개나 되었던 것이다.

2. 산신 신앙의 유래 및 변천

(1) 고대의 여성 산신 등장

우리나라에서는 일찍부터 하늘[天]에 대한 숭배사상이 있었다. 그리하여 天에 대한 대대적인 제사가 행하여졌다. 扶餘의 迎鼓, 高句麗의 東盟, 東濊의 舞天, 三韓의 季節祭 등이 그것이다.[19] 그런데 이러한 天神에

祠廟條.
16)『新增東國輿地勝覽』 권32 金海都護府 祠廟條.
17)『新增東國輿地勝覽』 권38 濟州牧 祠廟條.
18)『新增東國輿地勝覽』 권42 文化縣 祠廟條.
19)『三國志』 魏志 東夷傳.

대한 제사는 단순한 종교적, 신앙적 의미만 갖고 있는 것이 아니라 支配者의 正當性을 합리화하고 生産과 관련된 경제적 기반이 되는 지배이데올로기적인 성격도 가지고 있는 것이었다.[20]

이러한 天神信仰과 더불어 山神에 대한 숭배도 있었다.『後漢書』와 『三國志』東夷傳에 보면 濊에서 山川을 중시했다는 기록이 보이고 있는 것이다.[21] 중시했다는 것은 그것을 신성시했다는 뜻이라고 할 수 있다. 또 濊에서 "호랑이를 神으로 제사했다[祭虎以神]"는 기록도 보이고 있다.[22] 그런데 위의 두 기록은 별개의 것이 아니라 서로 연관성을 가지고 있다고 생각된다. 즉 호랑이를 山神으로 숭배하고 있었던 것이 아닌가 하는 것이다. 그것은 아무르강, 우수리강 유역의 여러 족속과 만주족 등 우리나라의 주변지역에서 호랑이를 산신으로 모시는 예가 많으며 현재 우리나라에서도 山神祭와 호랑이를 연결시키는 관념이 많이 존재하기 때문이다. 즉 이때에는 산신을 動物態의 神으로 숭배했던 것이 아닌가 하는 것이다.[23]

이러한 天神 내지 산신 신앙은 신라시대에도 계속되었다. 즉 신라는 일찍이 炤知王 내지 智證王代에 神宮을 설치하여[24] 天神과 始祖神을 제사하였다. 이 신궁은 중국 郊祀의 영향을 받은 것이지만 단순한 祭天기구가 아니라 始祖가 天과 직결된다는 의미에서 天과 始祖를 配祀했던 것이다.[25] 이와 더불어 山神에 대한 숭배도 성행하였다. 그리하여 이미

---

20) 崔光植,「韓國 古代의 祭天儀禮」『國史館論叢』13, 1990.

21) 『後漢書』 권85 東夷傳 濊條 및 『三國志』 권3 魏書30 濊傳條.

22) 『三國志』 魏志 東夷傳 濊條.

23) 서영대,「東濊社會의 虎神崇拜에 대하여」『역사민속학』2, 1992, 67~73쪽.

24) 『三國史記』 권3 新羅本紀3 炤知麻立干 9年 및 권32 雜志1 祭祀志.

25) 崔光植,「新羅의 神宮設置에 대한 新考察」『韓國史研究』43, 1983 ; 辛鍾遠,「新羅 祀典의 成立과 意義」『新羅初期佛敎史研究』, 民族社, 1992, 75~84쪽.

占海王 7년에 비가 오지 않자 始祖廟 및 名山에 제사지낸 기록이 있는 것이다.[26] 『舊唐書』에도 신라인들은 山神에게 제사하기를 좋아했다[好祭山神]는 기록이 보이고 있다.[27]

『三國史記』祭祀志에도 보면 三山 五嶽을 비롯하여 많은 산들이 숭배되었음을 알 수 있다. 즉 奈歷, 骨火, 穴禮 등의 3산이 大祀에 올라 있었으며 中嶽인 父岳을 비롯하여 동, 서, 남, 북으로 吐含山, 鷄龍山, 地理山, 太伯山 등의 5악이 中祀로 숭배되었다. 이밖에도 小祀로 霜岳山, 雪岳山, 花岳山, 甘岳山, 負兒岳, 月奈岳, 武珍岳, 西多山, 月兄山, 冬老岳, 竹旨, 熊只, 岳髮, 于火, 三岐, 卉黃, 高墟, 嘉阿岳, 波只谷原岳, 非藥岳, 加良岳, 西述 등의 산이 祀典에 올라 있었던 것이다.[28]

여기서 3山 중 奈歷은 지금의 경주 琅山으로 비정되며 骨火山은 骨伐國의 근거지였던 지금의 永川 부근에 있던 산으로 추정된다. 穴禮는 당시의 大城郡에 있었다는 점으로 미루어 현재의 淸道郡 근처에 있는 산으로 추정되나 정확한 위치는 비정하기 어려운 실정이다.[29] 5嶽은 父岳을 제외하고는 현재의 산명과 일치하고 있어 그 위치를 쉽게 알 수 있다. 부악은 『삼국사기』에는 押督郡 즉 지금의 慶山에 있는 것으로 되어 있으나[30] 『신증동국여지승람』에는 大邱에 있는 八公山이 父岳으로 불리어졌음을 명시하고 있다.[31] 대구와 경산은 가까운 지역으로 다 같이 팔공산 자락에 있으므로 별 문제는 없다고 할 수 있다.

26) 『三國史記』 권2 新羅本紀2 占海尼師今 7年條.

27) 『舊唐書』 권199上 新羅傳.

28) 『三國史記』 권32 雜志1 祭祀條.

29) 洪淳昶, 「新羅 三山 五嶽에 대하여」 『新羅民俗의 新研究』, 書景文化社, 1991, 38~42쪽.

30) 『三國史記』 권32 雜志1 祭祀條.

31) 『新增東國輿地勝覽』 권26 大邱都護府 山川條.

한편 5악에 대한 숭배는 단순한 산악숭배뿐 아니라 정치적인 의미도 내포하고 있었다. 이 5악은 신라의 팽창과정에서 각 지역의 정치세력을 포섭하고 진압하기 위해 성립된 것이라 할 수 있다. 즉 토함산은 석탈해가 그 산신으로 모셔진 점으로 미루어 昔氏세력의 상징적 산악이고 경주에 原住하던 부족과 연합하면서 신성시된 것이다. 부악은 본래 押督國이 있었던 지역으로 신라가 가야 연맹의 기반이 되어 있던 낙동강유역으로 진출하는 길목에 있는 산이었다. 태백산은 신라가 죽령을 넘어 고구려의 옛 영토를 점유한 뒤에 이 지역의 세력을 효과적으로 통제하기 위해 숭배된 것이라 생각한다. 또 지리산은 가야세력을, 그리고 계룡산은 백제세력을 염두에 두고 신성시하게 된 것이 아닌가 하는 것이다. 따라서 오악의 성립시기는 文武王 말년 혹은 神文王代로 추측된다.[32]

(2) 통일신라 및 고려의 남성 산신과 불교, 도교와의 습합

그런데 이러한 산신 신앙은 신라의 삼국통일을 전후하여 상당한 성격변화를 겪게 된다. 그것은 숭배되는 山神의 性이 변화한다는 것과 산신 신앙이 佛敎 내지 道敎 등과 習合되어 나타난다는 점이다. 우선 산신의 性 변화를 살펴보자. 신라 이전의 산신은 앞서 잠시 보았듯이 호랑이라는 動物態의 성격을 띠기도 했지만 대부분 女性으로서의 인격신이었다. 다음 기록을 보자.

B-① (仙桃山)神母는 본래 중국 帝室의 딸이었는데 이름을 娑蘇라 하였다. 일찍이 神仙의 術을 배워 海東에 돌아와 머무르고 오랫동안 돌아가지 않았다. 그러자 父皇이 편지를 솔개 다리에 묶어 보냈는데 거기에

---

32) 李基白,「新羅 五嶽의 成立과 그 意義」『震檀學報』, 1973 ;『新羅政治社會史硏究』, 一潮閣, 1974, 195~207쪽.

이르기를 "솔개를 따라가 머무는 곳에 집을 지으라." 하였다. 蘇가 글을 보고 솔개를 날리니 이 산에 이르러 멈추자 드디어 와서 집을 짓고 地仙이 되었던 고로 산 이름을 西鳶山이라 했다.(『三國遺事』 권5 感通7 仙桃聖母隨喜佛事)

② (南解王의) 妃 雲帝夫人은 일명 雲梯라고도 한다. 지금 迎日縣 서쪽에 雲梯山聖母祠가 있는데 가물 때 비를 빌면 靈驗이 있다.(『三國遺事』 권1 紀異2 第二南解王)

③ 처음 堤上이 출발하여 감에 夫人이 이를 듣고 따라갔으나 미치지 못하였다.……오래 후에 夫人이 그 思慕함을 이기지 못해 세 딸을 거느리고 鵄述嶺에 올라가 倭國을 바라보고 울다가 죽었다. 인하여 鵄述神母가 되었는데 지금도 祠堂이 있다.(『三國遺事』 권1 紀異2 奈勿 王 金堤上)

④ 娘 등이 문득 神의 형체를 하고 나타나 말하기를 "우리는 奈林, 穴禮, 骨火 등 세 곳의 護國神이다. 지금 敵國 사람이 그대를 유인해 가는데도 그대는 알지 못하고 가고 있다. 내가 그대를 머무르고자 하기 위해 여기에 이르렀다." 하였다. 말을 마치고는 없어졌는데 公이 이를 듣고 놀라 엎드려 再拜하고 나갔다.(『三國遺事』 권1 紀異2 金庾信)

⑤ (虎景이) 하루는 같은 마을 사람 아홉 명과 함께 平那山에서 매를 잡다 마침 날이 저물자 바위굴에 들어가 잠을 자려 하는데 호랑이가 굴 입구에 서서 크게 울부짖었다. 열 사람이 서로 말하기를 "호랑이가 우리를 먹으려 하니 시험삼아 冠을 던져 잡히는 자가 당하기로 하자." 하였다. 드디어 다 던졌는데 호랑이가 호경의 관을 잡자 호경이 나가서 호랑이와 싸우려 하였다. 그러자 호랑이는 보이지 않고 굴이 무너져 아홉 사람은 다 나올 수 없었다. 호경이 돌아와 平那郡에 고하고 9인을 장사지내는데 먼저 山神에게 제사하자 그 신이 나타나

말하기를 "나는 寡婦로서 이 산을 주재하고 있었는데 다행히 聖骨將軍
을 만나 같이 부부가 되어 神政을 다스리고자 하니 청컨대 이 산의
大王이 되어 주시오." 하고는 말을 마치자 호경과 더불어 숨고 나타나
지 않았다.(『高麗史』 高麗世系)

　　B-①에서 보는 바와 같이 仙桃山의 山神이 중국 황제의 딸인 것으로
되어 있다. 뒤에 계속되는 본문에 보면 이 婆蘇가 바다를 건너 辰韓에
왔다가 박혁거세를 낳았다고 되어 있다.『三國遺事』 권1 紀異1 新羅始祖赫
居世王條에도 仙桃聖母가 혁거세의 어머니라는 설을 소개하고 있는
것이다. 이는 아마도 시조의 어머니를 신성시하는 관념에서 비롯된
것이 아닌가 한다. B-②의 雲梯山의 산신으로 모셔진 운제부인은 南解王
의 왕비이면서 시조 혁거세의 며느리이기도 하다. 이도 역시 시조를
중시했던 신라인의 관념과 관련이 있는 것이지만 여성을 신성시했다는
것을 보여주는 예다. B-③은 實聖王이 고구려와 왜국에 인질로 보냈던
卜好와 未斯欣을 訥祗王의 청으로 구해주고 자신은 왜국에서 죽은[33]
朴堤上의 부인이 鵄述嶺의 산신이 되었음을 보여준다. B-④는 김유신이
花郞으로 있을 때 고구려의 첩자 白石의 꼬임에 빠져 고구려로 가는
도중 일어났던 일이다. 그러나 신라 三山 山神의 도움으로 백석을 잡은
것이다. 그런데 그 산신들이 娘이었다는 표현으로 보아 여성이었음을
알 수 있다. B-⑤는 고려를 건국한 王建의 7代 先祖인 虎景의 이야기다.
왕건이 唐 乾符 4年(877)生이므로[34] 1대를 30년으로 잡는다면 대략 700년
전후의 일로 추정할 수 있다. 즉 삼국통일 직후라 할 수 있다. 그런데
당시 平那山의 산신도 여성이었음을 알 수 있다.

---

33)『三國史記』 권45 朴堤上傳. 그러나『三國遺事』에는 그의 姓이 金으로 되어 있다.
34)『高麗史』 권1 太祖世家 序文.

그러다가 신라의 삼국통일 이후부터 男性 山神이 나타나기 시작한다. 즉 唐 調露 2年(文武王 20 : 680) 꿈에서 본 昔脫解의 청에 따라 그의 유골이 東嶽[吐含山]에 모셔지면서 東嶽神이 되고 있는 것이다.[35] 또 唐나라의 장수였던 薛仁貴가 紺嶽山神으로 모셔지기도 하였다.[36] 이러한 남성 산신은 고려시대 이후에도 나타나고 있다. 즉 전라도 순천의 경우 고려초기에 견훤의 사위였다가 왕건에게 귀순한 朴英規가 海龍山神으로 모셔졌으며 朴蘭鳳이 麟蹄山神이 되었던 것이다.[37] 이러한 산신의 性 변화는 중국에서 전래된 父權本位思想의 영향이라 볼 수도 있으며[38] 신라의 삼국통일 전쟁과 고려의 후삼국통일 전쟁과정에서 남성의 역할이 증대되었기 때문이 아닌가 한다. 즉 국가를 지키고 수호하는 데에는 여자보다 남자의 기능이 컸기 때문에 남성이 守護神인 山神으로 모셔지게 된 것이라 생각한다.

또 다른 변화로는 전통적인 산신 신앙이 불교, 도교 등과 혼합되어진다는 것이다. 그러한 징표는 仙桃山神에게서 찾아볼 수 있다.

C. 眞平王朝(579~631)에 比丘尼가 있었는데 이름을 智惠라 하였다. 賢行을 많이 하여 安興寺에 거주하고 있었는데 새로 佛殿을 수리하고자 하였으나 財力이 미약하였다. 그런데 꿈에 한 仙女가 모습을 아름답게 하고 진주와 비취로 머리를 장식하고는 와서 말하기를 "나는 仙桃山의 神母다. 네가 불전을 수리하고자 함을 기쁘게 생각하여 원컨대 金 10근을 施主하여 돕고자 한다. 마땅히 내 자리 밑에서 金을 취하여

---

35) 『三國遺事』 권1 紀異1 第四脫解王條.
36) 『新增東國輿地勝覽』 권11 京畿道 積城縣 祠廟條.
37) 『新增東國輿地勝覽』 권40 順天都護府 人物條.
38) 孫晉泰, 「朝鮮 古代 山神의 性에 就하여」『震檀學報』 1, 1934, 159쪽.

主尊佛 3개를 點眼하고 벽위에 53佛과 6類 聖衆 및 여러 天神, 5嶽神을, 그리고 봄, 가을 두 계절의 10일에 善男 善女들을 모아 널리 일체 含靈하고 占察法會를 설하는 것을 恒規로 삼아라." 하였다. 惠가 이내 놀라 깨어 무리를 거느리고 神祠의 자리 밑에 가서 흙을 파 黃金 160兩을 얻었다. 다하여 나아가 功役을 마쳤는데 다 神母가 말한 바에 의하였다.(『三國遺事』 권5 感通7 仙桃聖母隨喜佛事)

여기서 보는 바와 같이 비구니가 절을 중수하는데 선도산의 산신이 황금을 내놓아 돕고 있다. 그리고 부처님과 더불어 天神과 5악의 山神을 벽에 그리도록 하고 있는 것이다. 이것은 종래의 전통적인 산신 신앙이 불교나 도교와 충돌하지 않고 이들을 수용하면서 습합되어 갔음을 보여주는 것이다.

그것은 고려시대에도 마찬가지였다. 원래 불교행사였던 八關會에서 天靈및 五嶽, 名山, 大川, 龍神에 대한 제사도 함께 행하였던 것이다.[39] 이렇게 산신 신앙과 불교, 도교와의 습합을 잘 보여주는 것이 妙淸에 의한 八聖堂 건립이다.

D. 妙淸은 왕에게 권하여 林原宮城을 축성하고 궁중에 팔성당을 설치했는데 그 八聖이란 첫째 護國白頭嶽太白仙人인 바 실체는 文殊師利菩薩이오, 둘째는 龍圍嶽六通尊者인데 실체는 釋迦佛이오, 셋째는 滅嶽天仙인 바 실체는 大辨天神이오, 넷째는 駒麗平壤仙人인 바 실체는 燃燈佛이고, 다섯째는 駒麗木覓仙人인바 실체는 毘婆尸佛이다. 여섯째는 松嶽震王居士인바 실체는 金剛索菩薩이오, 일곱째는 甄城嶽神人

---

39) 其六日 朕所至願 在於燃燈八關 燃燈所以佛事 八關所以事天靈及五嶽名山大川龍神也 後世姦臣建白加減者 一切禁止(『高麗史』 권2 太祖世家 26年 4月條).

인바 실체는 勒叉天王이고, 여덟째는 頭嶽天女인바 실체는 不動優婆夷
인데 모두 像을 그려 안치하였다.(『高麗史』 권127 妙淸傳)

　여기서 팔성 중 네 번째인 平壤을 제외한 나머지 일곱은 모두 山의
명칭이다. 白頭嶽은 현재의 백두산을 이름이고 다섯째의 木覓은 평양의
木覓山을 가리키는 것이다. 그것은 顯宗 3년에 西京 木覓祠의 神像을
만들었다는 기사가 뒷받침해 준다.[40] 松嶽은 개성에 있는 산이고[41]
甑城嶽은 황해도 文化縣에 있었던 九月山이 아닌가 한다. 구월산이 일명
甑山이라 불렸다는 기록으로 미루어[42] 그렇게 추측해 볼 수 있다. 滅嶽은
황해도 平山에 있는 滅惡山으로 생각된다.[43] 나머지 龍圍嶽과 頭嶽은
현재의 어디인지 잘 알 수 없으나 山名임에는 틀림없다. 그런데 이들
山神들의 명칭에 仙人, 天仙, 天女 등의 이름이 들어가 있는 것은 바로
道敎의 영향 때문이라 하겠다. 그런가 하면 이 팔성의 실체는 모두
불교의 부처나 神이라 하고 있다. 이것은 승려였던 묘청으로서는 당연한
주장이었는지 모른다. 다시 말해 그는 국내의 선택된 名山을 住家로
하여 제각기 仙佛의 諸神格을 합작해 놓은 것이라 할 수 있다.[44] 또
道敎의 제사인 醮祭 때에 天地 및 경내의 山川을 같이 제사하기도 하였다.
초제를 지내는 장소로는 보통 擊毬를 하는 운동장이었던 毬庭이 이용되
었던 것이다.[45]

　40)『高麗史』 권4 顯宗世家 3年 12月 및『新增東國輿地勝覽』 권52 平壤府 古跡條.
　41)『新增東國輿地勝覽』 권4 開城府上 山川條.
　42)『新增東國輿地勝覽』 권42 文化縣 山川條.
　43)『新增東國輿地勝覽』 권41 平山都護府 山川條.
　44) 李丙燾,「仁宗朝의 妙淸의 西京遷都運動과 그 叛亂」『高麗時代의 硏究』, 亞細亞文
　　　化社, 1980, 204~205쪽.
　45)『高麗史』 권63 禮志5 雜祀 顯宗 3年 및 宣宗 6年條.

이렇듯 山神崇拜는 비록 도교, 불교와 서서히 습합되기는 했지만 고려시대에 들어와서도 성행하였다. 그것은 宗廟, 社稷의 제사는 법대로 하지 못하는 것이 많은데 山嶽과 星宿에 대한 제사는 번잡하게 도를 넘고 있다는 최승로의 말에서도 엿볼 수 있다.[46] 기록상으로도 山川에 대한 제사가 여러 차례 이루어지고 있음을 볼 수 있다. 肅宗 6년 2월에는 使臣을 각지에 보내 산천을 제사하였으며 같은 해 4월에는 三角山을 행차할 때 지난 바 있는 開城 및 楊州 지역의 名山 大川에 合祭를 지내기도 하였다.[47] 仁宗 원년 12월에도 山川에 대한 제사가 행해진 바 있다.[48]

毅宗 같은 이는 자신의 寵臣이었던 榮儀의 말에 따라 원근의 여러 神祠에 끊임없이 使者를 보내기도 하였다.[49] 이때 여러 神祠 속에는 山神祠도 있었다고 보는 것이 순리일 것이다. 무신정권시대의 執政者였던 崔忠獻도 풍수지리를 깊이 믿어 神宗 원년에 山川裨補都監을 설치하여 자신의 세력 기반을 강화하고 자신의 안전을 꾀하기도 하였다.[50] 忠烈王 元年에도 충청, 경상, 전라 등의 道와 東界에 사신을 보내 山川에 대한 제사를 행하기도 하였다.[51]

이러한 제사와 더불어 각지의 名山에는 德號, 爵號, 勳號, 尊號 등이 수여되기도 하였다. 심지어는 구체적인 관직까지 수여된 예가 있다. 물론 그것은 山 자체에 수여된 것이 아니라 인격신인 山神에게 부여된 것이었다. 이러한 예는 이미 신라 말기부터 찾아볼 수 있다. 즉 신라

---

46) 『高麗史』 권96 崔承老傳.

47) 『高麗史』 권63 禮志5 雜祀條.

48) 위와 같은 조항.

49) 『高麗史』 권123 榮儀傳.

50) 李丙燾, 앞의 책, 275~278쪽 ; 이재범, 「崔氏政權의 성립과 山川裨補都監」 『成大 史林』 5, 1989, 15~20쪽.

51) 『高麗史』 권63 禮志5 雜祀條.

54대 景明王(917~924)이 仙桃山에 올라왔다가 매를 잃어버렸는데 그곳의 神母에게 빌어 매를 찾게 되자 仙桃山神母를 大王으로 封爵하였던 것이다.[52] 고려에 와서도 文宗 8년에 국내의 名山, 大川의 神祇에 '聰正' 2字의 功號를 가한 예가 있다.[53] 仁宗 7년에는 西京에 갔다 돌아온 후 지나갔던 州, 縣의 山川 神祇에 尊號를 가하였고[54] 毅宗 21년과 23년에는 각각 南京과 西京에 행차한 후 돌아와 名山 大川의 神祇에 爵號를 준 적도 있다.[55] 이처럼 毅宗은 山川에 대한 숭배와 관심을 크게 기울였다. 그리하여 咸有一이란 자가 開城의 龍首山祠에 이르러 靈驗을 시험했으나 효험이 없자 이를 불사른 적이 있었다. 그런데 그날 밤 의종의 꿈에 山神이 나타나 구원을 요청하자 다음날 왕은 바로 그 山神祠를 복구토록 한 일도 있었던 것이다.[56]

明宗 4년과 高宗 40년에도 名山 大川의 神祇에 加號된 바 있으며[57] 忠烈王 7년, 8년, 13년에도 국내의 名山 大川에 德號가 가해지는 조치가 취해지기도 하였다.[58] 충렬왕 13년 6월에는 元나라 내부에서 乃顔大王의 반란이 일어나자 고려가 援軍을 파견하는데 紺嶽山神의 둘째 아들을 都萬戶로 삼아 出征에 陰助하기를 빌기도 하였다.[59] 이는 좀 특이한 예로 산신에게 실제 관직을 내린 것이다. 그리고 산신도 일반 사람들처럼 아들로 모셔진 神體가 있었음을 알 수 있다. 忠宣王 復位年 11월에는

52) 『三國遺事』 권5 感通7 仙桃聖母隨喜佛事條.
53) 『高麗史』 권7 文宗世家 8年 5月 己卯條.
54) 『高麗史』 권16 仁宗世家 7年 3月 庚寅條.
55) 『高麗史』 권18 毅宗世家 21년 9月 및 23年 4月條.
56) 『新增東國輿地勝覽』 권5 開城府下 祠廟 龍首山祠條.
57) 『高麗史』 권19 明宗世家 4年 12月 및 권24 高宗世家 4年 6月條.
58) 『高麗史』 권29 忠烈王 7年 正月,8年 5月 및 권30 忠烈王 13年 7月條.
59) 『高麗史』 권30 忠烈王 13年 6月 己卯條 및 『高麗史節要』 권21 忠烈王 13年 5, 6月條.

각지의 城隍과 名山 大川에 加號되었으며[60] 忠肅王 12년, 恭愍王 원년 및 5년에도 비슷한 조치가 행해졌다.[61]

(3) 고려말, 조선초의 민간화와 성황 신앙과의 혼효

그러다가 麗末鮮初에 이르면 이 산신 신앙에도 새로운 변화가 나타나기 시작한다. 그것은 우선 성황 신앙과의 혼효가 시작된다는 점과 산신 신앙의 점차적인 民間化에 따른 淫祀가 행해진다는 점이다. 성황 신앙은 원래 城과 그에 부속된 방어시설에 대한 신앙에서 비롯된 것이었다. 그러나 우리나라에는 山城이 많았고 그 神의 기능이 우리 고유의 山神과 같이 守護神이었기 때문에 점차적으로 혼합된 것이었다.[62] 그리하여 恭讓王 2년 漢陽으로 천도한 지 며칠도 되지 않았는데 호랑이가 자꾸 사람을 해치는 변이 일어나자 왕이 사신을 白岳과 木覓山의 城隍에 보내어 재앙을 물리치게 했다는 기록이 보이고 있는 것이다.[63] 그런데 백악은 모르지만 목멱산에는 분명히 고려시대부터 木覓山祠가 있었다. 현종 3년 12월에 西京 木覓祠의 神像을 만들었다는 기록이 보이기 때문이다.[64] 그런데도 성황이라고 표현된 것을 보면 그것이 城隍祠로 바뀌었거나 그곳에 城隍神을 같이 모신 것이 아닌가 한다.

朝鮮 太宗代의 기록에도 松嶽城隍神의 기록이 보이고 있다.[65] 그러나 고려시대의 기록을 보면 성황이라는 이름은 전혀 보이지 않고 松嶽(神)祠 또는 松嶽祠堂이라는 명칭으로만 불려졌다.[66] 아마 고려말이나 조선초

---

60) 『高麗史』 권33 忠宣王世家 復位年 11月 辛未條.
61) 『高麗史』 권35 忠肅王世家 및 권38, 39 恭愍王世家 元年 2월, 5년 6月條.
62) 金甲童, 「高麗時代의 성황 신앙과 地方統治」『韓國史硏究』 74, 1991.
63) 『高麗史』 권54 五行志2 五行 四 金條.
64) 『高麗史』 권63 禮志5 雜祀 및 『新增東國輿地勝覽』 권51 平壤府 古跡條.
65) 『太宗實錄』 권8 4年 11月 戊戌條.

기에 성황신이 같이 여기에 배향된 것이 아닌가 한다. 『新增東國輿地勝覽』
에 松嶽山祠에는 다섯 개의 祠宇가 있는데 하나는 城隍이고 다른 4개가
大王, 國師, 姑女, 府女인데 어떤 神인지 알 수 없다는[67] 기록이 이를
뒷받침해 준다. 이리하여 결국 조선 太祖 2년에 오면 吏曹의 건의에
의하여 松嶽城隍이 鎭國公으로 가장 높은 爵位를 받고 和寧, 安邊, 完山의
城隍이 啓國伯, 智異·無等·錦城·鷄龍·紺岳·三角·白嶽 등의 諸山과 晉州城
隍이 護國伯이란 작위를 받게 되었던 것이다.[68] 이렇게 성황 신앙이
전통적인 산신 신앙보다도 우대를 받게 된 것은 조선의 事大國인 明에서
성황 신앙을 상당히 장려했기 때문이기도 하였다.[69]

또 다른 변화로는 이 산신 신앙이 점차 民間化되면서 淫祀로 변하고
있었다는 점이다. 즉 원래 山川에 대한 제사는 諸侯만이 지낼 수 있는
것이고 일반 士·庶人들은 지낼 수 없는 것이었다. 그런데 이때에 오면
일반 서민들까지 함부로 산천에 제사를 지내는 사례가 많았다. 그리하여
당시의 집권세력은 이에 대한 시정을 요구하였다.

E-① 옛적에는 天子는 天地에 제사하고 여러 諸侯는 山川에 제사하며 大夫
　　　는 五祀에 제사하고 士·庶人은 祖上에게 제사하여 각각 마땅히 제사해
　　　야 할 것을 제사하였습니다. 그런데 어찌 스스로 착한 일은 하지
　　　않고 鬼神만 섬겨서 그 福의 이치를 얻겠습니까. 원컨대 지금부터는
　　　祀典에 등재되어 합당하게 제사할 것을 제외하고 그 나머지 淫祀는
　　　일체 禁斷하심을 常典으로 하고 위반하는 자는 엄하게 다스리십시오.

---

66) 『高麗史』 권53 五行志1 五行一曰水 明宗 6年 3月, 10年 9月 및 康宗 12年 7月 ; 『高麗
　　　史』 권55 五行志3 五行五曰土 文宗 27年 7月, 明宗 6年 5月, 恭愍王 16年 2月條.
67) 『新增東國輿地勝覽』 권5 開城府下 祠廟條.
68) 『太祖實錄』 권3 2年 2月 丁卯條.
69) 金甲童, 주62)의 논문, 1991, 13~17쪽.

(『太祖實錄』권2 元年 9月 甲戌條)

② 經筵官 등이 대답하여 말하기를 "天子, 諸侯, 士, 庶人은 각각 제사하는
神이 따로 있습니다. 천자가 天地에 제사한 연후에 제후가 山川에
제사하는 것입니다. 그런데 지금 우리 국가의 습속에는 비록 庶人이라
도 역시 山川에 제사를 지내고 있으니 禮로써 마땅히 금지하여야
합니다." 하였다.(『定宗實錄』권6 太宗 卽位年 12月 戊申條)

③ "대저 山川神은 卿, 大夫, 士, 庶人이 제사하는 것이 아닙니다. 저들이
비록 제사를 지낸다 하여도 神이 어찌 이를 누리겠습니까. 지금 나라의
백성들이 귀신은 가히 속일 수 없으며 산천은 가히 제사할 수 없음을
알지 못하고 어지럽게 붙좇아 풍습을 이루니 나라의 鎭山으로부터
군현의 名山大川에 이르기까지 함부로 제사하지 않는 것이 없어
그 禮와 분수를 넘음이 심합니다. 또 남녀가 서로 손을 잡고 왕래하는
것이 끊임이 없으며 鬼神에게 아첨하여 곡식을 소비하여 폐가 역시
적지 않습니다."(『太宗實錄』권24 12年 10月 庚申條)

④ 李稷, 卞季良, 許稠, 申商 등이 말하기를 "각처의 城隍 및 山神이 혹은
大王, 太后, 太子, 太孫, 妃를 칭하고 있어 무리함이 심하여 이는 진실로
妖神입니다. 예전에는 산 아래에 壇을 설하여 제사하였는데 지금에
紺嶽山 같은 데는 산위에 廟를 세워 그 산을 밟고 그 神을 제사하니
不敬스럽기 짝이 없습니다. 또 古禮에 國君만이 경내의 山川에 제사할
수 있었는데 지금은 庶人도 다 제사할 수 있어 명분이 엄격하지
못합니다. 그런 즉 산 아래에 壇을 설하고 神板에는 다만 某山의
神이라고만 쓰고 오로지 國祭로만 행하고 민간의 淫祀는 금하여서
인심을 바로잡으십시오." 하였다.(『世宗實錄』권23 6年 2月 丁巳條)

E-①은 조선이 개국한 지 이틀만에 大司憲 南在가 건의한 내용이다.

여기에 보면 민간에서 많은 淫祀를 행하고 있기 때문에 祀典에 기재된 제사만 지내야 한다고 건의하고 있다. 물론 여기서는 음사의 대상이 산신이라는 말은 없지만 산신도 포함되는 것임은 분명하다. 그것은 E-②·③을 통해 알 수 있다. 즉 庶人들이 함부로 산천에 대한 제사를 지냄으로써 禮法에 맞지 않는다는 것이다. 뿐만 아니라 곡식 소비와 더불어 풍기 문란에까지 이름을 지적하고 있다(E-③). E-④는 당시 음사의 폐단을 조목조목 지적하고 있다. 즉 각지의 성황신이나 산신이 대왕, 태후 등의 참람한 호칭을 갖고 있고 산위에 단을 설치하여 제사하고 있으며 서인들이 함부로 제사하고 있다는 것이다. 따라서 이에 대한 시정을 요구함과 더불어 나라에서 이에 대한 제사를 전담해야 한다는 것이다.

이러한 논의는 태종대에도 있었다. 그리하여 태종 11년에는 성황이나 산신에 대한 제사를 宦侍, 巫女, 司鑰들이 전담함으로써 때로 女樂을 벌이는 폐단을 시정하기 위하여 국가에서 內侍別監을 파견하여 직접 제사하도록 하였다.[70] 물론 이 이전에도 祈恩使, 祈恩別監, 香別監 등이 지방에 파견되어 제사를 맡기도 한 적이 있다.[71] 이리하여 조선전기의 祀典에는 智異山, 三角山, 松嶽山, 鼻白山 등이 中祀에 편입되어 숭배되었던 것이다.[72] 그렇다고 하여 당시의 집정자들이 山川神에 대한 제사 자체를 부정한 것은 아니었다. 그것은 山川神이 구름과 비를 일으켜 오곡을 익게 하고 백성들의 식량을 풍족하게 하기 때문에 이에 대한 제사를 소홀히 할 수 없다는 鄭道傳의 말에서도 뒷받침된다.[73] 어쨌든

---

70) 『太宗實錄』 권22 11年 7月 甲戌條.

71) 『錦城日記』 太祖大王 5年, 恭靖大王 元年, 太宗大王 元年-7年條.

72) 『世宗實錄』 권128 五禮儀 雜祀條.

73) 『三峯集』 권13 朝鮮經國傳上 禮典 諸神祀典條.

이러한 과정을 통하여 明에 대한 諸侯國으로서의 면모와 왕권의 專制化를 꾀하였던 것이다.[74] 그러나 이러한 노력에도 불구하고 산신 신앙은 더욱 民間化되어 급기야 조선후기에는 각 마을마다 산신을 제사하는 洞祭로 정착하게 되었던 것이다.

요컨대 우리나라의 산신 신앙은 虎神도 있었으나 女性 人格神에 대한 숭배의 형태로 시작되었다. 물론 그것은 국가적인 차원에서 시작되었다고 할 수 있다. 그러다가 신라의 삼국통일을 전후해서 일단의 변화를 겪게 된다. 하나는 山神의 성이 女性에서 男性으로 바뀌는 것이고 다른 하나는 佛敎, 道敎와의 습합이었다. 전자는 중국의 父權重視思想의 영향도 있었지만 삼국이나 후삼국의 통일전쟁과정에서 남자의 역할이 그만큼 컸기 때문이었다. 후자는 삼국통일 이후 사상계의 변화에 따른 결과였다. 이같은 경향은 고려시대에 더욱 두드러져 山神이 爵號나 官職을 받는 사례가 많았다. 고려말, 조선초에 들어오면 산신 신앙이 성황 신앙과 혼합되는 한편 民間化되는 추세를 보이게 되었다. 이에 따라 당시의 집정자들은 민간의 淫祀를 금지하고 山川에 대한 제사를 국가에서 전담하도록 하였다. 그러나 이러한 추세는 막을 수 없어 산신 신앙은 성황 신앙과 더불어 조선후기에 오면 民間信仰으로 정착하게 되었던 것이다.

---

74) 이러한 조선왕조 집권자들의 태도는 天子만이 지낼 수 있도록 되어 있는 圜壇의 祭天禮를 폐지하고 있는 데서도 엿볼 수 있다.(金泰永, 「朝鮮初期 祀典의 成立에 對하여」 『歷史學報』 58, 1973, 109~118쪽)

3. 산신의 역할과 기능

(1) 守護

그렇다면 국가나 민간에서는 왜 이 山神을 숭배하였을까. 이 산신으로
부터 무엇을 빌고자 하였을까 하는 점이다. 우선 들 수 있는 것이 산신의
守護 기능이다. 산신이 국가나 자신들을 수호해주리라 믿었다. 고대로부
터 인간이 가장 두려워한 것 중의 하나가 바로 외적의 침입으로부터
자신의 생명과 재산을 보호하는 일이었다. 이러한 기능을 산신으로부터
바랐던 것이다. 다시 말해 山神은 守護神적 기능을 갖고 있었던 것이다.
이미 신라시대의 三山 즉 奈歷, 骨火, 穴禮 등도 護國적 기능을 갖고
있었다. 그것은 앞서의 사료 B-④에서 보듯이 이곳의 산신들이 스스로를
'護國之神'이라 일컫고 있는 데서도 엿볼 수 있다. 또 仙桃山의 神母가
오랫동안 이 산에 거주하면서 나라를 鎭撫하고 도왔다[鎭祐邦國]는 기록
에서도 증명이 된다.[75] 이처럼 신라는 山神의 힘을 빌어 국가를 수호하고
삼국통일의 위업을 달성하려 하였던 것이다.[76]

이러한 산신의 守護神적 기능은 고려시대에도 그대로 이어졌다. 다음
의 예는 산신의 수호신적 기능을 잘 보여주는 예다.

F-① 그 神은 본래 高山이라 했었다. 國人들이 서로 전하기로는 祥符中
(1008~1016)에 契丹이 王城으로 침입해오자 그 신이 밤중에 소나무
수만 그루로 변하여 사람소리를 냄에 오랑캐들은 원군이 있는가
의심하고 곧 철퇴하였으므로 후에 그 산을 봉해서 崧이라 하고 그
신을 제사하여 받들었다 한다.(『高麗圖經』 권17 祠宇 崧山廟)

---

75) 『三國遺事』 권5 感通7 仙桃聖母隨喜佛事條.
76) 姜英卿, 「新羅 산신 신앙의 機能과 意義」 『淑大史論』 16·17合輯, 1992, 291~294쪽.

② 顯宗 2년 2월에 거란병이 長湍에 이르렀는데 바람과 눈이 사납게 일어 紺岳神祠에 마치 旌旗와 士馬가 있는 것 같았다. 그러자 거란병들이 두려워하여 감히 앞으로 나아가지 못하였다. 이에 有司로 하여금 그 보답으로 제사케 하였다.(『高麗史』권63 禮志5 雜祀)

③ (高宗 24年 金慶孫이) 全羅道指揮使가 되었다. 그때 초적 李延年 형제가 原栗, 潭陽 등 여러 郡의 무뢰배들을 불러 모아 海陽 등의 州縣을 쳐서 함락시키고 慶孫이 羅州로 들어갔다는 말을 듣고 州城을 포위하였는데 적의 세력이 대단히 왕성하였다.……김경손이 출전하자고 독촉하니 좌우 막료들이 말하기를 "오늘은 우리 병력이 적고 적의 무리가 많으니 각 고을의 원군이 도착할 때까지 기다렸다가 출전합시다." 하였다. 그러나 김경손은 노하여 꾸짖어 물리치고 街頭에서 錦城山神에게 제사하고 손수 술 두 잔을 올리며 말하기를 "전쟁에서 승리하면 다시 한잔을 올리겠습니다." 하고는 직위를 나타내는 日傘을 펴고 나가려 하였다.(『高麗史』권103 金慶孫傳)

④ (高宗 43년 4월) 庚寅 忠州道巡問使 韓就가 牙州의 섬에 있었는데 배 9척으로 몽고병을 치고자 하였으나 몽고병이 역습하여 다 죽임을 당하였다. 몽고병이 충주에 들어와 州城을 도륙하고 또 山城을 공격하였다. 관리들은 노약하여 능히 항거할 수 없을 것을 두려워하여 月嶽神祠에 올랐는데 홀연히 안개와 비바람, 우뢰와 우박이 함께 일어나니 몽고병들이 神助라고 여겨 공격하지 아니하고 물러갔다. (『高麗史』권24 高宗世家)

⑤ (禑王 9년) 鄭地가 병선 47척을 거느리고 羅州의 木浦에 진주하였을 때 적이 큰 배 120척으로써 경상도에 나타났다. 沿海의 주군이 크게 떨었으며 合浦元帥 柳曼殊로부터 급보가 왔다. 정지는 밤낮으로 달려가면서 스스로 노를 젓기도 하였으므로 노젓는 병졸들이 더욱 힘썼다.

蟾津에 이르러 合浦의 사병들을 소집할 무렵에 적은 이미 南海의
觀音浦에 이르러 정찰한 다음 아군이 겁을 먹고 있다고 생각하였다.
때마침 비가 내렸으므로 정지는 사람을 보내어 地理山神祠에 기도하
기를 "나라의 존망이 이 일거에 달렸으니 나를 도와 비를 멈추게
하십시오." 하니 과연 비가 멈췄다.(『高麗史』권113 鄭地傳)

　F-①, ②는 현종 원년(1010) 거란이 고려를 침략했을 때의 상황이다.
그런데 高山과 紺嶽山 山神들의 도움으로 거란병이 물러갔다는 것이다.
그리하여 개경과 장단 지역이 큰 피해없이 무사했다는 것이다. 이것은
물론 이들 산신들이 이 지역의 守護神적 성격을 갖고 있었기 때문이었다.
F-④도 몽고병이 쳐들어왔을 때 충주에 있는 月嶽山神의 도움으로 주민
들이 무사했다는 내용이다. F-③은 고종 24년 전남 담양에서 李延年
형제가 난을 일으키자 전라도지휘사로 파견되었던 金慶孫이 이들을
토벌하기 위하여 錦城山神에게 제사한 내용이다. 물론 그가 제사하면서
기원한 내용은 자신을 보호하고 전투에서 승리하게 해달라는 내용이었
음은 분명하다. F-⑤도 鄭地가 왜구를 무찌르기 위하여 비를 멎게 해달라
고 하자 지리산신이 이를 들어주어 승리했다는 내용이다.
　이처럼 고려시대에는 전투를 시작하기 전에는 전쟁의 승리를 위하여,
그리고 승리한 후에는 감사의 표시로 山神에게 제사를 하였다. 일찍이
宣宗 4년 정월에 山川廟社에 제사를 하여 神兵이 전투에서 도와주기를
기원하였으며[77] 공민왕 8년에는 홍건적이 침입을 하자 山川神廟에 제사
하여 도움을 구하기도 하였다.[78] 또 三別抄의 난을 진압하고 난 후에는
無等山神과 錦城山神에게 보답을 한 적도 있다. 즉 삼별초를 토벌하는데

---

77) 『高麗史』권10 宣宗世家.
78) 『高麗史』권63 禮志5 雜祀條.

무등산신의 陰助가 있다하여 春秋로 제사지내게 했고 금성산신에 대해서는 쌀 5석을 해마다 보내어 所在官으로 하여금 제사를 받게 하였던 것이다.[79] 이렇듯 山神이 守護神이었음은 禑王대에 彌勒佛을 자칭했던 伊金이 山川神을 보내면 왜적을 잡을 수 있다고 한 말에서도[80] 뒷받침이 된다.

이러한 山神의 守護神적 기능을 극명하게 보여주는 것이 무신정권시대 慶州民의 항거를 진압하는 과정이다. 경주 출신의 李義旼을 타도하고 집권한 崔忠獻정권기에 新羅復興을 표방한 경주민의 항쟁이 거세게 일어났다. 그 중에서도 利備,[81] 勃佐가 핵심인물이었다. 이에 최충헌은 大將軍 直門下省 金陟候를 招討處置兵馬中道使로 삼고 刑部侍郎 田元均을 副將으로, 大將軍 崔匡義를 左道使로 삼고 그 밑의 副將으로 兵部侍郎 李頤를, 그리고 攝大將軍 康純義를 右道使로 삼고 知閤門事 李維城을 그 副將으로 삼아 경주에 파견하였다.[82] 그런데 이때 李奎報가 兵馬錄事兼 修製로 같이 따라간 바가 있다.[83]

그런데 이들 토벌군은 가는 곳마다 무려 33차례의 제사를 지내면서 戰勝을 기원하고 감사하였다. 그 기원의 대상은 다양한데 太祖眞殿, 龍王, 天皇, 부처, 山神, 天神, 太一 등으로 佛敎, 道敎, 民間信仰에서 중시되는 것들이었다.[84] 그 發願文은 대부분 이규보에 의해서 쓰여졌다. 이중에서 山神에 해당되는 것은 智異山, 八公山, 北兄山, 경주의 東嶽, 西嶽

---

79) 『高麗史』 권63 禮志5 雜祀條.
80) 『高麗史』 권107 權㫜 附 權和傳 및 『三峯集』 권8 附錄 事實條.
81) 『朝鮮金石總覽』上 田元均墓誌銘과 『東國李相國集』 권38 東京西嶽祭文, 東嶽祭文 등에는 그 이름이 義庇로 되어 있다.
82) 『高麗史節要』 권14 神宗 5年 12月條.
83) 『高麗史』 권102 李奎報傳.
84) 李貞信, 「慶尙道地域 農民 賤民의 抗爭」 『高麗 武臣政權期 農民 賤民抗爭硏究』, 高麗大民族文化硏究所, 1991, 220쪽.

등이었다. 이들 산신에 기원한 내용은 자신들을 보호하고 적을 소탕하게 해달라는 것이었다. 다음의 기록을 보자.

G. 아, 저 頑民들이 이를 갈고 피를 빨아 사람을 마구 죽여 비린내를 풍기면서 평민을 동요시켜 놀란 사슴처럼 날뛰게 만들고 있습니다. 지나는 곳마다 城邑을 모두 함락시키고 취락에 들어가 불지르고 노략질하여 모든 집이 잿더미로 변하니 죄악이 진실로 가득찼으므로 이치에 따라 당연히 가서 정벌해야 합니다. 그래서 왕명을 받아 삼가 天罰을 행하려고 하는데 들으니 우리 公山은 사방에서 흠모하고 추앙하는 곳으로써 나라의 血食을 누린 지 오래라고 합니다. 국가가 神에게 이미 영험이 있다는 것을 믿으니 일이 있어 비는 것은 예에 어긋나지 않으며 신 역시 국가의 제사를 받은 지 오래니 갑자기 변란이 있는데 어찌 차마 구원하지 않을 수 있겠습니까. 이에 薄薦이나마 마련하여 급히 信使를 파견합니다. 저야 불초하니 설령 도와주시지 않는다 하더라도 국가야 저버릴 수 없으니 끝내 버리시겠습니까.(『東國李相國集』 권38 祭公山大王文)

이 祭文은 현재 대구에 있는 八公山의 산신에게 기원하는 내용이다. 팔공산은 신라시대 5嶽 중의 中嶽으로 中祀에 편입되었던 지역이다. 그런데 위의 내용으로 보아 고려시대에도 여전히 국가적인 제사의 대상이었음을 알 수 있다. 그러므로 반란군을 토벌하여 국가를 守護해 달라고 빌고 있는 것이다. 여기서도 우리는 고려시대의 山神이 守護神적 기능을 가지고 있었음을 알 수 있다.

(2) 降雨

山神의 또 다른 중요한 기능은 비를 내리게 해주는 降雨의 기능이었다.
인간은 외적으로부터 자신이나 국가를 수호해야 했으나 생명을 유지하
기 위해서는 식량이 필요하였다. 이 식량을 확보하기 위해서는 적당한
비가 필요하였다. 이 降雨의 기능도 본래는 하늘[天]이 가지고 있었다고
할 수 있다. 그러나 山은 天의 대리자 또는 매개체였으므로 山神도
降雨의 기능을 갖고 있다고 생각하였다. 그리하여 祈雨의 대상 중에
山神도 중요한 의미를 지니게 되었던 것이다.

본래 祈雨의 주요 대상은 하늘과 냇가[川], 연못[淵], 바다[海], 龍神
등이었다. 신라 眞平王 50년(628) 여름에 큰 旱災가 들므로 시장을 옮기고
龍의 그림을 그려놓고 비를 빌었으며[85] 聖德 14년(716) 6월에도 큰 旱災가
들었으므로 河西州의 龍鳴嶽居士 理曉를 불러 林泉寺의 연못 위에서
祈雨한 즉 비가 열흘 동안이나 내렸다는 기록이 있는 것이다.[86] 또
宣德王이 죽었을 때 金敬信이 北川神에게 제사한 후 비가 많이 온 덕분에
上宰였던 金周元을 제치고 왕위에 올랐다는 이야기는 유명하다.[87] 고려
때에도 水災나 旱災가 있을 때에는 松嶽의 시냇가에서 百神에게 제사를
지냈는데 이를 川上祭라 하기도 하였다.[88]

그러나 山神에게 비를 빌었던 경우도 있었다. 예컨대 占解王대에는
5월부터 3개월 동안이나 비가 오지 않으므로 왕이 祖廟 및 名山에 제사하
였더니 비가 왔으며,[89] 憲德王 9년에는 5월부터 비가 오지 않자 山川에
두루 기도하였더니 7월에 이르러 비가 온 예도 있다.[90] 고려 때에도

---

85) 『三國史記』 권4 新羅本紀 眞平王 50年條.
86) 『三國史記』 권8 新羅本紀 聖德王 14年條.
87) 『三國遺事』 권2 紀異2 元聖大王條.
88) 『高麗史』 권63 禮志5 雜祀條.
89) 『三國史記』 권2 占解尼師今 7年條.

顯宗, 靖宗, 肅宗대에 群望, 北嶽, 松嶽 등지에 비가 그치기를 빌었는가
하면,[91] 睿宗 2年에는 松嶽과 東神祠에 비오기를 빌기도 하였다.[92] 그런가
하면 여러 곳에 복합적으로 기원함으로써 비가 개거나 비가 오기를
빌기도 하였다. 즉 松嶽, 東神堂, 諸神廟, 山川, 朴淵 등 5곳에 祈雨나
祈晴을 하였던 것이다.[93] 또 무신정권 성립 이후에는 巫를 모아 비오기를
빈 경우도 많았다.[94] 이리하여 조선시대에 와서는 대개 山頂에 연못이나
우물이 있는 山은 주요한 祈雨의 대상이 되기에 이르렀다. 그러한 산으로
는 鷄足山, 馬耳山, 城串山, 九月山, 頭陀山, 劍山, 鳥鴨山, 白岳山, 九龍山,
雙魚山, 達覺山, 白碧山 등이 있었다.[95] 또 이러한 祈雨행사를 위한 祭壇이
있었던 관계로 祈雨峯이란 이름이 붙은 곳도 있었던 것이다.[96] 한편
독특한 예로 白馬山에 기도하여 태자의 아들을 얻고자 한 경우도 있었
다.[97]

요컨대 山嶽 내지 山神은 국가나 고을을 보호해주는 守護神적 기능을

---

90) 『三國史記』 권10 新羅本紀 憲德王 9年條.

91) 『高麗史』 권54 五行志2 五行三曰木.

92) 『高麗史』 권12 睿宗世家 2年 4月條.

93) 『高麗史』 권8 文宗世家 11年 5月 및 권54 五行志2 五行四金, 그리고 권54 五行志2
   五行三木 肅宗 4年 8月條.

94) 『高麗史』 권19·20, 明宗世家 3年 4월, 8年 5月, 19年 6月條. 물론 고려시대의
   祈雨행사는 이밖에도 많았다. 佛教면에서는 金光明, 金剛經, 灌頂, 仁王經, 般若經,
   龍王 등의 道場과 羅漢齋를 열어 빌기도 하였으며 儒教, 道教, 土俗信仰면에서는
   圓丘祭, 方澤, 社稷, 太廟, 雨師, 醮祭, 南海神, 城隍祭 등의 祈雨행사도 있었던
   것이다.(李熙德,「高麗時代 祈雨行事에 대하여」『東洋學』11, 1981 ;『高麗儒教政
   治思想의 研究』, 一潮閣, 1984, 159~167쪽)

95) 『新增東國輿地勝覽』 권18 懷德縣, 권39 鎭安縣, 권48 咸興府, 권43 殷栗縣, 권44
   江陵都護府, 권48 永興大都護府, 권49 安邊都護府, 권50 慶興都護府, 권51 平壤府,
   권52 三和縣, 권53 昌城都護府, 권54 雲山郡의 山川條.

96) 『新增東國輿地勝覽』 권25 慶尙道 軍威縣山川條.

97) 『高麗史』 권63 禮志5 雜祀條.

가지고 있었다. 그리하여 전쟁을 시작하거나 반란군을 진압할 때는 戰勝을 위해 山神에게 제사하였으며 전쟁에서 승리한 뒤에는 감사의 표시로 山神에 제사하였던 것이다. 또 하나의 기능은 降雨의 기능이었다. 원래 이 기능은 天神이나 水神, 龍神 등이 갖고 있었던 것이나 산은 하늘과 땅의 매개체였으므로 山神도 이 기능을 나누어갖게 된 것이다. 그리하여 고려시대에는 불교, 도교 등의 祈雨行事와 더불어 山神에 대한 祈雨도 성행했던 것이다. 결국 山神은 인간이 생존해나가는데 꼭 필요한 保護와 豊作을 가져다 줄 수 있는 神이었다고 하겠다.

4. 산신 신앙의 의의

앞장에서 본 바와 같이 山嶽을 주관하는 山神은 국가나 고을의 守護神이었다. 그리하여 국가에서는 이들에 대한 정기적인 제사를 통하여 국가의 안녕과 질서를 기원하였다. 그것은 신라의 3山 5嶽에 대한 국가적인 신앙에서 엿볼 수 있다. 그러한 경향은 고려에서도 마찬가지였다고 하겠다. 그것은 李奎報가 지방관으로 파견되었을 때 龍王이라든가 城隍, 國師大王 등과 더불어 山神에 대한 제사를 주관했던 예에서 미루어 알 수 있다.[98]

그러나 한편으로 그 지역을 실질적으로 지배하고 있었던 地方勢力들은 이 山嶽을 정신적인 구심점으로 삼아 지역민들을 장악하고자 하였다. 특히 지방세력들은 각 지역의 城隍祠를 중심으로 세력을 유지하려고 하기도 하였다. 그리하여 이 城隍祠의 主神으로 그 지역의 土姓출신이

---

98) 『東國李相國集』 권37에는 그가 全州, 桂陽 등지에서 外官생활을 하면서 이들 神에 대해 제사지낼 때 썼던 祭文들이 많이 남아 있다. 예를 들면 全州祭龍王祈雨文, 桂陽祈雨城隍文, 又祈雨國師大王文, 祭松嶽文 등이 그것이다.

모셔지기도 했던 것이다.[99] 그러다가 고려중기 이후부터 산신 신앙과
성황 신앙이 서로 융합되면서 이들 祠宇에 대한 이용을 둘러싸고 國家와
地方勢力간의 갈등이 표출되기도 하였다. 다음의 기록을 보자.

H-① (神宗 6년 4월) 慶州의 賊徒 都領 利備 父子가 몰래 城隍祠에 와서
   기도를 하였다. 그런데 한 무당이 속여 말하기를 "都領이 擧兵하여
   장차 新羅를 復興하려 하니 우리가 기뻐한 지 오래입니다. 今日에
   다행히 만나 보았으니 청컨대 술 한잔을 드리고 싶습니다." 하고는
   맞이하여 집에 이르렀다. 이들이 술을 마시고 취하자 잡아서 兵馬使
   丁彦眞에게 바쳤는데 이는 실로 彦眞의 謀策이었다.(『高麗史節要』
   권14)

   ② 어제 東京의 元惡 義庇가 죽음을 받은 것은 실로 대왕의 덕분입니다.
   왜냐하면 적이 다른 곳으로 도망갈 데가 없지도 않았는데 義庇가
   西嶽으로 들어와 숨어 있다가 우리에게 잡혔으니 이 어찌 대왕이
   시키신 것이 아니겠습니까? 내가 과거에 東都에 부임하여 대왕을
   섬겼는데 孝心의 무리를 잡을 때에도 일찍이 대왕의 도움을 받았으며
   이번에 다시 統軍이 되어 명을 받고 집을 떠나던 날부터 마음속으로
   생각하기를 '西嶽의 대왕은 드러난 靈德이 있으시며 더구나 나와는
   舊誼도 있으시니 이번 걸음에 반드시 큰 도움을 입어 首勳을 세우게
   될 것이다.' 하고 東都에 들어서자마자 몸소 祠堂에 나아가서 은밀한
   도움이 있기를 기원했더니 과연 힘껏 구원해주심을 입어 이 원흉을
   잡게 된 것입니다. 아! 대왕은 나를 저버리지 않았다고 할 만하므로
   감히 사신을 보내어 정결한 제사를 올리게 합니다. 이번에는 약소해서

---

99) 金甲童,「高麗時代의 성황 신앙과 地方統治」『韓國史硏究』74, 1991, 17~18쪽.

흠향하시기에 충분치 못하겠사오나 만일 또 다시 신통력을 발휘하여 좀도둑의 두목 勃佐가 아군에게 잡혀 죽도록 해주시면 마땅히 琴瑟, 鍾鼓, 歌舞, 倡優의 伎樂으로써 큰 은혜에 보답하겠습니다. 말대로 실천에 옮기겠사오니 神께서는 살피소서.(『東國李相國集』 권38 東京 西岳祭文)

③ 지난 날 내가 이곳에 부임하여 늘 兩岳의 대왕을 섬겨 힘입은바 실로 많았습니다. 그리고 孝心의 무리를 잡을 때에도 내가 또 종군하여 여러 해를 보내었는데 역시 대왕의 덕을 입었으니 목숨을 보전하여 오늘에 이른 것은 모두가 대왕의 힘입니다. 그렇다면 대왕과 내가 평소의 交感이 없다고는 못할 것입니다. 요즘 역적이 봉기하여 왕명을 반역하므로 국가에서 용인할 수 없어 어리석은 저희들에게 토벌하라 고 명하였습니다. 東都에 들어온 즉시 몸소 祠宇에 나아가 속마음을 모두 털어놓고 은밀한 구원이 있기를 기다렸더니 西岳大王은 과연 威靈을 나타내어 東京의 元惡 義庇를 꾀어 祠宇 아래로 데려다 주시어 아군으로 하여금 사로잡게 해주셨습니다. 그 저버리지 않음이 이와 같으니 어찌 아름답지 않습니까?(『東國李相國集』 권38 東岳祭文)

여기서 우리는 경주의 토착세력이었던[100] 利備가 城隍祠에 가서 기도 하다가 丁彦眞의 사주를 받은 무당의 꼬임에 빠져 사로잡혔음을 알 수 있다(H-①). 물론 利備 부자가 기원한 내용은 城隍神의 도움으로 자신들의 항쟁이 성공하게 해달라는 내용이었을 것이다. 다시 말해 경주의 수호신이었던 성황신은 당연히 토착인들인 자신들을 보호하고

---

100) 都領은 무관직이지만 대개 그 지역이 토착세력들이 임명되었다.(金南奎,「高麗 兩界의 都領에 대하여」『慶南大學論文集』 4, 1977, 65~67쪽 ; 趙仁成,「高麗 兩界 州鎭의 防戍軍과 州鎭軍」『高麗光宗研究』, 一潮閣, 1981, 132~133쪽)

외지에서 온 관군은 패퇴시켜줄 것이라 믿었던 것이다.

그런데 H-②, ③의 기록을 보면 중앙에서 파견된 토벌군 대장 丁彦眞은 西岳大王 즉 山神의 도움으로 利備(義庇)를 잡게 되었음을 말하고 있다. 특히 H-①, ②, ③의 기록을 자세히 대조해보면 토벌군에게 쫓기던 이비는 西岳으로 들어와 그곳의 祠宇에 가서 기도하다가 사로잡히게 되었음을 알 수 있다. 그리고 정언진은 앞서 파견된 金陟候와 신종 6년 2월에 교체되어[101] 온 직후 西岳의 祠宇에 제사하였음도 알 수 있다. 그렇다면 결국 정언진이 제사한 곳과 이비 부자가 기도한 곳은 같은 祠宇였다는 결론이 나온다. 그런데 H-①에서는 그곳이 城隍祠로 되어 있는 반면 H-②, ③에서는 문맥으로 보아 山神祠로 되어 있다. 그리고 이비는 자신들의 승리를 기원했던데 반해 정언진은 같은 장소에서 관군의 승리를 기원하였다.

이것은 어찌된 것인가. 西岳은 말 그대로 경주의 서쪽에 있는 산이었다. 더 구체적으로 말하자면 仙桃山을 말하는 것이었다.[102] 이 산은 신라 때부터 東岳인 吐含山과 함께 護國神이었다. 그것은 이 산의 여신인 神母가 나라를 鎭撫하고 도왔다는 기록에서도 엿볼 수 있다. 또 이 神母(聖母)는 신라 景明王 때에 大王으로 책봉되었다.[103] 그러므로 西岳大王은 바로 선도산의 女山神인 聖母를 가리키는 것이고 정언진이 제사한 곳은 이 산신을 모신 聖母祠라 불리던 山神祠였음을 알 수 있다.

그렇다면 H-①의 기록은 어떻게 해석해야 할 것인가. 경주의 성황사가 慶州府의 동쪽 7里에 있었다는 기록으로 미루어[104] 선도산의 聖母祠가

---

101)『高麗史節要』권14 神宗 6年 2月.

102) 이 산은 신라시대부터 西嶽, 西述, 西兄, 西鳶 등의 이름으로 불려졌다(『新增東國輿地勝覽』권21 慶州府 山川條)

103)『三國遺事』권5 感通7 仙桃聖母隨喜佛事條.

104)『新增東國輿地勝覽』권21 慶州府 祠廟條.

국가에서 설치한 공식적인 城隍祠는 아니었다고 생각한다.『삼국유사』의 찬자인 一然도 政和년간(1111~1117년 : 고려 예종 6~12년)의 仙桃山 聖母에 대해 언급하면서 城隍과는 전혀 연결짓지 않고 있는 것이다.[105] 그러나 경주의 토착인들은 이곳이 자신들을 지켜주는 성황사라 인식했거나 산신 신앙과 성황 신앙이 혼효된 조선초기의 개념으로『고려사』를 편찬한 데서 비롯된 것이 아닌가 한다. 결국 같은 神에 대해 경주의 토착세력은 이 신을 중심으로 휘하인들을 결집하고 자신들을 보호해주는 신으로 생각했던 반면 국가에서는 국가를 보호하고 지방민들을 통치하는데 필요한 신으로 생각하였던 것이다.

이렇듯 地方勢力들은 자기 지역의 山神을 정신적인 구심점으로 하여 지역민들을 장악하고자 하였다. 그리하여 심지어는 자신들의 先祖를 山神으로 追封하기도 하였다. 그 대표적인 경우가 順天 朴氏의 예이다. 즉 순천 박씨의 시조격에 해당되는 인물인 朴英規가 海龍山神이 되었고 그의 후손인 朴蘭鳳은 순천의 鎭山인 麟蹄山神이 되었던 것이다.[106] 박영규는 후삼국시대의 인물로 원래 견훤의 사위였다. 그러다가 견훤이 그의 아들 神劍에게 쫓겨나 王建에게 귀부하자 그도 따라서 귀순하였다. 그리하여 왕건이 신검을 토벌할 때 안에서 內應한 공이 있었다. 그 공으로 그는 左丞에 제수되었으며 田 1,000頃을 하사받기도 하였다.[107] 뿐만 아니라 그는 太祖에게 한 딸을, 그리고 定宗에게는 두 딸을 들이어

---

105)『三國遺事』권5 感通7 仙桃聖母隨喜佛事條.

106)『新增東國輿地勝覽』권40 順天都護府 人物條. 그런데『世宗實錄地理志』全羅道 順天都護府 人物條에는 그가 康英規로 되어 있다. 이는 順天府의 土姓인 朴氏와 康氏가 태조공신인 박영규를 서로 자기의 조상으로 추대하려는 의도에서 비롯된 것이 아닌가 한다.(李樹健,「高麗後期 支配勢力과 土姓」『韓國中世社會史硏究』, 一潮閣, 1984, 323쪽 註263)

107)『高麗史』권92 朴英規傳.

妃父가 되기도 했던 인물이다.108) 박란봉에 대해서는 자세히 알 수 없으나 박영규의 후손으로 생각된다. 그런데 이들이 순천 지역의 山神으로 추봉됨으로써 그의 후손들은 가계의 神聖性을 부여받음과 동시에 그 지역의 支配勢力으로 오랫동안 남아 있을 수 있었다. 그리하여 고려전기까지는 順天 朴氏가 이 지역의 首位姓氏集團이었을 것이나 조선초기에는 土姓 제2위로 나와 있는 것이다.109)

또 자신의 출신지역에 있는 山神祠를 돌보는데 힘을 써서 재지에 남아 있는 친족들의 위상을 높여준 사례도 있었다. 다음의 기록을 보자.

> I. 忠烈王 3年에는 (鄭可臣이) 寶文閣待制로 임명되었다. 羅州 사람이 칭하기를 錦城山神이 무당에게 내려 말하기를 "珍島, 耽羅의 정벌시에 내가 실로 많은 힘을 썼는데 將士들에게는 상을 주면서 나에게는 祿을 주지 않으니 어찌된 일인가? 반드시 나를 定寧公으로 봉해야 한다."고 하였다. 可臣이 그 말에 迷惑되어 왕에게 넌지시 말하여 定寧公으로 봉하게 하고 그 읍의 祿米 5石을 떼어서 그 사당에 해마다 보내게 하였다.(『高麗史』 권105 鄭可臣傳)

여기서 보는 바와 같이 三別抄의 난을 토벌하는데 錦城山神이 도와줬으므로 산신에게 定寧公이라는 爵位를 주어야 한다는 것이다. 이러한 주장은 전혀 근거없는 것이 아니었다. 元宗 11年(1270) 삼별초가 珍島에 들어가 몽고에 항전을 할 때 그 세력이 커서 그 지역 일대의 州郡은 싸우지도 않고 이들에게 항복하는 상황이었다. 羅州에도 삼별초군이

---

108) 『高麗史』 권88 后妃傳1.
109) 『世宗實錄地理志』 全羅道 順天都護府 土姓條. 그러나 『新增東國輿地勝覽』 권40 順天都護府 姓氏條에는 순위가 제5위로 밀려나 있다.

이르렀는데 羅州副使였던 朴琈는 머뭇거리며 어찌할 줄을 몰랐다. 그러자 나주의 戶長이었던 鄭之呂가 "무슨 면목으로 州의 首吏가 되어 국가를 배반하고 적을 따르겠는가." 하면서 맞서 싸울 것을 주장하였다. 이에 司錄 金應德이 금성산성에 올라가 木柵을 만들어 지켰으므로 7일간에 걸친 삼별초군의 공격을 막아내었다. 이러한 사실을 나주인이었던 金敍, 鄭元器, 鄭允 등이 조정에 와서 왕에게 고하니 왕은 金應德에게 7품직을 주고 金敍 등에게는 攝伍尉직을 준바 있었던 것이다.[110] 아마 이때 금성산성의 수비군은 錦城山祠에 제사하여 승전을 기원한 것이 아닌가 한다. 그리하여 결국 삼별초군을 격퇴할 수 있었고 그 때문에 금성산신에게 封爵할 것을 청하고 있는 것이다.

그런데 여기서 주목할 것은 나주의 戶長이었던 정지려는 물론이고 승전사실을 왕에게 고한 김서, 정원기, 정윤 등은 나주의 토착세력이었고 정지려는 비록 재경세력이었지만 나주출신 인물이었다는 점이다. 그것은 『세종실록지리지』나 『신증동국여지승람』에 金氏가 나주의 土姓 제1위로, 鄭氏는 제4위로 나오고 있음에서 증명이 된다.[111] 또 조선초기인 세종 6년(1424) 나주지역 지방관들의 부임, 이임 날짜와 간단한 행적을 기록한 『錦城日記』에도 首戶長 정염을 비롯하여 戶長으로 羅顗·金淸·羅濤, 그리고 攝戶長으로 羅紀·羅星, 副戶長으로 鄭錦·曺祐 등이 나와 있다.[112] 여기에서도 羅州 鄭氏가 상당한 地方勢力家였음을 알 수 있다. 鄭可臣도 그의 父가 鄕貢進士로 나주에 살다가 승려인 天琪를 따라 개경에 올라왔다. 개경에서는 어렵게 생활하다가 高宗朝에 급제함으로써 관직

---

110) 『高麗史節要』 권18 元宗11年 9月條.
111) 『世宗實錄地理志』全羅道羅州牧 土姓 및 『新增東國輿地勝覽』 권35 羅州牧 姓氏條.
112) 『錦城日記』에 대해서는 田川孝三,「錦城日記에 대하여」『朝鮮學報』53, 1969
     및 金甲童,「錦城日記」『錦湖文化』89, 1992년 11월호 참조.

의 길에 오른 인물이다.113)

그렇다면 왜 정가신은 왕에게 상주하여 금성산신에게 封爵을 하고 祿米 5석을 주게 했을까. 그것은 바로 자신의 이해관계 때문이었다. 나주의 鎭山인 錦城山이 나주지역의 정신적 구심점이었으므로 在地에 남아있는 자신의 친족들의 위상을 높이기 위함이었다. 이렇게 함으로써 羅州 鄭氏는 나주지역에서 존경받는 가문으로 남을 수 있었고 지역민들의 자발적인 복종심을 유발할 수 있었던 것이다. 그것은 나주 정씨의 재지세력뿐 아니라 재경세력에게도 유익한 일이었음은 물론이다.

당연한 결과로써 금성산신에 대한 제사도 실제적으로는 이들 戶長層들이 주관했으리라 생각한다. 이러한 경향은 나주뿐만 아니고 다른 지역도 그랬을 것이다. 다음 기록은 그러한 추측을 가능케 해준다.

J. 恭愍王때에 과거에 급제하여 成均學官으로 임명되었다가 지방에 나가 知榮州事가 되었다. 장차 일을 보려하는데 鄕吏가 관례에 의하여 消災圖에 나아가 焚香하기를 청하니 習仁이 말하기를 "관리가 옳지 않은 일을 하지 않았는데 재앙이 어찌 오겠는가. 만약 그 妄靈됨이 없다면 순순히 받을 뿐이다."라고 하면서 鄕吏에게 철거하도록 명하였다.……辛旽이 죽자 梁州와 密城의 수령이 되었는데 이르는 곳마다 豪强을 억제하고 淫祀를 금하였다.(『高麗史』 권112 鄭習仁傳)

여기서 보는 바와 같이 영주의 향리가 제사를 주관하면서 지방관에게 분향할 것을 권하고 있는 것이다. 즉 각 지역의 戶長 내지 鄕吏들은 그 지방의 제사나 의식을 주관하고 있었음을 알 수 있다. 이같은 상황은

---

113) 『高麗史』 권105 鄭可臣傳.

山神祠에 대한 제사도 마찬가지였으리라고 본다. 이러한 경향은 국가가 효과적으로 지방을 장악하는데 방해가 되는 요인이었다.

그리하여 고려말부터 등장하기 시작한 新進士類들은 향리나 일반 백성들이 음사를 행한다 하여 금지시키는 조처를 취하고 있다. 그것은 山嶽 내지 山神에 대한 제사도 마찬가지였다. 즉 앞서 본 바와 같이 山川에 대한 제사는 諸侯만이 지낼 수 있는 것이라 하여 일반 백성이나 향리들에 의한 제사를 淫祀라 하여 금지시켰던 것이다. 대신 제사만을 관장하는 관리를 파견하거나 王 또는 國家의 대리자라 할 수 있는 地方官으로 하여금 제사하도록 하였던 것이다.

요컨대 원래 山嶽 내지 山神은 護國的 성격을 가지고 있었으므로 국가의 祀典에 편입하여 제사를 드렸다. 그러나 고려 이후로 각 지역의 地方勢力들은 산신이 자기 고을을 수호하는 신이라 선전함으로써 지역민들을 결집하고자 하였다. 山神祠에 대한 경제적인 도움을 주는가 하면 직접 자신들의 조상을 山神으로 追封하는 사례까지 있게 되었다. 그리고 山神祠에 대한 제사도 그들이 주관하는 경우가 많았다. 이렇게 함으로써 地方勢力들은 그 지역에서의 支配勢力으로 군림할 수 있었고 지역민들을 장악할 수 있었다. 이러한 경향은 國家가 지방을 효과적으로 통치하는데 방해가 되었다. 그리하여 고려말 조선초에 오면 지방의 鄕吏나 일반 백성들에 의한 제사를 淫祀로 몰아 금지시키는 한편 國家[王]에서 직접 파견한 특별관리나 지방관으로 하여금 이들에 대한 제사를 전담케 하는 조처를 취하였던 것이다.

Ⅱ. 성황 신앙

1. 성황 신앙의 개념 및 내용

우선 城隍은 무엇을 의미하는가. 城은 다 아는 바와 같이 외적으로부터 자기 고을을 방어하기 위하여 구축한 방어물을 말한다. 물론 이 城에는 흙으로 쌓은 土城과 돌로 쌓은 石城이 있다. 그러나 옛날에는 토성이 주가 아니었나 한다. 그런데 토성을 만들기 위해서는 흙을 모아야 했다. 이 흙은 먼 데서 운반할 수도 있으나 현지에서 마련하는 것이 순리이다. 그리하여 성을 쌓고자 하는 앞부분을 파서 성을 만드는 공법을 썼을 것이다. 이 경우 성의 주변에 움푹 파인 일종의 방어시설이 형성되게 되는데 이것을 隍이라 하였다. 이 隍에 물을 채우게 되면 그것이 곧 池가 되었다. 이것이 곧 垓字였다. 이것은 『說問解字』를 통해서 확인할 수 있다.[114] 따라서 城隍은 城池와 같은 의미라 하겠다.[115]

이처럼 성황은 일종의 방어시설에 대한 명칭이었다. 그러나 한편으로는 神에 대한 칭호이기도 했다. 즉 중국에서는 일찍부터 한 해의 수확을 마친 뒤에 8神에 대한 제사를 지냈는데 그 중 일곱 번째가 水庸 즉 城隍神이었던 것이다.[116] 아마도 한 해의 수확을 무사히 마치게 된 것이 성황신 덕택이라 생각했던 모양이다. 다시 말해 중국의 고대인들은 방어시설인 성황을 주관하는 神이 있어 자신의 고을은 守護해준다고 믿었던 것이다.

---

114) 「隍 城池也 有水曰池 無水曰隍矣」(『說文解字』 14篇下 隍條).
115) 「城隍—城壕. 有水爲池 無水爲隍 易泰: "城復于隍"」(『辭源』 城隍條).
116) 「城隍(中略)神名. 禮郊特牲 "天子大蜡八" 中所說的蜡祭八神 其七爲水庸 相傳就是 後來的城隍」(『辭源』 城隍條).

이러한 성황 신앙이 언제부터 시작되었는지는 정확히 알 수 없다. 그러나 성황에 대한 비교적 자세한 기록이 『北齊書』에 보이고 있다.

A. 慕容儼은 字가 恃德이요 淸都 成安人이다.……무리가 다같이 儼을 추대하고 岳도 그렇게 여겨 드디어 郢城에 파견되어 鎭守케 되었다. 처음 城에 들어갔는데 마침 梁나라의 大都督 侯瑱·任約이 水軍과 陸軍을 거느리고 갑자기 城 밑에 이르렀으나 儼이 각 방면을 잘 수비하니 瑱 등이 능히 이길 수 없었다. 또 鸚鵡洲의 上流에 갈대와 여귀풀 자리를 數理에 걸쳐 깔아 뱃길이 막히고 사람과 통신이 끊어지니 城의 수비가 어렵게 되고 무리들의 마음이 위태롭고 두렵게 되었다. 그러나 儼이 忠義로써 인도하고 또 기쁘게 하여 이들을 안심시켰다. 城中에 이전부터 神祠 한 곳이 있었는데 俗稱 城隍神이라 하여 公私가 매번 기도를 하곤 했다. 이에 士卒들의 마음을 따르게 하고자 하여 이들을 이끌고 기도하여 陰助를 바라니 순식간에 회오리바람이 일어나고 놀란 파도가 솟아올라 갈대자리를 끊어 표류케 하였다. 約이 다시 쇠사슬을 이어 설치하니 방어함이 더욱 절박하였다. 儼이 돌아와 기도하니 風浪이 밤에 일어나 다시 이를 끊어버렸다. 이와 같이 한 것이 2, 3번이니 城안 사람들이 크게 기뻐하며 神助라고 여겼다.(『北齊書』 권20)

여기서 보는 바와 같이 慕容儼이 진수하고 있던 郢城에 이미 城隍祠가 있어 侯瑱·任約과의 전투에서 陰助를 가하고 있다. 여기서도 우리는 성황신이 守護神적 성격을 지니고 있어 전쟁과 관련되어 나타난다는 사실을 알 수 있다.

이러한 성황 신앙은 唐을 거쳐 宋에 이르러서 嶽瀆·仙佛·山神·龍神과 더불어 爵位를 받을 만큼 보편화되었다.[117] 元代에 들어와서도 이 같은 상황은 대체로 유지되었겠지만 明에 들어오면서 성황 신앙은 매우 중시되었다. 즉 明 太祖 洪武 2年(1369) 禮官의 건의에 따라 開封·臨濠·太平·和州 등지의 성황신을 왕으로 삼고 그 나머지 府·州·縣의 성황신에게도 公·侯·伯 등의 작위를 수여하였다. 또 洪武 6年(1373)에는 서울에 城隍神主를 만들어 봉안하고[118] 3개월마다 제사를 지냈던 것이다.[119] 이렇듯 중국의 성황 신앙은 자기 고을을 방어하기 위해 구축된 방어시설에 神格을 부여하여 守護해주기를 바란 데서 비롯되었다.

이러한 성황의 개념은 우리나라도 비슷하였다. 성황에 대해 星湖 李瀷은 다음과 같이 설명하고 있다.

B. 城隍이란 글자는 본래『周易』泰卦의 上六에 대한 爻辭에서 나온 것으로 城池를 일컫는다. 傳에 이른바 城隍의 흙이 쌓여져 城을 이룬다는 것이 이것이다. 생각건대 城池라는 것은 사람들이 모여 사는 곳이므로 그 神에게 제사하여 불행하게 죽은 자들을 달래고자 한 것인 듯하다.(『星湖僿說』 城隍廟條)

여기서 보는 바와 같이 그도 城隍이 城池의 뜻이라 하고 있다. 그러나

---

117) 「其他州縣嶽瀆·城隍·仙佛·山神·龍神·水泉·江河之神及諸小祀 皆由禱祈感應 而封賜之多 不能盡錄」(『宋史』 권105 禮志8 諸神廟條).

118) 「洪武二年 禮官言 城隍之祀 莫詳其始 先儒謂旣有社 不應復有城隍(中略)今宜附祭於嶽瀆諸神之壇 乃命加以封爵 京都爲承天監國司民昇福明靈王 開封·臨豪·太平·和州·滁州 皆封爲王 其餘府爲鑑察司民城隍威靈公 秩正二品 州爲 監察司民城隍靈佑侯 秩三品 縣爲鑑察司民城隍顯佑伯 秩四品(中略)六年 製中都城隍神主成 遺官賷香幣奉安」(『明史』 권49 禮志3 城隍條).

119) 「中祀二十有五日 仲春仲秋 上戊之明日 祭帝社帝稷 仲秋 祭太歲·風雲·風雨四季月將及嶽鎭·海瀆·山川·城隍 霜降日 祭旗 於敎場」(『明史』 권47 禮志1 吉禮條).

성황신에 대한 제사의 본래 의미는 정확하게 파악하고 있지 못하다. 그것은 이익이 속했던 조선후기에는 이미 성황 신앙이 민간의 기복신앙으로 변했기 때문에 나타난 현상이라 하겠다.

우리나라에서 城隍이란 말이 처음 보이는 것은 후삼국시기이다. 즉 궁예가 904년 국호를 摩震이라 하면서 여러 가지 관부를 설치한 바 있다. 이때 障繕府라는 관부가 설치되었는데 이의 관장사항이 城隍에 대한 수리였다.[120] 그러나 이는 문맥상으로 보아 단순한 방어시설에 대한 명칭이었음을 알 수 있다. 이 밖에도 명종 원년(1171) 諫官들을 가두었던 隍城이나[121] 城砦池隍[122] 등의 명칭도 이와 같은 의미였다. 또 城에는 많은 사람들이 모여 살았으므로 시중의 복잡한 거리라는 의미로 성황이 사용되기도 했다.[123] 그러나 이들 부류는 성황신 내지 성황 신앙에 대한 본래 의미는 아니었다고 하겠다.

성황신과 관련된 성황당이 처음 보이는 것은 成宗대이다. 즉 태조의 아들이었던 安宗 郁이 자신이 죽으면 泗水縣의 城隍堂 남쪽에 묻어달라는 부탁을 하고 있는 것이다.[124] 그런데 여기서의 성황당이 전쟁과 관련된 성황신을 제사지내는 곳이었는지에 대해서는 확언할 수 없다. 그러나 文宗 9年(1055)에 오면 고려의 변경인 宣德鎭[지금의 咸鏡南道 定平郡

---

120) 「天祐 元年 甲子 立國號爲摩震 年號爲武泰 始置廣評省 備員匡治奈今侍中 徐事今侍郞 外書今員外郞 又置兵部·大龍部謂倉部 壽春部今禮部(中略)障繕府掌修理城隍」(『三國史記』 권50 弓裔傳).

121) 「諫官伏閤力爭 後儀因醉 使巡檢軍 陵辱之 王聞之 召後儀慰解 囚諫官于城隍」(『高麗史』 권19 明宗世家 및 『高麗史節要』 권12).

122) 『圃隱文集』 권3 雜著 金海山城記.

123) 「緬惟慧炤聖師 幸際睿宗明主 十年厭城隍之紛擾 千里思林壑之淸幽 誓將歸老於此峰 遂乃刱開於妓寺」(『圓鑑國師集』疏篇 定慧入院祝法壽疏).

124) 「郁工文辭 又精於地理 嘗密遺顯宗金一襄日 我死 以金贈術師 令葬我縣城隍堂南歸龍洞 必伏埋 成宗十五年 郁卒于貶所 顯宗如其言將葬 請伏埋 術士曰 何大忙乎」(『高麗史』 권90 宗室列傳 安宗郁條).

宣德面]의 새로운 城에 城隍神祠를 설치하고 춘추로 제사를 지냈다는 기록이 보인다.[125] 여기서의 성황신사는 변방의 새로운 성에 설치된 것으로 미루어 방어를 위한 守護神적 의미가 있었음을 알 수 있다.

이처럼 고려시대의 성황신이 고을에 대한 守護神적 의미가 있었음은 城隍祠에 배향된 인물들을 통해서도 알 수 있다. 『新增東國輿地勝覽』에 나와 있는 각 군현의 성황사와 그 배향인물을 표로 나타내보면 다음과 같다.

〈표 2〉 각 군·현의 城隍祠와 配享人物

군현 명칭	배향인물	土姓 순위	출전
大興郡	蘇定方		勝覽 20
梁山郡	金忍訓	1(慶地), 1(實地), 來姓(勝覽)	勝覽 22
義城縣	金洪術	1(慶地), 1(實地), 1(勝覽)	勝覽 25
密陽都護府	孫兢訓	1(慶地), 1(實地), 1(勝覽)	勝覽 26
谷城縣	申崇謙	2(實地), 1(勝覽)	勝覽 39
順川都護府	金 總	3(實地), 續姓(勝覽)	勝覽 40

＊ 慶地 :『慶尙道地理志』, 實地 :『世宗實錄地理志』, 勝覽 :『新增東國輿地勝覽』

그런데 이들 배향인물들을 분석해 보면 그들이 武臣 내지 將軍이거나 고을의 방어를 위해 전투에 참가한 자들임을 알 수 있다. 蘇定方은 신라의 삼국 통일전쟁시 唐軍을 이끌고 참여한 인물임은 다 아는 사실이 다.[126] 梁山의 金忍訓은 후삼국기에 이곳을 지키고 있던 將帥로 903년 궁예에게 구원을 요청해오자 왕건이 가서 구해준 일이 있다.[127] 이때의 기록에는 그를 良州帥라 표현해놓고 있다.[128] 谷城의 城隍神이 된 申崇謙

---

125) 「(文宗)九年 三月 壬申 宣德鎭新城 置城隍神祠 賜號崇威 春秋致祭」(『高麗史』 권63 禮志5 雜祀).

126) 변동명, 「성황신 소정방과 대흥」『한국전통시기의 산신·성황신』, 전남대학교출 판부, 2013 참조.

127) 이종봉, 「羅末麗初 梁州의 動向과 金忍訓」『지역과 역사』 13, 부경역사연구소, 2003 참조.

은 왕건을 추대하여 고려를 개창한 개국 1등공신이었다. 그 후 태조 10년(927)에는 왕건과 견훤의 公山전투에서 태조를 위험에서 구출하려다 죽은 將軍이었다.[129] 順天의 金惣은 일찍이 후백제의 견훤을 섬겼던 인물로 관직이 引駕別監의 지위에까지 올랐다.[130] 그러다가 태조 19년(936년) 왕건이 후백제의 神劍을 토벌할 때 朴英規의 휘하에서 전투에 참가한 인물인 것 같다. 후삼국기의 승주[현재의 순천]는 견훤의 사위였던 박영규가 지키고 있었다. 그러나 태조 18년(935) 견훤이 그의 아들 신검과의 불화로 왕건에게 귀순하자 박영규도 왕건에게 내응할 것을 약속하고 신검과의 전투에 참가하였던 것이다.[131] 따라서 김총은 당시 박영규 휘하에 있었던 장수가 아니었나 생각된다.

金洪術은 義城府의 城主·將軍이었는데 태조 12년(929) 7월 견훤이 군사 5천을 거느리고 침입하자 이를 맞아 싸우다 전사한 인물이다.[132] 그런데 고려의 개국 1등공신이었던 洪儒의 처음 이름이 術이고 義城府人으로 나와 있어[133] 이가 곧 金洪術과 동일인이 아닌가 생각되기도 한다. 그러나 그렇지는 않은 것 같다. 홍유는 태조 19년의 전투에도 참가한 후에 죽었기 때문이다. 孫兢訓은 府吏였다는 점으로 미루어 그 지역의 토착세력이었던 것 같다. 아마도 태조가 밀양의 이웃인 淸道를 공격할

---

128) 「是歲 良州帥金忍訓告急 喬令太祖往救 及還 喬問邊事 太祖陳安邊拓境之策 左右皆屬目 喬亦奇之 進階爲閼粲」(『高麗史』 권1 太祖世家 天復 三年條) ; 변동명, 「성황신 김인훈·손긍훈과 양산·밀양」『한국전통시기의 산신·성황신』, 전남대출판부, 2013 참조.

129) 『高麗史』 권92 洪儒 附 申崇謙傳 및 변동명, 「성황신 신숭겸과 곡성」『한국전통시기의 산신·성황신』, 전남대출판부, 2013 참조.

130) 『新增東國輿地勝覽』 권40 全羅道 順天都護府 人物條.

131) 『高麗史』 권92 朴英規傳.

132) 『高麗史』 권1 太祖世家 12년 7월 辛巳條 및 변동명, 「성황신 김홍술과 의성」『한국전통시기의 산신·성황신』, 전남대출판부, 2013 참조.

133) 『高麗史』 권92 洪儒傳.

때 도와준 것이 아닌가 한다. 즉 태조가 寶壤和尙의 술책에 따라 청도 경계의 犬城을 함락시킬 때[134] 참여한 것 같다.

이와 같이 성황사에 배향된 인물들을 살펴보아도 城隍神은 그 고을의 방어를 위한 守護神적 의미를 갖고 있었음을 알 수 있다. 다시 말해 적어도 고려시대에는 후대와 같은 민간의 기복신앙적 의미가 없었다는 것이다. 그것은 다음 사료를 보아도 알 수 있다.

C-① 金剛社 西北쪽 200보쯤 떨어진 조그만 언덕 위에 神祠가 있는데 이름을 松岳堂이라 한다. 말로써 전하기를 "고려 元宗이 元의 명을 받아 將軍 金方慶을 보내 日本을 정벌할 때에 金剛社에 머물렀다. 그 때 이 언덕에서 松岳神에게 제사를 드렸다." 한다. 邑人이 이것을 이어받아 本邑의 城隍神을 제사하는 자는 반드시 여기에도 겸하여 제사하였다.(『新增東國輿地勝覽』 권32 金海都護府 祠廟조)

② 至正 元年 辛巳(1341)에 東征元師 金周鼎이 각 官의 城隍神에게 제사를 드리는데 지나면서 神名을 부르자 神異함이 나타났고 武珍郡의 城隍은 깃발위의 방울이 세 번이나 울렸다. 그러자 김주정이 조정에 보고하여 封爵을 하였다.(『世宗實錄地理志』全羅道 茂珍郡조 및『新增東國輿地勝覽』 권35 光山縣 祠廟조)

③ (仁宗 15年 2月 辛酉) 金富軾이 軍儀를 갖추고 景昌門으로 들어가 觀風殿 西廳에 앉아 五軍兵馬의 장수들로부터 축하를 받았다. 또 사람을 보내 諸城의 城隍廟에 제사하게 하고 城中의 사람들을 慰撫하여 安堵케 하였다. 그리고 兵馬判官 魯洙를 보내 表를 올려 勝捷을 고하였다.(『高麗史』 권98 金富軾傳)

---

134)『三國遺事』 권4 義解5 寶壤梨木條.

④ (9年 3月 甲午) 諸道 州郡의 城隍을 諸神廟에서 제사하여 전쟁의 승리에 감사를 드렸다.(『高麗史』 권63 禮志5 雜祀)

⑤ (高宗 23年 9月) 蒙古兵이 溫水郡을 포위하니 郡吏 玄呂 등이 성문을 열고 나가 싸워 크게 승리하였는데 斬首한 것이 2級이요, 화살과 돌에 맞아 죽은 자가 200여 인이었으며 노획한 兵仗器도 심히 많았다. 王은 그 郡의 城隍神이 몰래 도와준 공이 있다 하여 神號를 加封하고 玄呂를 郡戶長으로 삼았다.(『高麗史』 권23 高宗世家 ; 『高麗史節要』 권16 ; 『新增東國輿地勝覽』 권19 溫陽郡 祠廟 城隍祠조)

C-①, ②에서 보는 바와 같이 김방경이나 김주정이 몽고군과 더불어 일본을 정벌하러 갈 때 성황신에게 제사를 지내고 있다. 물론 그것은 앞으로 전개될 전쟁에서 성황신의 도움을 받아 승리하고자 하는 기원에서 비롯된 것이라 하겠다. C-②의 김주정은 光州人으로 일본 정벌시 昭勇大將軍이었다.[135] 그런데 그가 각 지역의 성황신에게 제사를 지내자 특히 그의 본관이었던 光州의 성황신이 응답을 나타냈던 것이다. C-③의 내용은 김부식이 묘청의 난을 진압하고 난 뒤 서경에 입성했을 때의 상황을 기술한 것이다. 그가 諸城의 성황묘에 제사를 드린 것은 성황신의 도움으로 승리하게 된 데에 대한 감사의 표시였다고 하겠다. 다 아는 바와 같이 그는 철저한 유교주의자임에도 불구하고 성황신에의 제사를 봉행하고 있는 점에서 우리는 당시의 시대적 분위기를 잘 알 수 있다. C-④는 공민왕 8년(1359) 고려에 침입한 紅巾賊에 대해 李承慶·慶千興·安祐·金得培·李芳實 등이 힘써 싸워 이들을 물리친 뒤의 상황이다.[136] 이 전투의 승리도 각 州·郡의 성황신이 도와준 덕택이라 하여 감사의

---

135) 『高麗史』 권104 金周鼎傳.
136) 『高麗史節要』 권27 恭愍王 8년條 참조.

제사를 지낸 것이다.

C-⑤는 城隍神이 고을의 守護神이었음을 단적으로 증명해 준다. 즉 溫水郡[지금의 溫陽]을 몽고군의 침입으로부터 수호해 준 것이 바로 城隍神의 陰助 덕택이라 하여 封爵을 하고 있는 것이다. 경상도 蔚山의 성황신은 변방을 경계해주는 신이라는 의미에서 戒邊神이라 했던 것도[137) 그러한 맥락에서 이해할 수 있다.

다시 정리해보면 城隍은 한 고을이나 국가를 방어하기 위한 구축물의 명칭이었다. 그런데 비과학적인 사고가 지배하고 있던 옛날에는 여기에도 神이 있다고 믿었다. 즉 외적의 침입으로부터 보호되기를 바라는 마음에서 성황 신앙이 시작되었다고 하겠다. 따라서 전쟁을 하기 전에는 전투에서의 승리를 기원하기 위해 城隍神에게 제사를 드렸고 전쟁에서 승리했을 때에는 성황신의 도움 때문이라 하여 감사의 제사를 드렸던 것이다.

당연한 결과로서 성황신에게 제사를 드리는 城隍祠(堂)는 城 근처에 있었다. 그리하여 성황당이 있는 성 이름을 城隍堂石城이라 부르기도 하였다. 『世宗實錄地理志』를 살펴보면 전국에 걸쳐 총 6개의 城隍堂(山)石城의 명칭이 보이고 있다. 즉 충청도의 沃川·新昌·連山, 경상도의 梁山·寧海·泗川 등에 城隍堂(山)石城이 있었던 것이다.[138)

또 우리나라는 지형지세로 인하여 山城이 발달하였으므로 성황당도 높은 산 위에 위치한 것이 많았다. 그러나 세월이 지나면서 성황당이 위치했던 산이 烽火를 올리는 烽燧臺로 변했던 모양이다. 『세종실록지리지』에는 봉화를 올리는 곳으로서의 성황당이 4곳이 있었음을 전하고 있다. 즉 경상도의 開寧縣·昌原都護府·榮川郡 및 평안도의 安州가 바로

---

137) 『新增東國輿地勝覽』 권22 慶尙道 蔚山郡 祠廟條.
138) 『世宗實錄地理志』 해당 군·현조.

그 예들이다.139)

이 성황당이 높은 곳에 위치하고 있었음은 다음 사료를 통해서도 엿볼 수 있다.

D. (禑王 11年 9月) 張溥 등이 와서 社稷壇을 보고 齋廬를 짓지 않았음을 責하였다. 또 城隍을 보고자 하였으나 조정의 의론이 높은 데 올라가서 國都를 두루 보는 것은 不可하다고 여겨 淨事色을 城隍이라 속여 보여주었다. 정사색은 별에 대한 醮祭를 지내는 곳이었다.(『高麗史』 권135 辛禑傳)

여기서 보는 바대로 개경의 성황당은 높은 곳에 위치하여 개경을 두루 내려다 볼 수 있으므로 明나라 사신에게 성황당 대신 정사색을 보여주고 있다. 당시 성황당은 松岳山에 있었던 것 같다. 조선 태종 4년(1401)까지만 해도 松嶽城隍神에 대한 기록이 보이기 때문이다.140) 그러나『新增東國輿地勝覽』에는 松岳山에 城隍堂烽燧가 있었음을 전하고 있다.141) 아마도 조선초기까지는 송악산에 성황당이 있었으나 중기 이후 봉수대로 변한 것이 아닌가 한다.

한편 爭事色은 道敎의 醮祭를 관장한 관청으로 그 殿閣이나 殿內의 내부 구조가 성황과 흡사하였기 때문에 성황당 대신 정사색을 보여준 것이 아닌가 한다.142) 어쨌든 다 그런 것은 아니겠지만 대체로 城隍堂 내지 城隍祠는 높은 산위에 설치되었다고 하겠다.

---

139)『世宗實錄地理志』해당 군·현조 참조.

140)「給白嶽城隍神祿 前此給祿於松岳城隍神 以定都漢陽 故移給之」(『太宗實錄』권8 太宗 4년 甲申 11월 戊戌條).

141)『新增東國輿地勝覽』권4 開城府上 烽燧條.

142) 梁銀容,「高麗道敎의 爭事色考」『韓國宗敎』7, 1982, 102쪽.

요컨대 城隍은 원래 국가나 고을의 방어시설에 대한 단순한 명칭이었다. 그러나 여기에도 神이 있다고 생각하게 됨에 따라 성황 신앙은 국가나 마을의 수호를 비는 마음에서 비롯되었다. 즉 城隍神은 국가나 마을을 지켜주는 守護神으로서의 의미를 갖게 되었던 것이다. 이러한 성황 신앙은 일찍이 중국 고대로부터 시작되어 唐·宋을 거쳐 明에 와서는 국가적으로 크게 장려되었다. 우리나라에서도 고려초기 이후 널리 퍼지게 되었다. 그리하여 대체로 고려의 건국과 후삼국 통일에 공로를 세운 將師들이 성황신으로 모셔졌다. 때문에 전쟁을 할 때는 승리를 기원하기 위하여, 그리고 전쟁에서 승리했을 경우에는 감사의 표시로 城隍神에게 제사를 지냈다. 한편 성황신을 모시는 城隍堂(祠)은 山城 근처에 있게 되어 후에 城이나 烽燧의 명칭이 되기도 했다.

2. 성황 신앙의 유래

성황신을 제사하는 곳인 성황당은 얼마 전까지만 해도 우리나라의 전국 곳곳에 산재해 있었다. 그런데 앞서 본 바와 같이 성황당은 대개 산이나 고개 등에 위치해 있었다. 그런 까닭에 혹자는 성황 신앙을 재래의 산신 신앙과 동일시하는 경향을 보이기도 하였다. 나아가 현재 우리가 보통 부르고 있는 서낭당의 '서낭'은 城隍을 잘못 발음한 것이[143] 아니라 종래부터 있었던 '山王'·'仙王'에서 온 것이라 주장하고 있다. 다시 말하면 城隍이라는 용어가 중국에서 비롯된 것은 분명하지만 그것이 고려에 전래되어 서낭신앙이 생긴 것은 아니라는 것이다. 이미 우리나

---

143) 李圭景은 "我東八路嶺峴處 有仙王堂 城隍之誤"라 하여 당시 산재해 있던 仙王堂의 '仙王' 또는 '서낭'이 城隍의 오식이라 주장하였다.(『五州衍文長箋散稿』, 華東淫祀辨證說條)

라에서는 고대에서부터 山神에 대한 숭배 사상이 있는데 신앙적 기능이 비슷한 성황 신앙이 유입되어 양자가 복합되었다고 주장하고 있다.[144]

그러나 성황 신앙은 본래 그 내용이나 기능 면에서 산신 신앙과는 엄격히 구별되는 것이었다. 山神숭배는 天神숭배와 통하는 것으로 고대인들은 高山을 하늘[天]과 인간[人]의 교섭처로 생각하였다. 즉 天神이 높은 산에 내려와 인간과 교통한다고 믿었던 것이다.[145] 우리나라에도 이 山嶽숭배는 일찍부터 존재하였다. 이미 신라시대 때부터 吐含山·地理山·鷄龍山·太伯山·父岳 등 5岳을 비롯한 많은 산들이 국가의 祀典에 등재되어 숭배되었던 것이다.[146]

그러나 성황 신앙은 원래 城과 불가분의 관계에 있었다. 그리하여 성황당이나 성황사도 城이라는 방어시설이 있는 곳에만 설립되는 것이 원칙이었다. 성종대에 나오는 泗水縣의 성황당도 성의 주위에 설치된 것이 틀림없다. 그것은 이곳의 성이 城隍堂石城이라 불렸던 사실에서 알 수 있다.[147] 또 문종 9년(1055) 宣德鎭의 新城에 城隍神祠를 설치한 것도[148] 성과 성황 신앙과의 관계를 잘 말해준다. 다만 앞서 보았듯이 우리나라에는 山城이 많았으므로 성황당이 산 위에 위치하는 경우가 많아 산신 신앙과 혼동될 여지는 있었다. 그리하여 실제로 조선후기 이후에는 산신 신앙이나 성황 신앙이 혼합되어 나타나는 것이 보편적인

---

144) 趙芝薰은 李圭景의 견해를 비판하면서 오히려 그 반대로 城隍이 종래의 仙王에 대한 잘못된 인식에서 비롯된 것이라 하였다(「累石壇·神樹·堂집 信仰研究」『高大 文理論集』7, 1963, 58쪽). 또 金泰坤도 조지훈의 견해에 동조하면서 '서낭'은 '仙王'에 대한 발음이고 '仙王'은 '山王'에서 온 것이며 '山王'의 원형은 '天王'이라 주장하였다.(『韓國民間信仰研究』, 集文堂, 1983, 103쪽)

145) 趙芝薰, 「累石壇·神樹·堂집 信仰研究」『高大 文理論集』7, 1963, 58~62쪽.

146) 『三國史記』권32 雜志1 祭祀條.

147) 『世宗實錄地理志』慶尙道 泗川縣條.

148) 『高麗史』권63 禮志5 雜祀.

현상이었다.

그러나 다음 기록은 산신 신앙과 성황 신앙이 본래 별개의 것이었음을
말해준다.

> E. 오직 星山君 李稷이 말하기를 "……城隍이 비록 높은 山에 있으나
> 이미 城隍祭라 칭한 것인 즉 소위 山川祭와 더불어 비슷하지만 같은
> 것은 아닙니다. 역시 有司로 하여금 古典을 참고하여 시행하십시오."
> 하였다. 또 武官 5·6인이 말하기를 "佛敎의 神을 섬기는 일은 이미
> 오래되어 가히 갑자기 혁파할 수 없습니다." 하니 일이 드디어 잠잠해
> 졌다.(『太宗實錄』 권24 太宗 12년 12월 乙巳條)

즉 李稷은 성황사가 높은 산에 있어 山川숭배와 비슷한 것 같으나
사실은 다른 존재임을 분명히 하고 있다. 조선 태조 2년(1393)에는 吏曹가
국내의 名山·大川·海島와 더불어 城隍에 대해서도 封爵할 것을 청한
적이 있다. 이에 따라 封爵이 행해지고 있는데 여기서도 산악과 성황은
구별되고 있다. 즉 智異·無等·錦城·紺岳·三角·白岳 등의 諸山과 晋州의
城隍이 별개로 봉해지고 있는 것이다.[149] 따라서 성황 신앙은 그 기능이
나 성격 면에서 재래의 산신 신앙과는 별개의 것으로 중국에서 전래된
것이라 하겠다.

그렇다면 이 성황 신앙은 언제 우리나라에 전해진 것일까. 지금까지
논자들은 『增補文獻備考』에 의거하여 고려 문종때 성황사가 처음 설치된

---

149) 「吏曹請封境內名山大川城隍海島之神 松岳城隍曰 鎭國公 和寧·安邊·完山城隍曰
啓國伯 智異·無等·錦城·鷄龍·紺岳·三角·白岳諸山 晋州城隍曰 護國伯 其餘皆曰
護國之神 蓋因大司成劉敬陳言 命禮曹詳定也」(『太祖實錄』 권3 太祖 2년 2월 丁卯
條).

것으로 보아왔다.[150] 그러나 앞서 잠시 보았듯이 이미 성종대에 城隍堂의
명칭이 보이고 있다. 다음 기록을 자세히 보자.

F. 安宗 郁의 집은 王輪寺 남쪽에 있었는데 景宗妃 皇甫氏의 私第와
  가까웠다. 景宗은 妃가 그 집에서 쫓겨나는 꿈을 꾸었는데 郁이 드디어
  그 몸을 私通하였다. 일이 발각되자 成宗은 郁을 泗水縣에 유배보냈다.
  郁은 文辭를 잘하고 또 風水地理에 정통하였다. 일찍이 금 한 주머니를
  顯宗에게 몰래 주며 말하기를 "내가 죽으면 이 금을 지관에게 주고
  나를 이 고을 城隍堂 남쪽 歸龍洞에 매장하되 반드시 엎어 묻어라."
  하였다. 成宗 15년에 郁이 貶所에서 죽었다. 顯宗이 그의 말대로 장차
  장사지내려 하여 엎어 묻을 것을 청하니 術師가 이르기를 "어찌
  그리 급히 서두르는가" 하였다.(『高麗史』 권90 安宗 郁傳)

  安宗 郁은 태조의 제3비 神成王太后 金氏의 아들로[151] 경종비를 사통한
죄로 泗水縣에 귀양가 있다가 성종 15년(996) 죽었음을 알 수 있다.
그렇다면 안종이 현종[당시는 大良院君]에게 한 말은 그 이전임에 틀림없
다. 따라서 泗水縣[지금의 경남]의 성황당은 적어도 성종 15년 이전부터
존재하고 있었음을 알 수 있다.
  더 소급해서 이미 唐의 영향을 받았던 신라시대 때부터 성황당이
있었을 것이라는 견해도 있다.[152] 그러나 신라말·고려초의 전란의 상황

---

150) 『增補文獻備考』 권61 禮考8 城隍條. 이에 따라 李能和는 물론이고『朝鮮巫俗考』,
  啓明具樂部, 1927, 47쪽) 柳洪烈·金泰坤 등도 이 설을 따르고 있다(「조선의 산토신
  숭배에 대한 소고」, 『신흥』 9, 1937, 252쪽 및 『韓國民間信仰研究』, 集文堂, 1983,
  115쪽).
151) 『高麗史』 권88 后妃傳1 神成王太后 金氏條.
152) 鄭勝謨, 「城隍祠의 民間化와 鄕村社會의 變動」 『泰東古典研究』 7, 1991, 4쪽.

속에서 성황당이나 성황사에 대한 기록을 전혀 발견할 수 없다. 이것은 성황신이 城邑의 守護神이라는 측면에서 볼 때 잘 이해할 수 없는 일이다. 따라서 필자는 적어도 고려의 후삼국통일 이후부터 각 군·현에 성황당이 세워지기 시작했다고 본다. 그것은 앞서 본 바와 같이 성황사에 배향된 인물들이 대부분 고려의 후삼국통일과정에서 공로를 세운 자들이었음에서도 알 수 있다. 태조의 훈요 10조에서도 天靈·五嶽·名山·大川·龍神 등에 대해서는 언급하면서도 城隍에 대해서는 전혀 언급이 없는 것이다.[153]

더욱 좁혀 생각해 본다면 후삼국기의 인물들이 거의 모두 죽고 宋과의 외교 관계가 성립되는 光宗대 무렵이 아닌가 한다. 중국의 성황 신앙은 唐대에도 전국에 퍼져 있었으나 당 말기 5代·10國의 전란기를 수습한 宋朝에 이르러 더욱 보편화되었다.[154] 이러한 추세에 따라 성황 신앙이 자연스럽게 고려에 유입된 것이 아닌가 한다.

요컨대 성황 신앙은 재래의 山神숭배 사상과는 구별되는 것이었다. 이는 중국에서 유입된 신앙형태였던 것이다. 다만 우리나라에는 山城이 많아 城隍祠가 산에 설치되었던 관계로 산신 신앙과 혼합될 여지는 있었다. 그리하여 조선중기 이후에는 성황 신앙과 산신 신앙이 혼동되어 민간의 기복신앙으로 나타났던 것이다. 한편 이 중국의 성황 신앙이 우리나라에 도입된 것은 고려의 후삼국통일 이후부터 성종대 사이의 어느 무렵이었다. 그것은 우리나라나 중국이 전란기라는 공통된 역사경험을 거쳤던 상황과 관련이 깊었다.

---

153) 『高麗史』 권2 太祖世家 26년 4월 條.

154) 「李能和曰 按城隍(一) 猶言城池 易云 城復于隍(二) 神名 禮八蜡 水庸居七水庸卽城 是爲祭城隍之始 北齊書有慕儼禱城隍獲佑事 唐張說張九齡均有祭城隍文 後唐淸泰 中 始封王爵 宋以後 其祀遍天下」(『朝鮮巫俗考』, 47쪽).

3. 성황 신앙의 변천

이러한 성황 신앙은 고려초기에 도입된 이래 仁宗·毅宗대를 거치면서 전국으로 널리 퍼지게 된 것 같다. 인종이나 의종은 다 같이 무격 신앙이나 陰陽秘說에 심취해 있었다. 그리하여 인종은 빈번히 巫를 궁중에 모아 祈雨행사를 벌였으며[155] 심지어는 자신의 병이 위독하자 巫의 말에 따라 金堤 碧骨池의 제방을 끊기까지 하였다.[156] 또 의종도 卜者였던 榮儀의 말에 따라 전국의 神祠에 사신을 끊임없이 보냈으며 민간의 집을 빼앗아 離宮이나 別舘으로 삼기까지 하였다.[157]

이러한 상황 속에서 성황 신앙도 전국적으로 확산되었음은 당연한 일이다. 김부식이 인종 15년(1137) 묘청의 난을 진압한 후 諸城의 城隍廟에 祭祀를 지내고 있는 점이[158] 이를 잘 말해준다. 그러나 관리들 중에는 이 성황 신앙을 못마땅하게 생각하는 자들도 있었다. 그리하여 城隍神祠에 제사를 지내는데 揖만 하고 拜하지 않았다 하여 파면된 咸有一과 같은 이도 있었던 것이다.[159]

의종 24년(1170) 무신란을 계기로 정권을 잡게 된 무인집정자들은 그들 스스로 상당한 피해의식을 갖고 있었다. 그리하여 대궐의 서쪽 행랑기둥에 어떤 자가 구멍을 뚫었는데 이것은 東班이 西班을 저주하는 것이라 해석하기도 했다.[160] 그런가 하면 대궐의 서쪽 땅은 武官의

---

155) 『高麗史』 권16 仁宗世家 11년 5월 丙寅·6월 乙亥·12년 4월 庚戌·6월 乙卯條.
156) 『高麗史』 권17 仁宗世家 24년條.
157) 「又信儀言 遍祀遠近神祠 使者絡繹 或取閭巷名第 以爲離宮·別舘 或營山齋野墅 巡幸無時」(『高麗史』 권123 嬖幸 榮儀傳).
158) 『高麗史』 권98 金富軾傳.
159) 『高麗史』 권99 咸有一傳.
160) 『高麗史節要』 권13 明宗 27年 正月條.

방위라 하여 민가에서 디딜방아를 설치하지 못하게까지 하였다. 최충헌이 名山과 大川의 힘을 빌어 정권을 확립시키고자 山川裨補都監을 설치한 것도[161] 그러한 맥락에서 이해될 수 있다.

이러한 상황 속에서 성황 신앙도 널리 유행할 수밖에 없었다. 고종 5년(1218) 왕이 內幣·羅衫·戎衣 등을 시납하여 거란병을 물리쳐달라고 기원한 神祠도[162] 城隍神祠였다고 하겠다. 그것은 성황신이 국가나 고을의 수호신이었기 때문이기도 하지만 城隍神祠를 그냥 神祠라 표현한 예가 있기 때문이다. 위에 든 咸有一이 拜하지 않은 곳이 『高麗史』에는 登州의 城隍神으로 되어 있지만[163] 그의 墓誌에는 登州神祠로만 되어 있는 것이다.[164] 그러기에 고종 6년 崔怡의 동생 崔珦이 洪州에 귀양갔다가 난을 일으킬 때 가서 점을 쳤던 洪州의 神祠도[165] 城隍神祠였으리라 추측된다. 유교주의자였던 李奎報도 全州의 掌書記로 있을 때 평시에는 성황사에 잘 가지 않다가 꿈에 성황신을 보고 이를 믿게 되기에 이른 것은[166] 언간의 상황을 잘 말해준다.

元 간섭기에도 성황 신앙은 계속 존속하였다. 그러나 한편으로는 수난을 받기도 하였다. 몽고족이었던 元은 鄂博[오보]이라 하여 현재 우리의 성황당과 같은 돌무더기를 숭배했지만[167] 唐·宋의 漢族이 받들

---

161) 『高麗史節要』 권14 神宗 元年 正月條.

162) 「王施內帑·腰帶·羅衫·戎衣·紫衫于神祠 以禳丹兵」(『高麗史節要』 권15 高宗 5년 10월條).

163) 「又爲朔方道監倉使 登州城隍神 屢降於巫 奇中國家禍福 有一詣祠 行國祭 揖而不拜 有司希旨 劾罷之」(『高麗史』 권99 咸有一傳).

164) 「踰年 宣召入內侍 爲朔方道監倉使 公嘗酷排淫巫瞽史之說 至是 於登州神祠行祀 事不拜獻 有司以爲慢神奏 免官居官」(『韓國金石全文』(中世上)咸有一墓誌).

165) 『高麗史』 권129 崔忠獻附 崔怡傳.

166) 『東國李相國集』 권25 夢驗記.

167) 이에 대해서는 孫晋泰, 「朝鮮의 累石壇과 蒙古의 鄂博에 就하여」, 『朝鮮民族文化의 硏究』, 乙酉文化社, 1948 참조.

었던 성황 신앙을 국가적으로 장려하지는 않았기 때문인 것 같다. 그리하여 충숙왕 6년(1319)에는 왕이 德水縣에 사냥을 갔다가 매와 말이 죽자 성황신사를 불살라 버리기도 하였던 것이다.[168]

그러나 공민왕이 反元親明策을 쓰면서는 明의 영향으로 성황 신앙이 국가적인 측면에서 보장받기도 하였다. 공민왕 19년(1370) 5월에는 성황의 제사에 쓸 가축을 기르지 않음을 明帝가 힐책하는가 하면 그해 7월에는 조서를 내려 州·府·縣의 성황신에 대한 封爵을 고쳐 某州·府·縣 城隍神이라 칭할 것을 명하고 있는 것이다.[169]

이렇듯 성황 신앙은 고려말기에도 성행하였다. 그러나 이 성황 신앙은 점차 민간화되면서 세속화·귀족화된 佛敎와 마찰을 빚기도 하였다. 다음 기록을 보자.

G-① (15年 7月 庚寅) 胡僧 指空이 延福亭에서 戒律을 설법하니 士女들이 달려와 경청하였다. 雞林府司錄 李光順도 역시 無生戒를 받고 任地에 갔는데 州民들로 하여금 城隍祭에 고기를 쓸 수 없게 하고 민간에서 돼지 기르는 것을 禁하기를 심히 엄하게 하였다. 그러자 州人들이 하루에 그 돼지들을 다 죽여버렸다.(『高麗史』 권35 忠肅王世家)

② 和는 禑王 때에 淸州牧使가 되었다. 그런데 固城의 妖民 伊金이 스스로 彌勒佛을 칭하고 무리들을 迷惑시켜 말하기를 "나는 능히 釋迦佛에 이를 수 있다. 무릇 神祇에 기도하고 제사지내는 자와 말·소고기를 먹는 자 및 財貨를 남에게 나누어주지 않는 자는 다 죽을 것이다. 만약 내 말을 믿지 않으면 3月에 이르러 햇빛이 없어지기에 이를 것이다." 하였다. 또 이르기를 "내가 작용하면 풀에서 푸른 꽃이

---

168) 『高麗史』 권34 忠肅王 6년 8월 壬子條.
169) 『高麗史』 권42 恭愍王世家 19년 5월 甲寅 및 7月 壬寅條.

피어나고 나무와 곡식이 結實을 맺으며 혹 한 種子에서 두 번 수확할
것이다.” 하였다. 愚民들이 이를 믿고 米帛·金銀을 施納하고 後患이
두려워 소·말이 죽으면 이를 버리고 먹지 않았으며 財貨가 있는
자는 다 남에게 주었다. 또 이르기를 “내가 山川神에게 勅書를 보내면
倭賊이 가히 사로잡힐 것이다.” 하였다. 巫覡들이 이에 더욱 공경하고
믿어 城隍祠廟를 헐고 伊金을 부처님처럼 섬기며 福利를 빌었다.
無賴輩들도 따라서 호응하여 스스로 弟子를 칭하고 서로 속여 말하니
이르는 곳의 守令이 혹 마중 나와 이들을 舘에 留宿시켰다. 이들이
淸州에 이르자 和가 그 黨을 誘致하여 우두머리 5인을 포박하여
가두었다.(『高麗史』 권107 權旭 附 權和傳)

G-①은 無生戒를 받은 李光順이 성황신의 제사를 지내는데 고기를
쓰지 못하게 하자 백성들이 돼지를 다 죽였다는 내용이다. 이것은 佛敎를
신봉한 수령과 城隍神을 숭배하고 있었던 경주인들의 충돌을 잘 보여주
고 있다. 또한 성황 신앙이 이미 상당한 정도로 민간화되었음을 알
수 있다. G-②는 경상도 固城의 伊金이 미륵불을 자칭하고 백성들을
현혹하자 巫覡들이 城隍祠廟를 헐고 伊金을 부처처럼 섬겼다는 것이다.
이와 같은 내용은 『三峯集』에도 보이고 있다. 그러나 여기에는 僧 粲英과
鄭道傳의 대화가 가미되어 있다.[170] 우왕대에는 집권자인 李仁任을 비롯
하여 林堅味·廉興方 등이 전횡하여 많은 농장이 형성되던 시기였다.
또 밖으로는 왜구나 명나라와의 관계 때문에 복잡한 시기였다. 재물이
많은 자는 타인에게 나누어주도록 하고 山川神을 통해 왜적을 사로잡을
수 있다는 伊金의 말을 통해 우리는 당시의 시대상황을 잘 엿볼 수

---

170)『三峯集』 권8 附錄 事實.

있다. 이러한 혼란기에 미륵사상이 나타나게 된 것은 당연한 일이었다.

미륵불은 現在佛이 아닌 當來佛로서 兜率天에 살고 있다가 이 지상에 下生하여 來世를 구원한다는 부처이다.[171] 그리하여 보통 우리 역사상 사회가 매우 혼란해졌을 때 미륵사상이 나타나게 된다. 신라말기의 혼란상 속에서 미륵불을 자칭했던 弓裔의 예가 대표적인 것이다.[172] 고려말기도 이와 비슷하여 巫覡들조차 성황사를 헐어버릴만큼 彌勒信仰에 현혹되었던 것이다. 한편 지방사회 내부에서도 불교를 신봉하는 자들과 성황신을 숭배하는 자들 사이에 알력이 있었음을 알 수 있다.

그럼에도 불구하고 성황 신앙은 국가적인 측면에서 장려되었다. 그리하여 공양왕 2년(1390) 새 서울인 漢陽의 門下府에 호랑이가 들어와 사람을 잡아가자 왕이 白岳·木覓의 城隍祠에 사신을 보내 제사를 지냈던 것이다.[173] 또 당시의 權臣들은 寺院이나 神祠에 많은 토지를 시납하기도 하였다. 이에 따라 공양왕 3년·4년에 걸쳐 이를 금하는 禁令이 반포되기도 하였다.[174]

이러한 상황은 조선의 건국 이후에도 계속되었다. 그것은 明의 지원과 승인 속에서 조선왕조가 개국되었기 때문이기도 했다. 그리하여 태종 2년(1402) 태조 李成桂가 함흥으로 갈 때 지나는 주·군의 성황사에 제사를 지낸 바 있다.[175] 동왕 8년(1408)에는 태조의 병이 위독해지자 태종이 東北面都巡問使로 하여금 安邊·定州·咸州의 성황신에게 기도를 하게 했으며[176] 동왕 14년(1414)에는 內侍別監을 보내 楊根의 성황신에게

171) 金三龍, 『韓國彌勒信仰의 硏究』, 同和出版社, 1983, 31~33쪽.

172) 『三國史記』 권50 弓裔傳.

173) 『高麗史』 권54 五行志2 五行四 金 恭讓王 2년 9월 甲寅條.

174) 『高麗史』 권78 食貨志1 祿科田 恭讓王 3년 5월條 및 『高麗史』 권85 刑法志2 奴婢 恭讓王 4년條.

175) 『太宗實錄』 권4 太宗 2년 11월 丙戌條.

제사를 드리기도 했다.[177] 그리고 태종 13년(1413)에는 明나라 洪武年間의 禮制에 의거하여 風·雲·雷·雨의 4神을 中祀에 편입시킴과 더불어 山川·城隍神도 같이 제사하게 되었다.[178] 이에 따라 한양에는 風雲雷雨山川城隍壇이 존재하게 되었다.[179]

그러나 조선건국의 주역이었던 新進士類들은 성황 신앙의 팽창을 좋아하지 않았다. 이 성황 신앙이 국가적인 제사의 대상이었던 만큼 이의 폐지를 주장하지는 않았다. 그러나 이를 축소시키려 하였으며 淫祀로 되는 것을 경계하였다. 신진사류들은 대개 유교적 합리주의자들이었기 때문이다.

H-① 禮曹典書 등이 上書하여 이르기를 "臣등이 엎드려 歷代의 祀典을 보건대 宗廟·籍田·社稷·山川·城隍·文宣王釋奠祭는 古今에 通行되는 것으로 國家에도 常典이 있습니다. 지금부터 月令의 規式은 후에 갖추어 기록하고 청컨대 有司에 내려 때에 따라 거행하도록 하시되 圓丘·天子·祭天의 禮는 혁파하십시오. 諸神廟 및 諸州·郡의 城隍은 國祭이나 청한 바대로 다만 某州·某郡城隍神이라고만 칭할 것을 허락하고 位板을 설치하여 각각 그 守令이 매년 봄·가을에 제사를 지내게 하십시오. 奠物·祭器나 酌獻의 禮는 일체 朝庭의 禮制에 의하도록 하십시오." 하였다.(『太祖實錄』 권1 太祖 원년 8월 庚申條)

② 禮曹가 아뢰기를 "우리 太祖가 즉위한 초기에 이르러 本曹가 각 官의 城隍神은 爵號를 제거하고 다만 某州城隍神이라 칭할 것을 건의하여

---

176) 『위의 책』 권15 太宗 8년 5월 丙午條.
177) 『위의 책』 권27 太宗 14년 4월 戊子條.
178) 『위의 책』 권25 太宗 13년 4월 辛酉條.
179) 『新增東國輿地勝覽』 권1 京都上 壇廟條.

즉시 윤허함을 얻어 이미 명백한 명령이 되었습니다. 그러나 有司가 지금에 이르도록 고치지 않고 이를 거행하지 않아 爵號를 주고 像을 설치하여 아직도 예전대로 淫祀를 행하고 있습니다. 엎드려 바라옵건대 太祖가 이미 내린 敎旨를 밝혀 다만 某州城隍神이라 칭하여 神主 1位만을 두고 그 妻妾의 神은 다 제거하십시오. 山川·海島의 神도 역시 神主 1位를 두고 다 나무판위에 某海·某山川神이라고만 쓰게 하십시오. 그리고 설치한 像은 다 철거하여 祀典을 바르게 하십시오." 하니 이에 따랐다.(『太宗實錄』 권25 太宗 13년 6월 乙卯條)

③ 李稷 등이 말하기를 "각처의 城隍神이 혹은 大王·太后·太子·太孫·妃를 칭하여 무리함이 심하니 이는 진실로 妖神입니다. 예전에는 산 아래에 壇을 설치하여 제사하였는데 지금에 紺嶽 등의 山과 같은 것은 산위에 廟를 세워 그 산을 밟고 그 神을 제사하니 버릇없고 不敬스럽습니다. 또 古禮에는 王만이 경내의 山川을 제사할 수 있었는데 지금은 庶人들도 다 제사를 지내고 있어 名分이 엄정하지 못합니다. 제 생각으로는 산 아래에 壇을 설하여 神板을 설치하고 다만 某山之神이라고만 쓰십시오. 또 國祭로만 행하고 민간의 淫祀는 금하여 人心을 바르게 하십시오." 하였다.(『世宗實錄』 권23 世宗 6년 2월 丁巳條)

사료에서 보는 바와 같이 태조 원년 趙璞 등의 上書에 의하여 성황신에 가해진 爵號를 제거하고 다만 某州·某郡 城隍神이라고만 칭하게 되었다.(H-①) 그러나 이것이 제대로 지켜지지 않자 태종 13년(1413) 禮曹의 건의에 따라 爵號나 妻妾 등의 神은 모두 제거하고 다시 某州 城隍神이라고 칭하여 神主만 두도록 했다. 나아가 성황사에서 神像을 설치하여 淫祀를 행한다고까지 비판하고 있다. 세종대에 오면 성황 신앙이 더욱 보편화·민간화되었던 모양이다. H-③에서 보는 바대로 성황신이나 山神이 大王·

太后·太子 등을 칭하는 등 무리함이 심하여 이를 妖神이라 비난하고 있다. 또 민간에서도 함부로 이러한 신을 섬기고 있으니 이를 금하고 國祭로만 행할 것을 건의하고 있는 것이다.

요컨대 고려초기에 중국에서 전래된 성황 신앙은 인종·의종 이후 전국적으로 확산되었다. 특히 무신정권기에는 집권무인들의 피해의식 때문에 山川神 등과 더불어 더욱 숭배되었다. 이러한 상황은 고려말기에도 계속되면서 때로 佛教세력과 마찰을 빚기도 하였다. 조선 건국 이후에도 明의 영향력하에서 성황 신앙은 國祭로 정착하는 한편 널리 보편화·민간화되기 시작하였다. 그러자 조선 건국의 주역이었으며 유교적 합리주의자였던 新進士類들은 이의 축소와 더불어 淫祀로 됨을 경계하기도 하였다. 그럼에도 불구하고 성황 신앙은 조선중기 이후 國行官祭로서보다도 民間信仰으로 더욱 자리를 잡게 되었던 것이다.

4. 성황 신앙의 의의

고려초기에 성황 신앙이 도입된 것은 사실이지만 국가의 주도하에 성황당이나 성황사가 건립된 것 같지는 않다. 성종 원년(982) 올린 崔承老의 時務28條 중 祭祀를 언급한 부분에 宗廟·社稷이나 醮祭·山嶽은 나와 있지만 城隍에 대해서는 전혀 거론되어 있지 않기 때문이다.[180] 또한 유교적 이상국가를 꿈꾸었던 성종이 성황당을 세웠다고 보는 것도 곤란하다. 따라서 각 지역의 城隍堂은 지방세력들에 의해 자발적으로 건립된 것이 아닌가 한다. 즉 앞서 보았듯이 후삼국통일 과정에서 공로를 세운 자들이 각 지역의 土姓들임에서 알 수 있다.

---

180) 『高麗史』 권96 崔承老傳.

土姓은 그 지역의 지배적인 성씨집단으로 邑司의 주요 구성원이었다.[181] 그런데 이들은 지방의 史職者로서 존속했는가 하면 때로는 중앙정계에 진출하여 활동하기도 하였다. 즉 在地吏族과 在京士族으로 갈라지게 되었던 것이다. 義城의 경우 元宗朝에 급제하여 贊成事까지 오른 金晅이나 그의 아들로써 臺諫을 지낸 바 있는 金開物 등이 중앙에 진출한 義城 金氏였다.[182] 顯宗代에 參知政事까지 지낸 金猛도 金忍訓의 후손인 梁山 金氏였다.[183] 그러나 谷城 申氏나 密陽 孫氏·順川 金氏 등은 중앙에 진출하여 크게 영달한 인물을 배출하지 못하고 재지에서만 세력을 유지한 토성이었다.

그렇다면 이들 姓氏들은 왜 자신들의 조상을 祠神으로 삼아 城隍祠를 건립하였는가. 그것은 그들이 그 지역의 지배세력으로서 위치를 굳건히 하고자 한 것이었다. 그들을 중심으로 지역민들을 결집시켜 지역적 연대의식을 고취시키고자 한 것이라 하겠다. 이들 土姓들은 자기 조상을 고을을 수호해주는 城隍神으로 설정함으로써 지역민들이 자발적으로 복종하기를 바랐던 것이다.

그리하여 때로는 지방세력이 지역민들을 결집시켜 국가에 대항하는 데 城隍祠를 이용할 가능성도 있었다. 실제로 신종 6년(1203)에는 이러한 일이 발생하였다. 다음 기록을 보자.

I. (神宗 6년 4월) 慶州의 賊徒 都領 利備 父子가 몰래 城隍祠에 와서 기도를 하였다. 그런데 한 무당이 속여 말하기를 "都領이 擧兵하여 장차 新羅를 부흥하려 하니 우리가 기뻐한 지 오래입니다. 今日에

---

181) 李樹健, 『韓國中世社會史硏究』, 一潮閣, 1984, 34~39쪽.
182) 『新增東國輿地勝覽』 권25 慶尙道 義城縣 人物條.
183) 『高麗史』 권94 金猛傳.

다행히 만나 보았으니 청컨대 술 한잔을 드리고 싶습니다." 하고는
맞이하여 집에 이르렀다. 이들이 술을 마시고 취하자 잡아서 병마사
丁彦眞에게 마쳤는데 이는 실로 彦眞의 謀策이었다.(『高麗史節要』
권14)

　여기서 보는 바와 같이 경주의 토착세력으로 都領이었던 利備 父子가
성황사에 가서 기도를 하고 있다. 그가 성황사에서 기도한 내용은 물론
성황신의 도움을 빌어 민란을 성공으로 이끌어 달라는 것이었으리라
추측된다. 나아가 그러기 위해서는 그 휘하 지역민들의 결집이 필요하였
다. 이를 城隍神의 도움을 빌어 달성하고자 했던 것이다.
　이 같은 경우는 고종 4년(1217) 崔光秀의 난이나 동왕 24년(1237) 李延年
형제의 난에서도 찾아볼 수 있다. 최광수는 서경[평양]에서 난을 일으켜
스스로 句高麗興復兵馬使·金吾衛攝上將軍이라 칭하고 諸神祠에 기도를
하였다.[184] 이 諸神祠에 모셔진 신들 중에는 성황신도 포함되었을 것이
다. 그리하여 난의 성공과 더불어 그 무리들을 결집시키는데 성황신을
이용하려 했던 것이다. 原栗·潭陽의 이연년 형제도 난을 일으켜 羅州城의
관군을 물리치기 위하여 錦城山神에게 제사를 지내고 있다.[185] 이 또한
전투에서의 승리와 무리들의 결집을 위한 것이었음은 물론이다. 아마도
이즈음에는 성황신과 산신이 그 기능면에서 혼동·융합되기 시작했던
모양이다. 그리하여 羅州에는 城隍祠가 존재치 않고 錦城山祠가 그 기능
이나 역할을 대신했던 것이다.[186]

---

184) 「崔光秀攝城作亂 自稱句高麗興復兵馬使·金吾衛攝上將軍 署置僚佐 召幕精銳 傳
　　檄北界諸城 將擧大事 禱諸神祠」(『高麗史節要』 권15 高宗 4년 6월條).
185) 「爲全羅道指揮使 時草賊李延年兄弟 嘯聚原栗 潭陽諸郡無賴之徒 擊下海陽等州縣
　　聞慶孫入羅州 圍州城(中略)於街頭 祭金城山神 手奠二爵曰 戰勝畢獻 欲張蓋而出」
　　(『高麗史』 권103 金慶孫傳).

이렇듯 각 지역의 城隍祠는 지역민들을 정신적으로 결집시키는 역할을 하였다. 나아가 때로는 국가에 대한 반란에 이용되기도 하였다. 이 같은 상황은 국가로 하여금 통제의 필요성을 갖게 하였다. 그리하여 국가의 주도하에 성황사를 설치하는 한편 지방관으로 하여금 성황사에의 제사를 주관하게 하는 조치도 취해졌다. 전자는 이미 문종대 국가가 宣德鎭에 성황사를 설치했다는 점에서 알 수 있다.[187] 후자의 측면도 전자와 밀접한 관련이 있는 것으로 고려중기 이후 왕권강화와 중앙집권정책의 소산이었다고 하겠다. 이에 따라 지방의 土姓 吏族들이 관장하던 성황신에의 제사가 국가에서 파견한 地方官에게로 넘어갔던 것이다. 그것은 李奎報가 全州의 司錄兼掌書記로 파견되었을 때 吏가 城隍祭에 고기를 쓰는 것을 보고 이를 금하게 한 조치에서도 엿볼 수 있다.[188]

이 같은 상황은 고려말·조선초에도 계속되었다. 다음 기록을 보자.

J. 都評議使司의 裵克廉·趙浚 등이 22개 조항을 上言하기를 "文宣王釋奠祭 및 諸州의 城隍에 대한 祭祀는 觀察使와 守令이 祭物을 풍부하고 깨끗이 하여 때에 따라 거행하게 하십시오. 公卿으로부터 下士에 이르기까지는 모두 家廟를 세워 先代를 제사케 하고 庶人은 그 寢所에서 제사하게 하십시오. 그 나머지 淫祀는 일체 모두 禁斷하십시오." 하니 王이 모두 이에 따랐다.(『太祖實錄』 권2 太祖 원년 壬申 9월 壬寅條)

여기서 보는 바와 같이 지방의 城隍祭는 관찰사와 수령이 때맞추어

---

186) 『新增東國輿地勝覽』 권35 全羅道 羅州牧 祠廟條.
187) 『高麗史』 권63 禮志5 雜祀.
188) 『東國李相國集』 권37 祭神文.

거행하도록 되어 있었다. 또 조선초기에 목민관의 지침서로써 애독되었던 『牧民心鑑』에도[189] 지방관이 처음 부임하면 社稷·山川·宣聖과 더불어 城隍祠에 가서 맹세를 하도록 되어 있다. 물론 그 목적은 神靈에게 청렴·결백한 통치의지를 명백히 하여 후에 변절하지 않도록 하기 위함이라고 하고 있다.[190] 그러나 성황사를 비롯한 여러 제사를 주관하면서 그 지역 백성들의 의식세계를 장악하려는 의도도 있었다 하겠다. 그리하여 일반 백성들로 하여금 지방관에 대한 자발적인 복종심과 외경심을 갖게 하였다. 다시 말해 효과적인 지방통치의 한 수단이었던 것이다. 조선후기의 실학자인 丁若鏞도 지방관이 지켜야할 사항으로 社稷에의 제사를 중시하면서도 厲壇이나 城隍壇에의 제사도 강조하고 하고 있는 것이다.[191] 즉 城隍神은 고을을 지켜주는 신이요 守令은 고을을 직접 다스리는 牧民官으로서 불가분의 관계에 있었던 것이다.

이 같은 성황 신앙에 대한 국가적인 관심은 爵號나 祿米·位田의 지급 등으로 나타났다. 그리하여 문종 9년(1055) 宣德鎭의 城隍神에게 崇威라는 爵號를 내려주고 있다.[192] 城隍神 및 山神 등에 대한 封爵은 중국 唐·宋대에 시작되었다.[193] 우리나라에서도 이미 목종대에 神에게 號를

---

189) 『牧民心鑑』은 明의 朱逢吉이 편찬한 책으로 太祖초에 우리나라에 전래되어 「治民切要之書」로 각광을 받았다. 그리하여 목민관에게 이를 시험보거나 御前에서 講하게 하기도 하였다.(金成俊,「朝鮮守令七事와 『牧民心鑑』」『民族文化研究』 21, 1988 ; 『牧民心鑑 研究』, 高大民族文化研究所, 1990, 19~24쪽)

190) 「人之成志 貴在乎堅 人之立節 貴在乎固 然欲久而不易 必當盟於神祇 故莅政之初 首宜參謁社稷·山川·宣聖·城隍 各以祝板 書其所立志節 爲之誓詞 白于神靈 以爲持人之戒 如此立心 其或日後 將改其操 庶幾有所畏憚 而不敢改也」(『牧民心鑑』 권上 初政 誓神祠條).

191) 「遂適社稷壇 以朝服奉審 分遣禮監(卽 官廳別監) 于厲壇·隍壇 奉審以來·一邑之鬼 社稷最大 近世守令 全不致謹 甚不可也 厲壇·隍壇 雖不躬往 牧者 百神之主也 新到之初 宜有禮意 遣人奉審 可也」(『牧民心書』 권1 赴任六條 上官條).

192) 『高麗史』 권63 禮志5 雜祀.

193) 「後唐淸泰中 始封王爵 宋以後 其祀遍天下 命初京都郡縣 並壇以祭 加封 府曰

116

내려준 예가 있다. 즉 목종 9년(1006) 天成殿에 지진이 일어나자 왕이 두려워하여 죄수를 사면하는 한편 국내의 神祇에 2字功臣號를 가해주었던 것이다.[194] 문종 8년(1054)에도 국내 名山·大川의 神祇에 2字功臣號를 가하기도 했다.[195]

이렇듯 국내의 山川 神祇에 功臣號나 爵號를 가하는 관행은 이후에도 계속되었다. 그러나 城隍神에게 尊號를 가했다는 직접적인 기록은 충렬왕 7년(1281)에 보인다. 이때 中外의 城隍과 名山·大川으로 祀典에 등재된 것은 다 德號를 가하였던 것이다.[196] 또 충선왕 복위년(1308)에도 이와 비슷한 조치가 취해지고 있다.[197] 고려말·조선초에도 성황신에게 公·侯·伯 등의 작호를 가한 사례가 있다.[198] 심지어는 大王이라는 호칭까지 붙여지게 되었다. 예컨대 경상도 玄風縣의 성황신은 靜聖大王으로,[199] 그리고 함경도 安邊의 성황신은 宣威大王으로 불리기도 했던 것이다.[200]

이들 城隍神祠에는 국가로부터 位田이나 祿米가 지급되기도 하였다. 우왕 14년(1388) 趙俊이 田制개혁을 건의할 때 城隍·鄕校·紙匠·墨尺·刀尺 등의 位田은 이전대로 지급할 것을 주장하고 있다.[201] 이 중 紙匠·墨尺·刀尺·水汲 등의 位田은 종이·먹·칼을 만들거나 물긷는 사람과 같은 職役부담자에게 지급된 토지이다. 그리고 城隍이나 鄕校의 位田은 이를 관리하

公州曰後 縣曰伯」(『朝鮮巫俗考』, 47쪽).

194) 『高麗史』 권3 穆宗 9년 6월 戊戌條.

195) 『高麗史』 권7 文宗 8년 5월 己卯條.

196) 「中外城隍·名山·大川 載祀典者 皆假德號」(『高麗史』 권29 忠烈王世家 7년 正月 丙午條).

197) 「王在金文衍加 百官會梨峴新宮 王下敎曰(中略)城隍幷國內名山大川 載在祀典者 並宜加號」(『高麗史』 권33 忠宣王世家 복위년 11월 辛未條).

198) 『太祖實錄』 권3 太祖 2년 2월 丁卯條.

199) 『新增東國輿地勝覽』 권27 慶尙道 玄風縣 祠廟 城隍祠條.

200) 『新增東國輿地勝覽』 권49 咸鏡道 安邊都護府 祠廟 城隍祠條.

201) 『高麗史』 권78 食貨志1 祿科田 禑王 14년條.

는 자에게 지급된 토지일 것이다. 이미 신라시대에도 문무왕이 김해의 首露王廟에 上田 30頃을 바쳐 王位田이라 한 예가 있는 것이다.[202] 고려시대의 성황신사에 지급된 位田의 액수는 알 수 없다. 그러나 조선 세종대에 지급된 位田의 액수를 보면 祀典에 등재된 성황신사 중 中祀는 2結, 小祀는 1結 50負였다.[203] 또 祿米도 지급되었다. 조선 태종 4년(1401) 그때까지 松嶽의 城隍神祀에 지급되던 녹미가 白嶽의 성황신에게 移給되었다는 기록이 그것을 말해준다.[204] 그 2년 뒤에는 성황당의 수호를 위해 人丁이 지급되기도 하였다.[205]

그러나 이러한 국가적인 통제·장려에도 불구하고 城隍神에의 祭祀는 吏職者들에 의해 주관되는 경우가 많았다. 그것은 이직자가 이를 구실로 백성들에게서 수탈할 수 있었다는 점 이외에도 지방관이 자주 바뀔 수밖에 없었다는 현실적인 상황 때문이기도 했다. 수령이 새로 부임하면 그 지역 실정에 어두웠으므로 토착세력인 吏職者가 관례대로 행정이나 제사를 주관했을 것이기 때문이다. 全州의 경우 해마다 성황신에게 제사를 지낼 때면 사냥꾼들이 짐승을 잡아다 吏職者에게 바치는 것이 상례였다는 점이[206] 이를 말해준다.

또 고려시대에는 지방관이 파견되지 못한 속군·현이 많이 존재했기 때문이기도 했다. 이 속군·현에서는 그 지역의 吏職者가 행정사무는 물론이고 경제적인 조세·공납업무도 수행하였다.[207] 따라서 이들 지역

---

202) 『三國遺事』 권2 駕洛國記.
203) 「戶曹啓 祀典所載各道山川·城隍神祀位田 請中祀給二結 小祀一結五十負 平壤檀 君·箕子中祀 位田各三結」(『世宗實錄』 권51 世宗 13년 3월 庚午條).
204) 『太宗實錄』 권8 太宗 4년 11월 戊戌條.
205) 『太宗實錄』 권12 太宗 6년 윤7월 戊寅條.
206) 『東國李相國集』 권37 祭神文.
207) 武田幸男,「高麗·李朝時代의 屬縣」『史學雜志』 72-8, 1963, 42쪽.

에 있는 城隍祠에의 제사도 이직자들이 담당할 수밖에 없었다. 경상도 泗水縣의 성황사를 예로 들 수 있다. 泗水縣은 고려초에 晋州에 來屬되어 그 속현으로 존재하였다.[208] 그러기에 여기에 있었던 성황사에의 제사는 이직자가 관장하였음에 틀림없다.

이러한 상황은 고려말·조선초의 중앙집권정책에 의해 많은 제약을 받았으나 조선중기 이후 재현되었다. 즉 임진왜란·병자호란을 겪으면서 중앙의 지방통제가 약화되고 성황 신앙이 민간화됨에 따라 戶長 등이 이 성황신에의 제사를 주관하게 되었던 것이다.[209] 江陵의 경우 戶長이 巫覡을 데리고 城隍神堂에 나아가 제사를 주관했다는 기록이 있는 것이다.[210]

요컨대 고려초기의 城隍祠는 地方勢力에 의해 건립되었다. 그것은 자신의 조상을 城隍神으로 배향함으로써 지역민들로 하여금 자발적인 복종심을 갖도록 하기 위함이었다. 즉 자신의 家系에 神聖性을 부여함으로써 오랫동안 지방의 지배세력으로 남아있기 위함이었다. 그러나 때로는 이 城隍祠가 몇몇 지방민들에 의한 반란에 이용되기도 했다. 이들은 성황신이 자신들을 보호해줄 것이라는 믿음을 갖고 반란세력을 결집시켰던 것이다. 이러한 경향에 대해 국가에서는 성황사를 國家의 통제하에 두려 하였다. 그리하여 국가에서 성황사를 직접 설치하는 한편 그 제사도 지방관이 담당케 하였다. 물론 이 같은 조치는 고려초기 이후의 왕권강화와 중앙집권정책의 일환으로 취해졌다. 이러한 정책은 무신집권기나

---

208) 『高麗史』 권57 地理志2 晋州牧 泗州條.

209) 李勛相, 『朝鮮後期의 鄕吏』, 一潮閣, 1990, 161~168쪽.

210) 「邑各有城隍祠 春秋亭祀之 至於江陵則 亭祀外 別有異者 每年四月十五日 本府時任戶長 領率巫覡 詣大關嶺上 有神祠一間 戶長就神堂告由 令巫覡求神靈 於樹木間 有一木神 颯然枝葉目搖 乃曰 神靈之所依 斫其一枝 令健壯者奉持 謂之國師行次」(『臨瀛誌』 風俗條).

원간섭기에 완화되는 듯했지만 조선초기에 이르러서는 더욱 강화되었다. 그리하여 國行官祭로서 자리를 잡게 되었던 것이다. 한편 성황 신앙에 대한 이러한 국가적인 관심은 爵號의 수여나 位田·祿米의 지급 등으로 나타나기도 하였다. 그럼에도 불구하고 지방의 吏職者들은 성황신에 대한 제사권을 놓지 않으려 하였다. 그리하여 고려시대에는 이직자들이 성황사의 제사를 주관하는 경우가 많았다. 그것은 지방관의 빈번한 교체와 더불어 지방관이 없는 屬郡·縣이 많이 존재하였기 때문이었다. 결국 조선중기 이후에는 통치체제의 이완으로 인하여 吏職者들이 실질적인 성황사의 주관자가 되었던 것이다.

Ⅲ. 무격 신앙

1. 무격 신앙의 내용 및 유래

인간은 살면서 많은 경험을 한다. 그런데 그 경험은 본인의 의지에 따라 정해지기도 하지만 그렇지 않은 경우도 아주 많다. 그에 대해 인간은 때로 두려워하면서 자신의 한계를 느끼게 된다. 특히 초자연적인 재해 앞에 인간은 무력하기만 하다. 내리는 폭우와 홍수, 추위와 고온, 계속되는 가뭄 등은 인간의 힘으로는 어쩔 수 없는 자연현상이다. 뿐만 아니라 인간에게 찾아오는 질병과 죽음, 또한 인간의 조절 능력 밖의 일이다. 이런 것들에 대해 인간은 이를 주관하는 또 다른 무엇이 있다고 믿게 되었다. 이것이 바로 神이었다.

이들 신의 종류는 수없이 많았다. 그 중 제일 큰 비중을 차지하는 것이 天神이었다. 인간의 위에 군림하고 있는 것이 바로 하늘[天]인데 이를 관장하는 것은 天神이라 생각하였다. 각종 종교에서도 이를 차용하여 숭배 대상으로 하였다. 고려시대의 경우 유교의 圓丘壇에서 제사하는 신인 昊天上帝나 불교의 帝釋天도 천신의 일종이었다.[211] 고려 팔관회에서도 제일 먼저 모신 것이 天靈 즉 天神이었던 것이다.[212] 모든 자연현상도 천신이 주관한다고 믿었다. 그러나 이 천신은 너무나 지고지순하고 전지전능하여 인간 앞에 모습을 드러내지 않는다. 그리하여 그 아들을 대신 지상 세계에 내려 보낸다. 이가 곧 天子이다. 그가 내려오는 곳은 대개 하늘과 가깝게 맞닿아 있는 높은 산이다. 산 중에 있는 큰 나무를 타고 내려오게 되는데 이를 神木 또는 宇宙木이라 하였다. 그가 산 속에 있을 때는 산을 주관하는 山神이었다. 이들이 하느님인 천신의 명령을 받고 내려와 인간을 통치하고 지배하게 되는 것으로 생각하였다.

이러한 사고 개념을 보여주는 것이 바로 단군 신화이다.[213] 桓因 天帝의 아들 桓雄이 태백산 神檀樹 아래로 내려와 바람과 비, 구름의 신을 거느리고 곡식과 인간의 질병 및 목숨, 형벌과 선악 등을 주관하였다. 그리고 웅녀와 혼인하여 檀君 王儉을 낳았는데 그가 朝鮮이란 나라를 건국하였다. 그러나 후일 그는 다시 산 속으로 들어가 산신이 되었다는 것이다. 따라서 당시 나라의 통치자는 정치적 지배자이면서도 하늘과 인간을 이어주는 제사장이기도 했던 것이다.[214]

다음은 인간의 생활 터전이 된 大地에 대한 경외심이 있었다. 대지를 다스리는 신이 있다고 생각했던 것이다. 이가 바로 地神이었다. 여기에서

---

211) 徐永大, 「민속종교」『한국사』16, 국사편찬위원회, 2003, 333~336쪽.

212) 「燃燈所以事佛 八關所以事天靈及五嶽名山大川龍神也」(『高麗史』권2 태조세가 26년 4월).

213) 『三國遺事』권1 紀異2 古朝鮮.

214) 崔南善, 「不咸文化論」『六堂崔南善全集』2, 玄岩社, 1973, 56~61쪽 ; 李基白·李基東, 『韓國史講座(古代篇)』, 一潮閣, 1982, 42쪽.

발전한 것이 穀神 내지 農神 신앙이었다. 곡식이나 과일의 씨 또는 열매를 땅 속에 심으면 어떤 오묘한 작용에 의해 싹이 터서 자라 다시 곡식이 되고 나무가 되어 똑 같은 열매를 맺게 되었다. 이것이 인간의 먹이와 식량이 되어 인간의 생명을 유지시켜 주었다. 이것이 다 地神의 작용이라 생각하였다. 한편 곡식의 종자가 싹이 터서 자라는 데는 천신의 도움이 있어야 했다. 바람과 비 등의 기후 조건이 맞아야 했다. 따라서 곡식이 제대로 익지 않으면 그 책임은 천신의 후손이었던 왕이 책임을 져야 했다. 부여에서 흉년이 들어 곡식이 익지 않으면 왕이 폐위되거나 살해당했다는 기록이 그것을 말해 준다.[215] 또 고주몽이 어머니와 이별할 때 받은 오곡의 종자를 잃어버렸을 때 神母의 명을 받은 비둘기가 날아와 다시 종자를 전해주었다는 이야기도 곡신, 농신의 중요성을 잘 말해준다.[216] 이와 같은 사고 구조는 인간에게도 적용되었다. 지신은 어머니의 뱃속에도 존재하여 둥그런 어머니 배에서 아이가 탄생하여 자라면 어머니, 아버지와 꼭 빼닮은 어른이 되었다. 대지 속의 공간과 어머니 뱃속의 공간을 같은 존재로 생각하게 되었던 것이다. 이것이 바로 地母 신앙이었다.

대지보다 더 넓은 면적을 차지하고 있는 것이 물이었다. 즉 강이나 바다였다. 이를 관장하는 것이 水神, 즉 川神이나 海神이었다. 이것이 동양의 전설적인 동물로서 형상화된 것이 바로 龍神이었다.[217] 바람이나 구름, 비가 다 이 용신과 관련되어 있다고 믿었다. 이 또한 인간의

---

215) 『三國志』「魏志」 東夷傳 扶餘.
216) 『東國李相國集』 東明王篇.
217) 한국 고대에 나타나는 용은 대략 세 부류로 나누어 볼 수 있다. 우물 속에 있는 井龍, 연못 속에 있는 池龍, 바다 속에 있는 海龍이 그것이다.(강영경, 「한국 고대사회에서의 龍의 의미」 『용, 그 신화와 문화(한국 편)』, 민속원, 2002, 125~138 쪽)

생활에 있어서는 필수적인 것이었다. 天神의 아들인 解慕漱와 水神 河伯의 딸인 柳花 부인이 만나 고구려의 건국자인 고주몽을 낳았다는 설화는[218] 수신도 천신 못지않게 중요한 존재였다는 것을 잘 말해 준다. 신라 진평왕 50년(628) 여름에 큰 旱災가 들자 龍을 그려 놓고 祈雨祭를 지냈다는 것도[219] 수신과 용신의 밀접성을 증명해 준다.

祖上神 또한 중요한 신이었다. 인간은 태어나서 한번은 죽게 되어 있는데 그렇다고 하여 아주 없어지는 것은 아니라고 생각하였다. 또 다른 세계에 가서 살면서 인간을 도와주기도 하고 때로는 해치기도 한다고 생각하였다. 인간을 낳고 길렀듯이 죽은 후에도 인간을 보호하고 陰助를 한다고 믿었다. 특히 통치자들의 경우 조상의 陰助로 나라가 잘 다스려지기를 간절히 바랐다. 여기에서 나온 것이 始祖廟의 건립이었다.[220] 신라에서는 일찍이 南解王 3년(A.D. 6) 시조인 혁거세의 사당을 건립했다는 기사가 있고[221] 고구려 및 백제는 각각 대무신왕 3년(A.D. 20), 온조왕 원년(B.C. 18)에 시조를 똑같이 고주몽으로 하여 東明王廟를 건립하였던 것이다.[222]

이상에서 살핀 바와 같은 신의 종류는 한국 고대에도 그대로 적용되었다. 따라서 이들 신에 대한 제사가 일찍부터 성립하였던 것이다.[223] 그런데 이러한 신들과 인간을 매개시켜주는 역할을 하는 자들이 바로 샤먼(Shaman) 즉 巫覡이었다. '巫'는 여자 무당이요 '覡'은 남자 무당이었

---

218) 『三國遺事』 권1 紀異2 高句麗.
219) 『三國史記』 권4 신라본기 진평왕 50년조.
220) 삼국의 시조묘 제사에 대해서는 최광식, 『고대한국의 국가와 제사』, 한길사, 1994, 165~194쪽.
221) 『三國史記』 권1 신라본기 남해차차웅 3년 및 권32 祭祀志 신라.
222) 『三國史記』 권14 고구려본기 대무신왕 3년 및 권23 백제본기 시조온조왕 원년.
223) 柳東植도 한국 고대의 제례 기원을 始祖祭, 農神祭, 山川祭로 나누어 살피고 있다.(『韓國 巫敎의 歷史와 構造』, 延世大出版部, 1975, 77~81쪽)

다. 초기에 이들은 정치적 지배자 역할을 동시에 수행하였지만 점차 제사가 정치와 분리되면서 고유한 영역의 직업으로 인식하게 되었다. 그들은 무격이 되는 과정에서 겪는 병적 상태를 극복한 정신적인 인간 또는 종교전문가였다. 그들은 入巫 과정에서 보통 巫病을 거쳐야 했다. 그들은 보통 엑스타시(Ecstasy)의 기술자였다. 엑스타시를 통해 신과 인간을 융합시키는 기술을 습득하였다. 그것은 보통 歌舞의 형태로 나타난다. 한국 고대에 있어서도 축제나 제례를 행할 때 종종 飮酒歌舞를 즐긴 것도 그 때문이다.224) 이러한 엑스타시를 통해 神靈과 교감하면서 국가나 인간의 吉凶禍福을 점치고 조절하는 기능을 수행하였다.225)

몇 예를 보자. 고구려 유리왕 때 왕이 병에 걸렸는데 巫의 조언에 따라 억울하게 죽은 託利와 斯卑에게 사과하자 병이 나았으며226) 산상왕 때에는 酒桶村의 여자가 임신하자 巫가 반드시 왕후를 낳을 것이라고 예언하였는데 그대로 들어맞았다.227) 당 태종이 고구려의 요동성을 포위 공격할 때에는 巫의 말에 따라 요동성의 방어를 위해 미녀를 고주몽의 사당에 바치기도 하였다.228) 백제 말기에도 땅 속에서 나온 거북이 등에 "百濟同月輪 新羅如月新"이란 글을 보고 巫가 백제의 멸망을 점쳤던 것이다.229)

그런데 이러한 무격 신앙은 우리나라에서 자생적으로 생긴 것인가. 중국이나 다른 나라에서 유입된 것인가. 고려시대의 이규보는 그것이

---

224) 부여의 제천행사인 迎鼓 때는 매일 "飮食歌舞"했으며 동예의 제천 행사인 舞天 때에도 주야로 "飮酒歌舞"했고 진한의 5월제 때에도 무리들이 모여 "歌舞飮酒"했던 것이다.(『三國志』「魏志」東夷傳 扶餘, 濊, 辰韓)
225) 柳東植, 『韓國 巫教의 歷史와 構造』, 延世大出版部, 1975, 66쪽.
226) 『三國史記』 권13 고구려본기 琉璃王 19년.
227) 『三國史記』 권16 고구려본기 山上王 13년.
228) 『三國史記』 권21 고구려본기 寶藏王 4년. 그러나 요동성은 결국 함락되고 말았다.
229) 『三國史記』 권28 백제본기 義子王 20년.

중국에서 유래한 것이라 하였다. 다음 기록을 보자.

A. 옛날에 무함은 신령스럽고 또 기이하였기에 　　　　昔者巫咸神且奇
　　모두들 산초랑 쌀을 바치고 의심을 풀었지만 　　競懷椒糈相決疑
　　그가 하늘에 오른 뒤엔 계승한 자 누구던가 　　自從上天繼者誰
　　천백 년이 지난 지금까지 아득하기만 하구나 　　距今漠漠千百朞
　　힐·팽·진·례·저·사·라 일곱 무당은 　　　　肹彭眞禮抵謝羅
　　영산이라 길이 멀어 추적하기도 어렵고 　　靈山路敻又難追
　　원수, 상수 사이에서도 역시 귀신을 믿어 　　沅湘之間亦信鬼
　　황당하고 음란하며 속이는 것이 더욱 우스웠지 　　荒淫譎詭尤可嗤
　　우리 해동에도 아직 이 풍속이 제거되지 않아 　　海東此風未掃除
　　여인은 무당되고 남자는 박수가 되네 　　女則爲巫男爲覡

(李奎報, 「老巫篇」『東國李相國集』 권2 古律詩)

여기서 巫咸은 黃帝 때의 神巫인 季咸을 뜻하는 말로『列子』黃帝편에
"齊나라에서 온 신무 계함이 인간의 死生·存亡·禍福·壽夭 등의 운명을
마치 귀신처럼 잘 알아맞혔다." 한다. 그러나 그는 아득하게 먼 예전의
인물이고『山海經』에 나오는 일곱 무당도 오래전 일이라 추적하기 어렵
다고 하였다. 즉『山海經』에는 "天門의 해와 달이 들어가는 곳에 靈山이
있는데 거기에 巫肹·巫彭·巫眞·巫禮·巫抵·巫謝·巫羅 등 일곱 무당들이
살고 있다."는 기록이 있었다 하였다. 그런데 그 풍속이 우리나라에도
전래된 것처럼 말하고 있다.

그러나 이를 일부 인정하면서도 한국 무속의 실질적인 기원은 단군
신교라는 주장도 있다. 즉 신라의 무당을 次次雄이라 했는데 여기서의
'雄'은 桓雄에서 유래된 것이며 제단을 설치하고 하늘에 제사하는 까닭에

壇君이라 했다는 것이다.230) 또 무당을 모아 비를 비는 祈雨행사는 환웅이 바람의 신[風伯]과 비의 신[雨師]을 거느리고 곡식과 생명을 주관하며 하늘과 귀신에게 제사하였던 데서 비롯된 것이라는231) 주장이다. 요·금·원·청 등 나라의 무속이 우리와 비슷한데 그것은 이 지역들이 본래 한국의 옛 영토에 속했기 때문이라고까지 주장하였다.232)

무속이 중국에서 온 것인지에 대해서는 확실한 근거가 없다. 설령 중국이나 다른 나라의 영향을 받았을지라도 오래 전부터 우리나라에 토착한 신앙임은 틀림없다 하겠다.

2. 무격 신앙의 전개와 변화

(1) 고려전기 무속 신앙의 유행

고려시대에 들어와 처음으로 무속 신앙에 대한 기록이 보이는 것은 顯宗 때이다. 즉 현종 12년(1021) 南省의 마당에 土龍을 만들어 놓고 巫覡을 모아 비오기를 빌었다는 내용이다.233) 그러나 무속들이 정부의 행사에 이때 처음으로 참석한 것은 아닌 것 같다.234) 고려 태조 원년부터 정부 주도의 八關會 행사가 열렸기 때문이다. 이에 대한 자료를 보면 다음과 같다.

---

230) 이능화 지음, 서영대 역주,『朝鮮巫俗考』, 창비, 2008, 93쪽.

231) 위의 책, 96쪽.

232) 위의 책, 466쪽.

233)「造土龍於南省廷中 集巫覡禱雨」(『高麗史』世家 顯宗 12년 5월 庚辰 및 권54 五行志2).

234) 그것은 현종대 거란의 침략으로 7대 실록이 불타 목종 이전의 기록이 남아 있지 않았기 때문이 아닌가 한다.

B-① 11월에 왕이 처음으로 八關會를 열고 儀鳳樓에 나가서 이를 관람하였다. 이때부터 해마다 상례적으로 이 행사를 실시하였다.(『高麗史』 권1 태조세가 원년)

② 태조 원년 11월에 해당 기관에서 "전 임금은 매번 仲冬에 팔관회를 크게 배설하여 복을 빌었습니다. 그 제도를 따르기를 바랍니다."라고 하니 왕이 그의 말을 좇았다. 그리하여 구정에 輪燈 하나를 달고 香燈을 그 사방에 달며 또 2개의 彩棚을 각 5장 이상의 높이로 매고 각종 雜戲歌舞를 그 앞에서 하였다. 그 중 四仙 樂部와 龍, 鳳, 象, 馬, 車, 船 등은 다 신라 때의 옛 행사였다. 백관들은 도포를 입고 笏을 가지고 예식을 거행하였는데 구경꾼이 거리에 쏟아져 나왔다. 왕은 위봉루에 좌정하고 이것을 관람하였으며 이로써 매년 常例로 하였다.(『高麗史』 권69 예지11 嘉禮雜儀 仲冬八關會儀)

③ 나의 지극한 관심은 燃燈과 八關에 있다. 연등은 부처를 섬기는 것이요 팔관은 天靈과 五岳, 名山, 大川, 龍神을 섬기는 것이다. 함부로 증감하려는 후세 간신들의 건의를 절대로 금지할 것이다. 나도 당초에 이 모임을 국가 忌日과 상치되지 않게 하고 임금과 신하가 함께 즐기기로 굳게 맹세하여 왔으니 마땅히 조심하여 이대로 시행할 것이다.(『高麗史』 권2 태조세가 26년 4월)

위의 사료에서 보는 바와 같이 팔관회는 태조 원년부터 시작되었다. 이때에는 輪燈, 香燈과 같은 등을 달아 사방을 밝히고 雜戲와 歌舞를 벌였다. 그리고 음악을 연주하며 龍, 봉황[鳳], 코끼리[象], 말[馬] 등 동물의 형상을 만들고 이들을 수레[車]와 배[船]에 실어 일종의 가장행렬을 벌였다. 이에 왕은 물론 많은 백성들이 몰려들어 이를 관람하였다 한다.

이때 잡희와 가무를 하는 무리 중에는 무격들도 있었다고 생각한다. 예부터 巫儀에는 가무가 필수적으로 동반되기 때문이다. 고대의 祭天 행사는 무격들이 주관했는데 이때에는 飮酒歌舞가 필수적으로 동반되었기 때문이다. B-②③에서 보는 것처럼 팔관회에서 용신을 섬긴 것도 그러한 추측을 가능케 한다. 용신은 風雨水旱을 지배하는 농신의 하나로 祈雨 행사와 밀접한 관련이 있기 때문이다. 신라 沾解王 때 용이 궁성 동쪽 연못에 나타나자 그해 5월부터 7월까지 비가 오지 않았다든가[235] 진평왕 때 큰 旱災가 있어 시장을 옮기고 용을 그려놓고 기우제를 지냈다는 기록이[236] 그것을 말해준다. 따라서 대천과 용신을 모셨던 팔관회에 무격들이 동원되었을 것임은 쉽게 짐작할 수 있다.

B-③과 같이 태조가 죽으면서 남긴 10훈요에도 이 팔관회를 잘 지킬 것을 부탁하고 있다. 유언처럼 팔관회는 이후에도 계속 진행되었다. 그러다가 유교를 숭상했던 성종대에 와서 중단되었다. 즉 성종 6년 10월에 왕명으로 개경과 서경의 팔관회를 중단하였다.[237] 아마도 최승로의 건의가 크게 작용하지 않았나 한다. 최승로는 그의 상서문에서 "우리 나라에서는 봄에 燃燈을 거행하고 겨울에는 八關을 개최하느라 사람들을 징발하여 부역이 심히 번다하니 바라건대 부담을 경감하여 백성의 힘이 펴지도록 하십시오. 또한 각종 偶人을 받드는데 노력과 비용이 아주 많이 들며 한 번 쓴 다음에는 곧 파괴하여 버리니 아주 쓸데없는 일입니다. 하물며 偶像이란 장례가 아니면 쓰지 않는 것이므로 일찍이 西朝의 사신이 와서 보고 상서롭지 않은 것이라고 하여 낯을 가리고 지나간 일도 있으니 바라건대 이제부터는 이것을 쓰는 것을 허가하지

---

235) 『三國史記』 권2 신라본기 沾解尼師今 7년 4월.
236) 『三國史記』 권4 신라본기 진평왕 50년.
237) 『高麗史』 권3 성종세가 6년 10월 및 권69 예지11 嘉禮雜儀 仲冬八關會儀.

마십시오."238)라고 했기 때문이다. 이에 따라 팔관회에의 무격 참여도 잠시 중단되었다고 생각된다.

그러나 불교와 밀접한 관련이 있었던 현종이239) 즉위하면서 팔관회는 다시 부활되었다.240) 이러한 분위기에 편승하여 현종 12년 국가적인 祈雨 행사에 무격들이 동원되었던 것이다.

숙종이나 예종 때에도 巫를 모아 비를 비는 기우 행사는 계속되었다.241) 그런데 이러한 기우 행사가 제일 성행했던 것은 仁宗 때였다. 인종의 통치기간 24년 동안에 무녀를 모아 기우 행사를 벌인 것이 7차례나 있었다. 인종 원년 5월, 인종 11년 5·6월을 비롯하여 인종 12년 5월, 15년 5·6월, 18년 윤6월 등에 기우행사를 벌였던 것이다.242)

그렇다면 왜 이러한 기우 행사가 인종대에 집중되었을까 하는 점이 궁금해진다. 인종은 13살의 어린 나이에 이자겸의 힘으로 왕위에 오른 인물이다. 따라서 실권은 없었고 초기에는 이자겸이 거의 전권을 행사하였다. 인종 4년(1126) 이자겸의 난을 겪으면서 인종은 한때 왕위를 이자겸에게 넘겨주려는 시도까지 하였다. 그 후 척준경의 힘을 빌려 이자겸을 제거했지만 척준경도 얼마 후 제거되었다. 이러한 과정을 겪으면서

---

238) 『高麗史』 권92 崔承老傳.

239) 현종이 천추태후의 미움을 받아 절에 있을 때 스님들의 도움을 적지 않게 받았다(김갑동, 「고려 현종과 사천지역」 『한국중세사연구』 20, 2006, 204~205쪽)

240) 『高麗史』 권4 현종세가 원년 11월 및 권69 예지11 嘉禮雜儀 仲冬八關會儀.

241) 曝巫祈雨(『高麗史』 世家 肅宗 6년 4월 乙巳, 권54 五行志2) ; 聚巫禱雨(『高麗史』 世家 睿宗 16년 閏5월 辛未, 권54 五行志2).

242) 造土龍(于都省廳) 聚巫禱雨(『高麗史』 世家 仁宗 원년 5월 甲子, 권54 五行志2) ; 集巫三百餘人于都省廳祈雨(『高麗史』 世家 仁宗 11년 5월 丙寅 및 『高麗史』 권54 五行志2 仁宗 11년 5월 庚午) ; 又聚巫禱雨(『高麗史』 世家 仁宗 11년 6월 己亥) ; 集巫于都省(廳)禱雨(『高麗史』 世家 仁宗 12년 5월 庚戌, 권54 五行志2) ; 會巫都省庭禱雨(『高麗史』 권54 五行志2 木 仁宗 15년 5월 壬午) ; 大雨 震南郊人馬 罷散祈雨巫女(『高麗史』 권54 五行志2 木 仁宗 15년 6월 辛卯) ; 聚巫禱雨(『高麗史』 世家 仁宗 18년 閏6월 己丑, 권54 五行志2).

심적인 불안을 느낀 인종이 무속에 기대었던 것 같다.

이렇듯 巫女들에 의한 행사가 많아지자 이에 대한 비판의 목소리도
나오게 되었다. 다음 기록을 보자.

C. 인종 9년 8월 丙子에 日官이 아뢰기를 "근래 巫風이 크게 유행하고
淫祀가 날로 성행하니 담당 관리로 하여금 巫들을 멀리 내쫓게 하소
서."라 하니 조서를 내려 이를 허락하였다. 무들은 이를 근심하여
재물을 거두어 銀瓶 백여 개로 바꾸고 권세가에게 뇌물로 주니, 권세가
가 (왕에게) 아뢰기를 "귀신이란 그 허실을 알 수 없으니 일체 금지하는
것은 마땅하지 않습니다."라 하니 왕은 그렇게 여겨 그 금함을 늦추었
다.(『高麗史』 권16 仁宗世家 9년 8월)

여기에서 보는 것처럼 당시 巫風이 크게 유행하고 淫祀가 날로 성행하
니 巫들을 멀리 내쫓게 하라고 日官이 건의하고 있는 것이다. 왕은
처음 이를 허락했으나 巫들이 뇌물로 권세가에게 부탁하자 다시 이를
허용했다는 것이다. 따라서 이후에도 무풍은 계속되었다. 특히 이자겸의
난과 더불어 인종 13년(1135) 묘청의 난을 겪고 난 후의 불안한 심리가
무속의 필요성을 느끼게 했던 것 같다.

이는 그가 죽을 무렵의 상황에서 잘 알 수 있다. 다음 기록을 보자.

D. 丙寅 24년(1146) 봄 정월……신묘일에 왕이 병세가 위독하여 점을
쳤더니 죽은 저 이자겸의 作奸이라고 하였다. 이에 內侍 韓縝을 시켜
이자겸 처자의 유형지를 仁州로 옮기게 하였다. 임진일에 百官이
백성 2천 명에게 음식을 먹였으며 갑오일에는 또 十王寺에서 기도를
하고 기해일에는 宗廟와 社稷에 빌었다. 2월 계축일에 연등회를 열었

으나 음악은 정지하였다. 을묘일에 평장사 임원애가 백관들과 함께 宣慶殿에 모여서 옥황상제에게 빌었다.……병진일에 무당들의 말이 죽은 척준경의 作奸이라고 하므로 척준경의 생전 벼슬인 門下侍郎平章事를 되돌려주고 그 자손들을 소환하여 벼슬을 주었다. 무오일에 죄수들을 석방하였다.……경신일에 무당의 말을 믿고 內侍 奉說을 파견하여 金堤郡에서 새로 수축한 碧骨池의 제방을 터놓게 하였다. (『高麗史』 권17 인종세가 24년)

여기서 보는 것처럼 인종 24년(1146) 왕이 병이 들어 병세가 위독해지자 점을 쳤더니 죽은 이자겸의 저주라고 하였다. 그러자 內侍 韓縡을 시켜 이자겸 처자의 유형지를 본관 지역인 仁州로 옮겨 주었다. 이때 점을 친 것은 무당이었을 가능성이 크다. 그래도 인종의 병이 나아지지 않자 다시 무당을 물러 점을 치게 하였기 때문이다. 그 결과 이제는 억울하게 죽은 척준경의 저주라는 점괘가 나왔다. 그러자 척준경의 생전 벼슬인 문하시랑평장사를 되돌려주고 그 자손들을 소환하여 벼슬을 주기까지 하였다. 이자겸과 척준경의 죽음에 대해 얼마나 신경을 쓰고 있었는가 하는 점을 잘 보여주고 있다. 얼마 후에는 다시 무당의 말에 따라 內侍 奉說을 파견하여 金堤郡에서 새로 수축한 碧骨池의 둑을 터트리기까지 하였다. 그러나 인종의 병은 낫지 않았고 며칠 후 죽음을 맞이하였다. 인종대에 무풍이 유행하였음을 잘 보여준다.

그러나 의종대에 이르러 일부 유학자들에 의해 무풍은 배척을 받기도 하였다. 다음 기록을 보자.

E. (咸有一은) 의종 때에 다시 內侍로 들어가서 橋路都監을 맡게 되었다. 함유일은 그 전부터 혹독하게 무당을 배척하였는데 그 까닭은 인간과

귀신이 함께 뒤섞여 있으면 인간에게 재변이 많이 생긴다는 것이었다. 그러므로 그가 도감이 된 후 서울에 있는 무당들을 모두 郊外로 이사하게 하였다. 그는 민가에 있는 淫祀를 모조리 없애고 불태워 버렸다. 그리고 각처의 山神祠들도 특이한 증험이 없는 것은 역시 파괴하여 버렸다. 九龍山神이 가장 영험스럽다는 소문을 듣고 산신당으로 가서 귀신의 화상을 활로 쏘았더니 갑자기 선풍이 일어나고 두 짝 문이 닫히면서 화살을 막아 냈다. 또 한 번은 용수산 산신당에 가서 영험을 시험한 결과 신통치 않으므로 불태워 버렸더니 그 날 밤 왕의 꿈에 신이 나타나 구원을 청하였으므로 이튿날 有司를 보내 산신당을 다시 세웠다. 후에 監察御史로 전직하였다가 黃州判官으로 나가 있을 때에 관내에 속한 鳳州에 僞誅岩淵이 있었는데 사람들은 이곳을 靈湫라고 불렀다. 함유일이 고을 안 사람들을 모아 놓고 그 못을 오물로 메꾸었더니 삽시간에 구름이 일어나고 폭우가 쏟아지며 뇌성 번개가 한바탕 치므로 사람들이 모두 놀라 넘어졌다. 조금 지나 구름이 개인 후에 본즉 그곳에 메꾸었던 오물이 깨끗이 몰려 나와 먼 언덕 위에 쌓여 있었다. 왕이 이 소문을 듣고 近臣을 보내 제사 지내게 하고 휴류암추를 처음으로 祀典에 등록하였다. 또 한 번은 朔方道監倉使로 있을 때 登州城隍神이 여러 번 무당에게 내려 국가의 길흉과 화복을 신통히 알아맞혔다. 함유일이 성황당으로 가서 國祭를 지낼 때 揖만 하고 절하지 않았더니 유사가 왕의 칭찬을 받을까 생각하여 탄핵하였으므로 그는 파면 당하였다. 명종이 왕위에 즉위한 후 그를 내시로 불러들였다가 얼마 후에 兵部郎中으로 임명하였다.(『高麗史』 권99 咸有一傳 및 함유일묘지명)

E에서 보는 바와 같이 함유일은 본래 무당을 혹독하게 배척하였는데

橋路都監이란 직책을 맡은 후에 개경에 있는 무당을 모두 교외로 이사하게 하는 조치를 취하였다. 또 민간의 음사도 모두 없애고 山神祠들도 모두 파괴하였다 한다. 이규보도 함유일의 조치가 환영할 만한 일이라 칭송하고 있다. 즉 "또 보지 못했던가! 근래 함 상서가 앉아서 무당 귀신을 소탕해 잠시도 발을 붙이지 못하게 한 것을[又不見今時 咸尙書坐 掃巫鬼 不使暫接虎]"243)이라고 하고 있는 것이다. 여기서의 함 상서는 바로 함유일을 가리키는 것이다. 함유일은 명종 9년에 工部尙書로서 致仕하였기 때문이다.244)

(2) 무신정권기 무속 신앙과 불교, 도교와의 융합

고려 사회는 1170년(의종 24) 무신란이 일어나 무신정권이 들어서게 된다. 이때에 다시 고려 사회가 혼란에 빠지면서 巫風이 일어나기 시작하였다. 앞의 사료 E에서 보는 것처럼 함유일조차도 일부 산신당을 불태웠다가 다시 복구한 적이 있고 정부에서도 鳳州의 靈湫를 祀典에 새로 추가하는 조치도 취해졌다. 또 등주성황신에 읍만 하고 절하지 않았다 하여 함유일이 파면당하는 사태도 발생하였다.

무당들을 모아 비를 비는 祈雨 행사도 진행되었다. 명종 3년과 8년에 정부 주도의 기우 행사가 있었던 것이다.245) 이규보도 "이 분[함유일]이 가신 뒤에 또 (巫風이) 부쩍 일어나[此翁逝後又寢興] 추한 귀신 늙은 여우가 마구 모였네[醜鬼老狸爭復聚]"246)라고 표현하고 있다. 여기서 "이 분"은 함유일을 말하는데 함유일은 명종 15년(1185)에 죽었다.247)

---

243) 李奎報, 「老巫篇」『東國李相國集』 권2 古律詩.
244) 『高麗史』 권99 咸有一傳.
245) 聚巫禱雨(『高麗史』 世家 明宗 3년 4월 丙子, 권54 五行志2) ; 集巫于都省(又)禱(雨) (『高麗史』 世家 明宗 8년 5월 壬子, 권54 五行志2).
246) 李奎報, 「老巫篇」『東國李相國集』 권2 古律詩.

그런데 그가 죽은 후 추한 귀신이나 늙은 여우같은 무당들이 다시 모였음을 말하고 있는 것이다.

이 같은 상황은 무인 집정자들이 하늘이나 山川의 음조를 기원하고 바랐기 때문이었다. 이미 명종 8년에 術僧 致純의 건의에 의해 別例祈恩都監이 설치되었다. 즉 치순은 "庚寅年부터 癸卯年까지의 기간이 지나야 나라에 우환과 곤란한 일이 약간 적어지고 평온해질 것이니 마땅히 양반들로서 祿俸을 20석 이상 받는 자들에게서 매 10석마다 의례 1斗를 내게 하여 齋와 제사[祭]에 쓰는 비용에 충당하게 하고 액막이 하여 빌면 재앙과 난리가 없어질 수 있습니다."라 하자 재상들이 찬성하여 도감을 설치하였던 것이다.[248] 뿐만 아니라 신종 원년에는 山川裨補都監까지 설치되기에 이르렀다. 宰樞와 重房의 관원들, 그리고 崔忠獻 등이 術士들을 모아서 국내 산천의 도움[裨補]으로 나라의 운명을 길이 연장시키는데 대한 문제를 토의하게 하였고 드디어 도감을 설치하였던 것이다.[249]

그러나 이 무렵에도 일부 인사들은 무속을 배척하기도 하였다. 관련 기록을 보자.

F. 玄德秀(?~1215/고종 2)가 일찍이 안남도호부사가 되었을 때 政事가 청렴하여 아전과 백성들은 공경하고 두려워하였다. 더욱 淫祀를 미워하여 금령을 매우 엄히 하매 무격들은 경내에 들어올 수 없었다. 한 아전이 巫女와 그 남편을 붙잡아 왔는데 덕수가 심문하고는 동료를 돌아보고 말하기를 "이 무녀는 여자가 아니고 남자이다."라 하였다.

---

247) 『高麗史』 권99 咸有一傳.
248) 『高麗史』 권77 百官志2 別例祈恩都監.
249) 『高麗史』 권77 百官志2 山川裨補都監.

동료들은 웃으며 말하기를 "남자에게 어찌 남편이 있겠습니까?"라 하였다. 덕수가 옷을 벗겨보게 하니 과연 남자였다. 이에 앞서 이런 巫들이 士族의 집에 드나들면서 婦女들을 亂行하였는데 능욕을 당한 자들도 이를 부끄러이 여겨 남에게 말하지 않았으므로 이르는 곳마다 부정한 짓을 멋대로 하였던 것이다. 이에 이르러 온 고을이 현덕수의 신통함에 탄복하였다.(『高麗史』 권99 玄德秀傳)

이처럼 현덕수가 안남도호부사가 되었을 때는 무당들이 경내에 들어오지 못하였다 한다. 본래는 남자이면서 여장을 한 무당들이 사대부집에 드나들면서 부녀자들을 농락하는 등의 부정을 멋대로 저지르고 있었기 때문이었다. 이러한 조치는 명종 말년 경의 조치였다. 그는 安南都護府使를 거친 후 신종대에 들어와 여러 번 승진하여 兵部尙書에 이르렀다는 기록이 있기 때문이다.[250] 처음에 유학을 공부했던 진각국사 혜심도 음란한 무당과 요사스러운 神祠를 배척하였다 한다.[251]

그러나 이는 일부 현상에 그치는 것이었고 최씨 무인정권 시기에도 무풍은 계속 만연하였다. 그리하여 신종 때 利備·勃佐의 난이 일어나자 진압에 나섰던 丁彦眞은 경주 城隍祠에 있던 남자 무당[覡]을 이용하여 이비 부자를 체포하기도 하였다. 즉 都領이었던 利備 부자가 기도를 드리러 성황당에 왔는데 무당이 거짓말로 "都領이 군대를 일으켜 신라를 회복하려 하니 우리들도 기뻐한 지 오래다. 이제 다행히 뵈옵게 되었으므로 한 잔 술을 드리고자 합니다." 하고 자기 집으로 데리고 가서 술을 권하여 취하게 한 후에 결박하여 정언진에게 압송하였던 것이다.[252]

---

250)『新增東國輿地勝覽』 권54 平安道 寧邊大都護府 人物.
251)『東國李相國集』 권35 曹溪山第二世斷俗寺住持修禪社主贈諡眞覺國師碑銘.
252)『高麗史』 권100 丁彦眞傳.

지방에도 무당들이 많았음을 증명해 주는 것이다.

이규보는 「老巫篇」이라는 시에서는 당시 무속의 상황을 잘 표현하고 있다. 이에 대한 기록을 보자.

G. 그들은 자칭 신이 내린 몸이라 하지만　　　　自言至神降我軀
　　내가 들을 땐 우습고도 서글플 뿐이다　　　　而我聞此笑且吁
　　굴 속에 든 천년 묵은 쥐가 아니라면　　　　如非穴中千歲鼠
　　틀림없이 숲속의 아홉 꼬리 여우일세!　　　當是林下九尾狐
　　뭇 사람들이 유혹당하는 동녘 집 무당은　　東家之巫衆所惑
　　주름진 얼굴 반백 수염에 나이 쉰 살인데　　面皺鬢斑年五十
　　구름같이 모여든 남녀가 문에 가득하여　　士女如雲屨滿戶
　　어깨를 비비고 목을 맞대어 드나드는구나!　磨肩出門騈頸入
　　목구멍 속의 새소리 같은 가는 말로　　　喉中細語如鳥聲
　　느린듯 빠른듯 두서없이 지껄이다가　　　嚵哢無緒緩復急
　　천 마디 만 마디 중 요행히 하나만 맞으면　千言萬語幸一中
　　어리석은 남녀가 더욱 공경히 받드니　　駭女癡男益敬奉
　　단술 신술에 제멋대로 배가 불러　　　　酸甘淡酒自飽腹
　　몸을 추켜 펄쩍 뛰면 머리가 들보에 닿는다　起躍騰身頭觸棟
　　나무 얽어 다섯 자 남짓한 감실을 만들어　緣木爲龕僅五尺
　　입버릇삼아 스스로 제석천이라 말하지만　信口自道天帝釋
　　제석천황은 본래 육천 위에 있거늘　　　釋皇本在六天上
　　어찌 네 집에 들어가 한 구석에 처할 것이며　肯入汝屋處荒僻
　　온 벽에다 붉고 푸른 귀신 형상을 그리고　丹靑滿壁畫神像
　　칠원 구요로 표액했지만　　　　　　七元九曜以標額
　　성관은 본래 먼 하늘에 있거늘　　　　星官本在九霄中

어찌 너를 따라 네 벽에 붙여 있을 것이며	安能從汝居汝壁
생사와 화복을 함부로 이렇다 저렇다 하지만	死生禍福妄自推
어찌 우리를 시험 삼아 천기를 거스를 수 있으랴	其能試吾橫氣機
사방 남녀의 식량거리 몽땅 거둬들이고	聚窮四方男女食
온 천하 부부의 옷 모조리 탈취하도다!	奪盡天下夫婦衣

(「老巫篇」『東國李相國集』 권2 古律詩)

당시 무당들은 자기에게 신이 내렸다 하여 작은 목소리로 神語를 말하는데 그 중 한두 가지가 맞으면 어리석은 백성들이 용하다고 공경하고 받들었다는 것이다. 또 스스로를 帝釋天이라 말하였다 한다. 제석천은 원래 불교에서 불법을 지키는 수호신으로 고대 인도 힌두교의 신 인드라(Indra)를 불교에서 수용한 것이다. 釋帝桓因陀羅·釋迦提婆因陀羅로 음역하고 줄여서 釋帝桓因·帝釋天이라 한다. 帝는 인드라의 의역이고, 釋은 샤크라의 음역이다. 경전에는 제석천이 본래 사람이었으나 수행자에게 음식과 재물, 향과 臥具·등불을 베푼 인연으로 제석천이 되었다고 한다. 한국에서는 天帝釋·天主라고도 부른다. 『法華經』 서품에 나오는 "제석은 桓因이며, 忉利天主이고 玉皇上帝로서 帝釋이라 일컫는다."는 말에 따른 것이다. 須彌山의 정상인 忉利天의 임금으로 善見城에 살면서 중턱에 있는 四天王과 32天을 거느리고 불법과 불제자를 보호하는 역할을 한다.[253] 이처럼 당시 무당들은 불교의 신을 자칭하며 백성들의 신망을 얻으려 하였다. 또 벽에는 붉고 푸른 귀신의 형상을 그려놓고 七元九曜의 도교 신을 모셨다 한다. 七元은 원래 日·月과 5星인 火星·水星·木星·金星·土星을 말하지만 여기서는 北斗七星을 말한다.[254] 九曜는 日·月과 火星·

---

253) 『佛教學大辭典』, 弘法院, 1988, 1419쪽 및 『두산백과사전』 참조.
254) 徐永大, 「민속종교」 『한국사』 16, 국사편찬위원회, 2003, 336쪽.

水星·木星·金星·土星, 그리고 羅睺·計都 등의 7星을 총칭하는 것이었다.[255] 또 굿을 할 때는 펄펄 뛰어 머리가 대들보에 닿을 정도였다고 기술하고 있다.

9요를 모신 것이 이때에 비로소 시작된 것인가에 대해서는 의문의 여지가 있다. 그러나 고려조에 들어서면서 9요에 대한 관심이 증폭된 것은 분명한 사실이다. 태조 7년(924)에 外帝釋院, 神衆院이라는 사찰과 함께 九曜堂을 창건했다는 기록이 보이기 때문이다.[256] 이를 보면 이미 태조 때부터 불교와 더불어 도교가 상당히 유행하였음을 보여주고 있다. 앞서 살핀 바와 같이 天靈과 五岳, 名山, 大川, 龍神을 섬겼다는 팔관회의 설행도 불교와 도교의 융합을 보여주고 있는데 이러한 경향이 무속에도 반영된 것이라 보아도 좋을 것이다. 특히 도교는 예종대에 성행하였다. 예종은 불교에 관심이 많아 많은 절에 행차하였지만 도교에도 깊은 관심을 표명하였다. 예종 2년에 玉燭亭에 元始天尊像을 안치하고 매달 기도를 하게 하였다.[257] 재위기간 동안에도 30여 회의 醮齋를 거행하였으며 초재의 종류와 대상도 다양하였다. 昊天上帝醮, 昊天五方帝醮, 太一醮, 三界醮, 祈雨, 三淸, 本命, 下院, 老人星 등을 제사하였던 것이다.[258] 그는 또한 宋에서 道士를 초청함과 더불어 도교 관청인 福源觀을 창건하기도 하였다.[259] 이러한 예종대의 분위기가 영향을 미쳐 고려중기나 무신정권기에 무속 신앙과 불교, 도교가 융합된 것이 아닌가 한다. 이처럼 무격들은 불교와 도교를 수용하여 자신을 신성시하였음을 알 수 있다.[260] 이를 믿고 백성들은 식량과 옷가지를 무당에게 주었음도

---

255) 김철웅, 『한국 중세의 吉禮와 雜祀』, 경인문화사, 2007, 69쪽.
256) 『高麗史』 권1 태조세가 7년.
257) 『高麗史』 권12 예종세가 2년 윤10월.
258) 李錫浩, 「道敎思想史」『韓國宗敎思想史』Ⅰ, 연세대학교 출판부, 1992, 247쪽.
259) 『高麗圖經』 권17 福源觀.

알 수 있다.

그러나 최우 정권기의 어느 시기에 무당들을 성 밖으로 내쫓기도 했던 것 같다. 그가 지은 시 「老巫篇」의 서문에서 시의 저작 동기를 밝히고 있기 때문이다.

H. 내가 살고 있는 동쪽 이웃에 늙은 무당이 있어 날마다 많은 남녀들이 모이는데, 그 음란한 노래와 괴상한 말들이 귀에 들린다. 내가 매우 불쾌하긴 하나 몰아낼 만한 이유가 없던 차에, 마침 나라로부터 명령이 내려 모든 무당들로 하여금 멀리 옮겨가 서울에 인접하지 못하게 하였다.[會國家有勅 使諸巫遠徒 不接京師] 나는 한갓 동쪽 이웃에 음란하고 요괴한 것들이 쓸어버린 듯 없어진 것을 기뻐할 뿐 아니라 또한 서울 안에 이런 무리들이 아주 없어짐으로써 세상이 질박하고 백성들이 순진하여 장차 태고의 풍속이 회복될 것을 기대한다. 이런 뜻에서 시를 지어 치하하는 바이다. 또 밝혀 둘 것은 이 무리들도 만약 순진하고 질박했다면 어찌 王京에서 쫓겨났겠는가. 결국 음란한 무당이기에 쫓겨나게 된 것이니 이는 스스로가 불러일으킨 것인데 또 누구를 허물하랴. 그리고 남의 신하된 자도 마찬가지다. 충성으로 임금을 섬긴다면 종신토록 잘못이 없을 것이나, 요괴한 짓으로 민중을 미혹시킨다면 곧 그 자리에서 실패를 당하리니, 이치가 본래 그런 것이다.(李奎報,「老巫篇」『東國李相國集』권2 古律詩)

여기서 보는 바와 같이 개경에 있는 자신의 집 동쪽에 늙은 무당이

---

260) 박호원도 "당시 불교와 도교의 신이 무속 신앙으로 흡수되어 있었음을 알려주고 있다." 하였다.(「高麗 巫俗信仰의 展開와 그 內容」『민속학연구』창간호, 1994, 81쪽)

있어 사람들이 몰려들었는데 국가에서 이들을 성 밖으로 내쫓았음을
말하고 있다. 이 조치가 혹 앞의 사료 E에 보이는 함유일의 일을 말하는
것이 아닌가 생각되기도 한다. 그러나 그것은 아닌 것 같다. 이규보는
1168년(의종 22)에 태어났기 때문이다. 그리고 1241년(고종 28)에 죽었다.
그는 여러 역경을 겪다가 최충헌 집권기에 벼슬을 하기도 했지만 과오를
범해 면직되었다. 1219년(고종 6년) 최우가 집권하면서 재기용된 후
그는 철저히 권력을 찬양하고 거기에 기대는 생활을 하였다. 따라서
이 시는 최우 집권기에 쓰여진 것이 아닌가 한다.261) 그렇다면 최우
집권기의 어느 시기에 무당들을 내쫓기도 했다는 것을 알 수 있다.
그러나 그러한 조치는 얼마 가지 못한 것 같다. 고종 33년과 37년에
무당을 모아 비를 비는 행사를 벌였기 때문이다.262)

　고종 37년(1250) 최항이 집권하면서 다시 한 번 巫覡을 성 밖으로
내쫓는 조치가 취해졌다.263) 그 이유에 대해서는 잘 알 수가 없다. 아마도
그의 집권 초기에 민폐를 끼치고 있던 무당들을 축출하여 민심을 얻으려
했던 것 같다. 같은 맥락에서 그는 집권 초기에 교정별감의 공문으로
淸州의 雪綿, 安東의 蠒絲, 京山의 黃麻布, 海陽의 白紵布 등의 여러 가지

---

261) 『동국이상국집』 이규보 연보에 의하면 呈張侍郞自牧一百韻이 이규보가 26세인
　　명창 4년 계축년에 작성되었고, 그 해 4월에 구삼국사를 얻어 동명왕편을 찬술한
　　것으로 기록되어 있다. 이를 근거로 『동국이상국전집』 권1의 呈張侍郞自牧一百韻
　　부터 권3의 東明王篇까지는 명창 4년 계축년인 명종 23년(1193)에 작성된 것으로
　　보는 견해도 있다.(박성규, 「李奎報 年譜硏究」, 『韓國漢文學硏究』 34, 2004, 22~24
　　쪽) 그러나 해당 권수의 시가 반드시 시기 순으로 배열되었다고 단정하기 어려워
　　그가 왕성하게 활동하던 최우 정권기의 작품이 아닌가 한다. 그 시기에 그는
　　정권에 밀착되어 있는데 무당을 축출한 정부의 정책을 칭송하고 있는 면이
　　그러한 추측을 가능케 한다.
262) 「以旱 集巫于都省禱雨」(『高麗史』 世家 高宗 33년 6월 癸卯) ; 「集巫于都省 禱雨三
　　日」(『高麗史』 世家 高宗 37년 5월 己丑, 권54 五行志2).
263) 『高麗史』 권129 崔忠獻 附 崔沆傳.

別貢과 金州, 洪州 등지의 魚梁船稅를 감면하였다. 또 각 도의 敎定收獲員을
불러들이고 그 임무를 안찰사에게 위임하는 등의 정책을 통해 人望을
거두려 했기 때문이다.264)

(3) 고려말기 무속 신앙의 성행과 그 비판
　그 후 1270년(원종 11) 개경 환도가 이루어지고 고려가 원의 부마국이
되면서 巫風은 더욱 성행하였다. 정부 차원에서 무당을 불러 기우제를
지내는 행사가 공민왕 3년까지 끊임없이 계속되었다.265) 뿐만 아니라
중앙이나 지방을 막론하고 무당을 섬기는 풍조가 만연하였다. 다음은
그 같은 상황을 잘 보여주고 있다.

　I-①　충렬왕 원년에는 尙州判官으로 파견되었는데 당시 女巫 3인이 妖言으
　　　로 백성을 현혹하였다. 그들은 陜州(합천)로부터 여러 군과 현들을
　　　돌아다녔는데 이르는 곳마다 공중에서 사람이 부르는 소리를 지어
　　　내었고 그 소리가 은은하게 울려오는 것이 마치도 '길을 비켜라'고
　　　호령하는 것 같았다. 그리하여 듣는 사람들이 분주히 제사를 지내었는
　　　데 서로 뒤질세라 덤비었고 수령들 중에도 그와 같은 행동을 하는
　　　자가 있었다. 그들이 상주에 오자 안향은 그들을 붙잡아서 곤장을
　　　치고 칼을 씌워 놓았더니 무당들이 귀신의 말이라고 하면서 자기들을
　　　붙잡아 두면 화를 면치 못한다고 위협하였으므로 상주 사람들이
　　　모두 겁을 내었으나 안향은 동요하지 않았다. 며칠이 지나서 무당들이
　　　용서해 달라고 빌므로 그제야 놓아 주었더니 그 요망한 귀신이 드디어
　　　없어졌다.(『高麗史』 권105 安珦傳)

264) 위와 같은 조항.
265)『高麗史』 권54 오행지2 참조.

② 심양은 그 父祖에 대해서 역사 기록에 실린 것이 없다. 충렬왕 초년에 그가 公州 부사가 되었는데 長城縣의 한 여자가 말하기를 "錦城大王이 나에게 내려와서 '네가 만약 錦城神堂의 무당이 되지 않는다면 나는 반드시 네 부모를 죽일 것이다'라고 하였기 때문에 나는 놀라운 나머지 그 말대로 무당이 되었습니다."라고 하였다. 그 여자가 또 같은 현의 사람인 孔允丘와 사통하였다. 그가 귀신의 말이라 하면서 "내가 장차 원나라에 가겠는데 반드시 공윤구를 데리고 갈 것이다."라고 하였다. 그리하여 羅州의 수령이 驛馬를 그에게 내주었다. 하루는 郵吏가 都兵馬使에게 급히 달려와서 보고하기를 "금성대왕이 옵니다."라고 하니 도병마사가 한편 놀라고 한편 괴이하게 생각하고 있었다. 나주 사람으로서 조정에 벼슬살이를 하는 자가 있어서 그 무당이 신기하고 또 영험이 있다는 것을 들어 왕에게 말하였으므로 왕이 신하들과 의논하고 그 무당을 맞아다가 접대하려 하였다. 때문에 그 무당 일행이 지나가는 고을들에서는 모두 수령들이 예복을 입고 교외에까지 나가서 맞이하여 공손히 음식 대접과 잠자리의 마련을 잘 해주었다. 그런데 그가 공주에 도착하니 심양이 그들을 맞이하지 않았다. 무당이 성을 내면서 귀신의 말이라고 전달하기를 "나는 반드시 심양에게 재앙을 내릴 것이다."라고 하고 그들은 도로 물러가서 日新驛에서 숙박하게 되었다. 심양이 사람을 시켜 그들이 무엇을 하는가를 엿보게 하였더니 그 여자는 공윤구와 함께 자고 있었다. 그리하여 그들을 체포하여 문초하니 모두 사실을 자백하였다.(『高麗史』 권106 심양전)

③ 明德太后 洪氏는 남양 사람이니 府院君 奎의 딸이다. 나서부터 총명하고 단정하였다. 충숙왕이 왕위에 오르자 간선되어 궁중으로 들어갔으며 德妃로 책봉되었다. 그는 행동거지가 일체 예법을 지켰으므로

왕이 심히 소중하게 여겼다. 충숙왕 2년에 아들 禎을 낳으니 백관들이 축하하였는바 이가 忠惠王이며 恭愍王도 그의 소생이다. 후에 충숙왕이 원나라에서 복국장공주에게 장가들었는데 공주가 질투하는 까닭에 그는 궁중에서 나와 定安公의 집에서 거처하였다. 왕이 며칠 밤 그곳으로 와서 자고 가곤 해서 尹碩, 孫奇 등이 왕에게 비밀히 권고하여 왕을 정안공의 집으로 거처를 옮기고 后를 그 이웃집으로 옮기게 하여 왕래하는 데 편리하도록 하였다. 한 女巫가 妖言을 하면서 태후의 궁에 출입하게 되었고 자못 신용과 사랑을 받았다. 얼마 후에 그 무녀의 요망함을 태후가 알고 그의 재산을 몰수하고 측근자를 시켜 때려 죽였다.(『高麗史』 권89 후비전2 명덕태후 홍씨)

④ 무신일에 왕이 내탕고에 있는 五綜布 백 필을 내고 또 근시하는 당번들에게 더 거두어 새 궁전 누각에서 中秋節 연회를 베풀었다. 嬖人 한 사람이 왕에게 고하기를 "남의 집안일을 아는 것은 소경 무당만한 사람이 없으니 왕께서 만약 美女를 구하려면 응당 이 자들에게 물어 보아야 합니다."라고 하였다. 왕이 곧 惡少年들을 시켜 소경 무당[盲巫]에게 가서 악을 행하게 하였다.(『高麗史』 권36 충혜왕세가 후4년 8월)

I-①은 지방을 횡행하면서 백성들을 혹세무민하던 무당들의 실체를 잘 보여주고 있다. 당시의 백성들이 神語를 하는 여자 무당 셋을 섬기고 수령들조차 이들을 환대하였음을 알 수 있다. I-②는 금성산신당의 무가 금성대왕을 자칭하며 백성들을 현혹하는 상황을 표현하고 있다. 이에 미혹된 나주의 수령은 공무에만 써야 할 驛馬를 내주기까지 하였다. 이를 들은 충렬왕도 그를 만나기 위해 왕궁으로 부르자 지나는 곳마다 지방 수령들이 숙식을 제공하면서 환대했음을 알 수 있다. I-③의 충숙왕

대에는 무당이 명덕태후 홍씨의 궁에 출입하면서 태후의 사랑을 받기도
했음을 보여주고 있다. I-④는 충혜왕이 미녀를 구하는데 盲巫를 이용하
고 있음을 알 수 있다.

　이처럼 중앙이나 지방에서 무풍이 만연하였다. 그것은 고려의 종주국
이었던 몽고[元]에서도 무당을 중시했기 때문이기도 하였다. 예를 들면
충렬왕 18년(1292)에 원나라 황제의 요구에 의하여 呪人과 巫女를 사신
편에 데리고 갔는데 이들이 원나라 왕궁에 들어가 직접 황제의 손목을
잡고 축복의 呪文을 하기도 하였다.[266]

　이러한 시세를 틈타 무당의 후손이나 친척들이 고위관직에 오르는
상황도 연출되었다. 李淑이나 姜融, 池奫같은 이들이 대표적인 사례이다.
이숙은 平昌郡 사람으로[267] 그 어머니가 泰白山의 무당이었다. 그는
충렬왕의 총애를 받아서 壁上三韓正匡平章君이 되었고 그 후 선발되어
원나라로 가서 太監이 되었다. 왕이 원나라 조정에 아뢸 일이나 청원할
일이 있을 때 이숙의 공로가 있었으므로 왕도 그를 대단히 후하게
대접하였다 한다.[268] 강융은 할아버지가 晉州의 官奴였으며 누이가 무당
이었다. 그는 충선왕에게 잘 보여 內府令을 거쳐 충숙왕대에는 端誠協戴
功臣 칭호를 받았고 贊成事 관직에까지 올랐다.[269] 지윤은 충주 출신으로
어머니가 巫女였다. 원래는 사졸이었는데 여러 번 軍功을 세워 공민왕
때 判崇敬府事의 지위에 올랐다. 우왕 때에는 門下贊成事로서 判版圖司事
의 직무를 겸하기도 하였는데 李仁任, 林堅味와 함께 권력을 오로지하였

266) 『高麗史』 권30 충렬왕세가 18년.
267) 『高麗史』 권122 李淑傳에는 그가 平章郡 출신으로 되어 있으나 『高麗史節要』
　　권22 충렬왕 30년 11월조에는 그의 본관이 平昌郡으로 되어 있다. 평장군이라는
　　지명은 찾을 수가 없기 때문에 후자가 맞는다고 생각한다.
268) 『高麗史』 권122 李淑傳.
269) 『高麗史』 권124 鄭方吉 附 姜融傳.

다.270) 이 같은 상황은 원 간섭기의 혼란한 정치사회적 상황 속에서 가능하였다. 한편으로는 무속이 성행했던 당시의 실정을 발 반영해주고 있기도 하다.

이처럼 무풍이 지나치게 만연하자 정부에서도 이를 금하는 조치가 취해지기도 하였다. 충숙왕 후8년(1340) 5월 감찰사에서 여러 가지 금령을 발표하였는데 그 중에는 무당들을 도성 밖으로 내쫓으라는 항목도 들어 있었다. 즉 "무격들이 妖言으로 백성을 현혹하고 사대부 집에서 노래와 춤으로 제사하여 오염됨이 막심하다. 옛 제도에 무격은 성 안에 거주할 수 없었으니 각 부에서는 모두 잡아들여 성 밖으로 내쫓으라." 하였던 것이다.271) 충숙왕 후 8년은 충혜왕이 복위한 해로 이는 충혜왕이 즉위한 후 취한 조치로 생각된다. 그러나 과연 이 금령이 얼마나 철저히 지켜졌을 것인가에 대해서는 의문의 여지가 있다.

뿐만 아니라 일부 유학자들은 개인적으로 무당들을 잡아들이거나 금하는 조치를 취하기도 했다. I-①·②의 안향이나 심양의 예가 그것이다.272) 민환 같은 이는 충혜왕의 총애를 받아 그 권력으로 악소배들을 각 道에 차견하여 山稅, 山海稅를 징수하고 혹은 巫覡과 匠人들에게 貢布를 징수하기도 하였다.273)

반원 개혁 정책을 지향했던 공민왕대 이후에 오면 신진 사류들의 등장과 함께 무당들에 대한 배척이 더욱 강해진다. 관련 기록을 보자.

J-① 草溪에 은둔하고 있는 君子인 鄭上舍가 있는데, 그는 나의 先人 稼亭公

---

270) 『高麗史』 권125 池奫傳.
271) 『高麗史』 권85 刑法志2 禁令.
272) 안향의 예는 『新增東國輿地勝覽』 권28 慶尙道 尙州牧 名宦조에도 보이고 있다.
273) 『高麗史』 권124 閔渙傳.

과 같은 해에 進士科에 급제한 분이시다. 그분의 아들이 있으니, 이름은 習仁이요 자는 顯叔이다.……을미년(1355, 공민왕4) 봄에 益山 李侍中[李公遂를 말함]과 竹溪 安政堂[安輔를 말함]이 知貢擧와 同知 貢擧를 맡았을 적에 현숙이 對策을 통해 우수한 성적으로 급제하였다. 그리하여 成均館에서 교육을 맡고 있다가 공로를 인정받고 參官이 되었는데, 함부로 남을 따르지도 않고 구차하게 영합하려 하지도 않았으므로, 搢紳들이 모두 그와 교분을 맺고 싶어 하였으나, 현숙은 또 그들을 대수롭지 않게 여기고서 거들떠보지도 않았다.

그러다가 榮州의 知事로 뽑혀 나가 政事를 이제 막 행하려 할 즈음에, 아전이 故事에 따라 消災圖 앞에 나아가서 焚香할 것을 요청하자, 현숙이 말하기를 "신하가 되어 常規에 어긋나는 일을 행하지만 않는다면 재앙이 어디에서 생겨나겠는가. 혹시 재앙이 뜻하지 않게 우연히 발생할 수도 있겠지만, 그런 재앙에 대해 군자는 운명으로 알고 순순히 받아들일 따름이다. 그리고 질병에 걸리기 이전에는 내가 건강을 조심하면 될 것이요, 일단 질병에 걸리면 내가 약을 먹고 치료하면 될 것이요, 죽을 정도가 되면 五臟六腑가 먼저 심각한 타격을 받아서 고칠 수 없게 될 것이 분명하니, 소재도 따위가 나를 어떻게 해 줄 수 있겠는가." 하고는, 아전에게 소재도를 철거하라고 명령하였다. 그런데 현숙이 소재도의 천으로 요를 만들어서 그 위에 깔고 앉기도 하고 그 위에 드러눕기도 했다는 말이 나돌기도 하였으니, 이것은 잘못 전해진 말이라고 하겠다.

그 고을에 또 塔 하나가 서 있었다. 현숙이 그 탑의 이름을 묻자 관리가 無信이라고 보고하였는데, 현숙이 확실하냐고 재차 확인을 하니 관리가 감히 근거 없이 보고를 드리겠느냐고 대답하였다. 그래서 현숙이 집에서 노년을 보내고 있는 여러 사대부들에게도 다시 물어보

앉으나 그들 역시 모두 사실이라고 답변하였다. 이에 현숙이 말하기를 "괴이하기도 하다. 惡木 아래에서는 쉬지도 않고, 盜泉의 물은 마시지도 않는 법인데, 그 이유는 惡이라든가 盜라고 하는 그 이름을 싫어하기 때문이다. 그런데 어찌하여 우뚝 그 모습을 드러내어 한 고을 사람들이 모두 우러러보는 이 탑에다 無信이라는 이름을 붙일 수가 있단 말인가. 양식을 버리면 사람이 먹고살 수가 없고, 군대를 버리면 사람이 自衛할 수가 없지만, 양식과 군대는 헌신짝처럼 버리는 한이 있어도 믿음만큼은 감히 버릴 수 없다고 우리 夫子께서도 이미 말씀하셨다." 하고는, 또 그 고을의 관리에게 지시하여 즉시 허물어버리게 한 뒤에 그 탑의 벽돌을 가지고 賓館을 수리하게 하였다.

그런데 당시에 권력을 장악한 大臣이 마침 불교를 狂信하고 있었기 때문에, 그 일과 관련하여 현숙을 死地로 몰아넣으려고 하였다. 조정의 신하들이 현숙의 뜻을 어여쁘게 여기고는 상에게 아뢰어 많이 변호해 준 덕분에 죽음을 면할 수가 있었는데, 이렇게 해서 현숙의 이름이 더욱 중해지게 되었다. 그러다가 그 權臣이 伏誅된 뒤에 현숙을 다시 起用하여 梁州를 맡기고 또 密城을 맡겼는데, 현숙이 가는 곳마다 강한 자를 누르고 약한 자를 도와주면서 위엄과 은혜를 동시에 드러내곤 하였다. 이와 함께 미신으로 귀신을 받드는 사당을 엄금하고 무당과 박수를 쫓아내곤 하였는데, 이러한 일들은 현숙이 항상 행해 온 일인 만큼 여기서는 생략하고 기록하지 않기로 한다. 현숙이 開京에 들어와서 都官의 郎官이 되었을 적에도, 土地神에게 제사를 올리지 않음은 물론 消災圖까지 없애 버리려고 하였으나, 지위가 낮아서 실현하지 못하였다.(『牧隱文藁』 권20 草溪 鄭顯叔傳)

② 李云牧은 辛旽과 이웃에 살았다.……어떤 요망한 무당이 提州[충북 제천]에서 와서 자칭 天帝釋이라 하면서 망녕되게 사람의 길흉화복을

말하니 멀고 가까운 곳에서 앞을 다투어 그를 떠받들었으며 가는 곳마다에서 재물이 산더미처럼 쌓였다. 그 무당은 天壽寺에 가서 말하기를 "내가 서울로 들어가면 풍년이 들고 兵禍가 없어지며 나라가 태평할 것이다. 만일 임금이 나와서 맞지 않으면 나는 그만 하늘로 올라갈 것이다."라고 하였다. 서울 사람들이 모두 미혹되어 시장같이 모여 들었다. 이운목이 말 탄 병졸과 어사대의 관속을 데리고 가서 그 무당을 잡아다가 머리를 깎고 거리의 옥에 가두어 곤장을 쳐서 쫓아 보냈다.(『高麗史』 권114 李承老 附 李云牧傳)

③ 권화는 신우 때에 淸州牧使로 되었는데 固城에 사는 요망한 백성 伊金이 자칭 彌勒佛이라 하면서 여러 사람들을 유혹하여 말하기를 "나는 능히 釋迦佛을 모시고 올 수 있다. 무릇 귀신들에 기도를 올리거나, 제사를 지내는 자, 말·소의 고기를 먹는 자, 돈과 재물을 남에게 나누어 주지 않는 자는 모두 죽을 것이다. 나의 말을 믿지 않거든 3월에 가서 보라! 해와 달이 모두 빛을 잃게 될 것이다."라고 하였으며 또 "내가 한 번 作用하면 풀에서는 파란 꽃이 피고 나무에서는 알곡 열매가 맺힐 것이요, 또 어떤 경우에는 곡물을 한 번 심어서 두 번 수확을 할 것이다."라고 하였다. 그리하여 어리석은 백성들이 그의 말을 믿고 쌀, 비단, 금, 은을 그에게 施與하였는데 서로 뒤질세라 빨리 갖다 바치느라고 분주하였다. 또 말, 소가 죽어도 먹지 않고 내버렸으며 돈과 재물을 가진 자들은 다른 사람들에게 모조리 다 나누어 주었다. 伊金이 또 말하기를 "내가 명령을 내려 산천의 귀신들을 파견하게 된다면 왜적은 다 붙잡을 수 있다."라고도 하였다. 巫覡들이 그를 더욱 존경하고 신임하여 城隍祠廟를 헐어 버렸으며 이금을 부처님처럼 섬기고 그에게 복리를 달라고 빌었다. 무뢰한들이 이에 덩달아 따라 나서서 이금의 제자라고 자칭하면서 서로 거짓말로

속이기를 일삼았다. 그리하여 그들이 이르는 곳마다 守令들도 나와서
맞이하고 객관에 유숙시키는 자도 있었다. 그들이 청주에 오자 권화는
그 무리들을 유인하여다가 괴수 5명을 결박하여 가두고 조정에다
급히 보고하니 都堂에서는 여러 지방에 공문을 띄워서 그 일당을
모조리 잡아 참형에 처하라 하였다. 判事 楊元格도 그 말을 믿었다가
이때에 이르러 도망하여 숨었으므로 그를 수색하여 붙들어다 곤장을
치고 귀양을 보내었더니 그는 도중에서 죽어 버렸다.(『高麗史』 권107
권단 附 權和傳)

④ (閔霽는) 辛昌 때에 開城尹, 商議密直司事에 임명되고 공양왕 원년에
藝文館 提學이 되었다가 僉書密直司事, 禮曹判書로 전직하였다. 민제
는 소시적부터 禮儀를 잘 아는 것으로 알려져 있었으므로 樞府에
올라가서도 언제나 禮曹를 겸임하였다. 또 잡된 종교와 미신을 배격하
였다. 화공을 시켜 하인이 막대기를 들고 중을 때리는 그림과 개가
중, 무당을 쫓아내는 형상도를 그리고는 벽에다 붙여놓고 보고 있었다.
어느 날 왕이 經筵에 가서 민제에게 묻기를 "들으니 禮曹에서 服色을
제안하고 불교 행사를 줄인다 하니 그러한가."라고 하였다. 민제가
대답하기를 "服色은 외국 물건을 금하려는 것이요 불교 행사는 봄과
가을의 藏經 모임을 제외하고는 모두 그만둬야 합니다."라고 하니
왕이 말하기를 "외국 물건을 숭상하지 않는 것은 좋은 일이니 나
역시 면포를 입겠거니와 불교 행사는 선왕들이 실시해 온 것인데
내 어찌 함부로 그만둘 수 있느냐?"라고 하였다.(『高麗史』 권108
閔宗儒 附 閔霽傳)

  J-①은 공민왕대 과거에 우수한 성적으로 합격했던 정현숙이 소재도
와 같은 미신을 배척하고 불교에도 기대지 않았으며 미신으로 귀신을

받드는 사당을 엄금하고 무당과 박수를 쫓아냈다는 내용을 전하고 있다. J-②는 충북 제천에서 온 무당이 天帝釋을 자칭하며 백성들을 현혹하자 이운목이 그를 잡아다 곤장을 쳐서 내쫓았다는 내용이다.[274] 그런데 그가 불교의 제석천을 자칭하고 천수사라는 절에 들어가 왕이 자기를 맞이해야 할 것이라 큰소리쳤다는 것은 무속이 불교와 밀접한 관련을 맺고 있었다는 이규보의 기록을 뒷받침해 준다. J-③은 미륵불을 자칭하며 혹세무민하던 이금이란 자를 청주목사였던 권화가 이를 붙잡아 귀양을 보냈다는 내용이다.[275] 당시 백성들은 그에게 물건과 금은보화를 바쳤으며 수령들도 그를 환대했다는 것이다. 또 성황사를 주관하던 무격들도 사묘를 헐고 미륵불을 칭하던 이금을 모셨다 한다. 이 역시 무속과 불교의 밀접성을 보여주는 것이다. 이 사건은 우왕 8년의 일로 다른 기록에도 보이고 있다.[276] 이 사건에 대해 정도전도 강한 비판을 하였다. 즉 固城의 妖民 伊金이 彌勒이라 자칭하고 뭇사람들을 미혹하면서 하는 말이 "내 말을 곧이 듣지 않으면 3월에 가서 해와 달이 모두 다 빛을 잃을 것이다."라 하였다. 이에 대해 중 粲英이 말하기를 "이금이 한 말은 모두 다 황당무계하다. 해와 달이 빛을 잃는다는 그의 말은 더욱 우습다. 그런데 어떻게 해서 온 나라 사람들이 그를 믿는가."라고 하였다. 그러자 정도전은 말하기를 "이금과 석가는 그 말에 다른 것이

---

274) 또 다른 기록에는 "어떤 무당이 天帝釋이라 자칭하고 요망한 말로 군중을 미혹하니 그를 杖刑에 처하였다."(『高麗史』 권111 柳濯傳)라고 되어 있는데 같은 내용이 아닌가 한다. 유탁도 주로 공민왕대에 활동하였기 때문이다. 그는 1311년 (충선왕 3)에 태어나서 1371년(공민왕 20)에 생을 마감하였다.

275) 이 사건 직전에 이미 私奴 無敵이 자칭 彌勒佛의 化身이라고 선전하다가 사형을 당하기도 하였다.(『高麗史』 권134 辛禑傳 8년 2월) 이로 미루어 당시는 사회가 매우 혼란하여 백성들이 미륵불의 출현을 간절히 바라는 상황이었음을 알 수 있다.

276) 『高麗史節要』 권31 辛禑 8년 5월 ;『新增東國輿地勝覽』 권15 忠淸道 淸州牧 名宦.

없다. 그런데 석가는 멀리 딴 세상의 일을 말하니 사람들이 그것이 헛소리인 줄 모르고 이금은 가까이 3월의 일을 말하니 허무맹랑함이 곧 드러났을 따름이다.”라고 하였다는 것이다.[277] 정도전은 불교와 잡신을 동일시하여 배척하였던 것이다. 이러한 분위기 속에서 우왕 13년에는 신하들은 물론 巫覡, 術士에 이르기까지 말[馬]을 내게 하여 명나라에 보내기도 하였다.[278] J-④는 창왕 때의 일로 민제가 무속은 물론 잡신과 불교까지도 비판하고 있는 모습을 보여주고 있다. 심지어는 화공을 시켜 하인이 막대기를 들고 중을 때리는 그림과 개가 중, 무당을 쫓아내는 그림을 그려 벽에 붙여 놓기까지 했다는 것이다. 이제 무속은 물론 불교도 배척받게 된 상황을 잘 말해주고 있다.

공양왕대에 오면 불교는 물론 무속 같은 잡사는 신진 사류들에 의해 강한 배척을 받게 된다. 다음 기록을 보자.

K-① 전하가 즉위한 이래 道場은 대궐에 높이 솟아 있고 法席은 절간에 항상 차려 있으며 기도는 道殿에서 무시로 진행되고 무당의 제사는 빈번합니다. 전하는 이런 것을 좋은 일로 알지만 실제는 좋지 못한 일인 줄을 모르고, 나라를 부유케 하는 것으로 알지만 실제는 나라를 여위게 하는 것인 줄을 모르며, 백성에게 복리를 가져오는 것으로 알지만 실제로는 백성을 빈궁케 하는 것임을 모르고 있습니다.……삼가 바라건대 전하께서는 有司에 거듭 명하시어 祀典에 기재된 것을 제외하고는 음탕하고 더러움에 빠지는 행동을 일체 금지하신다면 재물이 절약되고 낭비하는 바가 없어질 것입니다.(『高麗史』 권119 鄭道傳傳)

---

277) 『高麗史』 권119 鄭道傳傳.
278) 『高麗史』 권79 食貨志2 科斂.

② (恭讓王 3년 5월) 불교의 설도 믿기 어렵거늘 하물며 황당한 巫覡에
있어서이겠습니까. 나라 안에 巫堂을 설치한 것도 이미 불경하거늘
이른바 別祈恩을 지내는 곳이 10여개 소나 됩니다. 四時로 지내는
제사에, 또 無時로 지내는 別祭에 이르기까지 1년의 낭비를 이루
다 기록할 수 없습니다. 제사를 지낼 때에는 비록 禁酒令이 엄하여도
여러 巫들은 무리를 지어 나라에서 행하는 것이라 하니 당당 관리도
감히 힐난하지 못합니다. 이에 (巫들은) 태연히 술 마시며 거리에서
북치고 나팔 불고 춤추고 노래하며 하지 못하는 바가 없으니 풍속의
아름답지 못함이 이보다 심함은 없습니다.(『高麗史』권120 金子粹傳)

③ (공양왕) 3년 5월에 都評議使司에서 왕에게 글을 올려 科田을 주는
法을 다음과 같이 제정할 것을 요청하였는바 왕이 이 제의를 좇았다.
……公私의 賤口, 工人, 商人, 돈 받고 점을 치는 盲人, 巫覡, 倡妓,
僧尼들은 자기 자신 및 자손이 모두 토지를 받는 것을 허용하지
않는다.(『高麗史』권78 食貨志1 田制 祿科田)

④ (공양왕 3년 5월) 成均博士 金貂가 상서하여 이르기를, "……淫祀
또한 아주 괴이한 것입니다. 孔子께서는 말씀하시기를, '자기 귀신이
아닌데도 제사 지내는 것은 아첨이다.'라고 하셨습니다. 三代 이후
학문이 밝지 못하고 올바른 도가 행해지지 않아서, 천하의 사람들이
서로 신을 두려워하고 서로 요망함에 현혹되어 집에서 巫史를 본받고
民이 淫祀에 빠져들었기에 부모의 神을 풀숲에 버리고 이름 없는
귀신을 아첨하여 섬기게 되었습니다. 아아. 신은 禮가 아니면 흠향하
지 않으니, 어떻게 그들로 하여금 감격하게 할 수 있겠습니까. 이와
같다면, 上帝의 마음에 부합하여 하늘의 災異를 면하고자 한들 그것이
가능하겠습니까. 그러한 까닭에 사악한 기운이 뭉치고 음양이 도를
잃어서 여름에 서리가 내려 풀을 죽이고, 日蝕과 星變, 바람과 우박,

홍수와 가뭄이 없는 해가 없게 되었으니, 하늘이 보이신 경계가 지극하였습니다. 이는 모두 인심과 풍속이 바르지 않고 괴이함을 좋아한 소치입니다. 신은, 전하의 귀를 돌리고 전하의 신념대로 결단하시어, 출가한 무리들을 몰아서 본업으로 돌아가게 하고 五教와 兩宗을 깨뜨려 軍士에 보충하며, 중앙과 지방의 사찰을 소재 관사에 나누어 소속시키고 노비와 재용 또한 모두 몰수하십시오. 巫覡은 먼 지방으로 내쫓아 경성에서 함께 살지 못하도록 하고 사람들로 하여금 家廟를 세우고 음사를 끊게 함으로써 명분 없는 낭비를 막고 부모의 신을 편안하게 하시며, 금령을 엄하게 세워서 머리를 깎는 자는 죽여 용서하지 않고 음사를 지내는 자도 죽여 용서하지 않으실 것을 원합니다.(『高麗史節要』 권35)

K-①은 정도전이 불교와 도교 및 무속을 비판하는 내용이다. 이들 종교는 나라를 피폐하게 하고 백성들을 빈궁케 하는 것이라 비판하였다. 공양왕은 3년 2월에 남경에 갔다 돌아오면서 檜巖寺에 들러 불사를 크게 행하고 스님들에게 밥을 주었으며 환궁한 후 演福寺 塔殿 조성을 위해 백성들을 대규모로 동원하여 원성이 높았다. 그러자 그해 3월 右代言 柳廷顯이 연복사 공사의 정지를 청하였으나 왕은 듣지 않았다.[279] 그런 상황 속에서 그해 4월 왕이 신하들에게 직언을 구하자 정도전이 글을 올렸다. 그것이 바로 K-①의 내용이다. 따라서 불교에 대한 비판이 들어갈 수밖에 없었고 도교나 무속도 함께 배척했던 것이다. 정도전은 공민왕 때 과거에 합격한 유학자로 여러 관직을 거치다가 이성계의 추천으로 成均大司成의 직위에 오른 인물이다.[280] 유학의 입장에서 불교

---

279) 『高麗史』 권46 恭讓王世家 3년.
280) 『高麗史』 권119 鄭道傳傳.

와 무속 등을 비판한 것이다. K-② 역시 김자수가 무속 신앙의 폐단을 논하면서 이를 배척하고 있는 글이다. 그는 巫堂을 설치하는 것도 문제지만 別祈恩을 빙자하여 국가 재정을 낭비하고 있다고 비난하였다. 또 제사를 지낼 때에는 국가에서 금주령을 내렸음에도 불구하고 술 마시고 춤추고 노래하여 국기를 문란케 하고 있음을 논하였다. 김자수는 공민왕 23년 정당문학 李茂芳이 知貢擧, 밀직부사 廉興邦이 同知貢擧가 된 진사시험에서 장원급제한 인물이다.[281] 그 또한 유학자의 본분을 지키기 위해 무속을 배척하였다. K-③은 공양왕 3년 5월 과전법을 정할 때의 내용이다. 여기서 공사천인[公私賤口], 공상(工商), 돈 받고 점치는 맹인들[賣卜盲人], 巫覡, 娼妓, 僧尼 등은 본인은 물론 그 자손들도 과전을 받지 못하게 하였다. 무격들이 노비와 같은 대우를 받았다는 것을 의미한다. K-④는 성균박사 김초가 올린 글로 당시 민간에서 무당을 섬기고 淫祀를 하여 부모의 신을 버리고 있다고 비판하였다. 신은 예가 아니면 흠향하지 않는 것이어서 재해가 끊임없이 일어나는 것이라 지적하였다. 그리하여 출가한 중들은 본업으로 돌아가게 하고 그들을 군사에 충당하며 巫覡들은 서울에서 쫓아낼 것을 건의하고 있다. 심지어는 함부로 머리를 깎는 자나 음사를 행하는 자는 죽여 용서치 말아야 할 것이라 주장하였다. 아주 극단적인 불교와 음사의 말살론을 주장하고 있는 것이다.

이처럼 무속 신앙은 고려말 조선초에 많은 배척을 받았지만 이후에도 끊임없이 존속하였다. 앞서 든 나주의 금성산신사의 경우 조선전기에도 정부 차원에서 향과 축을 내렸는데 춘추에 제사를 할 때는 온 전라도 사람들이 왔기 때문에 남녀가 온 산에 가득하여 풍기가 문란해지기까지 하였다 한다.[282]

---

281) 『高麗史』 권73 選擧志2 科目.
282) 『新增東國輿地勝覽』 권35 全羅道 羅州牧 祠廟.

3. 무격의 역할

(1) 神祠의 관리와 제사

그렇다면 고려 사회에서 巫覡들의 역할과 기능은 무엇이었을까. 무격들의 주요한 기능 중의 하나는 神祠의 관리, 보존이었다. 그것은 그들이 司祭의 기능을 수행하였기에 당연한 역할이기도 하였다. 평시에는 각종 신사를 관리하면서 일이 있을 때에는 신에게 제사하는 祭司長의 기능을 수행하였던 것이다. 다음 기록들이 그것을 뒷받침해준다.

L-① 정언진은 신종 5년에 대장군이 되었다.……(丁彦眞이) 祈恩하기 위해 城隍祠에 가 몰래 적을 체포할 계책을 覡에게 주었다. 하루는 적의 都領 利備 부자가 성황당에 와서 가만히 기도를 드리고 있었다. 무당이 거짓말로 "都領이 군대를 일으켜 신라를 회복하려 하니 우리들도 기뻐한 지 오래입니다. 이제 다행히 뵈옵게 되었으므로 한 잔 술을 드리고자 합니다." 하고 자기 집으로 데리고 가서 술을 권하여 취한 후에 결박하여 정언진에게로 압송하였다.(『高麗史』권100 丁彦眞傳)

② 固城에 사는 요망한 백성 伊金이 자칭 彌勒佛이라 하면서 여러 사람들을 유혹하여 말하기를 "나는 능히 釋迦佛을 모시고 올 수 있다. 무릇 귀신들에 기도를 올리거나, 제사를 지내는 자, 말·소의 고기를 먹는 자, 돈과 재물을 남에게 나누어 주지 않는 자는 모두 죽을 것이다. 나의 말을 믿지 않거든 3월에 가서 보라! 해와 달이 모두 빛을 잃게 될 것이다."라고 하였다.……이금이 또 말하기를 "내가 명령을 내려 산천의 귀신들을 파견하면 왜적을 다 붙잡을 수 있다."라고도 하였다. 巫覡들이 그를 더욱더 존경하고 신임하여 城隍祠廟를 헐어 버렸으며 이금을 부처님처럼 섬기고 그에게 복을 달라고 빌었다.(『高麗史』

권107 權㫜 附 權和傳)

③ 심양은 그 父祖에 대해서는 역사 기록에 실린 것이 없다. 충렬왕
초년에 그는 公州 부사가 되었는데 長城縣의 한 여자가 말하기를
"錦城大王이 나에게 내려와서 '네가 만약 錦城神堂의 무당이 되지
않는다면 나는 반드시 네 부모를 죽일 것이다'라고 하였기 때문에
저는 놀란 나머지 그 말대로 무당이 되었습니다."라고 하였다.(『高麗
史』 권106 심양傳)

④ 李淑의 아명은 福壽요 平章郡 사람이며 그의 모친은 泰白山의 무당이
었다.(『高麗史』 권122 李淑傳)

⑤ 姜融은 본 성명이 康莊인바 그의 할아버지는 진주 官奴였다. 충선왕
때에 內府令 벼슬에 있었으며 그의 누이가 무당[巫]으로 松岳祠의
수입을 먹고 살았다. 그런데 대호군 金直邦이 그와 친한 무당으로
그 자리를 대신 주려 했으나 강융이 반대하였으므로 김직방이 강융을
욕하며 말하기를 "너는 관노인데 어찌 그렇게 교만한가?"라고 하였
다.(『高麗史』 권124 鄭方吉 附 姜融傳)

L①은 신종 때 이비·발좌의 난이 일어나자 정언진이 성황사를 관리하
던 남자 무당[覡]을 이용하여 이비를 잡았다는 내용이다. 이는 남자
무당이 평상시에 신사와 그곳의 제사를 관리하고 주관하였음을 말해준
다. 그러기에 이비가 와서 기도를 원하자 이를 주선해주면서 집으로
유인하여 술에 취하게 하고 그를 잡을 수 있었던 것이다. L②의 기록도
무격들이 성황사를 관리하고 있었음을 잘 보여주고 있다. 이금이 미륵불
을 자칭하면서 백성들의 신망을 얻자 무격들도 그들이 관리하던 성황사
묘를 헐고 대신 이금을 부처님처럼 모셨다는 것이다. 그런데 이는 성황사
를 철거했다는 뜻이 아니고 성황신 대신에 이금의 초상을 그려놓고

이를 신으로 모셨다는 뜻일 것이다. L-③은 한 여자가 금성대왕의 신이 자신에게 내려 할 수 없이 금성신당의 巫가 되었음을 전하고 있다. 금성신당은 나주 금성산신의 신당을 말하는 것으로 자신이 무당이 되어 그 신당을 관리하였음을 말하고 있다. 금성산은 나주의 鎭山이었다.[283] 그 사당인 錦城山祠는 祀典에도 올라있었으며 祠宇가 5개나 있었다 한다.[284] 충렬왕 5년에는 錦城山祠를 관리하던 무당이 진도와 탐라의 삼별초를 토벌하는데 공이 있다 하여 정부에서 해마다 녹미 5석을 받기도 하였다.[285]

L-④는 이숙의 어머니가 태백산의 무당이었음을 전하고 있다. 이는 단순히 그가 태백산 지역의 무당이라는 뜻이 아니고 태백산의 山神祠을 관리하던 무당이었다는 뜻이다. 태백산은 삼척에 있는 산으로 신라 때부터 북악으로서 中祀에 올라 있었다.[286] 그 신당인 太白山祠는 山頂에 있었는데 속칭 天王堂이라고도 불렸다. 조선시대까지도 강원도 및 경상도 사람들이 춘추로 이를 제사하였다 한다.[287] 이숙의 어머니는 바로 이 태백산신사를 관리하고 있었던 것이다.

L-⑤의 강융의 누이 역시 松岳祠를 관리하면서 거기서 나오는 수입으로 먹고 살았음을 알 수 있다. 송악은 개경의 鎭山으로 처음 이름은 扶蘇山이었으며 鵠嶺이라고도 하였다.[288] 이의 신을 관장하는 신사가

---

283) 『新增東國輿地勝覽』 권35 나주목 山川.
284) 『新增東國輿地勝覽』 권35 나주목 祠廟.
285) 『高麗史』 권105 鄭可臣傳. 한편 이 금성산신사의 설립이나 제사의 주관에는 나주의 토착세력인 나주 정씨 가문이 관여했을 가능성이 크다.(김갑동, 「高麗時代 羅州의 地方勢力과 그 動向」 『한국중세사 연구』 11, 2001.10, 한국중세사학회, 20~22쪽.
286) 『新增東國輿地勝覽』 권44 삼척도호부 山川.
287) 『新增東國輿地勝覽』 권44 삼척도호부 祠廟.
288) 『新增東國輿地勝覽』 권4 개성부상 山川.

바로 松岳山祠였던 것이다.[289] 이처럼 무격들은 성황사나 산신사를 관리
하면서 필요할 때는 제사를 주관하였던 것이다. 그 대가로 백성들에게서
재물을 받았음은 물론 때로는 국가에서 공식적인 지원을 받기도 했던
것이다.

(2) 降雨

무격들은 하늘의 천신과 교감하여 비를 내려 줄 수 있다고 믿었다.
이른바 降雨의 역할을 하였던 것이다. 따라서 국가에서는 무격들을
모아 비를 비는 祈雨 행사를 개최하였다.『高麗史』世家 및 권54 五行志2에
서 이에 관한 자료를 찾아 정리하면 다음과 같다.

〈표 3〉 고려시대 무격에 의한 기우행사

왕	년월일	내용
顯宗	12년 5월 庚辰	造土龍於南省廷中 集巫覡禱雨 庚寅 雨
肅宗	6년 4월 乙巳	曝巫祈雨
睿宗	16년 閏5月 辛未	聚巫禱雨
仁宗	원년 5월 甲子	造土龍(于都省廳) 聚巫禱雨
	11년 5월 丙寅	集巫三百餘人 于都省廳祈雨
	11년 5월 庚午	集女巫三百餘人 于都省廳祈雨
	11년 6월 己亥	又聚巫禱雨
	12년 5월 庚戌	集巫于都省(廳)禱雨
	15년 5월 壬午	會巫都省庭禱雨
	18년 閏6月 己丑	聚巫禱雨
明宗	3년 4월 丙子	聚巫禱雨
	8년 5월 壬子	集巫于都省(又)禱(雨)
	19년 閏6月 癸酉	集巫禱(雨)于都省
高宗	33년 6월 癸卯	以旱 集巫于都省禱雨
	37년 5월 己丑	集巫于都省 禱雨三日
忠烈王	2年 5月 丁丑	集巫于都省禱雨
	13年 5月 辛卯	聚巫禱雨

---

[289]『新增東國輿地勝覽』권5 개성부하 祠廟.

	30년 4월 乙未	聚巫禱雨
	32年 6月	以旱聚巫禱雨
忠肅王	3年 5月 己巳	聚巫又禱
	5年 4월 己未	聚巫禱雨徙市
	16년 5월 丁卯	聚巫禱雨六日
	後元年 5月 辛卯	聚巫禱雨
	後4年 5月 壬午	以旱徙市 聚巫禱雨
忠穆王	2年 5月 癸巳	聚巫三司禱雨 又禱于佛寺徙市
恭愍王	3年 5月 丙子	聚巫禱雨

* ( )는 세가와 오행지가 상이한 부분임

위의 표에서 보는 바와 같이 고려 현종대부터 공민왕대까지 무당들을
모아 비를 비는 기우 행사가 지속되었다.[290] 현종 이전에도 그러한
행사가 있었을 텐데 사료에 보이지 않는 것은 현종 때 거란의 침략으로
7대실록이 불탄 것에 원인이 있지 않나 한다. 또 공민왕 3년 이후의
사료가 없는 것은 유학자인 신진사류의 등장과 관련이 있다고 생각된다.

사실 기우 행사는 여러 측면에서 행해졌다. 무당들에 의한 기우 행사만
있는 것이 아니었다. 고려는 다종교 사회였던 만큼 유교 및 불교, 도교,
또는 山川이나 海神, 龍神 등에게 비는 기우 행사 등 다양하였다.

『고려사』오행지에서는 기우 행사의 배경이 되었던 가뭄을 유교적
오행설의 입장에서 설명하고 있다. 그 기록을 보자.

M. 오행의 네 번째는 金이다. 從革[요구에 따라 여러 가지로 변하는
    것]은 금의 본질인데 그 본질을 잃게 되면 재앙으로 된다. 때로는
    鑄造 공작이 잘 되지 않아 變怪가 되는 일이 생기기도 하고 때로는

---

290) 숙종대의 기록에 '曝巫祈雨'라는 용어가 나오는데 이는 무녀들을 땡볕에 세워두어
    비를 비는 행사를 말한다. 天神과의 매개 역할을 하는 무녀를 땡볕에 세워 두면
    하늘이 불쌍히 여겨 비를 내려줄 것이라는 생각에서 나온 것이다.(이능화 지음,
    서영대 역주, 『朝鮮巫俗考』, 창비, 2008, 97쪽 주6)

유언비어[訛言]가 떠돌기도 하며 때로는 蟲災가 발생하기도 하고 때로는 犬禍가 일어나기도 한다. 그 징조는 항상 마른 것[恒陽]이고 그 빛은 백색이므로 이것이 百眚百祥으로 된다.(『高麗史』권54 오행지 2 金)

즉 오행 중 金이 그 본질을 잃게 되면 재앙이 생기는데 그 중의 하나가 가뭄 즉 旱災라 풀이하고 있다. 이는 중국적 사고 구조로 이미 『후한서』오행전에는 金이 不從革되는 사유를 설명하고 있다. 즉 帝王이 전쟁을 즐겨하여 백성들의 생명을 가벼이 하고 성곽을 호화롭게 쌓고 변경을 침략하면 부종혁이 된다. 또 言語不順하면 그 벌로 恒陽이 생기고 때로는 요사스런 말이 돌고[詩妖], 해충의 해[介虫之孽], 犬禍가 있게 된다고 설명하고 있다.[291]

그러나 이는 고려말 조선초 유학자들의 해석이 반영되어 정리된 것이고 그 이전에는 가뭄 역시 하늘 즉 天神의 조화라 여겼다. 그런데 천신은 유교나 불교가 생기기 이전부터 敬畏시하던 존재였다. 그러다가 불교나 유교, 도교도 이를 받아들여 신격화하였다. 이에 따라 가뭄을 이기고 극복하기 위해서는 하늘에 제사를 지냈는데 하늘은 어느 종교나 사상에서도 중시하였다. 때문에 모든 종교와 사상을 동원하여 이를 극복하기 위해 천신에게 제사를 하였다. 일종의 祭天 행사였던 것이다. 몇 사례를 보자.

N-① (충렬왕) 13년 3월에 가뭄이 들었다. 甲寅일에 비를 빌었다. 4월에 가뭄으로 인하여 죄수들을 재심사하였다. 庚午일에는 절과 신사에서

---

291) 李熙德, 『高麗儒教政治思想의 研究』, 一潮閣, 1984, 153쪽.

비를 빌었다. 癸未일에 재상들이 자기들의 비용을 내어 普濟寺에서
비를 빌었다. 5월 초하루 辛卯일에 기우제를 지냈더니 곧 비가 내렸다.
(『高麗史』 권54 오행지2 金)

② (충숙왕) 3년 5월 戊午일에 가뭄이 들었으므로 비를 빌고 정묘일에는
재차 기우제를 지냈다. 戊辰일에는 절에서 비를 빌었으며 己巳일에는
무당을 모아놓고 또 비를 빌었다. 5년 2월 庚辰일에 한재로 인하여
왕이 康安殿에서 크게 제를 지내고 비를 빌면서 말하기를 "내일은
반드시 비가 내릴 것이다."라고 하더니 과연 비가 내렸다. 4월 己未일
에 무당을 모아놓고 비를 빌고 저자를 옮겼다. 庚申일에는 또 절에서
비를 빌었다. 5월 戊辰일에 재차 기우제를 지내고 절에서 비를 빌었더
니 乙亥일에 비가 내렸다. 乙酉일에 또 妙通寺에서 비를 빌었다. 丙戌일
에는 왕이 명령을 내려 事審貼을 거두어 불태워버리게 했더니 비가
내렸다.(『高麗史』 권54 오행지2 金)

③ (충목왕) 2년 5월 辛卯일에 白雲 스님을 시켜서 비를 빌었으나 효과가
없었다. 癸巳일에 무당을 三司에 모아놓고 비를 빌었고 또 절에서도
비를 빌었으며 저자를 옮겼다. 6월 庚寅일에 비가 내렸다.(『高麗史』
권54 오행지2 金)

위의 사료 N-①에서 보는 것처럼 충렬왕 13년 가뭄이 들자 왕은
우선 하늘에 비를 비는 행사를 벌였다. 사료에는 단순히 "비를 빌었다[禱
雨]"라고만 되어 있으나 이것은 유교식 제례인 圓丘壇을 말하는 것이라
생각된다. 『고려사』 세가나 오행지에는 "禱雨于圓丘"란 표현이 많이
보이기 때문이다. 예종 15년 7월, 충렬왕 15년 5월, 충렬왕 34년 5월,
충선왕 원년 4월, 충숙왕 즉위년 5월, 충숙왕 8년 5월 등의 기사에
"禱雨于圓丘"란 기록이 보이고 있는 것이다. 따라서 단순히 "禱雨"라고만

되어 있는 것은 "禱雨于圓丘"의 약식표현이라 생각된다. 또 "雩" 또는 "再雩"라 표현된 기록도 많이 보이는데 그것도 원구단에서 행한 것으로 추측된다.292) 원구단에서 곡식 잘 되기를 비는 행사는 성종 2년부터 시작되었는데293) 곡식이 잘 되려면 비가 적당히 잘 와야 하기 때문에 비를 비는 제사가 원구단에서 행해졌던 것이다. 그래도 비가 오지 않자 이번에는 죄수들을 재심사하였는데 가벼운 죄를 범한 자들을 풀어주었을 것이다. 하늘을 감동시켜 비를 내리게 하기 위함이었다. 그러나 비가 오지 않았다. 이번에는 부처님의 힘을 빌리고자 절에서 비를 빌었고 각종 신을 모신 神祠에서 비를 빌었다. 나아가 다시 재상들이 재물을 모아 보제사에서 기우 행사를 벌였다. 그래도 비기 오지 않자 다시 天神에 제사를 하자 비로소 비가 내렸던 것이다.

충숙왕 3년에는 천신에 제사하고 나서 절에서도 비를 빌고 무당을 모아 비를 빌었다. 동왕 5년에는 왕이 강안전에서 몸소 천신에게 제사를 하였다. 이렇듯 왕이 궁전에서 직접 천신에게 제사한 예는 예종 원년에도 있었다. 예종은 원년 7월 兩府·臺省·兩制 및 3品官을 거느리고 친히 會慶殿에서 昊天上帝에게 제사하고 태조를 배향함과 동시에 비를 빌었다.294) 이러한 전통이 남아 있어 궁전에서 직접 기우행사를 하기도 했던 것이다. 그리고 무당을 모아 비를 빔과 동시에 저자를 옮겼다. 그래도 비가 오지 않자 다시 원구단에서 기우제를 지내고 절에서 다시 비를 빌었으며 또 妙通寺에서 비를 빌었다. 그래도 비가 오지 않았던 모양이다. 그러자 이번에는 왕이 명령을 내려 事審貼을 거두어 불태워버

292) 김일권, 「고려시대 국가 제천의례의 다원성 연구」『고려시대의 종교문화』, 서울대 출판부, 2002, 81쪽.

293) 「二年 春正月 辛未 王祈穀于圓丘配以太祖 乙亥 躬耕籍田祀神農配以后稷 祈穀籍田 之禮始此」(『高麗史』 권3 成宗世家).

294) 『高麗史』 권12 睿宗世家 원년 7월 己亥.

리게 했더니 비로소 비가 내렸다. 사심첩은 사심관 임명장인데 당시 사심관들의 횡포가 심하여 백성들의 원성이 자자하였다. 이에 사심관제 도를 폐지하자 백성들이 심히 기뻐하였다 한다.[295] 백성들의 고통을 덜어 천신의 환심을 사고 비를 내리게 하고자 함이었다. 충목왕 2년 5월에도 불교의 승려를 동원해 비를 빌었으나 효과가 없자 무당을 모아놓고 비를 빌었으며 또 절에서도 비를 빌고 저자를 옮겼다.

이처럼 기우행사는 여러 종교나 사상을 다 동원하여 실행하였다. 그것은 靖宗대의 기록을 보면 확연히 알 수 있다.

O. 관리들이 왕에게 아뢰기를 "금년은 봄부터 비가 적게 내리오니 전례에 따라 억울하게 옥에 갇힌 죄수들을 심사 처리하고 가난한 백성들을 구제하며 객사한 시체를 거두어 매장한 다음 우선 북쪽 교외에서 비를 내리게 할 수 있는 山嶽, 鎭山, 바다, 강[瀆]들과 모든 名山大川에 빌고 다음에는 매 7일에 한 번씩 宗廟에서 빌되 이렇게 하여도 비가 내리지 않을 때에는 다시 산악, 진산, 바다, 강들에 처음과 같이 빌며 가뭄이 심하게 되면 기우제를 지내고 시장을 옮기며 日傘과 부채를 들지 못하게 하고 가축 도살을 금지하며 관가의 말들에게 곡식을 먹이지 말게 해야 되겠습니다."라고 하니 왕이 이 제의를 좇아 정전에서 피해 앉고 일상 식사의 반찬 수를 줄이었다.(『高麗史』 권6 靖宗世家 2년 5월)

여기서 알 수 있듯이 비를 내리게 하는 방법에는 여러 가지가 있었다. 억울하게 옥에 갇힌 죄수들을 심사하여 풀어주고 백성들을 구휼하며

---

295) 「罷州郡事審官民甚悅之 未幾權豪復自爲之害甚於前」(『高麗史』 권34 충숙왕세가 5년 4월, 사75 선거지3 銓注 事審官).

객사한 시신들을 묻어주고 나서 산악, 鎭山, 바다, 강(瀆)들과 모든 명산대천에 빌고 다음에는 매 7일에 한 번씩 종묘에서 빌어야 한다고 말하고 있는 것이다. 유교적 입장에서 백성들을 보살피는 것을 기본으로 하고 각종 신들에게 제사함과 동시에 종묘에 제사해야 한다는 것이다. 여기서는 불교에 관해 언급하지 않았으나 불교와 도교적 방법도 동원함은 물론 무당을 모아 비를 빌었던 것이다.[296] 무당들이 천신과 소통하여 바를 내리게 하는 역할과 기능을 갖고 있다고 믿었던 것이다.

(3) 豫言과 占卜

무격들은 천신과 소통할 수 있는 까닭에 인간의 길흉화복과 미래를 점칠 수 있다고도 믿었다. 따라서 개인의 신상은 물론 국가의 운명을 무당에게 자문하여 결정하는 일도 있었다. 다음 기록을 보자

P-① 丙寅 24년(1146) 봄 정월……辛卯일에 왕이 병세가 위독하여 점을 쳤더니 죽은 저 이자겸의 作奸이라고 하였다. 내시 韓綽을 시켜 이자겸 처자의 유형지를 仁州로 옮기게 하였다. 壬辰일에 백관이 2천 명에게 음식을 먹였으며 甲午일에는 또 十王寺에서 기도를 하고 己亥일에는 宗廟와 社稷에 빌었다.(『高麗史』 권17 인종세가 24년)

② 당시에 鵠房이라는 요사스러운 무당이 있었는데 김준의 집에 출입하면서부터 김준은 그 말에 혹해서 나라의 일에 대하여 그 길흉을 점쳤으므로 당시 사람들이 그를 요부인이라고 불렀다.(『高麗史』 권

---

296) 김일권은 『고려사』 세가편에 나오는 기우의례 기사의 다양성을 분석하여 총 258회의 기우 의례 중 재래적 기우의례가 57회(22%), 무속적 기우의례 20회(8%), 유교적 기우의례 87회(34%), 불교적 기우의례 53회(21%), 도교적 기우의례 14회(5%), 성격불명의 기우의례 27회(10%)라는 결론을 도출하고 있다.(앞의 논문, 10쪽 표9)

130 金俊傳)

③ (공민왕) 22년 4월에 義城의 庫洞에서 한 무당이 밤에 꿈을 꾸었는데 두꺼비들이 수없이 한 곳에 모여 있었고 푸른 옷을 입은 한 여자[靑衣女]가 오니 두꺼비들이 그 여자를 향하여 죽었다. 조금 있다가 누런 옷을 입은 여자[黃衣女]가 오니 푸른 옷을 입은 여자가 누런 옷을 입은 여자에게 명령을 받아 무당에게 말을 전하기를 "네가 왕에게 말하기를 비록 큰 집 아홉 채를 지어도 나는 거기서 살지 않겠으니 속히 影殿짓는 공사를 그만두라고 하여라."라고 하였다. 다음날 점심 때에 귀신이 무당에게 내려와 말하기를 "지금 나라에 변괴가 많으니 나라가 망할 징조가 나타났다. 그런데 내가 나라에서 은혜를 받았는데 내 은덕으로 하여 나라가 아직 망하지 않은 것이니 어찌 왕에게 보고하지 않겠느냐? 나는 正陵[공민왕 비 노국 공주의 능]으로 돌아간다."라고 하였다.(『高麗史』 권54 五行志2 金)

P-①의 기록은 인종의 병이 깊어지자 점을 쳤더니[卜] 죽은 이자겸의 저주라는 점괘가 나오자 이자겸 처자의 귀양지를 본관 지역인 인주로 옮겨주었다는 것이다. 이와 함께 백성들에게 음식을 주고 十王寺에서 쾌유를 빌고 종묘사직에도 병이 낫기를 빌었다. 여기서는 점을 친 사람이 누구인지 나오지 않으나 무당이었지 않나 한다. 그래도 병이 낫지 않자 다시 무당을 시켜 점을 치니 척준경의 장난이라는 점괘가 나왔기 때문이다.[297]

P-②는 요방이란 무당이 당시의 실권자 김준의 집에 출입하면서 신임을 얻어 국가의 길흉화복을 점치자 김준이 이에 따라 통치를 하였다

---

297) 『高麗史』 권17 인종세가 24년 2월 丙辰.

는 것이다. 김준은 원래 노비의 자식이었는데 최항에게 신임을 얻었다가 최의가 그를 멀리하자 최의를 죽이고 정권을 장악한 무신이다.[298] 신분이 미천하였기 때문인지 모르지만 무당의 예언에 따라 정치를 하였다면 그 정치가 잘 되었을리 만무하다. 그 때문인지 모르지만 결국 얼마 안가 원종 9년 12월 살해당하였다.[299]

P-③은 죽은 공민왕비 노국대장공주의 영전 공사가 백성들에게 많은 해를 끼치자 노국공주의 귀신이 나타나 무당을 통해 공사 중지를 건의하라는 내용이다. 더 이상 계속하면 나라가 망할 것이니 공민왕에게 보고하여 정신을 차리게 하였다는 내용이다. 무당의 입을 통해 미래를 예언하여 경계하게 하였다는 것이다. 노국대장공주는 공민왕 14년 2월에 아이를 낳다가 죽었는데 공민왕은 그를 추모하기 위한 영전 건립을 명하였다. 그리하여 많은 사람들이 동원되어 영전을 건립하였다. 그러나 이 대규모 공사로 인해 백성들의 고통은 말이 아니었다. 공민왕 19년 9월 영전의 규모가 작고 협소하다 하여 이를 헐어 버리고 새로 짓게 하였는데 백성들이 심히 괴로워하였다 한다.[300] 공민왕 21년 7월에는 영전의 鐘樓가 준공되었던바 왕은 그것이 아직도 높고 크지 못하다는 이유로 즉시 개축하라는 명령을 내리기도 하였다.[301] 그해 8월에는 영전의 鷲頭가 완성되었는바 그 장식에 황금 6백 50냥과 은 8백 냥이 소비되었으니[302] 백성들의 괴로움이 어떠했을까 짐작이 간다. 그러자 무당이 죽은 노국공주에 가탁하여 공사의 중지를 건의했던 것이다.

---

298) 『高麗史』 권130 金俊傳.
299) 『高麗史』 권26 원종세가 9년 12월.
300) 『高麗史』 권42 공민왕세가 19년 9월.
301) 『高麗史』 권43 공민왕세가 21년 7월 戊申.
302) 『高麗史』 권43 공민왕세가 21년 8월 甲午.

(4) 詛呪와 誣告

무격들은 또 신과 소통할 수 있다는 생각 때문에 때로 상대방을 저주하고 무고하는데 이용되기도 하였다. 특히 원 간섭기에 정쟁에 이용되기도 하였고 후비들 사이의 질투와 투기 사건에 휘말리기도 하였다. 그에 대한 자료를 보자.

Q-① 고종 37년에 원나라에서 홍대순을 불러 데려갔다. 永寧公 王淳이 인질로 있을 때 홍복원의 집에서 기숙하고 있었는데 홍복원은 그를 매우 후하게 대우하였다. 그러나 세월이 길어지자 사이가 나빠지고 왕순은 점차 불평만 품게 되었다. (고종) 45년에 홍복원이 은밀히 무당을 시켜서 나무를 깎아 인형을 만들어 그 손을 결박하고 머리에 못을 박아서 땅 속에 묻거나 혹은 우물 속에 넣어서 왕순을 詛呪했다. (『高麗史』 권130 洪福源傳)

② (충렬왕 2년) 어떤 사람이 달로화적 石抹天衢의 숙소에 무명의 투서를 하였는데 거기에 이르기를 "貞和宮主가 왕의 총애를 잃게 되니 여자 무당을 시켜서 공주를 저주하도록 하였으며 또 齊安公 淑과 중찬 金方慶 및 李昌慶, 李汾禧, 朴恒, 李汾成 등 43명이 반역하여 다시 강화도에 들어가려고 음모하고 있다."라고 하였다. 이에 공주는 정화궁주를 잡아 가두고 석말천구 역시 왕숙, 김방경 등을 체포하였고 곧 재상들을 불러서 합석 문초케 하였다.(『高麗史』 권105 柳璥傳)

③ 宮人 無比는 泰山郡 사람인 柴氏의 딸로서 궁인으로 뽑혀 들어 왔는데 왕이 都羅山으로 왕래할 때면 반드시 무비가 시종했고 한 번 가면 몇 날씩 계속하여 즐겨 놀았으므로 사람들이 그에게 도라산이란 별명을 지어 주었다. 왕의 총애가 두터워질수록 그에게 붙은 자들이 중앙과 외방에서 횡포한 짓을 제 마음대로 하였으므로 세자는 그를

매우 미워했다. 公主의 초상을 당하여 元나라로부터 귀국한 세자는 왕에게 말하기를 "전하께서는 공주에게 병이 생긴 원인을 아십니까? 이것은 반드시 姬妾 중에서 질투로 미친 자의 소위입니다. 국문하여 보시기 바랍니다."라고 하니 왕은 "3년 상이나 지나고 나서 다시 보자!"라고 하였다. 이에 세자가 좌우 시종을 시켜 무비와 그의 일당인 최세연, 도성기, 장군 尹吉孫, 李茂, 少尹 유거, 指諭 承時用, 宋臣旦, 內僚 金仁鏡, 文玩, 張祐中, 낭장 金瑾, 내시 全淑, 방종저, 宮人 白也眞 등을 체포하여 가두고 무비가 무고한 사실에 대하여 국문하였던바 무당과 妖僧들이 모두 자백하였다. 그리하여 詛呪의 대체적인 진상을 알게 되어 도성기, 최세연, 전숙, 방종저, 김근, 무비, 백야진을 죽이고 그의 도당 40여 명을 귀양 보내니 온 나라 사람들이 크게 두려워하였다.(『高麗史』 권122 崔世延傳)

④ 공주[충선왕비 계국대장공주]는 趙妃가 왕의 총애를 한 몸에 받고 있는 것을 질투하여 위구르[畏吾兒] 글자로 편지를 써서 수종원들인 활활불화와 활활대 두 사람에게 부탁하여 원나라로 가서 황태후에게 전달하게 하였다. 위구르[畏吾兒]란 고대의 후이구루인바 원나라는 옛날에 자기의 글자가 없었고 八思巴가 처음으로 몽고 글자를 창조하였으나 편지 왕래에는 위구르 글자를 많이 사용하였다. 그런데 그 편지에는 "조비가 공주를 저주하여 왕의 사랑이 없어지게 하였다."라는 것이었다. 왕이 朴景亮을 시켜 그 두 사람에게 편지 내용을 물어보게 하였으나 두 사람은 말하지 않을 뿐만 아니라 도리어 그를 구타하였다. 왕은 겁이 나서 충렬왕에게 알리니 충렬왕이 공주의 처소로 가서 위안하여 주고 또 몰수한 都成器, 김수, 玄宗柱, 張祐 등의 가산, 노비를 활활불화와 활활대, 章吉徹里 등에게 주었으며 또 김수의 처를 활활불화에게 주어 공주의 노염을 풀기에 노력하였다.

그래도 공주는 활활불화, 활활대와 대장군 金精, 吳挺圭 등을 원나라로 보내 보고하고야 말았다. 얼마 후에 어떤 자가 익명 편지를 宮門에 붙였는데 그 글에는 "趙仁規의 처가 무당을 불러 굿을 하며 저주하여 왕이 공주를 사랑하지 않도록 하고 자기 딸만을 사랑하게 하였다."라고 씌었다. 그래서 공주가 조인규와 그의 처를 투옥하고 또 조인규의 아들 瑞, 璉, 珝와 사위 朴義, 盧穎秀 등과 그들의 처를 가두었다.(『高麗史』 권89 后妃傳 薊國大長公主)

Q-①은 고종 때 홍복원이 무당을 시켜 왕족이었던 왕준을 저주하였다는 내용이다. 홍복원은 원래 唐城 출신인데 麟州로 이사하여 살다가 고종 18년에 몽고의 撒禮塔이 고려에 쳐들어오자 그에게 항복하여 몽고에 살던 인물이다. 그때 영녕공 왕준이 원에 인질로 오자 그를 잘 대해 주었으나 후에 사이가 나빠져 무당을 동원하여 왕준을 저주한 것이다. 그런데 일찍이 도망쳐서 원나라에 가 있던 교위 李綢가 왕준을 통하여 그 기미를 알고 황제에게 보고했더니 황제가 사람을 보내서 확인토록 하였다. 그러자 홍복원은 말하기를 "아이가 학질을 앓기에 이것으로 악귀를 진압하였을 따름이고 다른 뜻은 없다."라고 하고 왕준에게 말하기를 "그대는 나에게 신세진 지도 오랬는데 어째서 도리어 적에게 참소를 시켜서 나를 모함하는가. 속담에 기른 개가 도리어 주인을 문다는 격이다."라고 하였다. 이에 몽고 여자인 왕준의 처가 홍복원의 언성이 날카롭고 불손한 것을 보고 통역을 불러 자세히 물은 다음 대노하여 호령하여 홍복원을 앞에 엎드리게 하고 날카롭게 힐책하여 말하기를 "너는 너희 나라에서 무엇을 하던 사람이냐!"라고 하니 홍복원은 "변방에서 살던 사람이요."라고 대답하였다. 또 묻기를 "그러면 네 주인은 어떤 사람이냐?"라고 하니 "왕족이지요."라고 하자 이어 말하기를 "그렇다면 (왕준

이) 진정 너의 주인이다. 실상은 네가 개인데 도리어 우리 주인더러 개가 주인을 문다고 했으니 웬 말이냐? 나는 원나라의 황족이다. 황제는 우리 주인이 고려 왕족이라 해서 나를 출가시켰고 나도 조석으로 조금도 태만치 않고 모시며 딴 마음을 품지 않는다. 그런데 만약 우리 주인이 개라면 어찌 사람이 개와 같이 살겠느냐! 나는 황제께 말하겠다."라고 하고 그 길로 황제에게로 갔다. 홍복원은 울며불며 叩頭하고 사죄하였으므로 왕순이 쫓아갔으나 따라 잡지 못하였다. 홍복원은 재산을 털어서 뇌물을 준비해 주고 간청하니 왕순은 주야로 쫓아가는 도중에 칙사를 만났다. 칙사는 즉시 장사 수십 명에게 명령해서 홍복원을 발로 차서 죽이고 그 가산을 몰수하고 그의 처와 아들 洪茶丘와 洪君祥 등을 인질로 삼아 돌아갔다.[303] 이것이 저주 사건의 구체적인 내용이다. 거기에 무당이 동원되고 있는 것이다.

Q-②는 정화궁주가 무당을 시켜 충렬왕비 제국대장공주를 저주하였으며 제안공 숙과 김방경 등이 반역을 도모하였다는 내용이다. 이에 제국대장공주는 정화궁주를 잡아 가두고 왕숙과 김방경 등을 체포하였다. 그러나 柳璥이 간절히 그 부당함을 말하였으므로 궁주와 신하들이 풀려날 수 있었다. 즉 재상들이 그를 놓아줄 것을 요청하자고 의논하였으나 공주가 무서워 모두 입을 다물고 있었는데 유경이 벌떡 일어나서 안으로 들어가 충심으로 설득하자 공주가 그제서야 궁주를 놓아주었다는 것이다.[304] 이어 충렬왕은 사신을 보내어 이 사건에 대한 해명을 하기도 하였다.[305]

Q-③의 사건은 충렬왕 23년 7월에 일어난 사건으로[306] 무비가 무당과

303) 『高麗史』 권130 洪福源傳.
304) 『高麗史』 권105 柳璥傳.
305) 『高麗史』 권28 忠烈王世家 2년 12월 甲申.

요승들을 동원하여 제국대장공주를 저주하여 공주가 병으로 죽었다는 것이다. 이는 충렬왕의 세자인 후일의 충선왕이 고하여 벌어진 일로 충선왕과 충렬왕 부자간의 세력 다툼과도 관련이 있는 사건이었다. 충렬왕비인 제국대장공주는 충선왕의 어머니로 어머니의 죽음을 이용하여 반대파를 제거한 것으로 보인다. 이 사건으로 충렬왕의 측근이었던 도성기, 최세연, 전숙, 방종저, 김근 등이 제거되었기 때문이다.

Q-④는 이른바 '조비무고사건'으로 충선왕비인 조인규의 딸 조비가 충선왕비 계국대장공주를 저주하여 둘 사이가 나빠지게 되었다는 것이다. 그런데 이 저주 사건에 또 무당이 연루되었던 것이다. 실상은 조비의 어머니인 조인규의 처가 무당을 동원하여 왕이 공주를 사랑하지 않고 자기 딸만 좋아하도록 하였다는 것이다. 무당의 저주 때문이었는지는 알 수 없지만 실제로 충선왕과 계국대장공주는 사이가 좋지 않았다 한다. 이 사건은 원나라 황제에게까지 보고가 되어 조인규와 그의 딸 조비가 원나라에 잡혀가기도 하였다.307) 충숙왕 때에는 그 왕비 복국장공주가 질투가 심하여 德妃 洪氏가 궁중 밖으로 축출되었는데 한 巫女가 덕비의 집에 드나들면서 妖言으로 총애를 받았다 한다.308) 공주를 저주하도록 권했을 가능성이 많다.

이처럼 무당들은 원 간섭기에 정쟁에 휘말리기도 하였고 상대방을 저주하는데 이용되기도 하였다. 그들의 저주가 큰 효과가 있다고 믿었기 때문이다. 神과 소통할 수 있었던 무당들이 저주의 능력과 기능을 수행할 수 있다고 믿었던 것이다.

---

306) 『高麗史』 권31 忠烈王世家 23년 7월.
307) 『高麗史』 권89 后妃傳 薊國大長公主.
308) 『高麗史』 권89 后妃傳 明德太后 洪氏.

(5) 醫療

때로 무당은 의료적 기능을 수행하기도 하였다. 왕이나 귀족들이 병이 들었으나 잘 낫지 않을 때 무당들의 주술적 의료 행위에 기대곤 하였다. 고려시대에도 무격들이 이러한 역할을 담당하기도 하였다. 송나라 사람이었던 徐兢도 고려에 와서 그러한 상황을 목격했다. 즉 그는 "백성들은 약을 쓰지 않고 다만 귀신을 섬기며 詛呪와 厭勝을 알 뿐"309)이라는 기록을 남겨 놓았던 것이다. 실제로 이러한 의료 행위를 한 기록도 보이고 있다. 다음 기록을 보자.

R-① 인종 24년 2월 丙辰 (왕이 병들자) 巫覡이 척준경의 빌미라 이르니 척준경을 문하시랑평장사로 추증하고 그 자손을 불러 벼슬을 주었다. 庚申에 巫의 말에 따라 內侍 봉열을 보내 김제군에 신축하고 있던 벽골제의 둑을 터뜨리게 하였다.(『高麗史』 권17 仁宗世家 24년)

② (충렬왕 8년 7월) 경신일에 散員 高世를 원나라로 보내 醫와 巫를 청하였다.……8월 초하루 병술일에 고세가 원나라에서 돌아와서 황제의 회답을 전하기를 "병은 무당이 치료할 수 없는 것이며 의원은 이전에 이미 보낸 鍊德新이 있을 터인데 하필 또 다른 의원을 보낼 필요가 있겠는가?"라고 하면서 다만 약품만을 보내 주었다.(『高麗史』 권29 忠烈王世家)

R-①의 기록을 보면 인종이 병이 들자 무격이 척준경의 저주 때문이라 하자 척준경에게 문하시랑평장사 벼슬을 주고 그 자손들에게도 관직을 하사하였다. 그래도 병이 낫지 않자 이번에는 김제 벽골제의 둑을 무너뜨

---

309)『高麗圖經』 권17 祠宇.

렸다. 가두어 두었던 물이 일순간에 흘러내려간 것처럼 인종 몸속의 피나 氣가 잘 흘러 병을 낫게 하고자 한 조치가 아닌가 생각한다. R-②는 충렬왕비 제국대장공주가 충렬왕 8년 6월 己酉일에 병에 걸리자[310] 사신을 보내 醫와 巫를 청한 것이다. 여기서의 '巫'는 단순한 巫가 아니고 특별히 의료 행위를 할 수 있는 巫를 뜻한다. 8월조의 기사에 "병은 무당이 치료할 수 없는 것[病非巫所能已]"이라 못박고 있기 때문이다. 이미 그 이전에 공주가 병이 들자 충렬왕은 공주의 병을 낫게 하기 위해 여러 조치를 취하였다. 먼저 왕의 처소를 절로 옮겼다. 왕륜사, 신효사로 행차하였던 것이다. 부처님께 공주의 병이 낫게 해달라고 빌기 위함이었다고 생각된다. 또 죄수들을 재심사하여 억울한 죄수들을 석방하였다.[311] 그래도 낫지 않자 원나라에 의원과 무당을 요청하였던 것이다. 사신인 고세가 돌아오기 전에 충렬왕은 法華 도량을 베풀어 공주의 쾌유를 빌었고 소를 도살하는 것을 금지하기도 하였다.[312] 이후 원나라에서 보내준 약 덕분인지 공주의 병은 나은 것 같다. 충렬왕과 공주가 吉祥寺나 福靈寺에 함께 행차하였고 馬堤山에서 같이 사냥한 기록이 있기 때문이다.[313] 이렇듯 고려에서는 일반 巫와 달리 의료 행위를 할 수 있는 巫가 따로 있었던 것 같다.

(6) 歌舞 및 音樂

무격들은 신과의 소통을 위해 엑스터시를 동원하였는데 엑스터시의 주요 내용이 歌舞였다. 따라서 그들은 보통 가무에 능한 자들이었다.

---

310)『高麗史』권29 忠烈王世家 8년 6월 己酉.
311)『高麗史』권29 忠烈王世家 8년 6월 己酉, 癸丑.
312)『高麗史』권29 忠烈王世家 8년 7월.
313)『高麗史』권29 忠烈王世家 8년 9월.

그 때문에 그들은 歌舞적인 측면에서 국가의 부름에 응해야 하기도
하였다. 다음 기록은 그 같은 처지를 말해 준다.

S-① 오잠의 첫 이름은 吳祁요 同福縣 사람이다. 그의 아비 吳璿은 벼슬이
　　 찬성사에 이르렀었다. 오잠은 충렬왕 때에 과거에 급제하여 여러
　　 관직을 거쳐 承旨까지 되었는데 왕이 소인의 무리와 친하며 음주와
　　 유흥을 즐기게 되니 오잠이 金元祥, 내료 石天補, 石天卿 등과 함께
　　 왕의 폐행이 되어 소리와 색으로 왕의 뜻을 맞추었다. 그리하여
　　 管絃坊 大樂에 才人이 부족하다 해서 각 도로 폐행들을 파견하여
　　 얼굴이 곱고 기예가 있는 기생을 뽑고 또 개경의 巫女 및 官婢 중
　　 가무에 능한 자를 뽑아 궁중에 두어 비단 옷을 입히고 말꼬리로
　　 만든 갓[馬尾笠]을 씌워 따로 男粧隊라는 한 패를 만들어 새로운
　　 노래를 가르쳤다.(『高麗史』권125 吳潛傳)
　 ② 맹인과 무당의 자식을 찾아내어 樂工을 시키는 것은 典儀寺에서
　　 전하의 명을 받아 행한 것입니다. 그런데 호적이 없이 남의 이름을
　　 쓰는 자들은 호적이 자기에게 불편하다고 원망하면서 이것이 제가
　　 한 짓이라고 합니다. 맹인과 무당들은 그 제의가 저에게서 나온
　　 것으로 간주하고 저를 저주하고 있습니다.(『高麗史』권119 鄭道傳傳)

　 S-①은 오잠이란 자가 충렬왕의 비위를 맞추기 위해 얼굴이 곱고
기예가 있는 기생이나 巫女 및 官婢 중 가무에 능한 자를 뽑아 男粧隊라는
노래패를 만들었다는 것이다. 충렬왕이 소리와 색을 좋아하는 것을
보고 남장대를 만들어 왕 앞에서 가무를 선보이게 했던 것이다. 무녀들
중에 가무에 능한 자들이 많았고 그들이 종종 그러한 역할을 수행하였기
에 가능한 일이었다.

S-②는 맹인과 무당의 자식을 樂工에 충당하라는 왕명이 있어 典儀寺에서 이를 시행하였음을 말하고 있다. 무격들이 엑스터시로 가무를 할 때 종종 꽹과리나 북 같은 악기를 동원하였기 때문이 아닌가 한다. 그런데 이들은 호적을 작성하여 전의시에 소속되어 자유로운 행동에 제동이 걸렸던 모양이다. 이는 이들 중 상당수가 호적 없이 여기 저기 떠돌아다녔음을 반증해주는 것이 아닌가 한다. 이처럼 무격들은 가무와 악공의 역할과 기능을 수행하기도 했던 것이다.

3장 지방과 토속신앙

Ⅰ. 남원과 지리산신사

1. 남원부의 성립과 토성

남원은 백제의 古龍郡이었으나 통일신라에 이르러 남원소경이 되었다. 그러다가 고려조에 이르러 남원부가 된 지역이다. 이에는 다음 기록이 참고된다.

A-① 남원소경은 본래 백제의 古龍郡인데 신라에서 이를 아울러 신문왕 5년에 처음으로 소경을 설치하였다. 경덕왕 16년에 남원소경을 설치하였으니 지금의 남원부다.(『三國史記』 권36 지리지3 전주 남원소경 조)

② 남원부는 본래 백제의 고룡군이었다. 後漢 建安 중에 帶方郡이 되었다가 曹魏時에 남대방군이 되었다. 신라가 백제를 병합한 후 唐 高宗이 조서를 내려 劉仁軌를 檢校帶方州刺史로 삼았다. 신문왕 4년에 소경을 설치하였는데 경덕왕 16년에 남원소경으로 고쳤다. 태조 23년에 고쳐 府로 삼았다.(『高麗史』 권57 지리지2 전라도 남원부조)

여기서 보는 바와 같이 얼핏 보면 남원이란 지명이 처음 생긴 것은 통일신라 경덕왕 때였던 것처럼 되어 있다. 그러나 남원소경은 이미 신문왕 5년에 설치되었다. 이때 여러 州郡의 민호를 옮기어 나누어 살게 함으로써 남원소경이 설치되었다.[1] 경덕왕대의 기록은 이를 漢式으로 고친 것에 불과하다. 이 지역이 한때 대방군이라 불렸는지에 대해서는 확언할 수 없다. 남원은 흥덕왕 사후의 왕위계승전에서 청해진의 장보고와 결탁한 김양의 군대를 맞아 싸우기도 했다.[2] 그러다가 고려조에 들어와 남원부가 되었다. 남원부가 된 것은 고려 태조 왕건이 후삼국을 통일한 지 4년째가 되는 태조 23년(940)이었다. 이 이전인 태조 19년 후백제 신검을 토벌하여 통일을 이룩하기 전까지는 후백제의 영역에 속해 있었다. 남원 실상사에 正開라는 후백제의 연호가 새겨진 것에서도[3] 알 수 있다.

이 지역은 왕건과 견훤이 쟁탈전을 벌이는 와중에서도 큰 피해 없이 온존할 수 있었다. 전선이 거창 - 합천 - 진주를 잇는 선에서 형성되었기 때문이다. 왕건이 후삼국을 통일한 후 이 지역에 남원부를 설치한 것은 이 지역이 예전에 소경이었기 때문이었다. 때문에 여기에 군대를 주둔시켜 인근 지역을 통제하고자 하였다.[4] 왕건은 이미 이 이전에 여러 개의 부를 설치한 적이 있다. 安東府·安北府·天安府 등이 그것이다. 이들은 다 군사적인 목적 하에 설치된 부들이었다. 따라서 남원부도 이들 부의 성격과 크게 다르지 않을 것이다. 그리고 인근의 9개 군현을 여기에

---

1) 『三國史記』 권8 신라본기 신문왕 5년 3월조.
2) 『三國史記』 권44 金陽傳.
3) 김포광, 「片雲塔과 후백제의 연호」 『불교』 49, 1928.
4) 그러나 윤경진은 남원부가 태조 23년 이전에 설치되었을 가능성이 있으며 군사적인 기능이 강한 도독부와는 다르다 하였다.(윤경진, 「고려 군현제의 구조와 운영」, 서울대학교 박사학위논문, 2000, 56~58쪽)

來屬시켰다. 9개의 속군·현 명칭은 임실군·순창군·장계현·적성현·거
령현·구고현·장수현·운봉현·구례현 등이었다. 그리하여 고려조에 들
어와서도 막강한 읍세를 자랑하게 되었던 것이다.

이와 더불어 土姓도 분정되었다. 이에 대해서는 다음 기록이 참고된다.

B-① 土姓은 11개인데 梁·鄭·晉(人吏姓이 되었다)·尹·楊·甄·皇甫·廉·裴·
柳·黃(百姓姓이다)이고 續姓이 3인데 李·林·宋(다 鄕吏이다)이었다.
(『世宗實錄地理志』 전라도 남원도호부조)
② 本府의 토성은 梁·鄭·晉·楊·甄·皇甫·李·尹·黃·廉·裴·柳이고 高·全
·林·安·池·李·宋·曹·崔는 모두 來姓이다.(『新增東國輿地勝覽』 권39
남원도호부 성씨조)

여기서 보는 바와 같이 B-①과 B-②의 기록이 약간의 차이를 보이고
있다. B-①은 토성과 속성을 구분하고 있고 토성을 다시 인리성과 백성성
으로 구분하고 있다. 반면 B-②는 토성과 來姓으로만 구분하고 있다.
또 B-①에는 속성으로 되어 있던 李가 B-②에서는 토성에도 포함되어
있다. 속성은 고려 이래의 『古籍』에는 없고 대신 『세종실록지리지』
편찬 당시 각 도의 성씨관계보고서인 '關'에 처음 기재된 것이다. 來姓은
타 지방에서 入來한 성씨로 고려초부터 있었던 성씨이다. 따라서 續姓은
래성보다 후기에 생긴 것으로 향리 자원의 보충에 의해 생긴 것이다.[5]

그렇다면 B-①에서는 속성이었던 것이 왜 B-②에서는 래성으로 표기
되어 있는가. 그것은 양 기록의 표기 방식의 차이에서 비롯된 것이다.
즉 『세종실록지리지』는 姓種의 구분을 명확히 하고 있는데 『신증동국여

---

5) 이수건, 『한국중세사회사연구』, 일조각, 1984, 97~107쪽.

지승람』은 래성과 속성을 같은 것으로 처리하고 있기 때문이다.6) 李가 토성으로 처리되고 李·林·宋 외에 高·全·安·池·曹·崔가 래성에 포함되어 있는 것도 이 때문이다. 사실 이들은 B-①의 續姓 이후에 추가된 것으로 래성이 아니라 속성이라 해야 맞다. 또 人吏姓과 百姓姓의 차이는 邑治와 그 주변의 차이에서 비롯되었다. 군현의 邑治를 지배하고 있던 족단은 인리성이 되었고 읍치 주위의 촌락을 지배하던 족단이 백성성이 되었다.7)

그런데 여기서 특이한 것은 남원의 토성 중에 甄씨가 있다는 것이다. 이는 견훤의 일족으로밖에 생각할 수 없다. 그렇다면 견씨가 어떤 연유로 이 지역의 토성이 되었는가. 사료상으로는 이 지역에서 견훤의 일족이 활약한 근거는 전혀 없다. 따라서 이는 일종의 사민조치로 생각한다. 왕건이 후백제를 접수한 후 전주에 있던 견훤의 일족을 여기에 사민시키고 향리로 삼은 것이 아닌가 한다. 신라가 가야를 멸망시키고 그 지배층을 중원경[충주]으로 사민시킨 조치와8) 일련의 맥이 통하는 것이다. 이들을 이용하여 남원에 대한 효율적인 통치를 이끌어내려 한 것이 아닌가 한다.

그러나 이들은 망국의 유족이었기에 고려조에 들어와 중앙에 올라와 벼슬을 하지는 못했다. 역시 고려전기부터 중앙에 진출하여 활약한 것은 남원 梁氏·남원 晉氏 등이었다. 현종조에 左僕射(정2품)까지 지낸 梁稹이나9) 예종조에 兵部侍郎을 지낸 梁惟竦 등이 남원 양씨였다.10)

---

6)「凡自他州來居 而本籍不可考者 只注來 或云續 或云屬 後倣此」(『신증동국여지승람』 권4 개성부 성씨조).

7) 이수건, 『한국중세사회사연구』, 일조각, 1984, 72쪽.

8)『三國史記』 권46 强首傳.

9)『高麗史』 권5 현종세가 18년 정월조.

10)「南原郡夫人梁氏墓誌」『韓國金石文追補』, 141쪽.

의종 말년에 무반으로 진출하였다가 평장사까지 오른 梁淑이나 고려말에 성장한 梁誠之의 선대도 남원 양씨였다.[11] 圖讖術에 능통하여 현종조에 호부상서와 좌·우복야를 역임한 晉含祚는 남원 진씨였다.[12] 이 남원 진씨는 이미 광종대부터 중앙에 출사하였다. 晉兢이 향공진사로 진출하여 光文院少監이 되었던 것이다.[13]

고려후기에 들어오면서는 남원 尹氏·남원 楊氏 등이 중앙으로 진출하였다. 명종조에 靈通寺 住持였던 智儞은 본래 남원 윤씨로 그 祖와 父가 모두 郡吏였으나[14] 중앙에 진출하여 고승이 되었다. 고려말에 과거에 급제하여 大提學까지 지낸 楊以時는[15] 바로 남원 양씨였다.

2. 지리산신사의 연혁

남원에는 지리산이 위치해 있다. 그러나 이 산은 남원에만 속해 있는 것이 아니었다. 그 주변에는 10여 州가 포진되어 있다. 그 북쪽으로는 咸陽이 있고 동남쪽으로는 晉州, 서쪽으로는 南原, 그 서남쪽으로는 求禮가 있다. 또 그 산 이름도 여러 가지로 표현되어 있다. 원래는 智異山이었으나 頭流山·地理山·方丈山 등으로도 불렸다.[16]

---

11) 李淑瑊 撰, 「南原 梁氏 族譜 序」『訥齋集』 권6 附錄.
12) 『高麗史』 권5 현종세가 9년 8월 壬辰, 11년 정월, 14년 정월 壬午조 및 21년 7월 戊寅조.
13) 「晉光仁墓誌銘」『韓國金石文追補』, 176~177쪽.
14) 「靈通寺住持智儞墓誌」『朝鮮金石總覽』, 417쪽.
15) 『世宗實錄』 권122 세종 30년 11월 辛卯조.
16) 『新增東國輿地勝覽』 권38 남원도호부 산천 智異山조. 한편 李能和는 지리산의 원래 명칭은 智利山이었다고 하였다. 이곳은 문수보살이 항상 머물러 설법하는 곳으로 大智文殊師利菩薩에서 '智'자와 '利'자를 따서 붙인 이름이라 하였다. 그런데 후인들이 앞 글자는 맞게 하였으나 뒷 글자는 음이 같은 '異'자를 붙여 智異山이 되었다는 것이다. 마찬가지로 어떤 이들은 뒷 글자는 맞게 하고 앞

지리산에 대한 신앙은 삼국시대부터 시작되었다고 할 수 있다. 그 후 통일신라에 이르러서도 지리산신에 대한 신앙은 계속되었다. 지리산신은 신라 오악 중 南岳으로 숭배되었다. 이는『三國史記』祭祀志를 통해 알 수 있다. 즉 동악인 토함산, 서악인 계룡산, 북악인 태백산, 중악인 父岳(팔공산)과 함께 中祀에 편입되어 숭배되었던 것이다.[17] 그런데 문제는 그 소재지가 菁州라고 되어 있다. 菁州는 신문왕 5년의 지명으로 경덕왕대에 康州라 개명된 지역이다.[18] 이 지역은 고려 태조대에 다시 康州가 되었다가 고려 현종 9년 晉州牧이 되어 현재에 이르고 있다. 지리산은 넓은 지역에 걸쳐 있었다. 현재도 전북과 전남, 그리고 경남의 경계를 이루고 있지만 통일신라기에도 전주·무주·강주의 경계에 걸쳐 있었다. 그러나 신라는 경주 중심으로 지리를 파악했기 때문에 지리산의 동쪽인 河東郡·居昌郡·闕城郡[현 산청군]이 강주 즉 菁州에 속해 있었으므로 청주[강주]에 있다고 기록하였다. 옛 백제 지역인 전주나 무주 소속으로 파악하지 않았던 것이다.

또 실제로 통일신라 시에는 남악신사가 현재의 산청군에 해당하는 천왕봉에 있었다. 다음 기록이 그것을 말해 준다.

> C. 聖母祠는 지리산 天王峰 정상에 있고 이곳에는 聖母像이 있는데 이마에 칼 흔적이 있다. 속설에는 "왜구가 우리 태조[이성계]에게 격파당해서 궁하게 되자 천왕이 돕지 않은 탓이라 하여 분함을 이기지 못하고 칼로 찍고 돌아갔다."는 기록이 있다.(『新增東國輿地勝覽』

글자를 음이 같은 '地'자로 하여 地利山이라 부르기도 했다고 하였다.(「露王玉后石塔載到」『朝鮮佛敎通史(下)』, 新文館, 1918, 67~68쪽)
17)『三國史記』권32 雜志 祭祀조.
18)『三國史記』권34 雜志3 地理1 康州조.

권30 진주목 祠廟조)

물론 이는 조선시대의 기록이지만 지리산 천왕봉에 성모사가 있었고 이 안에 성모상이 모셔져 있었음을 알 수 있다. 그러나 이는 조선시대에 새로 세운 것이 아니라 신라시대부터 있었다고 생각된다. 그런데 이 신사가 궐성군[산청군]에 있었고 궐성군은 菁州 소속이었으므로 지리산이 청주[현재의 진주]에 있었다고 기록한 것이다.

그러다가 고려 왕조가 성립되면서 남악신사가 현 老姑壇 쪽으로 옮겨지게 되었다. 다음 기록이 이를 말해준다.

> D. 지리산의 주신은 仙桃聖母이며 또한 老姑壇이라 불린다. 우리 태조[왕건]가 늘 이곳에서 기도하여 지라산신의 감응을 받았으므로 남악사를 남원소의방[지금의 구례]에 옮겨 세웠다. 길상봉[노고단]은 또한 문수봉이라고도 불리는데 지리산 3봉 중 祖峯인 까닭에 남악사를 이곳에 세운 것이다. 지금도 그 遺基가 있다(조용호, 『동방』, 성산문화사, 1989, 20~21쪽에서 재인용)

여기서 보는 바와 같이 지리산신의 실체는 선도성모인데 이에 대한 신사를 천왕봉에서 노고단 근처로 옮겨왔음을 알 수 있다. 노고단은 현재는 구례군 산동면에 속해 있으나 산동면이 예전에는 山東部曲으로 남원의 영역에 속해 있었다.[19] 따라서 『고려사』에 지리산은 남원에 있다고 기록되어 있는 것이다.[20] 후대의 기록에도 智異山神祠가 남원에 있다고 기록되어 있다.[21] 그러나 여기서 모신 지리산신의 실체는 천왕봉

---

19) 『新增東國輿地勝覽』 권39 전라도 남원도호부 古跡조.
20) 『高麗史』 권57 지리지2 전라도 남원부조.

에 있었던 神像이었던 것 같다. 고려 명종 17년(1187) 智異山神像의 머리를 잃어버리자 왕이 中使를 파견하여 수개월 동안 찾아 얻었다는 기록이[22] 있기 때문이다. 신종 5년(1202) 경주와 雲門山에서 일어난 利備·孝佐의 난 때 제사한 智異山大王[23]의 실체도 이 신상으로 생각된다.

그런데 신사가 이쪽으로 옮겨오는 데는 도선이란 스님의 역할이 컸던 것 같다. 다음 기록이 그것을 말해준다.

E. 자고로 천명 받은 임금은
　　어느 누가 범상할까
　　우리 대왕 가계 보면
　　더더욱 기이하다
　　당 숙종 潛龍 시절
　　동국 산천 유람할 새
　　八眞仙 순례하고
　　송악 산록에 묵었더라

　　성골장군 손자 집에 아리따운 딸 있더니
　　서로 맺어 景康[作帝建] 낳다
　　활 잘 쏘기 으뜸인데
　　天子인 아버지를 뵈옵고자
　　상선에 몸을 싣고
　　바다 가운데 이를 즈음

21) 『新增東國輿地勝覽』 권39 전라도 남원도호부 祠廟조.
22) 『高麗史』 권55 五行志3 土조.
23) 『東國李相國集』 권38 智異山大王前願文.

배가 돌아 머물도다
상인들 놀라고서
점괘 얻어 의론하여
외바위에 그를 두니
배 빠르기 날랜 매라

용왕님 나타나서
그 까닭 얘기하길
고약한 늙은 여우
때때로 여기 와서
부처차림 거짓 부려
고운 소리로 경 읽으면
내 머리가 아파오는
이 근심 걱정이니
원컨대 神弓이 쏘아
이 화를 없애주소

한 말이 과연 그러하니
한 화살로 이를 잡다.
용왕님이 치사하고
水宮으로 그를 맞아
장녀 주어 사위 삼다
금빛 돼지 청했더니 칠보를 붙여주다

서강에 실어주니

송악에 還居하다

어언 간에 聖子[龍建] 낳고

성스럽고 지혜있는 성모[聖智聖母 : 智異山의 天王]가 도선을 시켜

명당이라 일러주어

帝王의 땅 분명하니

이로써 王姓 삼다.

(『帝王韻紀 下』本朝君王世系年代 先代紀)

이 기록은 왕건의 선대인 호경에서부터 왕건이 태어날 때까지의
상황을 이승휴가 노래로 읊은 것이다. 여기서 이승휴는 '성스럽고 지혜
있는 성모[聖智聖母]'가 도선을 시켜 왕건의 할아버지인 작제건에게
명당자리를 잡아주었다고 하고 있다. 그런데 이 聖智聖母가 지리산의
天王 즉 산신이라는 주석을 달아놓고 있다. 이로써 보건대 왕건은 자신의
아버지에게 집터를 보아준 도선이 숭배하던 지리산 성모를 배향하기
위해 천왕봉의 성모사, 즉 지리산신사를 남원 쪽에 옮겨놓은 것이 아닌가
한다. 꼭 도선의 말에 따른 것이 아니라 할지라도 풍수지리에 의해
옮긴 것이라 하겠다. 그러나 천왕봉에 있는 성모상까지 옮기지는 못하였
던 것 같다.

그러다가 조선초기에 이르러 노고단의 신사는 더 낮은 곳으로 옮겨졌
다. 즉 그 연대는 1457년(세조 3)이었다.[24] 그 이유에 대해서는 새롭게
건국된 조선의 지배이념 및 국가통제력과 관련하여 기존의 성모사와는
다른 계통으로 남악사를 세워 성모사의 의식기반을 대체시키려 한
것이 아닌가 하는 견해가 있다.[25] 그러나 이는 당시 사대부들의 건의에

---

24) 『求禮邑誌』.

25) 이해준, 「구례 南岳祠의 유래와 변천」『남악사지지표조사보고』, 목포대학교박물

따른 것이었다. 다음 기록은 이 같은 주장을 뒷받침해준다.

F. 이직·변계량·허조·신상 등이 말하기를 "각처의 성황 및 산신이 혹은 대왕·태후·태자·태손 등을 칭하고 있어 무리함이 심하니 이는 진실로 妖神입니다. 예전에는 산 아래에 壇을 설하여 제사하였는데 지금에 감악산 같은 데는 산 위에 廟를 세워 그 산을 밟고 그 神을 제사하니 불경스럽기 짝이 없습니다. 또 古禮에 國君만이 경내의 山川에 제사할 수 있었는데 지금은 서인도 다 제사할 수 있어 명분이 엄격하지 못합니다. 그런 즉 산 아래에 壇을 설치하고 神板에는 다만 某山의 神이라고만 쓰고 오로지 國祭로만 행하여 민간의 淫祀는 금하여서 인심을 바로잡으십시오." 하였다.(『世宗實錄』 권23 6年 2月 丁巳條)

여기서 보는 바와 같이 고려말 조선초에 사대부들이 산신이나 성황신에의 제사를 비판하면서 신단을 산 아래에 설치해야 한다고 건의하고 있다. 물론 이는 세종대의 기록이지만 세조대의 사대부들 주장도 동일했을 것이다. 당시 도참서의 색출과 같은 조치가 이러한 분위기를 잘 말해주고 있다. 즉 세조 3년 조정에서는 도참서의 색출과 감춘 자에 대한 엄벌을 명하고 있는데 이 중 『智異聖母河沙良訓』이라는 책도 보이는 것이[26] 이를 말해준다.

한편 국가적인 신사는 노고단 정상 근처에 있었지만 신상은 천왕봉에 그대로 있었다. 고려 고종 때 벼슬한 權敬中은 당시 지리산 신상의 머리가 없어진 것을 들어 민심이 이반하였으니 임금이 반성해야 할 것이라 하고 있다.[27] 또 앞서 든 이성계 및 왜구와 관련된 성모상 이야기도

관, 1992, 19쪽.
26) 『世祖實錄』 3년 3년 5월 戊子條.

이를 뒷받침해 준다.

그러다가 조선조에 이르러 여기에도 다시 신사가 지어졌다. 다음 기록이 이를 증명한다.

G. 오후에 천왕봉에 이르니 구름과 안개가 자욱하여 산천이 다 어둡고 중봉도 역시 보이지 않는다. 解空과 法宗 두 스님이 먼저 성모의 사당에 나아가 조그만 부처를 받들어 날이 개이게 해달라고 놀리기로 나는 처음에 희롱으로 여기고 물으니 '속설에 이렇게 하면 하늘이 갠다.'고 한다. 나는 관대를 갖추고 돌길을 더듬어 사당에 들어가 술과 과일로써 聖母에게 고하였다.……제사를 마치고 함께 신위 앞에 앉아서 술 두어 순배를 나누고 파하였다. 祠堂은 단지 3칸으로 嚴川里 사람이 고쳐 지은 것인데 역시 판잣집에 못질을 심히 견고히 하였다. 이렇게 아니하면 바람에 넘어지기 때문이다.(『續東文選』 권 21 頭流記行錄)

위의 기록은 조선초기에 김종직이 頭流山[지리산의 異稱]에 올랐을 때의 경험을 기록한 글이다. 여기서 김종직은 천왕봉의 신사가 엄천리 사람이 고쳐 지은 것이라 하고 있다. 이는 고려조에 국가의 공식적인 神祠가 노고단 밑의 남원 쪽으로 옮겨감으로써 퇴락했던 것을 왕조가 바뀐 뒤에 민간신앙 차원에서 다시 지은 것을 말해주는 것이다. 이로써 조선조에는 국가에서 제사하는 신사는 남원에 있었지만 민간 차원의 신사와 신상은 천왕봉에도 있게 되었던 것이다.

---

27)『高麗史』 권101 權敬中傳.

3. 지리산신 신격의 변화

본래 지리산 천왕봉에는 산신사가 있었고 그 신상이 모셔져 있었음을 살펴보았다. 그런데 그 신상이 聖母像이라 하였다. 그렇다면 성모는 누구인가. 후대 사람들은 이가 곧 선도산의 성모라고 단정 짓고 있다.

> H. 지리산신을 마야부인이라고 한다. 천왕봉에 성모의 사당이 있었는데 부인의 상과 그림이 있었다. 어느 시대에 세워져 언제 폐지된 것인지는 알 수 없다. 東人(고려의 김부식)이 중국에 사신으로 갔을 때 중국인이 한 오래된 그림의 여신상을 보여주면서 말하기를 "이것이 조선의 지리산신이다." 하였다. 지금도 성모천왕의 옛 비석이 남아 있다.(『求禮續誌』 名勝古蹟조)

즉 여기서는 지리산신이 마야부인이라 하면서 김부식이 송에 갔을 때 송나라 사람이 보여준 여신상이 그것이라 말하고 있다. 그런데 김부식이 보았던 여신상은 선도산의 성모였다. 그것은 송의 館伴學士 王黼가 그 여신은 선도산에 있다고 말했다는 기록이 있기 때문이다.[28] 앞의 기록 D에서도 지리산의 주신이 성모라 하고 있다.

선도산의 성모는 신라시대 숭배하던 선도산의 여산신이었다. 다음 기록을 보자.

> I. (仙桃山) 神母는 본래 중국 帝室의 딸이었는데 이름을 婆蘇라 하였다. 일찍이 神仙의 術을 배워 海東에 돌아와 머무르고 오랫동안 돌아가지

---

28) 『三國遺事』 권5 感通7 仙桃聖母隨喜佛事조.

않았다. 그러자 父皇이 편지를 소리개 다리에 묶어 보냈는데 거기에
이르기를 "소리개를 따라가 머무는 곳에 집을 지으라." 하였다. 蘇가
글을 보고 소리개를 날리니 이 산에 이르러 멈추자 드디어 와서
집을 짓고 地仙이 되었던 고로 산 이름을 西鳶山이라 했다.(『三國遺事』
권5 感通7 仙桃聖母隨喜佛事)

  그러나 이는 후대에 견강부회한 것에 불과하다. '聖母'라는 글자만
같을 뿐이지 그것이 선도산의 성모라는 근거는 없기 때문이다. 앞의
기록 E에서 보는 것처럼 이승휴의 『제왕운기』에 나오는 성모도 지리산
신이라 했지만 선도산의 성모라 하지는 않았던 것이다.
  한편 이 지리산의 성모는 조선초기까지만 해도 석가의 어머니 마야부
인이라고 알려져 왔다. 성종 때에 김종직이 지리산에 올라 聖母祠에
가서 날이 개이기를 빈 적이 있었다. 이때의 기록을 보자.

J. 이른바 성모는 石像인데 눈과 머리에 모두 紛을 발랐다. 그 이마에
    이지러진 금이 있기로 물었다. 그랬더니 말하기를 "태조대왕(이성계)
    이 引月에서 승전하시던 해에 왜놈이 이 봉우리에 올라와 칼로 쳐버리
    고 갔는데 뒷사람이 다시 풀로 붙여 놓았다." 하였다. 동편의 오목한
    돌무더기에 해공 등이 희롱하던 부처가 있어 이를 國師라 일컬었는데
    俗說에는 성모의 陰部라 전한다. 또 묻기를 "성모는 세상에서 어떤
    신이라 이르느냐?"하니 대답하기를 "석가의 어머니 마야부인입니
    다." 하였다. 아. 이럴 수 있느냐. 西天竺이 東震과 더불어 천백 세계가
    가로막혔는데 迦維國 부인이 어떻게 이 땅의 신이 되었겠는가. 나는
    일찍이 이승휴의 『제왕운기』를 읽어보니 성모가 道詵 國師에게 명하
    는 註에 이르기를 "지금의 智異天王은 고려태조의 어머니 위숙왕후를

190

가리킨 것이다. 고려 사람이 선도성모의 이야기를 익히 들었기로 그 임금의 계통을 신성화하기 위하여 이 이야기를 만들어냈다." 하였다.(『續東文選』 권21 頭流記行錄)

여기서 보는 바와 같이 김종직이 동행했던 승려들에게 지리산신의 실체를 물으니 그것이 마야부인이라고 답했다 한다. 그러나 이는 승려들이 임의적으로 말한 것이라 생각한다. 즉 고려가 멸망한 입장에서 고려 태조 왕건의 어머니라는 말은 할 수 없고 또 본인들이 불교 승려였으므로 석가의 어머니 마야부인이라 답한 것이다. 아마도 고려말 불교가 범람하면서 지리산성모도 마야부인이라는 설이 등장하였고 조선왕조에 와서 서서히 굳어진 것이 아닌가 한다. 그리하여 김종직은 이승휴의 말을 빌어 이는 바로 위숙왕후일 것이라는 설에 더 무게를 두고 있다. 정조 때의 학자인 이규경도 이승휴가 『제왕운기』에서 말한 聖母는 지리산천왕이며 이는 곧 태조의 어머니 위숙왕후라 했다는 말을 전하고 있다.[29]

김종직의 제자 金馹孫도 마야부인 설은 잘못된 것이고 성모는 고려 태조의 어머니 위숙왕후라는 말을 하고 있다. 김일손은 「續頭流錄」에서 다음과 같이 말하고 있는 것이다.

K. 주민들이 성모상을 마야부인이라고 하나 이는 잘못된 말이다. 김종직은 우리 동방의 박학다식한 선비인데 이승휴의 『제왕운기』를 고증하여 산신을 고려 태조의 어머니 위숙왕후라 하였으니 믿을만한 글이다. 이는 태조가 삼한을 통일하여 백성들로 하여금 분쟁의 고통을 면케 하였으니 큰 산에 사당을 세워 백성들에게 제향을 받는 것도 당연하다.

---

29) 李圭景,「智異山辨證說」『五洲衍文長箋散稿 下』.

(『續東文選』 권21 續頭流錄)

일리 있는 얘기다. 즉 고려 태조가 후삼국을 통일하였기에 그 어머니가 산신으로 추봉된 것은 있을 수 있는 일이라 하고 있는 것이다. 그 근거는 미약하지만 당시 이런 이야기가 있었기에 한 말일 것이다. 김종직이 아무런 근거 없이 한 말은 아닐 것이다. 생각건대 왕건의 선조인 보육이 지리산에 들어가 수도한 것과 관련이 있는 것이라 여겨진다.

보육에 대한 다음 기록을 보자.

L. 집에 千金을 축적하고 두 아들을 낳아 막내아들을 損乎述이라 하였다가 개명하여 寶育이라 하였다. 보육은 성품이 자애롭고 지혜가 많았다. 출가하여 地異山에 들어가 도를 닦았다. 후에 평나산의 北岬(북쪽 산허리)에 돌아와 살다가 또 마가갑으로 옮겼다. 일찍이 鵠嶺에 올라가 남쪽을 향하여 소변을 보았더니 삼한 산천에 오줌이 넘쳐흘러 문득 은빛 바다가 되는 꿈을 꾸었다. 이튿날 그의 형 伊帝建에게 꿈 이야기를 하였다. 그랬더니 이제건이 말하였다. "그대는 반드시 큰 인물을 낳을 것이다." 하고는 자신의 딸 德周를 아내로 삼게 하였다. 그러자 보육은 居士가 되어 마가갑에 나무로 암자를 짓고 살았다. 신라의 術士가 이를 보고 말하였다. "이곳에서 살면 반드시 大唐의 天子가 와서 사위가 될 것이다." 하였다.(『高麗史』 高麗世系)

그러나 보육을 산신으로 추봉할 수는 없었다. 그 산신이 여성이었기 때문이다.[30] 따라서 이를 위숙왕후로 대체한 것 같다.

---

30) 원래 통일신라 이전의 산신에 대한 신격은 여성이었다. 즉 선도산의 聖母도 여성이었으며 雲梯山神도 雲帝부인이었다. 또 신라의 삼산인 奈歷(林)·穴禮·骨火

위숙왕후는 왕건의 어머니로 사실 어디서 왔는지 알 수 없는 사람이었다. 단지 왕건의 아버지 용건이 꿈에서 본 사람이었다. 그리하여 이름을 '夢夫人'이라 했다. 물론 후에는 성을 칭하여 '韓氏夫人'이라 했다. 다음 기록을 보자.

M. 원창왕후는 네 아들을 낳았는데 맏아들을 龍建이라 하였다. 용건은 후에 隆이라 이름을 고쳤고 자는 文明이라 하였다. 이가 곧 世祖였다. 세조는 체격이 크고 아름다운 수염을 가졌으며 도량이 넓어서 삼한을 통일하려는 뜻을 가졌었다. 그는 일찍이 꿈을 꾸었는데 한 미인이 와서 아내가 되기를 약속하였다. 후에 송악산에서 영안성으로 가는 길에 한 여자를 만났는데 모양이 꿈에 보던 여자와 꼭 같았으므로 드디어 그와 혼인하였다. 그 여자가 어디서 왔는지 알 수 없었기 때문에 세상 사람들은 그를 夢夫人이라고 불렀다. 혹은 말하기를 그는 삼한의 어머니가 되었기에 성을 韓氏로 택했다고 한다. 이가 곧 威肅王后였다.(『高麗史』 高麗世系)

여기서 보는 바대로 위숙왕후는 어디 출신인지 알 수 없는 인물이었다. 그런데 오히려 그것이 사람들에게는 신비감을 더하였고 그가 지리산의 성모라고 할 수 있는 여지를 마련해 준 것이었다. 고려 왕조를 창건한 왕건이 이러한 성모의 아들이라 하는 것은 國祖에 대한 신앙과 숭배의 차원이었다. 고구려에서는 그 국조인 고주몽과 그의 어머니 河伯女를 모신 사당이 있었다.[31] 고구려의 계승자를 자처한 고려에서도 河伯女를

의 신도 여성이었다.(金甲童, 「高麗時代의 山嶽信仰」 『韓國宗敎思想의 再照明』, 圓光大學校出版局, 1993, 50쪽)

31) 『北史』 高句麗傳.

모신 東神堂(廟)이 있었던 것도[32] 이와 같은 맥락이다.

왕건의 선대인 虎景도 산신으로 추봉되어 신사가 세워진 바 있다. 이에는 다음 기록이 참고된다.

N. 예전에 虎景이란 사람이 있었는데 스스로를 聖骨將軍이라 하였다. 白頭山으로부터 遊歷하여 扶蘇山 좌측 골짜기에 이르러 장가를 들어 살림하고 있었다. 집은 부자였으나 자식이 없었다. 활쏘기를 잘하여 사냥을 일삼아 왔는데 하루는 같은 마을에 사는 사람 아홉 명과 함께 平那山에 매사냥을 하러 갔다. 마침내 날이 저물자 바위굴에서 밤을 세우고자 하였다. 그런데 갑자기 호랑이가 뛰쳐나와 바위굴 어구에서 크게 부르짖는 것이었다. 10인은 서로 의론하여 말하였다. "호랑이가 우리들을 잡아먹으려 하고 있소. 그러니 시험삼아 모자를 던져 잡힌 자가 나가기로 합시다." 드디어 모두 관을 던졌다. 그런데 호랑이가 호경의 관을 잡았다. 호경은 할 수 없이 굴 밖으로 나와 호랑이와 대적하고자 하였다. 그러나 호랑이는 보이지 않고 갑자기 바위굴이 무너져 남아 있던 아홉 명은 모두 밖으로 나오지 못하고 죽었다. 호경은 돌아와 平那郡에 알리고 와서 9인을 장사지냈다. 먼저 山神에게 제사지내는데 산신이 나타나서 말하였다. "나는 과부로서 이 산을 맡아보고 있는데 다행히 성골장군을 만났습니다. 같이 부부가 되어 神政을 다스리고자 합니다. 청컨대 이 산의 대왕이 되어 주십시오." 말을 마치자 산신은 호경과 함께 숨어버리고 보이지 않았다. 평나군의 사람들이 호경을 봉하여 대왕이라 하고 祠堂을 세워 그를 제사지냈다. 또 9인이 함께 죽었으므로 산 이름을 고쳐 九龍山이

32) 서영대, 「민속종교」 『한국사』 16, 1994, 350쪽.

라 하였다.(『高麗史』高麗世系)

이는 고려말부터 시작하여 조선 문종 때에 완성된 『高麗史』의 맨 첫머리에 나오는 내용이다. 고려 태조 왕건의 선조들에 대해 적어 놓은 高麗世系라는 항목에 기록되어 있는 내용인 것이다.

『고려사』 고려세계에는 고려 태조 왕건의 6대조에 해당하는 호경으로부터 그의 아버지인 龍建에 이르기까지의 이야기가 나와 있다. 우선 이해의 편의를 도모하기 위해 「고려세계」를 근거로 왕건의 선대들에 대한 표를 만들어보면 다음과 같다.

〈표 4〉 왕건의 선대

```
호경 ─────────────── 강충 ┬── 이제건 ─── 덕주
부소산 좌곡의 여자        구치의 └── 손호술(보육) ┬── 진의
                                               └── 당 숙종(선종)

 ── 작제건 ┬── 용건 ─── 왕건
     용녀      └ 몽부인(한씨부인)
```

여기서 보는 바와 같이 호경은 왕건의 6대조에 해당하는 인물이다. 그런데 그가 평나산의 여산신과 혼인하여 부부 산신이 되었음을 전하고 있다. 평나군 사람들은 이들에 대한 사당을 짓고 숭배하였다는 것이다. 이 사당은 虎景祠라 불렸다. 고려말의 유학자인 牧隱 李穡이 평나산에 올라 虎景祠에 분향하면서 당시 국정의 어려움과 왜구의 침입을 걱정하고 있는 시가 남아있는 것이다.[33]

이 같은 행위는 삼국시대 때부터 내려온 전통이기도 하다. 고구려에서는 大武神王 3년(A.D. 20) 국조인 東明王廟를 세워 역대 왕들이 수시로 제사를 지냈다. 백제에서도 처음 국가의 시조 격에 해당하는 동명왕묘를 세워 제사하다가 나중에는 시조묘를 仇台廟로 바꾸어 숭배하였다. 신라에서도 南解王 3년(A.D. 6) 시조인 朴赫居世廟를 세워 제사하였다. 이렇듯 왕실은 국가의 시조에 대한 제사를 통해 국가의 안녕과 질서를 기원하였다.[34]

이렇듯 고려시대에 와서 國祖信仰의 일환으로 지리산신이 위숙왕후라는 설이 나오게 된 것이다. 그러다가 앞서 본대로 고려말에 이르러 마야부인설이 등장하였다. 조선후기 이후 무격 신앙이 유행하면서는 지리산성모가 팔도무당의 시조라는 설도 나오게 되었다. 즉 지리산 嚴川寺에 은거하던 法祐和尙이 지리산의 성모와 부부가 되어 8명의 딸을 낳고 그들에게 巫業을 가르쳤다는 것이다.[35] 이처럼 지리산의 신격은 시대적 상황에 따라 변모하였다.

4. 지리산신사의 성립과 기능

(1) 지리산신사 성립의 역사적 배경

그렇다면 고려시대에 노고단에 신사가 옮겨진 것은 언제일까. 왜 옮겨졌을까. 그리고 지리산 성모가 위숙왕후라는 설이 나오게 된 것은 언제일까. 왜 이런 설이 나오게 된 것일까.

노고단에 신사가 옮겨진 것은 고려 태조 말년 경이 아닐까 한다.

---

33) 『新增東國輿地勝覽』 황해도 牛峰縣 山川조.
34) 최광식, 『고대 한국의 국가와 제사』, 한길사, 1994, 164~194쪽.
35) 이능화, 『조선불교통사(하)』.

태조 왕건은 일찍부터 불교는 물론이고 토속신앙인 天神 신앙과 산신 신앙을 깊이 믿었다. 그것은 태조 4년(921) 충남 천안 지역의 愁歇院에 머물렀는데 동쪽의 어느 산위에 오색구름이 걸쳐있는 것을 보고 거기에 성스러운 산신이 거주하고 있는 것으로 생각하여 그 산 이름을 聖居山이라 했다는 데서 알 수 있다.[36] 또 후백제의 신검을 토벌하고 난 후 하늘이 보호해준 산이라 하여 黃山郡에 있는 산 이름을 天護山이라한 것도[37] 이러한 맥락에서 이해할 수 있다. 실제 태조는 죽기 직전에 남긴 훈요 10조 중 제5조에도 그 같은 마음을 표현한 바 있다. 즉 "짐은 삼한 山川의 陰佑에 힘입어 大業을 성취하였다."[38]라고 하고 있는 것이다.

또 八關會를 크게 장려하고 있는 데서도 알 수 있다. 즉 그는 즉위하자마자 원년 11월 팔관회를 설하고 常例로 삼게 하였다. 해마다 이를 거행했다는 뜻이다. 태조는 이때 威鳳樓에 행차하여 이를 관람하였으며 그 명칭을 '부처를 공양하고 귀신을 즐겁게 하는 모임(供佛樂神之會)'이라 하였다.[39] 팔관회는 八關齋·八戒齋라고도 불렀는데 그 날만이라도 불교의 八戒를 지켜야 한다는 의미로 제정되었다.[40] 그러나 고려에서는 팔관회가 토속신앙과 깊이 융합되었다. 태조 왕건도 이를 분명히 하였다. 다음 기록을 보자.

O. 짐이 지극히 원하는 바는 연등과 팔관에 있다. 燃燈會는 부처(佛)를 섬기는 바이지만 팔관회는 天靈 및 五嶽·名山·大川·龍神을 섬기는 바이다. 후세에 姦臣이 加減을 건의하는 자가 있거든 꼭 그것을 금지하

---

36) 『新增東國輿地勝覽』 권16 충청도 직산현 山川조.
37) 『新增東國輿地勝覽』 권18 충청도 연산현 佛宇 開泰寺조.
38) 『高麗史』 권2 태조세가 26년 4월조.
39) 『高麗史』 권1 태조세가 원년 11월 및 『高麗史節要』 권1 태조 원년 11월조.
40) 안지원, 「고려시대 국가 불교의례 연구」, 서울대 박사학위논문, 1999, 115~124쪽.

라. 나도 당초부터 마음에 맹서하여 국가의 忌日을 범하지 않고 君臣이 같이 즐겼다. 마땅히 삼가 이에 의하여 행하라.(『高麗史』권2 太祖世家 26年 4月조)

이는 태조의 훈요 10조 중 제6조의 내용이다. 여기서 보면 연등회와 팔관회가 같은 불교행사지만 그 성격이 달랐음을 알 수 있다. 연등회는 순수 불교행사였지만 팔관회는 불교보다도 토속신앙을 더 중시하는 행사였던 것이다.

그런데 여기서 주목할 것은 오악에 대한 제사가 이때 행해졌다는 것이다. 그렇다면 오악은 어디를 말하는 것인가. 이는 신라의 오악을 말하는 것이라 생각한다. 태조 왕건은 일찍부터 신라의 제도와 문물을 존중해 주었다. 즉위하자마자 궁예가 바꾸었던 官階와 郡邑의 명칭을 다시 신라의 제도로 환원하고 있는 데서[41] 알 수 있다. 태조 18년(935) 신라의 경순왕 김부가 귀순해 오자 그를 政丞으로 삼고 그 시종자들에게 도 토지와 녹봉을 주기도 했다.[42] 따라서 신라에서 중시하던 오악을 그대로 제사했다고 할 수 있다. 그것이 공식적으로 국가의 祀典에 편입되어 제사된 것은 태조 23년(940)이 아닌가 한다.

태조 23년은 후삼국을 통일한 지 4년째 되는 해로 이 해에는 여러 제도와 문물이 정비되었다. 삼한공신이 책봉되고 역분전이 제정되었는 가 하면 주·부·군·현의 이름도 고쳤다.[43] 남원부도 이때 탄생하였다. 따라서 이때 오악에 대한 공식적인 인정조치가 이루어진 것이 아닌가 한다. 남원부로의 개편과 아울러 노고단에 새로운 신사가 조성되었다는

---

41) 『高麗史』권1 태조세가 원년 6월 乙丑조.
42) 『高麗史』권2 태조세가 18년 12월조.
43) 『高麗史』권2 태조세가 23년조.

것이다. 후백제의 핵심지역 중 하나였던 이 지역에 智異山神祠를 건치함으로써 산신의 힘을 빌려 이 지역을 통치하고자 했던 것이다. 고려를 지키는 산신이 항상 굽어보고 있다는 정신적 압력을 가해 다른 마음을 품지 못하게 한 것이다. 후백제의 왕이었던 견훤이 죽은 절을 다시 중창하여 개태사를 설립하고 무사와 같은 石佛을 만든 것과[44] 유사한 조치라는 것이다.

한편 이 지역의 토성집단들도 이미 후백제가 멸망한 이상 중앙정부에 적극적으로 협조했을 것이다. 새로운 정부에 입신출세하기 위해서는 중앙의 조치에 적극 협조해야 했기 때문이다. 이러한 협조 덕분에 후일 남원의 양씨·진씨들이 중앙으로 진출할 수 있었지 않나 한다. 전라도 나주에서 오씨가 惠宗祠를 설립하고 정씨가 금성산신사를 건립하여 중앙 진출을 꾀한 것과[45] 맥을 같이 한다 하겠다.

그러나 이때 지리산성모를 위숙왕후로 추존하지는 않았을 것이다. 왕건이 아직 살아있는데 그 생모를 추존하는 것은 무리이기 때문이다. 아마도 위숙왕후설이 나온 것은 광종대 무렵이 아닌가 한다. 다 아는 바와 같이 광종은 중앙의 대호족들을 억압하고 지방의 중소호족을 포섭하여 왕권을 강화하려 했기 때문이다. 광종 9년 과거제도를 설치하여 지방의 새로운 인재들을 뽑아 쓰려 했다.[46] 또 각 州郡에서 풍채 있는 자를 뽑아 시위군에 충당하기도 했다.[47] 그동안 소외되었던 후백제 지역 사람들도 등용하기 시작했다. 전주 출신의 柳邦憲이 그 대표적인 예다. 그는 광종조에 鄕貢進士로 과거에 급제하여 성종 때에 禮部侍郎을

---

44) 김갑동, 「후백제의 멸망과 견훤」『한국사학보』 12, 2002, 83~87쪽.
45) 김갑동, 「고려시대 나주의 지방세력과 그 동향」『한국중세사연구』 11, 2001, 14~23쪽.
46) 『高麗史』 권2 광종세가 9년 5월조.
47) 『高麗史』 권93 崔承老傳.

거쳐 목종조에는 門下侍郎平章事(정2품)에까지 올랐다.[48] 그가 후백제의 견훤의 근거지였던 전주인이었음에도 불구하고 과거에 합격시켰던 것이다. 이러한 시대적 분위기 속에서 남원의 토성들은 광종의 아버지이며 고려의 창시자인 왕건의 어머니를 지리산성모라 선전하여 중앙으로의 진출을 꾀한 것이 아닌가 한다. 실제 이 무렵 晉兢이 鄕貢進士에 뽑혀 光文院少監이 되었다는 기록이 있다.[49] 이것이 기반이 되어 그 후손인 晉含祚는 목종 12년(1009) 大卜을 시작으로 관직에 진출하여 현종 9년(1018)에는 戶部尙書, 현종 11년(1020)에 우복야, 현종 14년(1023) 상서좌복야, 현종 21년(1030) 內史侍郎에까지 올랐다.[50] 梁積도 현종 2년 御史中丞을 시작으로 현종 5년(1014) 吏部侍郎中樞副使, 현종 9년(1018) 禮部尙書 兼 中樞使, 현종 18년(1027)에는 左僕射(정2품)에 이르렀다.[51] 이처럼 남원의 토성들은 지리산신을 위숙왕후로 설정하여 중앙으로 진출하기 시작했던 것이다.

(2) 지리산신의 기능

위와 같은 배경으로 인해 지리산신 즉 성모는 고려를 지키는 호국신이 되었다. 지리산신이 호국신으로 기능했던 사실은 왜구의 침략과 격퇴 과정에서 잘 드러나고 있다.

왜구가 고려를 침략하기 시작한 기록은 고종 10년(1223)에 처음 보인다.[52] 그러나 왜구의 침입이 본격화되는 것은 충정왕 2년(1350)이었다.

---

48) 『朝鮮金石總覽(上)』 柳邦憲墓誌 및 『高麗史』 권93 柳邦憲傳.

49) 晉光仁墓誌, 『韓國金石文追補』, 176~177쪽.

50) 『高麗史』 권3 목종세가 12년 정월 壬午 및 권4 현종세가 9년 8월 壬辰, 11년 정월 癸亥, 14년 정월 壬午, 권5 현종세가 21년 7월 戊寅조.

51) 『高麗史』 권4 현종세가 2년 8월 甲辰, 현종 5년 8월 癸未, 현종 9년 5월 己卯, 권5 현종 18년 정월 辛亥조.

따라서 史書에는 이때부터 왜구의 침입이 시작되었다고 기록되어 있다.[53] 이어 공민왕과 우왕 초년에 왜구의 창궐은 기세를 더하였다. 이에 조정에서는 강력한 토벌 정책을 실시하여 우왕 2년(1376) 최영에 의한 鴻山大捷이 있었고 우왕 7년(1381) 9월에는 이성계에 의한 荒山大捷이 있기도 했다. 우왕 8년(1382)에는 바다에서 鄭地 장군에 의한 南海大捷이 있게 되었다. 이때 지리산신은 왜구 격퇴에 陰助를 한 것이다.

정지는 나주 출신으로 이미 여러 번 왜구를 무찌른 경력이 있었다. 순천·영광·담양 등에 침입한 왜구를 쳐서 공을 세웠던 것이다. 이에 우왕 8년 드디어 海道元帥가 되어 鎭浦에 들어온 왜구를 물리쳤다. 이듬해에 그는 병든 몸을 이끌고 전함 47척을 거느리고 나주 목포에 머무르고 있었다. 이때 왜구가 大船 12척으로 경상도 쪽에서 남해의 觀音浦에 이르니 군사들이 두려워 떨었다. 게다가 비까지 와서 전투하기가 매우 어려웠다. 그러자 정지는 지리산신에게 빌어 그 陰助로 전투를 승리로 이끌 수 있었다. 다음 기록을 보자.

P. (禑王 9년) 鄭地가 병선 47척을 거느리고 羅州의 木浦에 진주하였을 때 적이 큰 배 120척으로써 경상도에 나타났다. 沿海의 주군이 크게 진동하였으며 合浦元帥 柳曼殊로부터 급보가 왔다. 정지는 밤낮으로 달려가면서 스스로 노를 젓기도 하였으므로 노 젓는 병졸들이 더욱 힘썼다. 蟾津에 이르러 合浦의 사병들을 소집할 무렵에 적은 이미 南海의 觀音浦에 이르러 정찰한 다음 아군이 겁을 먹고 있다고 생각하였다. 때마침 비가 내렸으므로 정지는 사람을 보내어 地理山神祠에 기도하기를 "나라의 존망이 이 일거에 달렸으니 나를 도와 비를

52) 『高麗史』 권22 고종세가 10년 5월 甲子조.
53) 『高麗史』 권37 충정왕세가 2년 2월조.

멈추게 하십시오." 하니 과연 비가 멈췄다.(『高麗史』 권113 鄭地傳)

이처럼 지리산신의 도움으로 비가 그치고 바람이 잦아들자 정지는
적의 선두를 깨뜨렸다. 여세를 몰아 火砲를 쏘며 공격하였다. 그 결과
적선 17척을 불태웠으며 적을 무수히 죽이었다. 그 공으로 정지는 知門下
府事가 되었다.[54]

산신이 국가나 고을의 수호신으로 기능한 것은 일반적인 현상이었다.
고구려의 첩자였던 白石이 김유신을 데리고 고구려로 갈 때 신라의
3산인 奈林(歷)·穴禮·骨火의 산신이 홀연히 나타나 김유신을 구해준
것이 단적인 예다. 이때 그 산신들은 자신들이 신라의 護國神임을 밝히고
있다.[55] 충렬왕 때 나주의 錦城山神도 진도와 제주도를 근거로 했던
삼별초의 봉기를 진압하는데 공로가 있었다. 그리하여 조정에서는 해마
다 祿米 5석을 山神祠에 보냈다.[56]

또 위에서 보는 것처럼 산신은 降雨를 조절하는 기능이 있었다. 비를
그치게 하는 경우도 있었지만 비를 내리게 하는 경우도 있었다. 고려시대
에도 각종 산에다 비오기를 빌은 예가 여러 번 있었다[57] 강우를 조절하여
백성들이 편안하기를 기원하였다. 백성들이 편안하면 나라가 평안해지
는 것이었다. 따라서 강우 조절도 결과적으로는 호국의 범위에서 크게
벗어나는 것이 아니었다.

이 밖에도 병을 낮게 해주는 기능도 있었다. 다음 기록을 보자.

---

54) 『高麗史』 권113 鄭地傳.
55) 『三國遺事』 권1 紀異1 김유신조.
56) 『高麗史』 권63 예지 길례 雜祀 및 권105 鄭可臣傳.
57) 김갑동, 「고려시대의 산신 신앙」 『한국종교사상의 재조명』, 원광대출판국, 1993,
   59~60쪽.

Q. 某 등은 모두 非才로서 元帥의 寮佐에 보임되어 장차 東都(경주)를 문죄하려 합니다. 대저 一軍의 생사와 성패는 모두 統軍에게 달렸으니 사람의 몸에 비기면 통군은 머리요 요좌는 손이고 군졸은 발이니 어찌 머리에 병이 있는데 손과 발이 편안할 수 있겠습니까? 지금 우리 군사가 善州[경북 선산]에 머무르고 있는데 統軍 尚書 金公 某가 갑자기 微疾에 걸려 기거가 불편합니다. 생각건대 산과 들에서 노숙하면서 바람과 안개를 맞아서 일어난 병입니까? 모르겠습니다만 다른 무슨 까닭이라도 있어서 그런 것입니까? 一軍이 걱정과 두려움에 싸여 그 연유를 알길 없어 감히 여러 사람의 정성을 내어 경건히 우리 大王의 靈에 기도드립니다. 만일 신통한 힘을 빌어 保持하고 구호하여 金公으로 하여금 병이 낫는 기쁨이 있게 하여 즉시 건강을 회복하게 해주신다면 三軍의 복일 뿐만 아니라 대왕의 위령도 더욱 드러날 것이니 어찌 아름답지 않겠습니까? 우선 옷 한 벌을 올려 작은 성의를 펴고 병이 쾌유되면 다시 사신을 보내 제사를 올려 은혜의 만분의 일이나마 보답하겠습니다.(『東國李相國集』 권38 智異山大王前願文)

위의 기록은 신종 5년(1202) 경주 부근에서 利備·孛佐의 봉기가 일어났을 때의 상황을 기록한 것이다. 즉 이들을 진압하기 위해 출동한 三軍(中道使·左道使·右道使) 중 중도사였던 김척후가 병이 들자 지리산대왕에게 병 낫기를 기원한 글이다. 물론 이는 개인적 차원이 아니라 반란을 진압하는 지휘관이라는 국가적 차원이 개재되어 있기는 했다. 즉 국가를 보호하기 위해 개인의 병을 낫게 해주는 기능도 있었던 것이다.

Ⅱ. 나주와 금성산신사

1. 나주 나씨와 나주의 성립

나주는 본래 백제 땅이었다. 그러다가 통일신라에 복속되었는데 신라
말에는 후백제 땅이 되었다. 그러다가 왕건의 활약으로 궁예에게 넘어온
지역이었다. 이러한 나주의 연혁에 대해서는 다음 기록이 참고된다.

A. 본래 백제의 發羅郡으로 신라 景德王이 고쳐 錦山郡이라 하였다.
신라말에 甄萱이 후백제왕을 칭하여 그 땅을 모두 거느렸으나 얼마
되지 않아 郡人이 후고구려왕 弓裔에게 의지하매 궁예가 명하여
太祖를 精騎大監으로 삼아 해군을 거느리고 가서 공격하여 빼앗고
이를 고쳐 羅州라 하였다. 成宗 14년에 처음으로 10道를 정하매 鎭海軍
節度使를 칭하고 海陽道에 속했다. 顯宗 元年에 왕이 契丹의 군사를
피하여 남으로 피난하였는데 羅州에 이르러 열흘을 머물다가 契丹軍
이 패하여 물러가자 왕이 이에 開京으로 돌아갔다. 9년에 올려 牧으로
삼았다. 別號를 通義, 錦城 【成宗 때에 정한 것이다.】 이라 하였다.
錦城山 【산에 神祠가 있다.】 南浦津과 黑山島 【섬 사람이 육지에
나와 南浦江邊에 많이 거주하여 榮山縣이라 칭하였는데 恭愍王 12년
에 올려 郡이 되었다.】 가 있다. 5郡과 11縣이 소속하였고 1知事府·4郡
·4縣令官을 거느렸다.(『高麗史』 권57 地理志 羅州牧조)

여기서 보는 바와 같이 신라말에 나주는 후백제 견훤의 소유가 되었다.
그것은 아마도 나주 지역이 원래 백제 땅이었기 때문이 아닌가 한다.
백제의 부흥을 표방한 견훤의 후백제에 협조하는 것이 신라에 붙어

있는 것보다 유리하다고 판단하였던 것이다.

그러다가 '郡人'의 협조로 궁예의 수중에 들어갔다. 왜 그들이 견훤을 배반하고 궁예에게 협조를 한 것일까. 그것은 견훤의 출신이나 성격에 기인하는 것이었다. 견훤은 신라의 공식적인 군대의 지휘관 출신이었다. 따라서 그는 궁예나 왕건보다 훨씬 우세한 군사력을 보유하고 있었다. 이 때문에 그의 전쟁 방식은 인민이나 식량을 약탈하는 형태로 전개되었다.[58] 나주 지역에 대해서도 마찬가지였다. 효공왕 5년(901) 그는 신라의 대야성[합천]을 공격했으나 실패하였다. 그러다가 돌아오면서 錦城 부근의 부락을 약탈하였다.[59] 왜 약탈을 하였는지 그 이유는 명확히 알 수 없다. 그러나 금성의 민심이 좋지 못하였기 때문이 아닌가 한다. 그런데 이는 민심의 이반을 더욱 부채질하는 결과를 초래하였다. 그리하여 '郡人'이 궁예에게 협조를 함으로써 태봉의 영역으로 넘어갔던 것이다.

그런데 여기서 '郡人'이란 뜻은 '군 전체 사람'이란 뜻 보다는 '군의 민심을 대변한 대표자'라고 보는 것이 합리적일 것이다. 그렇다면 그는 누구였는가. 아마도 삼한공신으로 책봉된 羅聰禮가 아닌가 한다.[60] 고려 태조는 후삼국을 통일한 지 4년째 되는 해인 태조 23년(940) 삼한공신을 책봉하였다.[61] 여기에는 태조의 측근에서 정복사업을 도운 武將들이나 儒臣들, 태조의 妃父, 그리고 태조에게 귀순했거나 협조한 지방의 호족들이 포함되었다.[62] 따라서 나총례도 이때 협조한 대가로 후일 삼한공신에

---

58) 鄭淸柱,「甄萱과 豪族勢力」『후백제 견훤정권과 전주』, 주류성, 2001, 224~225쪽.

59) 『三國史記』 권12 新羅本紀 孝恭王 5年條.

60) 『高麗史』 권104 羅裕傳에는 그가 三韓功臣 羅聰禮의 10세손이었음을 밝히고 있다.

61) 『高麗史』 권2 太祖世家 23年條.

62) 金甲童, 『羅末麗初의 豪族과 社會變動 研究』, 高麗大學校民族文化研究所, 1990,

책봉된 것이 아닌가 한다.

　사료 A에는 그가 마치 궁예에게 의탁한 것으로 되어 있으나 실은 왕건에게 협조한 것일 것이다. 왕건은 개성 출신으로 같은 해상세력이었기 때문이다. 나주와 충청도의 당진, 그리고 개성은 서해 해상교통의 중심지로 서로 긴밀한 협조관계를 유지하고 있었다. 태조 4년 나주 오씨의 아들 무를 세자로 책봉케 하고 그의 후견인이 되었던 박술희도 당진 출신이었기 때문이다.[63] 박술희는 태조의 신임을 받아 훈요 10조를 그가 받을 정도였다. 이는 단순한 개인적 인간관계라기보다 지역적인 공통성과 관련이 있는 것이었다. 태조 왕건을 왕위에 추대하여 개국 1등 공신이 된 복지겸이 당진 출신이었던 것도[64] 우연이 아니었던 것이다.

　다음 기록을 보면 이 같은 추정이 사실이었음을 알게 해준다.

B-① 尹邠을 해안 전장에서 쫓으니 쌓인 갑옷이 산더미와 같았고 鄒祖를 변방성에서 사로잡으니 넘어진 송장은 들을 덮었다. 燕山郡 지역에서는 吉奐을 군중에서 목 베었고 馬利城 부근에서는 隨晤를 대장기 밑에서 죽였다. 任存城을 함락시키던 날에는 邢積 등 수백 명의 목이 날아갔고 靑州를 격파하던 날에는 直心 등 4, 5명이 머리를 내놓았다. 桐藪의 군사는 우리 군기를 바라만 보고도 도망하였으며 京山의 군사는 보배를 가지고 와서 투항하였다. 康州는 남쪽으로부터 와서 귀순하였고 羅府는 서쪽으로부터 移屬하였다. 전쟁의 형편이 이와

　　213~215쪽.

63) 『高麗史』 권92 朴述熙傳.

64) 이에 대해서는 金甲童, 「羅末麗初의 沔川과 卜智謙」 『韓國中世社會의 諸問題』, 2001 참조.

같으니 국토를 회복할 날이 그리 멀겠는가.(『高麗史』 권1 太祖世家 11年 正月條)

② 鄭道傳의 諭父老書에, "道傳이 會津으로부터 귀양 와서 나주를 지나칠 때 東樓에 올라 배회하며 바라보니 산천의 아름다움과 인물의 번성함이 남방의 한 巨鎭이다. 나주가 州가 된 것은 국초로부터 비롯되었으니 우리 태조가 三韓을 통일할 때 오직 후백제가 그 험하고 멀음을 믿고 복종하지 않았는데 나주 사람들은 順逆을 밝게 알아 솔선해서 붙어 고려 태조가 후백제를 병합하는데 나주인의 힘이 많았다."(『新增東國輿地勝覽』 권35 羅州牧 樓亭 東樓條)

B-①은 태조가 자신의 공적과 전투 상황을 적어 견훤에게 보낸 국서의 내용이다. 여기서 그는 무력으로 정복한 지역을 앞에 열거하였다. 연산군·임존성·청주·동수 지역이 그것이다. 다음으로 귀순한 지역을 말하고 있는데 그 중에 나주가 포함되어 있는 것이다. 羅府는 나주를 뜻하는데 군사들이 있던 지역이므로 특별히 '府'자를 붙인 것이다. 만일 나주가 궁예와 통하여 귀속되었다면 이를 자신의 공적으로 내세우지 못했을 것이다. B-②의 자료에서도 나주가 順逆을 밝게 알아 태조에게 붙었음을 말하고 있다. 결국 나총례가 궁예 밑에 있었던 왕건에게 정보를 제공하고 왕건이 출동하자 이를 안내하여 공을 세웠다고 하겠다. 이렇게 하여 신라의 금성군은 태봉의 수중에 들어와 羅州라 개명되었다.

그런데 여기서는 왕건이 나주 지역을 공략하여 점령한 연대가 정확하게 명시되어 있지 않다. 그러나 그것은 903년의 일이었다. 다음의 기록이 당시의 상황을 잘 전해주고 있다.

C. 天復 3년 癸亥 3월에 수군을 거느리고 서해로부터 光州 접경에 이르러

錦城郡을 쳐서 이를 뺏고 10여 군데의 군현을 쳐서 뺏으니 인하여 錦城을 고쳐서 羅州라 하고 군사를 나누어서 이를 지키게 하고 돌아왔다.(『高麗史』 권1 太祖 總序)

天復은 唐나라의 연호로 그 3년은 903년이었다. 이 해에 금성군뿐 아니라 인근의 군현 10여 군데를 한꺼번에 점령하였다. 그런데 『三國史記』에는 이 나주 정벌이 911년의 일로 기록되어 있다. 즉 後梁 乾化 원년의 사건이라 하고 있는 것이다.[65] 그러나 나주를 정벌할 때 태조의 직함이 정기대감이었다면 903년의 사건이 맞다.[66] 이미 그는 909년에는 해군대장군의 직책에 있었기 때문이다.[67] 903년 금성군을 점령한 뒤 나주로 개명함으로써 이 지역은 군사적 중심지가 되었다. 신라시대 군사적 중심지였던 州의 성격을 그대로 계승하였다. '군사를 나누어 지키게 하고 돌아왔다'는 기록에서도 알 수 있다. B-①에서 나주를 羅府라 한 것도 이를 반영해준다.

이후 이 지역은 왕건의 세력 기지가 되었다. 중앙 정계에서 불리할 때에는 이 지역에 내려가 군사 활동에 전념함으로써 위기를 피할 수 있었다. 궁예가 점차 교만하고 잔인하여지자 그는 스스로 자원하여 나주로 내려왔던 것이다. 거기서 탄탄한 기반을 닦고 있었는데 부장이었던 金言이 공이 있는데도 중앙으로부터 상이 없다고 불평하였다. 그러자 왕건은 말하였다. "삼가면서 게으르지 말고 오직 힘을 다하여 두 마음을

---

65) 『三國史記』 권50 弓裔傳 後梁 乾化 元年조.
66) 그러나 文秀鎭은 금성군의 점령과 羅州로의 개명을 911년의 사실로 보고 있다. 903년의 기록은 이 지방 세력의 自進 降附를 의미하며 견훤과 궁예 사이에서 갈등하다 911년 왕건의 정복으로 점령당하였다는 것이다.(「高麗建國期의 羅州勢力」『成大史林』 9, 1987, 15쪽)
67) 『高麗史』 권1 太祖總序 梁 開平 3年조.

가지지 않으면 복을 얻을 수 있을 것이다. 지금 임금이 방자하고 잔학하여 무고한 사람을 많이 죽이고 참소하고 아첨하는 무리가 뜻을 얻게 되어 서로를 참소하고 있다. 이러므로 內職에 있는 사람들은 각자 스스로 보전하지 못할 것이니, 밖에서 정벌하는 일에 종사하며 힘을 다하여 왕명에 힘써서 이 한 몸을 보전하는 것만 같지 못할 것이다." 하였다.[68] 그의 처세와 나주의 중요성을 잘 말해주는 기록이다.

그리하여 나주는 왕건에게 있어 초기에는 제2의 수도와 다름없었다. 이곳에는 羅州道大行臺라는 기구가 있었고 여기의 장관으로 侍中이 설치되어 있었다.[69] 시중은 당시 최고의 관부였던 광평성의 책임자였다.[70] 그런데 나주에도 이것이 설치되었으니 그 지위를 가히 짐작할 수 있다.

그러면 왕건이 나주를 중시한 것은 단순히 이러한 정치적 이유 때문만이었을까. 아니었다. 나주는 인근의 물산의 중심지로 경제적인 중심지이기 때문이기도 하였다. 다음의 기록을 보자.

D-① 趙浚이 또 同列을 거느리고 時務를 조목조목 진술하기를, "삼가 『周禮』의 「天官 冢宰篇」을 살피건대 卿 1인으로서 나라의 六典을 맡게 하여 이로써 왕을 도와서 邦國을 다스리고 그 司徒 이하의 각각 그 職으로서 예속케 하였고 6卿 밑의 屬官은 또 360개가 있었습니다.

---

68) 『高麗史』 권1 太祖總序 梁 開平 3年條.
69) 『高麗史』 권1 太祖世家 1년 9月條. 이 '羅州道大行臺'는 신라 9州 중의 하나였던 武州 지역 중 泰封·高麗가 점령하고 있던 지역에 별도로 羅州를 설치하고 이 나주 관내의 수십 군현을 관리하기 위하여 설치한 별개의 행정부였다. 따라서 大行臺侍中의 밑에는 행정사무를 분담할 각종의 관직이 있었을 것으로 추정된다. (朴漢卨, 「羅州道行臺考」 『江原史學』, 1985, 25쪽)
70) 『高麗史』 권1 太祖世家 元年 6月 辛酉條.

즉 360의 屬官이 6卿에 통솔되고 6卿은 또 총재에게 통솔되었으니
관직의 增損과 名義의 연혁은 시대를 따라서 같지 않음이 있으나
大義는 이 6부에서 벗어남이 없나이다. 크게 생각건대 우리 太祖께서
개국한 처음에 官을 설치하고 職을 나누매 재상을 두어 이로써 6부를
다스리고 監·寺·倉·庫를 두어 이로써 6부를 받들게 함은 매우 훌륭한
제도였습니다. 그러나 법이 오래되매 폐단이 생겨 典理, 吏曹를 맡은
자가 選擧, 임용, 승진을 알지 못하여 流品이 어지러워지며 軍簿
兵曹를 맡은 자가 兵額을 주관하지 아니하여 武備가 해이하게 되었습
니다. 戶口의 증감과 錢穀의 많고 적음, 獄訟이 밝혀지지 않음과
도적이 다스려지지 못함에 이르러서는 版圖, 戶曹와 典法, 刑曹를
맡은 자가 막연히 무슨 일을 하는 것인지 알지 못하니 禮儀의 禮官과
典工의 工官인들 과연 각각 능히 그 직책을 거행할 수 있겠습니까……
여러 도의 魚鹽과 牧畜의 번식은 국가에서 없어서는 안 될 것입니다.
우리 太祖께서 아직 신라와 백제를 평정치 못하였을 때 먼저 水軍을
다스려 친히 樓船을 타고 錦城을 쳐서 이를 領有하매 여러 島의 이권이
모두 국가에 소속하게 되었으므로 그 財力에 힘입어 드디어 三韓을
통일하였습니다.(『高麗史』 권118 趙浚傳)

② (우왕 14년) 8월에 憲司가 上疏하기를, "여러 道의 魚鹽의 利와 牧畜의
번성과 해산물의 풍요함은 國家에 없어서는 안 되는 것입니다. 우리
神聖[太祖]께서 아직 新羅와 百濟를 平定하지 않았을 때에 먼저 水軍을
조련하여 친히 樓船을 타고 錦城[羅州]을 經略하여 차지하니 여러
섬의 利가 모두 國家에 속하였고 그 財力에 힘입어 마침내 三韓을
통일하였습니다. 鴨綠江 以南으로부터는 대개가 모두 산이고 肥沃하
고 기름진 不易田은 바다 가까이에 있는데 沃野 수천 리의 稻田이
倭奴에게 함몰되어 갈대가 하늘에 닿으니 倭奴들이 오매 거리낌

없이[前無橫草] 山郡에 出入함을 마치 사람이 없는 땅을 밟듯이 하니 國家가 이미 여러 섬의 魚鹽과 牧畜의 利를 잃고 또 沃野의 穀産地를 잃었습니다. 원컨대 漢代에 百姓을 募集하여 邊方을 充實하여 凶奴를 막던 政事를 써서 패망한 고을 황무지를 개간한 자에게는 20년을 기한하여 그 田土에 課稅하지 말고 國役에 使役시키지 말도록 허락하시고 오로지 水軍萬戶府로 하여금 城堡를 修立하여 그 老弱을 屯駐하게 하고 먼 곳까지 斥候하고 烽燧를 신중하게 하여 일이 없을 때에는 耕耘·魚鹽·鑄冶하여 먹도록 하고 때때로 배를 만들어 賊이 이르면 들을 비워두고 城에 들어가고 水軍이 배를 내어 이를 치게 하소서. 合浦에서부터 義州에 이르기까지 모두 이와 같이 하면 곧 數年을 지나지 아니하여 유망한 자들이 모두 그 鄕邑으로 돌아와 邊方의 州郡이 이미 차고 여러 道가 점차로 充實하여지고 戰艦이 많아지고 水軍이 訓練되면 해적이 도망하여 변군이 편안하며 漕運이 용이하여 京城이 부유해질 것입니다. 水軍萬戶와 각 道 元帥는 능히 屯田을 세우고 능히 戰艦을 수리하며 능히 人心을 결속하고 능히 호령을 시행하며 능히 적을 격멸하고 능히 변방을 편안케 한 자에게 섬의 토지를 賜하여 대대로 그 수입을 먹고 자손에게 전하게 하고 하나의 城堡와 한 州郡을 잃은 자는 군법으로 일을 처리하여 가볍게 용서하지 아니함으로써 勸懲을 보이소서."라고 하였다.(『高麗史』권82 兵志 屯田조)

여기서 보는 바와 같이 나주 부근에는 많은 섬이 있어 해산물이 풍부하였다. 또 소금을 얻을 수 있는 염전도 있었다. 이는 막강한 경제력의 바탕이 되었다. 또 나주평야의 곡식을 개성으로 실어 나르는 데도 중요한 역할을 하는 곳이었다. 고려시대의 12漕倉 중에는 나주의 海陵倉

도 있었던 것이다.71) 이처럼 풍부한 물산과 해상교통의 이점 때문에 태조가 이 지역을 점령하여 자신의 세력기반으로 삼기도 하였다.

이렇듯 羅州라는 지명이 처음 탄생하고 왕건이 나주를 자신의 세력기 반으로 삼는데 많은 역할을 한 것이 바로 나총례를 비롯한 羅州 羅氏였다 고 생각한다. '羅州'의 처음 글자인 '羅'를 姓으로 삼은 것에서도 알 수 있다. 나주에서 제일가는 세력이라 하여 '羅'란 성씨를 태조가 分定해 준 것이라 생각한다.

이 덕분에 나주 나씨는 지방의 세력가로 군림하다가 때때로 중앙의 관인을 배출하기도 하였다. 고려전기에는 뛰어난 인물이 없으나 무신정 권기 이후부터 두각을 나타내기 시작하였다. 우선 羅裕를 들 수 있다. 그는 三韓功臣 大匡 羅聰禮의 10世孫이었다. 父는 羅得璜으로 崔沆정권 하에서 長興副使와 全羅按察使를 거쳐 刑部尙書(정3품)에까지 이르렀다. 이러한 아버지의 관직 덕분에 蔭敍로 관직생활을 시작한 나유는 將軍이 되어 金方慶과 같이 珍島의 三別抄를 토벌하는데 공을 세웠다. 이 공으로 大將軍으로 승진하였고 濟州로 옮겨간 삼별초를 토벌하는데 또 공을 세웠다. 충렬왕대에는 知密直司事(종2품)로서 元나라에 가서 황제를 알 현하기도 하였다. 그의 아들 羅益禧도 충렬왕 말년 神虎衛護軍이 되었다 가 충선왕이 즉위하면서 商議評理로 錦城君이 되었다. 그 후 僉議參理(종2 품)까지 지냈다.72) 나익희의 아들 羅英傑도 공민왕 3년 錦城君에 봉해졌 다.73)

羅興儒도 고려말기에 영달한 인물이었다. 과거에는 급제하지 못했으 나 恭愍王朝에 中郎將을 시작으로 관직생활을 하였다. 공민왕의 아내

---

71) 『高麗史』 권79 食貨志 漕運조.
72) 『高麗史』 권104 羅裕傳.
73) 『高麗史』 권38 恭愍王世家 3年 6月 辛亥조.

노국공주가 죽자 그 영혼을 위로하기 위해 影殿을 건설할 때 그 감독관인 影殿都監判官을 맡기도 하였다. 또 중국 및 우리나라의 역사지도를 편찬하여 왕의 칭찬을 받기도 하였다. 禑王 초에 判典客寺事(정3품)로 일본에 다녀오기도 하였다.[74]

요컨대 羅州 羅氏는 나주의 성립과정에서 탄생하였다. 나총례란 인물이 궁예 밑에 있었던 왕건과 결탁하여 나주를 점령토록 도와주었던 것이다. 이에 궁예는 왕건을 나주에 파견하였고 이 일대를 점령한 후 금성군에서 나주로 승격시켰다. 이러한 공으로 후일 나총례는 삼한공신으로 책봉되고 토성으로 분정되었던 것이다. 이렇게 하여 나주의 지배세력이 된 그들은 가끔씩 중앙의 관인을 배출하였다. 그 대표적 인물로 나유·나익희·나영걸·나흥유 등이 있었던 것이다.

2. 나주 오씨와 혜종사

한편 태조는 나주에서 부인을 맞기도 하였다. 장화왕후 오씨를 여기서 만나게 된 것이다. 이에는 다음 사료가 참고된다.

> E. 莊和王后 吳氏는 羅州人이니 祖는 富伅이고 父는 多憐君이다. 대대로 羅州의 木浦에 살았는데 多憐君이 沙干 連位의 딸 德交에게 장가들어 后를 낳았다. 后가 일찍이 꿈에 浦口의 龍이 와서 腹中에 들어가므로 놀라 깨어 부모에게 말하니 모두 기이하게 여겼다. 얼마 후에 太祖가 水軍將軍으로서 羅州에 出鎭하여 木浦에 배를 머무르고 시내 위를 바라보니 五色의 雲氣가 있는지라 가서 본즉 后가 빨래하고 있었다.

---

74) 『高麗史』 권114 羅興儒傳.

太祖가 불러 그에게 侍寢케 하였으나 미천한 신분이므로 姙娠하는 것을 원치 않아 寢席에 射精하였는데 后가 곧 이를 吸入하고 드디어 姙娠하여 아들을 낳으니 이가 惠宗이 되었다. 惠宗은 顔面에 자리무늬가 있었으므로 世人이 '주름살 임금'이라 하였다. 항상 물을 寢席에 뿌리고 또 큰 병에 물을 담아 팔꿈치 씻기를 싫어하지 않으니 참으로 용의 아들이라 하겠다. 나이 7세 때 太祖가 임금이 될 德이 있음을 알았으나 어머니가 미천하여 嗣位하지 못할까 두려워하여 옷상자에 柘黃袍를 담아 后에게 下賜하니 后가 大匡 朴述熙에게 보이매 朴述熙가 그 뜻을 알고 세워 正胤[太子]삼기를 청하였다. (后)가 薨하매 諡號를 莊和王后라 하였다.(『高麗史』 권88 后妃傳 太祖 莊和王后 吳氏조)

장화왕후를 만나 인연을 맺었으나 알고 보니 그 집안이 훌륭한 집안은 아니었던 모양이다. 때문에 아이를 낳지 않으려 하였으나 실패하였다. 그리하여 사내아이를 낳았으니 그가 곧 武였다. 그는 태조 4년 태자로 책봉되었다가 태조의 뒤를 이어 왕위에 올랐다. 그가 바로 惠宗이었다. 이때 나주 오씨는 혜종의 후광을 등에 업고 나주에서 세력을 떨쳤을 것임에 틀림없다.

그러나 혜종은 왕위에 오래 있지 못하였다. 경기도 廣州의 호족이었으며 왕건에게 두 딸을 들인 王規란 자가 혜종을 여러 번 죽이려 하였다. 뜻을 이루지는 못하였지만 이 틈을 타 태조의 또 다른 아들인 요와 소가 왕식렴과 결탁하여 왕규를 타도하였다.[75] 혜종은 얼마 안가 병이 들어 재위 2년 만에 죽었다.

---

75) 『高麗史』 권127 王規傳.

혜종이 죽은 뒤에는 그 탄생지에 興龍寺란 절을 세우고 혜종을 제사하는 惠宗祠를 두었다. 다음 기록을 보자.

F-① 興龍寺는 錦江津 북쪽에 있다. 고려 태조 장화왕후 오씨의 조부는 富伅이요 아버지는 多憐君인데 대대로 목포에 살고 있었다. 다련군은 沙干 連位의 딸 德交를 아내로 맞아 장화왕후를 낳았다. 장화왕후가 일찍이 꿈을 꾸는데……드디어 임신하여 아들을 낳으니 이가 惠宗이다. 얼굴에 자리 무늬가 있으므로 세상에서는 '주름살 임금'이라 하였다. 그 자리에 큰 절을 세워 흥룡사라 하고 그 앞에 있는 우물을 浣絲泉이라 하니 속설에 오씨가 빨래하던 우물이라 한다.(『新增東國輿地勝覽』권35 羅州牧 佛宇조)

② 惠宗祠는 흥룡사 안에 있는데 고을 사람들이 지금까지 제사한다.(『新增東國輿地勝覽』권35 羅州牧 祠廟조)

③ 혜종이 왕위를 계승하여 백성과 社稷을 잘 보존하여 創業에의 도움과 守成한 공이 있어 종묘에서 百世不遷의 제사를 받드셨으며 옛 고장을 돌보고 보호하여 사당을 지어 제사하였다.(『新增東國輿地勝覽』권35 羅州牧 樓亭 東樓조)

여기서 보는 바대로 흥룡사 안에 혜종의 사당을 세웠다. 그리고 국가에서 제사하였음을 전하고 있다. 이 제사는 고려시대부터 시작하였으나 조선시대까지도 그 제사가 이어지고 있었다.

그러면 이 절과 사당은 언제 건립된 것일까. 기록에는 명확히 나와 있지 않다. 그러나 그가 죽은 직후는 아닐 것이다. 태조와 충주 유씨 사이에서 태어난 堯와 昭가 제3대와 4대 임금인 定宗과 光宗으로 왕위에 올랐기 때문이다.

아마도 현종 무렵이 아닌가 한다. 현종은 즉위하자마자 거란의 침입을 받아 나주까지 피난 왔었다.[76] 그는 처참한 피난 생활을 하였다. 전라도 삼례에서는 전주에 들르지 않았다 하여 전주절도사 조용겸의 습격을 받기도 하였다.[77] 이러한 경험을 통해 왕실의 중요성을 인식하고 나주에 혜종의 사당을 세우게 한 것이 아닌가 한다. 혜종도 재위시절 많은 어려움을 겪었으므로 같은 처지에서 동병상련의 마음을 가지게 된 것이라 생각한다.

당연히 혜종에 대한 제사는 나주 오씨가 맡았을 것이다. 또 이때까지만 해도 삼한공신으로 책봉된 나총례의 나주 나씨와 더불어 나주의 지배세력으로 군림했다고 본다. 이들은 혜종에 대한 제사를 통해 그들이 이 지역의 지배세력임을 과시하고 이를 통해 그 지역을 통제하는 위치에 서게 되었던 것이다.

물론 이들 나주 오씨나 나주 나씨들은 그때까지 지역의 세력가로써 유교적인 교육도 받았을 것이다. 성종은 동왕 2년 전국에 12목을 설치하고 박사들을 파견하여 교육시켰다. 이때 나주목에 파견된 經學博士 全輔仁은 성실하게 자제들을 교육하여 성종으로부터 포상을 받았다.[78] 전보인이 교육한 주요대상은 역시 나주 오씨나 나주 나씨와 같은 지방 세력가나 그 자제들이었을 것이다.

요컨대 나주 오씨는 왕건과의 결혼을 통하여 부상한 나주의 지방세력 이었다. 특히 나주 오씨 부인의 아들인 武가 태자로 책봉되고 태조의 뒤를 이어 혜종으로 즉위하면서 급부상하였다. 혜종이 죽은 후에는 혜종에 대한 사당을 건립하고 그를 제사함으로써 지배세력으로 남을

---

76) 『高麗史』 권4 顯宗 2年 1月조.
77) 『高麗史節要』 권3 顯宗 2年 正月 壬午조.
78) 『高麗史』 권3 成宗世家 8年 3月조.

수 있었다. 그러나 그 집안은 크게 번성하지 못해 중앙의 관인을 많이
배출하지 못했다.

3. 나주 정씨와 금성산신사

(1) 羅州 鄭氏와 錦城山神祠의 성립

나주에는 혜종의 사당뿐 아니라 금성산신에 대한 사당도 건립되었다.
이 사당은 언제 누구에 의하여 건립된 것일까. 이에는 다음 기록이
참고된다.

> G. 羅州道의 祭告使 大府少卿 李唐鑑이 아뢰기를, "中朝의 使臣들이 高欑
> 島의 驛亭으로 왕래할 때 이곳은 水路에서 다소 떨어져서 배 닿기가
> 불편하오니 청컨대 洪州 관할 하의 貞海縣 땅에 亭 하나를 創置하여서
> 迎送하는 장소로 삼으소서."라고 하니, 制하여 이를 聽從하고 亭을
> 이름하여 安興이라고 하였다.(『高麗史』 권9 文宗世家 31年 8月)

여기서 나주도의 제고사는 중앙에서 파견한 일종의 祭官이다. 산천의
신들에게 정부에서 제사하기 위해 보낸 직책인 것이다. 그렇다면 나주
지역의 어디에 제사한 것일까. 惠宗祠에 대한 제사도 생각할 수 있으나
이때 금성산신사에 대한 제사도 포함된 것이 아닌가 한다. 즉 금성산신사
는 문종 31년 이전에 설립되어 있었다는 것이다.

이 역시 현종대에 설립된 것이 아닌가 한다. 이미 현종 2년의 시기에
산신사로서 紺岳神祠가 보이기 때문이다. 즉 이때 거란병이 침입하여
장단에 이르렀는데 눈보라가 일어 감악신사에 마치 旌旗와 士馬가 있는
것 같아 감히 전진하지 못하였다. 이에 정부에서는 보답하는 제사를

올리게 했다는 것이다.[79] 顯宗은 또한 成宗이 폐지하였던 燃燈會와 八關會도 복설하였다.[80] 그런데 팔관회는 天靈 및 五嶽·名山大川·龍神을 제사하는 우리의 토착행사였다.[81] 따라서 이후 산천제사에 대한 관심이 높아지면서 혜종사 건립 후 금성산신사도 건립된 것이라 볼 수 있다.

그러면 어떤 세력에 의하여 건립된 것일까. 결론부터 말한다면 이는 나주 정씨 세력에 의하여 건립된 것으로 추정된다. 다음 기록을 보자.

H-① 金應德은 성품이 용감하였다. 元宗 11년에 羅州司錄이 되었는데 三別抄가 反亂하여 진도에 웅거하였는데 세력이 심히 熾盛하니 州郡이 風聞을 듣고 맞이하여 항복하였으며 혹 珍島에 가서 賊將을 謁見하였다. 羅州副使 朴琈 등과 같은 이는 疑心하고 決斷치 못하거늘 上戶長 鄭之呂가 慨然히 말하기를, "진실로 능히 城에 올라 고수하지 못하면 차라리 산골짜기에 달아나 피할 것이지 州의 首吏가 되어 무슨 면목으로 나라를 배반하고 賊을 추종하리요." 하니 김응덕이 그 말을 듣고 곧 守城하기를 결의하였다. 州 및 領內 諸縣에 牒하여 錦城山에 入保하여 가시나무를 세워 柵을 삼고 士卒을 격려하는데 賊이 이르러 城을 포위하고 공격하니 士卒이 다 상처를 싸매고 死守하였다. 賊이 성을 공격하기를 7주야나 하였으나 마침내 羅州를 점령하지 못하였다. 金敍, 鄭元器, 鄭允 등을 보내어 보고하니 왕이 가상히 여겨 김응덕에게 爵 7品, 김서 등에게는 攝伍尉를 賜하고 또 米 각 15石을 보내어 賜하였다. 뒤에 김응덕이 또 賊과 珍島에서 싸워 배 1척을 노획하고 배에 탄 사람을 다 죽이었다.(『高麗史』 권103 金應德傳)

---

79) 『高麗史』 권63 禮志 雜祀조.
80) 『高麗史』 권4 顯宗世家 元年조.
81) 『高麗史』 권2 太祖世家 26年 4月조.

218

② 高宗 때에 登第하여 여러 번 華要한 벼슬을 지내고 忠烈王 3년에 寶文閣待制를 除拜하였다. 羅州 사람이 칭하기를, "錦城山神이 巫에 내려서 말하기를, '珍島, 耽羅의 征伐에 있어 내가 실로 힘이 있었는데 將士에게는 賞주고 나에게는 祿을 주지 않음은 어찌함이냐. 반드시 나를 定寧公으로 封하라.'라고 하였다." 하니 정가신이 그 말에 혹하여 왕에게 諫하여 정녕공을 封하고 또 그 邑의 祿米 5石을 거두어 해마다 그 祠에 보냈다.(『高麗史』 권105 鄭可臣傳)

③ (충렬왕 3년) 5월 壬辰에 耽羅의 役에 錦城山神이 陰助의 徵驗에 있었다 하여 所在官으로 하여금 해마다 米 五石을 보내어 그 제사를 받들게 하였다.(『高麗史』 권63 禮志 吉禮 小祀 雜祀조)

H-①은 삼별초가 진도에서 봉기했을 때의 상황이다. 삼별초의 기세가 등등하다는 소식을 듣고 중앙에서 파견된 나주부사 박부는 어쩔 줄을 몰라 했다. 그러자 나주의 토착세력으로 상호장의 직위에 있었던 정지려는 금성산에 올라가 항거할 것을 주장하였다. 그에 따라 가시나무로 목책을 만들어 대항함으로써 나주는 삼별초 세력에 점령당하지 않았다.

물론 가시나무 목책이 방어에 일정한 역할을 했겠지만 방어에 실질적인 도움을 준 것은 山城이었다. 금성산에도 산성이 있어 이를 중심으로 전투를 하였을 것이다. 이 산성은 돌로 쌓았는데 둘레가 2,946자였으며 높이가 12자였다. 3면이 험한 지형으로 되어 있고 샘이 5개 있었으며 군량을 보관하는 창고도 있었다.[82] 거란족이 고려를 침입했을 때도 현종이 이곳까지 피난 와 여기에 머무른 적도 있었다.[83] 이를 잘 알고

---

82) 『世宗實錄地理志』 권157 羅州牧 城郭조 및 『新增東國輿地勝覽』 권35 羅州牧 古跡조.

83) 『增補文獻備考』 권27 輿地考 15 關防3 城郭조.

있던 정지려는 금성산에 올라 방어할 것을 청한 것이다.

그렇지만 당시 사람들은 금성산신의 도움 덕분이었다고 생각하였다. 기록에는 보이지 않지만 정지려를 비롯한 나주세력은 싸움을 하기 전 금성산신에 제사를 하였음에 틀림없다. H-②③의 기록이 그것을 말해준다. 이때 제사한 덕분에 나주가 무사하였기 때문에 해마다 米 5석으로 제사하게 하였던 것이다. 물론 그 제사의 주도자는 정지려였을 것이다. 그는 호장 중에서도 제일 높은 상호장의 직위에 있었기 때문이다.

호장은 그 지역의 토착세력가로 잡다한 행정사무의 처리는 물론 조세 수취와 더불어 유사시에는 전투의 지휘관이 되기도 했다. 뿐만 아니라 그들의 주요한 임무 중에는 그 지역의 각종 神祠에 대해 제사를 지내는 것도 포함되어 있었다.[84] 실제 경주에 있었던 敬順王의 影堂에 대한 제사는 그 지역의 首吏가 담당하였던 것이다.[85]

그런데 금성산신을 定寧公에 봉하게 한 것은 정지려와 같은 나주 정씨인 정가신이었다. 또 이때의 승전을 중앙에 보고한 정원기·정윤, 그리고 김서도 나주 출신이었을 것이다. 이들 성씨가 나주의 토성에 포함되어 있기 때문이다. 즉 김씨는 제1위로, 정씨는 제4위로 나와 있는 것이다.[86]

이처럼 금성산신사에 대한 제사를 주관하고 이 산신을 정령공에 봉하게 한 것도 나주 정씨였다. 그것은 우연의 일치가 아니고 금성산신사 가 나주 정씨에 의하여 설립되었기 때문으로 여겨진다. 그렇지 않다면 정지려나 정가신이 그렇게 금성산신에 대해 배려하지 않았을 것이다.

---

84) 김갑동, 「고려시대의 戶長」『韓國史學報』 5, 1998, 205~214쪽.
85) 『新增東國輿地勝覽』 권21 慶州府 祠廟조.
86) 『世宗實錄地理志』 全羅道 羅州牧 土姓조 및 『新增東國輿地勝覽』 권35 羅州牧 姓氏조에는 나주목의 토성이 金·羅·吳·鄭·陳·孫·南·朴·柳 순으로 나와 있다.

이러한 금성산신사에 대한 제사는 조선시대까지 계속되었다.[87] 이때에는 금성산신을 제사하는 사당이 셋이나 있었다. 上室祠가 산꼭대기에 있었고 中室祠는 산허리에 있었으며 下室祠는 산 밑에 있었다. 또 국가에서 제사하는 사당은 하실사의 남쪽에 있었던 것이다. 이 금성산신은 매우 영험이 있다고 소문나 있었다. 그리하여 나주 사람뿐 아니라 전라도 전체 사람들이 몰려들어 산을 가릴 정도였고 남녀가 뒤엉켜 풍속을 어지럽히기도 했다. 그리하여 성종 10년에는 이를 금하는 조처가 내리기도 하였다.[88]

나주 정씨 세력은 금성산신사의 설립과 그에 대한 제사권을 장악하고 지방세력으로 군림하였다. 또 이를 바탕으로 중앙의 관인을 배출하여 영달하기도 하였다. 중앙관인으로는 우선 鄭可臣을 들 수 있다. 정가신은 나주 출신으로 鄕貢進士 松壽의 아들이었다. 그는 어렸을 때부터 영특하여 독서와 글짓기에도 뛰어났다. 승려였던 天琪를 따라 개경에 올라왔으나 가진 것이 없어 부잣집에 결혼하려 했으나 실패하고 가난한 大府少卿 安弘祐의 딸과 결혼하였다. 그러나 고종조에 登第하여 충렬왕 때에 현달하였다. 즉 그는 임금의 명령을 전달하는 承旨를 지내기도 하였고 政堂文學(종2품)에까지 올랐다. 충렬왕 16년에는 세자[뒤의 충선왕]를 모시고 元나라에 가서 황제를 알현하기도 하였다. 원에서 僉議中贊 벼슬까지 지내다가 충렬왕 24년 갑자기 죽었다. 후일 그는 충렬왕의 세자인 충선왕을 잘 보필한 대가로 그의 廟庭에 배향되었다[89]

충숙왕 후6년에는 鄭頎가 錦城君으로 책봉되기도 하였다.[90] 고려말

---

87) 변동명, 「금성산신앙과 나주」 『한국전통시기의 산신·성황신』, 전남대출판부, 2013 참조.

88) 『新增東國輿地勝覽』 권35 羅州牧 祠廟 錦城山神조.

89) 『高麗史』 권105 鄭可臣傳.

90) 『高麗史』 권35 忠肅王世家 後6年 8月 甲午조.

왜구의 토벌에 큰 공을 세운 鄭地도 나주 정씨였다. 그는 체구가 크고 성품이 관후하였으며 어려서부터 큰 뜻이 있었다. 글읽기를 좋아하여 항상 서적을 가지고 다녔다. 衛士 柳爰廷의 추천으로 전라도안무사가 되어 왜적을 토벌하였다. 우왕 8년에는 海島元帥가 되어 남해의 觀音浦에서 왜구를 무찔렀다. 이때 비가 쏟아져 전투에 방해가 될 것 같자 그는 智異山神祠에 나아가 "나라의 존망이 이번 싸움에 있으니 바라건대 나를 도와서 神의 수치가 되지 말게 하소서."라고 기도하였다. 그러자 과연 비가 그침으로써 왜구를 토벌할 수 있었다 한다. 금성산신의 영험을 들어 알고 있던 그였기에 지리산의 산신에게 빌어 도움을 받을 수 있었던 것이다. 우왕 14년에는 이성계에게 배속되어 요동정벌을 떠났다가 회군한 공으로 回軍功臣 2등에 책봉되기도 하였다.[91]

요컨대 나주 정씨 세력은 금성산신사의 건립을 통해 나주의 지배세력으로 군림하였다. 따라서 이들은 금성산신에 대한 제사권은 물론이고 금성산신에 대한 封爵을 추진하여 세력을 확고히 하였다. 나주 나씨나 오씨가 고려의 건국과 관련하여 세력을 떨치는 것에 대한 일종의 견제였다. 이들은 나주의 호장 직에 있으면서 중앙관인으로도 활발히 진출하여 족세를 떨쳤다. 정가신·정기·정지 등이 그들이었다. 금성산신사를 통하여 나주민의 정신세계를 장악했던 것이다.

(2) 錦城山神의 機能과 地位

당시 금성산신은 어떠한 기능을 가지고 있었을까. 다음 기록을 보자.

Ⅰ. (고종) 24년에 全羅道指揮使가 되었는데 그 때 草賊 李延年의 형제가

---

91)『高麗史』권113 鄭地傳.

原栗, 潭陽 諸郡의 無賴徒輩를 불러 모아 海陽 등 州縣을 쳐서 내려오다가 김경손이 羅州에 들어왔다는 말을 듣고 州城을 포위하여 賊徒가 심히 盛하거늘 김경손이 城門에 올라 바라보고 말하기를, "적이 비록 많으나 다 짚신이나 삼던 村民들이다." 하였다. 곧 가히 別抄될만한 자 30여 명을 募得하고 父老를 모아 울면서 이르기를, "너희 州는 御鄕이라 가히 他郡을 따라 적에게 항복할 수 없다." 하였다. 父老가 다 땅에 엎드려 울거늘 김경손이 出戰하기를 督促하매 左右가 말하기를, "오늘의 일은 군사는 적고 적은 많으니 청컨대 州郡의 兵이 오는 것을 기다렸다가 싸우십시오."하므로 김경손이 노하여 꾸짖고 街頭에서 錦城山神에 제사지내는데 손수 2爵을 드리고 말하기를, "戰勝하고 畢獻하겠다." 하고 日傘을 펴고 나가고자 하였다. 左右가 進言하기를, "이렇게 하면 적이 알까 두렵습니다." 하거늘 김경손이 또 그것을 꾸짖어 물리치고 드디어 문을 열고 나가니 懸門이 아직 내리지 아니하였는지라 守門者를 불러 장차 베려하니 곧 懸門을 내렸다. 李延年이 그 무리에게 戒하기를, "指揮使는 곧 龜州에서 공을 이룬 大將이라 인망이 심히 重하니 내가 마땅히 사로잡아 써 都統을 삼을 것이니 쏘지 말 것이오. 또 流矢에 맞을까 염려되니 다 弓矢를 쓰지 말고 短兵으로 싸우라." 하고 접전이 시작되었다. 이연년이 그 용맹을 믿고 곧 앞으로 나와 장차 김경손의 말고삐를 잡으려 나오거늘 김경손이 칼을 빼어 督戰하였다. 別抄가 다 죽음을 각오하고 힘써 싸워 이연년을 베고 勝機를 타서 이를 쫓으니 賊徒가 크게 무너지고 一方이 다시 평정되매 들어와 樞密院知奏事가 되었다. 어떤 사람이 崔怡에게 참소하기를, "김경손 父子가 相公을 誣告하고자 하고 또한 다른 뜻을 가지고 있다." 하거늘 최이가 檢覆하여 보매 實相이 없는지라 이에 참소한 자를 강에 던져 죽이고 樞密院副使에 轉職시켰다.(『高麗史』

권103 金慶孫傳)

　여기서 보는 바와 같이 금성산신은 전라도 담양에서 일어난 이연년
형제의 반란을 진압하는데 큰 도움을 주었다. 이연년 세력이 나주의
성을 포위하자 당시 전라도 지휘사였던 김경손은 이 전투에서 승리하게
해줄 것을 금성산신에게 빌었다. 초헌과 아헌만 하고 전투에서 이기면
마지막 1잔을 더 드리겠노라고 약속했다. 결국 이연년 세력을 진압하였
기 때문에 종헌을 했을 것이다. 앞에서 보았듯이 삼별초 세력으로부터
나주를 보호해 준 것도 금성산신의 陰助 덕분이라 생각하였다.

　이처럼 금성산신은 마을을 보호하는 守護神으로서의 역할을 하였다.
이는 산신의 일반적인 기능이었다. 고려 현종 때 거란이 개경을 침입하자
高山의 산신이 소나무 수만 그루로 변하여 사람소리를 내니 거란군은
원군이 있는가 의심하여 철수하기도 하였고[92] 고종 43년 몽고병이
충주를 쳐들어오니 홀연히 안개가 끼고 비바람, 우뢰와 우박이 함께
하자 몽고병들이 月岳山神의 陰助라 여기고 물러가기도 하였다.[93] 무신
정권 시대에는 경주 인근에서 利備·勃佐의 난이 일어나자 토벌군은
대구 八公山의 산신에게 제사하기도 하였다. 그 제문이 이규보에 의해
쓰여져 지금도 남아 있다.[94]

　이러한 기능은 조선초기까지도 계속되었다. 그리하여 제주도에 가고
자 하는 사람들은 나주의 금성산신사에 가서 기도를 한 후에 출발하는
것이 상례였다. 성종대의 崔溥가 제주도에 갔다 오다 폭풍을 만나 표류하
게 되었는데 사람들은 그가 광주 無等山祠와 나주 錦城山祠에 제사하지

92) 『高麗圖經』 권17 祠宇 崧山廟조.
93) 『高麗史』 권24 高宗世家 43年 4月조.
94) 『東國李相國集』 권38 祭公山大王文.

224

않았기 때문이라 말하고 있는 것이다.[95]

산신의 또 다른 기능은 降雨와 止雨의 기능이었다.[96] 따라서 국가에 비가 오지 않을 때는 신라시대부터 名山과 大川에 비를 빌었다.[97] 반대로 비를 그치고자 할 때도 산신에게 빌거나 제사하였다. 왜구를 토벌할 때 鄭地가 지리산의 산신에게 제사하여 비를 멈추게 했던 것도[98] 그러한 기능의 일단을 엿볼 수 있게 해주는 것이다.

또 고려시대 산신은 災變이 있을 때 이를 없애주는 기능이나 질병을 치료해주는 기능이 있다고 믿었다. 따라서 재변이나 백성·국왕의 병이 있을 때는 산신에게 빌고 기원하였다.[99] 기록에는 없지만 금성산신도 이 같은 기능을 수행했을 것이다.

그렇다면 금성산신은 神格은 어떠했을까. 이에는 다음 사료가 참고된다.

J. 심양은 史에 世系를 잃었다. 忠烈王 초에 公州副使가 되니 長城縣의 어떤 여자가 말하기를, "錦城大王이 나에게 降臨하여 말하기를 네가 錦城神堂의 巫가 되지 않으면 반드시 너의 부모를 죽일 것이라 하므로

---

95)「安義與軍人等相與言 使之聞之於臣曰 此行所以至於漂死者 我知之矣 自故以來 凡往濟州者 皆祭於光州無等山祠及羅城錦城山祠 自濟州出陸者 又皆祭於廣壤遮歸 川外楚春等祠 然後行 故受神之祐 利涉大海 今此敬差官特大言非之 來不祭無等錦 城之祠 去不祭廣壤諸祠 慢神不敬 神亦不恤 使至此極 尙誰咎哉 軍人和之 咸咎臣」 (崔溥,『漂海錄』권1, 弘治 元年 朝鮮 成宗 19年(1488) 윤1월 14일조).

96) 김갑동,「高麗時代의 山嶽信仰」『韓國宗教思想의 再照明』, 1993, 59쪽 ; 徐永大, 「민속종교」『한국사』16, 국사편찬위원회, 1994, 338쪽 ; 박호원,「高麗의 산신 신앙」『민속학연구』2, 1995, 198쪽.

97) 金甲童,「高麗時代의 山嶽信仰」『韓國宗教思想의 再照明』, 圓光大學校出版局, 1993, 59~60쪽.

98)『高麗史』권113 鄭地傳.

99) 金澈雄,「高麗時代「雜祀」硏究 - 醮祀, 山川·城隍祭祀를 중심으로 -」, 高麗大學 校博士學位論文, 2001, 128~130쪽.

내가 두려워 이를 좇았다." 하였다. 또 縣人 孔允丘와 더불어 奸通하고 神語를 지어 말하기를, "내가 장차 上國에 가는데 반드시 孔允丘와 간다." 하므로 羅州官이 傳馬를 주었더니 어느 날 郵吏가 都兵馬使에 急報하여 錦城大王이 온다 하니 都兵馬使가 놀라 이상하게 여겼다. 羅州 사람이 조정에 벼슬하는 자가 있어 神異함을 들어 왕에게 諷奏하여 迎待할 것을 의론하니 지나는 바 州縣의 守令이 모두 公服으로 郊外에서 맞이하여 廚傳[料理와 傳舍]을 오직 삼가하였는데 公州에 이르니 심양이 대우치 않으므로 巫가 노하여 神語를 전해 말하기를, "내가 반드시 심양에게 禍를 주리라." 하고 물러가 日新驛에 머물거늘 밤에 심양이 사람을 시켜 이를 엿보게 하니 女巫가 공윤구와 더불어 자는지라 드디어 잡아 국문하니 모두 자복하였다.(『高麗史』권106 심양傳)

여기서 보는 바와 같이 금성산신은 충렬왕 초에 대왕의 직위에 있었다. 산신을 대왕으로 부른 예는 이미 신라 말기부터 있었던 현상이다. 즉 신라말 景明王이 仙桃山에 올라왔다 매를 잃어버렸는데 그곳의 神母에게 빌어 매를 찾게 되자 선도산신을 대왕으로 봉작했던 것이다.100) 이는 고려 무신정권 때까지 계속되었다. 최충헌 집권기 이비·발좌의 난을 토벌할 때 선도산에 제사를 지낸 바 있는데 이때도 西岳 즉 선도산신을 대왕이라 하였다.101) 뿐만 아니라 東岳 즉 토함산신이나 팔공산의 산신도 대왕이라 하였다.102) 토함산이나 팔공산은 신라 때부터 지리산·계룡산·태백산 등과 더불어 五岳의 하나로 中祀에 편입되어 있었다.103) 따라서

---

100)『三國遺事』권5 感通7 仙桃聖母隨喜佛事조.
101)『東國李相國集』권38 東京西岳祭文.
102)『東國李相國集』권38 東岳祭文 및 祭公山大王文.

신라의 오악에다 선도산이나 금성산이 추가되어 이들 산신들을 대왕이라 불렀다고 하겠다.

대왕은 세속의 지배자인 왕보다도 등급이 높은 존재였다. 대왕으로 책봉된 산신들은 王을 지배하는 정신적 지주였다고 할 수 있다. 그리하여 고려에서는 이들을 국가적인 차원에서 제사하였다. 즉 봄과 가을에 전국 각지의 명산에 外山祭告使나 外山祈恩別監을 파견하여 제사하기도 하였다.[104] 이러한 국가적인 제사의식은 조선초기까지 이어졌다. 나주의 경우만 하더라도 祈恩使·祈恩別監·香別監 등이 파견되어 이 지역의 神祠에 대한 제사를 도와주었던 것이다.[105] 그러나 조선 세종대에 와서는 이의 폐단이 지적되고 있다. 즉 세종대의 李稷·卞季良 등은 각 지역의 성황신이나 산신이 大王·太后·太子 등의 칭호를 띠고 있음을 비판하면서 이의 시정을 요구하고 있는 것이다.[106]

한편 H-②의 기록에서 보듯이 충렬왕 3년 금성산신은 이미 定寧公이란 작위를 받은 바 있다. 삼별초를 '平定'하여 국가를 '편안하게 하였다[寧]'는 의미에서 定寧公이란 작위를 준 것이다. 원래 고려의 작위제도는 왕실의 친척인 종실들에게 준 것이었다. 公·侯·伯·子·男의 등급이 있었으니 公이 제일 윗 등급에 해당하는 직위였다. 현종 때 시작은 했으나 문종대에 와서 체계적으로 정비되었다.[107] 종실에 대한 封爵名에는 平壤·樂浪·開城·朝鮮 등 國名이나 그에 준하는 명칭이 사용되었다. 이는

---

103) 『三國史記』 권32 祭祀조.
104) 『高麗史』 권8 文宗世家 18年 2月 癸酉조 및 권28 忠烈王世家 元年 6月 戊辰조.
105) 羅州牧 官衙의 일기라 할 수 있는 『錦城日記』란 책을 보면 조선 태조 5년(1396)에 祈恩使, 정종 원년에 香別監, 정종 2년(1400) 및 태종 원년(1401년)부터 7년(1407)까지 계속 祈恩別監이 나주에 파견되었음을 전하고 있다.
106) 『世宗實錄』 권23 6年 2月 丁巳조.
107) 『高麗史』 권77 百官志2 爵 및 異姓諸君, 宗室諸君조.

고려의 왕이 제후국을 봉한다는 의미가 포함되어 있었다.[108] 이렇게 볼 때 금성산신이 정녕공에 봉해졌다는 말은 왕의 친척에 해당하는 지위와 대접을 받은 것을 의미한다. 따라서 그 신격이 종실과 대등하였다고 하겠다. 대왕 칭호는 정녕공이 봉해진 후의 일이라 할 것이다.

요컨대 나주의 금성산신은 다른 산신과 마찬가지로 수호신적 기능을 갖고 있었다. 그리하여 진도의 삼별초를 토벌하는데 陰助를 하였다. 또 전라도 담양에서 일어난 이연년의 난을 토벌하는 데도 큰 도움을 주었다. 그 공으로 금성산신은 왕실의 종친과 같은 대우를 받았다. 定寧公이란 작위를 받았던 것이다. 나중에는 大王에 책봉됨으로써 세속적인 왕보다도 높은 지위를 누렸다. 왕실의 정신적인 스승 역할을 했던 것이다.

Ⅲ. 사천과 성황당

1. 현종의 어린 시절과 사수현

고려 제7대 임금 穆宗은 제5대 景宗의 아들이었다. 그는 경종과 제3비 獻哀王后 皇甫氏[뒤의 千秋太后]와의 사이에서 경종 5년(980)에 태어났다. 그러나 다음 해에 경종이 죽자 6대 임금 成宗이 궁중에서 그를 키웠다. 그리고 그가 성종의 사위 자격으로 제7대 임금 穆宗(997~1009)이 되었다.[109] 그러나 왕위에 오른 지 얼마 안 되어 후계자의 문제가 발생했다.

---

108) 金基德, 『高麗時代 封爵制 硏究』, 청년사, 1998, 59쪽.
109) 穆宗妃인 宣正王后 劉氏는 成宗妃인 文德王后 劉氏가 성종에게 오기 전에 혼인했던 弘德院君과의 사이에서 낳은 딸이었다. 따라서 성종은 그를 딸로서 인정할 수밖에

문제의 발단은 경종이 26세의 젊은 나이로 죽으면서 비롯되었다. 그에게는 이미 4명의 후비와 1명의 부인이 있었다. 즉 신라 경순왕의 딸인 獻肅王后 金氏와 獻懿王后 忠州 劉氏, 그리고 黃州 皇甫氏인 獻哀王后·獻貞王后 및 大明宮夫人 柳氏가 있었다. 그런데 이들이 졸지에 과부가 되어버렸다. 그것이 문제였다.

경종의 뒤를 이어 즉위한 成宗代(981~997)에 金致陽이 헌애왕후[일명 千秋太后]와 사통하고, 또 태조의 아들인 安宗 郁이 헌정왕후와 통하여 大良院君[뒤의 현종]을 낳게 되면서 사태의 진전이 복잡하게 되었다.

우선 대량원군의 탄생 과정을 보자. 경종의 제4비 憲貞王后 皇甫氏는 경종이 죽은 후 王輪寺의 남쪽 자기 집에서 살고 있었다. 얼마 후 곁에 살던 태조의 아들 安宗 郁이 그 집을 왕래하다 불륜의 관계를 맺어 급기야는 임신을 하게 되었다. 그리고 얼마 후 대량원군을 낳게 되었다. 그에 대한 기록을 보자.

A. 獻貞王后 皇甫씨는 戴宗의 딸인바 景宗이 죽자 대궐에서 나와서 王輪寺 남쪽에 있는 자기 집에서 살고 있었다. 어느 날 꿈에 그가 鵠嶺에 올라서 소변을 누었더니 소변이 흘러서 온 나라에 넘쳤으며 그것이 모두 변하여 은빛 바다가 되었다. 꿈을 깨고 나서 점을 치니 "아들을 낳으면 왕이 되어 한 나라를 가지게 되리라."고 하였다. 왕후가 "나는 이미 과부가 되었으니 어찌 아들을 낳겠는가?"라고 말하였다. 그런데 당시 安宗의 집과 왕후의 집이 서로 거리가 가까운 까닭에 자주 왕래하다가 간통하여 임신하게 되었으며 만삭이 되어도 사람들이

없었다. 그러므로 목종은 성종에게 사위뻘이 되는 사이였다.(『高麗史』 권88 후비전 1 ; 정용숙, 「왕실족내혼의 강화와 변질」 『고려왕실족내혼연구』, 새문사, 1988, 107쪽)

감히 발설하지 못하였다. 성종 11년(992) 7월에 왕후가 안종의 집에서 자고 있을 때 그 집 종들이 화목을 뜰에 쌓고 불을 지르니 불꽃이 올라서 마치 화재가 난 듯하여 백관들이 달려 와서 불을 껐다. 그때 성종도 급히 위문하러 가서 본즉 그 집 종들이 사실대로 고하였다. 그래서 안종을 귀양보냈는데 왕후는 부끄러워서 울고 있다가 자기 집으로 돌아갔는데 바야흐로 문 입구에 이르렀을 때 뱃속의 태아가 움직였다. 그래서 문 앞의 버드나무 가지를 붙잡고 아이를 낳았으나 산모는 죽었다. 成宗이 유모를 택하여 그 아이를 양육하라고 명령하였는데 장성한 후 왕위에 올랐으니 그가 바로 현종이다. 현종이 왕위에 오르자 孝肅王太后라고 추존하고 그의 무덤을 元陵이라고 하였다.(『高麗史』 권88 后妃1 獻貞王后 皇甫氏조)

여기서 보듯이 헌정왕후 황보씨가 자신의 소변이 온 나라에 넘쳐 은빛 바다로 변하는 꿈을 꾸고 나서 아들을 낳게 되었다는 것이다. 이 같은 설화는 이미 신라시대 때부터 있었다. 김유신의 여동생 寶姬가 西岳에 올라 소변을 보니 소변이 서라벌 안에 가득차는 꿈을 꾸었는데 동생인 文姬가 비단치마를 주고 그 꿈을 산 후에 김춘추와 결혼하게 되었다는 것이 그것이다.[110] 또 고려 태조 왕건의 할아버지 作帝建을 낳을 때도 이 같은 설화가 배경이 되었다. 損乎述[일명 寶育]의 딸 중 언니가 五冠山에 올라가 소변을 보니 천하에 가득차는 꿈을 꾸자 그 동생 辰義가 비단치마를 주고 꿈을 산 후 당나라 숙종과 혼인하게 되었다는 것이다.[111] 이런 꿈을 꾸고 나서 낳은 자식은 다 귀하게 된다는 속설이 있었던 모양이다. 소변이란 다름 아닌 자식을 뜻하는 것이다.

---

110) 『三國遺事』 권1 紀異 1 太宗 春秋公조.
111) 『高麗史』 太祖世系.

소변이 나오는 곳과 아이가 나오는 곳이 같았기 때문이다.

이렇게 하여 아이를 임신한 헌정왕후가 만삭이 되었을 때 그 집
종들의 기지로 성종에게 알려지게 되었다. 헌정왕후는 울며 집으로
돌아오다 집 문 앞에서 아이를 낳았다. 그러나 그 자신은 죽었다. 대량원
군(뒤의 현종)은 어머니 얼굴도 모른 채 태어난 것이다. 그가 태어난
시기는 성종 11년(992) 7월 1일이었다.[112]

한편 성종은 안종을 泗水縣[경남 사천]으로 귀양 보냈다. 성종은 안종
욱을 內侍 謁者 高玄에게 명령하여 사수현으로 압송하게 하였던 것이다.
고현이 돌아올 때가 되자 안종 욱은 그에게 시를 지어 주었는데 그
시는 다음과 같다.

B. 그대와 더불어 같은 날에 황성을 떠났는데　　　　　　與君同日出皇畿
　　그대는 이미 돌아갔으나 나는 홀로 못가누나!　　　　君已先歸我未歸
　　귀양가는 길에선 쇠줄에 매인 원숭이처럼 신세만 한탄하였고
　　　　　　　　　　　　　　　　　　　　　　　　　　旅檻自嗟猿似鏁
　　이별의 정자에선 나는 듯이 가는 저 말(馬)이 도리어 부러웠어라!
　　　　　　　　　　　　　　　　　　　　　　　　　　離亭還羨馬如飛
　　황성의 봄을 사랑하던 넋은 꿈인양 아득한데　　　　帝城春色魂交夢
　　바닷가 풍경에 눈물이 옷깃을 적시었네!　　　　　　海國風光泪滿衣
　　성상이 하신 말씀 응당 변함없으려니　　　　　　　聖主一言應不改
　　어촌 이곳에서 설마 여생을 늙으라 하시랴?　　　　可能終使老漁磯

　　　　　　　　　　　　　　　(『高麗史』 권90 宗室傳1 安宗 郁조)

---

112) 『高麗史』 권4 현종세가 序頭 및 『高麗史節要』 권3 顯宗元文大王조.

여기서 "성상이 하신 말씀 변함없으려니"라는 구절이 주목된다. 아마 안종 욱을 떠나보내면서 조금만 참고 견디면 바로 소환하겠다는 뜻이었을 것이다. 기록에 의하면 성종은 안종 욱에게 "숙부가 대의를 범한 까닭에 귀양보내는 것이니 초조한 마음을 가지지 말도록 조심하오."라고[113] 하였다 한다. 안종 욱은 태조와 신성왕태후 김씨와의 사이에서 태어난 사람인데 신성왕태후는 신라 경순왕의 백부였던 金億廉의 딸이었다.[114] 따라서 안종 욱은 戴宗 旭의 아들이었던 성종에게는 숙부뻘이 된다. 따라서 성종은 안종 욱을 숙부라 불렀던 것이다.

이리하여 대량원군은 아버지 얼굴도 거의 보지 못하고 보모에 의하여 고아처럼 길러졌다. 그러나 그가 2살 될 무렵 사수현에 있던 아버지 곁으로 보내졌다. 사수현에서의 생활이 시작된 것이다. 그러나 아버지 안종 욱도 성종 15년(996) 죽음으로써 이듬해 서울로 올라오게 되었다. 그 간의 사정이 『고려사』에는 다음과 같이 기록되어 있다.

C. 처음에 王郁을 귀양보내던 날에 황보씨가 아이를 낳고 죽었으므로 성종이 보모를 선택하여 그 아이를 길렀다. 아이가 두 살 되었을 때부터 보모는 항상 "아버지"라는 말을 가르쳐 주었다. 하루는 成宗이 아이를 불러서 보는데 보모에게 안겨 들어간 아이는 성종을 우러러보더니 "아버지"라고 부르고 무릎위로 기어 올라가서 옷깃을 당기면서 또 한번 "아버지"라고 불렀다. 성종이 가련히 여겨 눈물을 흘리면서 "이 아이가 대단히 아버지를 그리워하는구나!" 하고 말하더니 드디어 아이를 泗水縣으로 보내 왕욱에게 주었는바 그가 바로 후일의 顯宗이다.……성종 15년에 왕욱이 귀양간 곳에서 죽었다.……이듬해 2월에

113) 『高麗史』 권90 종실전1 安宗 郁조.
114) 『高麗史』 권88 后妃傳1 太祖 神成王太后 金氏조.

현종이 서울에 올라오게 되었다. 그가 왕위에 오르자 왕욱을 孝穆大王이라고 추존하고 묘호를 安宗이라고 하였다. 8년 4월에 乾陵에 옮겨 장사하고 5월에 憲景이란 시호를 더 올렸으며 12년에 효목을 孝懿로 고쳤다. 현종 18년에는 聖德이라는 시호를 더하였고 후에는 武陵이라고 불렀다.(『高麗史』 권90 宗室傳1 安宗 郁조)

그의 사수현 생활은 4년 만에 종말을 고하고 개경으로 올라왔다. 성종 12년부터 16년까지 4년 동안의 어린시절을 사수현에서 보낸 셈이 된다. 대량원군이 사수현에서 지낸 곳은 어디일까. 기록에 의하면 사수현의 남쪽에 臥龍山이 있었는데 그곳에 있는 排房寺라는 절에서 자랐다 한다.[115]

대량원군이 개경으로 올라온 후 그는 大良院에서 자란 것 같다. 그가 大良院君이라 칭해졌기 때문이다. 그러나 성종이 바로 죽고 목종이 즉위하면서 그의 생활은 순탄치 않았다. 그것은 헌정왕후의 언니이며 대량원군의 큰 이모인 헌애왕후 때문이었다.

헌애왕후는 성종이 재위 16년 만에 죽고 목종이 즉위하자 전권을 장악하였다. 목종의 나이 이미 18세가 되었으나 그의 친정을 허락하지 않았다. 섭정을 하였던 것이다. 이때부터 그는 千秋太后라 불리면서 무소불위의 권한을 행사하였다. 자신의 힘에 의하여 목종이 왕위에 올랐기 때문이었다. 성종이 죽자 헌애왕후는 혹 동생의 아들인 대량원군이 왕위를 노리고 있는 것이 아닌가 의심하였다. 성종이 아들을 낳지 못하고 죽었기 때문이다. 대량원군도 어머니로 따지면 경종의 아들이었다. 때문에 그는 선수를 써 자신의 아들인 목종을 왕위에 앉힌 것이었다.

---

115) 『新增東國輿地勝覽』 권31 경상도 泗川縣 山川, 佛宇조 및 『大東地志』 권9 경상도 사천 산수조.

목종이 즉위한 후에도 대량원군은 천추태후에 있어서 눈에 가시 같은 존재였다. 특히 김치양과의 사이에서 아들을 하나 낳으면서 미움은 도를 더하였다. 金致陽은 원래 천추태후의 외가쪽 친척이었다. 그는 중이 되어 성종대부터 천추궁을 출입하게 되었고, 김치양과 천추태후는 결국 불륜의 관계가 되었다. 성종은 이 소문을 듣고 김치양을 먼 곳으로 귀양보냈다. 그러나 목종이 즉위하면서 천추태후는 그를 다시 개경으로 불러들였고, 불륜의 관계가 지속되었다. 마침내 아들을 하나 낳으니 천추태후는 그로 하여금 목종의 뒤를 잇게 하려고 했다.[116)

천추태후는 대량원군이 정치에 간여하지 못하도록 머리를 깎고 중이 되게 하였다. 처음에는 崇敎寺라는 절에 있게 하였다. 그런데 그때 그 절의 중이 꿈을 꾸었다. 그 내용은 큰 별이 절 마당에 떨어져 용으로 변하더니 다시 사람으로 변하였는데 그 사람이 바로 대량원군이었다는 것이다. 그리하여 사람들은 모두 대량원군을 신기하게 여겼다. 그 후 목종 9년(1006)에는 대량원군을 삼각산 신혈사에 거주토록 하였다.[117) 그리하여 사람들은 그를 '神穴小君'이라 불렀다.

이런 와중에서 대량원군은 피신 생활은 하고 있었지만 나름대로의 포부를 키우며 생활하고 있었다. 당시 그가 썼다는 2편의 시를 통해 그 마음의 일단을 엿볼 수 있다.[118) 먼저 「시냇물(溪水)」이란 제목의 시를 보자.

D. 백운봉에서 흘러내리는 한 줄기 시냇물   一條流出白雲峯
    만경창파 먼 바다로 향하는구나   萬里滄溟去路通

---

116)『高麗史』권127 金致陽傳.
117)『高麗史』권4 현종세가 序文.
118) 위와 같은 조항.

234

졸졸 흘러 바위 밑에만 있다고 말하지 마라   莫道屛溪巖下在
용궁에 도달할 날 그리 멀지 않았으니   不多時日到龍宮
                                        (『高麗史』 권4 顯宗世家 序文)

　자신의 인생을 비유하여 읊은 것이다. 지금은 한 줄기 시냇물이지만
바위 계곡을 돌아가다보면 언젠가는 넓은 바다에 도달할 것이다. 자신의
처지도 현재는 한 줄기 시냇물과 같이 역경을 겪고 있지만 이를 참고
견디면 언젠가는 용궁에 도달하여 임금이 될 것이라 읊고 있는 것이다.
　또 「작은 뱀(小蛇)」이란 시도 있었다.

E. 약초 밑에 도사리고 앉아 있는 작고 작은 저 뱀   小小蛇兒遶藥欄
　 온 몸에 붉은 무늬 찬란히 번쩍이네   滿身紅錦自斑斕
　 언제나 꽃밭에만 있다고 말하지 말라   莫言長在花林下
　 하루아침에 용되기란 어렵지 않으리니   一旦成龍也不難
                                        (『高麗史』 권4 顯宗世家 序文)

　약초 밑에 도사리고 있는 작은 뱀도 언젠가 하루아침에 용이 될
수 있다 하고 있다. 자신을 언제나 꽃밭에서 놀고 있는 작은 뱀같이
볼지 모르지만 조만간에 왕이 될 수도 있음을 밝히고 있는 것이다.
그의 인내심과 포부를 잘 표현해주고 있다.
　그러나 김치양과 천추태후[헌애왕후 황보씨]는 마음이 놓이지 않아
여러 차례 사람을 보내 그를 죽이려 하였다. 여러 승려들의 도움으로
대량원군 제거 시도는 모두 실패하였다. 그러한 사정은 다음 사료가
잘 말해준다.

F. 獻哀王太后 皇甫氏는 戴宗의 딸이니 穆宗을 낳았다. 목종이 왕위에 오르자 그에게 應天啓聖靜德王太后라는 尊號를 올렸다. 목종의 나이 이미 18세나 되었으나 태후가 섭정하고 천추전에 거처하였으므로 세상에서 그를 千秋太后라고 불렀다. 그가 金致陽과 간통하여 아들을 낳고 그 아들을 왕위 계승자로 정하려고 하였다. 당시 顯宗은 大良院君으로 있었는데 태후가 그를 꺼리어 억지로 승려로 만들어 三角山 神穴寺에 나가 있게 하였다. 그래서 당시 사람들이 '神穴小君'이라고 불렀는데 태후는 누차 사람을 보내 그를 죽이려고 하였다. 하루는 궁녀[內人]를 시켜 술과 떡을 보내면서 그 속에 모두 독약을 넣었다. 궁녀가 절에 가서 소군을 만나 친히 음식을 먹이려고 하였는데 절의 어떤 중이 갑자기 소군을 땅굴 속에 숨겨 두고 거짓으로 "소군이 산으로 놀러 나갔으니 간 곳을 어찌 알겠느냐?"라고 속였다. 궁녀가 돌아간 후에 그 음식을 뜰에 버렸더니 까마귀와 참새들이 그것을 먹자 즉시 죽었다. 또 태후는 충신과 의로운 사람들을 더욱더 꺼렸으므로 죄없는 신하들을 많이 모함하였으나 목종은 이를 금하지 못하였다. 12년 정월에 천추전에 화재가 나서 태후는 장생전으로 옮기어 거처했는데 후에 康兆가 김치양 부자를 죽이고 태후의 친척들을 섬에 귀양보냈으며 또 사람을 시켜 목종을 죽였다. 그래서 태후는 黃州에 가서 21년간 있다가 현종 20년(1029) 정월에 숭덕궁에서 죽었다. 향년 66세였고 幽陵에 매장하였다.(『高麗史』권88 后妃傳1 獻哀王太后 皇甫氏)

여기서 보는 것처럼 천추태후는 궁녀를 보내 떡 속에 독약을 넣어 대량원군[현종]을 살해하려 하였다. 그러나 스님들의 보호와 기지로 목숨을 보존할 수 있었다. 신혈사의 노승은 절 안에 있던 방의 한 가운데를 파서 지하실을 만들어 대량원군을 숨기고 그 위에 침상을 놓아 불의의 변고에 대비하기까지 하였다.[119] 그러는 와중에, 김치양은 천추태후를 등에 업고 권력을 전횡하였다. 천추태후의 힘에 의해 右僕射 兼 三司事(정 2품)의 지위에까지 오른 그는 친척과 도당을 모두 요직에 배치하였다. 인사권을 장악하고 뇌물을 받았으며 300여 칸이나 되는 호화주택을 짓고 살았다. 자기 고향에는 星宿寺란 큰 절을 짓고 궁성의 서북쪽에도 十王寺란 절을 지었다.[120]

목종은 이러한 김치양을 외방으로 내치려 하였지만, 어머니 천추태후의 노여움을 사면 어떤 일이 벌어질지 몰랐다. 그렇다고 어머니라 하여 무슨 일이든 따를 수는 없었다. 즉위할 때는 18세의 나이였지만 이제는 20세를 훌쩍 넘긴 성인이 되었기 때문이다. 그는 정황을 살피면서 대량원군을 보호하려 애썼다. 불륜의 씨앗을 왕실의 후계자로 삼을 수는 없다고 생각한 것 같다. 그가 후계자가 되면 王氏 왕조는 끝이 나는 것이었다. 친아들이 없었던 목종은 태조의 친손자이며 웅지를 품고 있는 대량원군이 후계자로 적격이라고 판단하였다.

목종의 뜻대로 행운은 대량원군에게 서서히 돌아가고 있었다. 다음의 이야기가 이를 말해준다.

   G. 왕[대량원군]이 어느 날 닭 우는 소리와 다듬이 소리가 들려오는 꿈을 꾸고 術士에게 물었더니 술사가 속담으로 해몽하기를 "닭울음은 꼬끼요[鷄鳴高貴位], 다듬이 소리는 어근당어근당[砧響御近當]하니 이 꿈은 왕위에 오를 징조입니다."라고 하였다. 목종 12년 2월 기축일에 여러 신하들이 대량원군을 모셔다가 延寵殿에서 즉위케 하니

---

119) 『高麗史節要』 권2 목종 6년조.
120) 『高麗史節要』 권2 목종 6년조.

이가 곧 현종이었다.(『高麗史』권4 顯宗世家 序文)

닭 울음 소리인 '꼬끼요'는 한자로 풀어쓰면 '高貴位'로 이는 '고귀한
지위' 즉 '왕'을 가리키는 말이다. 또 다듬이 소리인 '御近當'을 풀이하면
'오를 날이 가까이 당도하였다'가 된다. 결국 대량원군이 '왕위에 오를
날이 가까이 당도하였다'는 뜻이다. 술사도 이렇게 풀이했으리라 짐작된
다. 그런 꿈을 꾼 지 얼마 안 되어 대량원군이 현종으로 즉위한 것이다.

2. 사수현의 성황 신앙

그런데 다음 사료에서 보듯이 현종이 어린 시절을 보냈던 사수현에
성황당의 존재가 보이고 있어 주목된다.

> H. 王郁은 글을 잘 지었고 또 地理에 정통하였는데 어느 날 가만히
> 현종에게 금 한 주머니를 주면서 하는 말이 "내가 죽거든 이 금을
> 地官에게 주고 나를 이 고을 城隍堂 남쪽 歸龍洞에 매장하게 하되
> 반드시 엎어서 묻게 하라."고 하였다. 성종 15년에 왕욱이 귀양간
> 곳에서 죽으니 현종이 그가 가르치던 대로 하였고 장차 매장할 때
> 시체를 엎어 묻어 달라고 청하니 지관이 "어찌 그렇게도 급하던가!"라
> 고 말하였다.(『高麗史』권90 宗室傳1 安宗 郁조)

여기서 보듯이 안종 욱은 죽기 전에 대량원군에게 부탁하기를 자신이
죽으면 성황당 남쪽 歸龍洞에 묻어달라 부탁했다 한다. 그것도 엎어
묻어달라고 했다. 그렇다면 그가 왜 그런 부탁을 했을까.
우선 그에 관련된 사료를 보자.

238

I-① 歸龍山(현의 남쪽 10리에 있다) 臥龍山(현의 남쪽 30리에 있다. 또 晋州조에도 보인다) 城隍山(현의 남쪽에 있다)(『新增東國輿地勝覽』 권31 慶尙道 泗川縣 山川조)

② 歸龍寺(귀룡산에 있다) 積善寺·興寶寺(모두 와룡산에 있다) 排房寺(옛 이름은 蘆谷으로 와룡산에 있다. 고려 현종이 어렸을 때에 일찍이 이 절에 寓居하였다)(『新增東國輿地勝覽』 권31 慶尙道 泗川縣 佛宇조)

③ 城隍祠(산성 내에 있다)(『新增東國輿地勝覽』 권31 慶尙道 泗川縣 祠廟조)

④ 陵華峯(와룡산에 있는데 고려 안종이 이 봉우리 아래에 매장되었다. 지금에 이르러 그 마을을 陵華里라 한다) 城隍山城(석축으로 둘레가 1941자인데 안에 샘 1개와 연못 1개가 있다)(『新增東國輿地勝覽』 권31 慶尙道 泗川縣 古跡조)

⑤ 歸龍山(남쪽 10리에 있다) 臥龍山(고려 성종 11년 태조의 제8자 郁을 사수현에 유배하였다. 현종 즉위 후 그 아버지 욱을 추존하여 安宗으로 하고 陵華峯 아래에 장사지냈다. 지금 칭하기를 능화리라 한다. 8년에 梓宮을 개경으로 옮겨 乾陵이라 하였다. 현종이 일찍이 이 산의 排房寺 에 寓居하였다)(『大東地志』 권9 慶尙道 泗川 山水조)

여기서 보는 바와 같이 어릴 적의 대량원군이 살았던 곳은 배방사라는 절이었다. 배방사는 臥龍山에 있는 절이었다. 이때는 안종 욱도 대량원군 과 함께 살았을 것이다. 그런데 와룡산은 말 그대로 풀이하면 '누워 있는 용같이 생긴 산'을 말하는 것이다. 용은 곧 왕을 뜻하는 것이니 아직 왕위에 오르지 못한 대량원군과 그 아버지가 살기에 적합한 곳이었 다.

이들은 여기서 왕이 되어 돌아가기를 학수고대 했을 것이다. 그러나 몇 년이 지났는데도 성종은 이들을 부르지 않았다. 따라서 빨리 돌아가기를 바라는 마음에서 대량원군에게 歸龍洞에 묻어달라고 부탁한 것이다. 귀룡동이란 뜻은 '돌아갈 용이 사는 동네'로 풀이된다. 자신은 살아서 못간다 하더라도 자신의 아들은 빨리 돌아가 왕이 되기를 바라는 마음에서 이러한 부탁을 한 것 같다. 엎어서 묻으면 눕혀서 묻는 것보다 더 빨리 일어날 수 있기 때문이 아닌가 한다. 그러자 이 말을 들은 술사는 때가 되면 돌아갈 것인데 왜 이리 급히 서두르냐고 말한 것이다. 그 때문인지 모르지만 안종 욱이 죽어 귀룡동에 묻힌 다음 해에 대량원군은 개경으로 돌아가게 되었다.

그런데 얼핏 보면 귀룡동은 현의 남쪽 30리에 있다는 귀룡산 밑의 동네가 아니었겠는가 추측할 수 있다. 그러나 기록에는 안종의 무덤이 와룡산의 한 봉우리인 능화봉 밑에 있었다고 되어 있다. 능이 있었기 때문에 능화봉이라 한 것인지 원래 봉우리 이름이 능화봉이었기 때문에 안종이 여기에 무덤을 쓰라고 했는지 알 수 없다. 그러나 분명 어떤 연관관계가 있었음은 틀림없다. 그렇다면 능화봉 밑의 동네가 귀룡동이라는 이야기가 된다. 귀룡동이란 지명이 귀룡산이나 귀룡사와 연관이 있을 듯도 싶은데 능화봉 밑에 있다는 것은 이해하기 힘들다.

그러나 기록을 자세히 보면 그 이유를 알 수 있을 것 같다. 즉 『대동지지』의 저자인 김정호는 어디에 근거한 것인지는 알 수 없지만 "현종 즉위 후" 안종을 능화봉 아래에 장사지냈다고 하고 있다. 이를 보면 원래부터 안종 욱의 무덤이 능화봉 아래에 있었던 것이 아님을 알 수 있다. 안종은 현종이 왕위에 오르기 13년 전인 성종 15년(997)에 죽었기 때문이다. 따라서 처음 안종의 무덤이 있었던 곳은 귀룡산 밑의 귀룡동이란 곳이었는데 현종이 즉위하면서 이를 와룡산 밑으로 이장하였다고 보아야 할 것이다. 그에 따라 그 뒤 봉우리를 능화봉이라 했고 그 마을을 능화리라

한 것이 아닌가 한다.

그런데 여기서 성황당의 존재가 궁금해진다. 성황당은 어떤 의미가 있는 것일까.『고려사』에 보이는 성황당은 조선초기까지 존재했는데 높은 곳에 있기 때문에 烽火를 올리는 곳으로도 사용되었다.『세종실록지리지』에는 성황당이 烽火處로 되어 있기 때문이다.[121) 또 고려시대의 성황당은 아마도『신증동국여지승람』의 城隍祠와 같은 존재로 보인다. 성황사는 성황산성[122) 내에 있었고 성황산성은 성황산에 있는 것임에 틀림없기 때문이다. 성황산은 현의 남쪽에 있었다. 따라서 성황사와 안종 욱 및 대량원군이 살았던 배방사는 가까운 거리에 있었음이 틀림없다. 그렇다면 안종 욱은 평상시에 성황당 내지 성황사에 나아가 자신의 아들이 빨리 개경으로 돌아가 왕이 되게 해달라고 빌었으리라 추측된다.

城隍은 일종의 방어시설로 높게 만든 부분이 城이고 움푹 파인 부분이 隍이었다. 즉 城池와 같은 뜻이었다. 그러나 여기에도 신이 있다고 생각하여 성내에 사는 사람들이 자신들의 안녕과 고을 수호를 위해 제사한 것이 바로 성황 신앙이었다.[123)

그런데 이 城隍堂(祠)에 대한 제사는 그 지역의 지방세력들이 도맡아 하는 것이 상례였다. 그 지방세력이란 다름 아닌 그 지역의 土姓들이었다. 당시 사수현의 토성은 李·黃·吳·睦씨였다.[124) 이들은 왕족이었던 안종

---

121)『世宗實錄地理志』경상도 사천현조.『慶尙道地理志』사천현조에는 아예 城隍堂 烽火로 나와 있다.

122) 이 성황산성은『世宗實錄地理志』에는 성황당석성이라 되어 있다. 이 城隍堂石城은 "현의 남쪽 2里에 있는데 높고 험하며 주위가 588步이고 안에는 샘이 1, 연못이 2개가 있고 또 軍倉이 있다."라고 되어 있는 것이다.(『世宗實錄地理志』경상도 사천현조)

123) 김갑동,「고려시대의 성황 신앙과 지방통치」『한국사연구』74, 1991, 1~9쪽.

124)『世宗實錄地理志』경상도 사천현 土姓조 및『新增東國輿地勝覽』권31 慶尙道 泗川縣 姓氏조. 그러나『경상도지리지』사천현조에는 토성의 순위가 睦·李·黃·吳

욱과 대량원군이 내려오자 이들을 위해 성황사에서 제사를 지내주었을 가능성이 높다. 대량원군이 빨리 개경으로 돌아가 왕이 되기를 빌어주었을 것이다. 또 안종이 죽은 뒤에는 그를 성황신으로 봉안했을 가능성도 있다. 이를 통해 만약 현종이 왕위에 즉위했을 때를 대비했을 것이다. 즉 현종이 왕위에 오르면 그들을 잘 모신 대가로 중앙으로의 진출을 꾀했을 가능성이 있다.

그래 그런지 모르지만 현종대에 중앙 정계에서 활동한 사람들을 분석해 보면 이씨 성을 가진 인물들이 꽤 많이 나타난다. 李禮均(원년 10월 : 參知政事→ 5년 6월 : 門下侍郎平章事)·李靖(2년 4월 : 尙書左丞 → 2년 6월 : 殿中監)·李仁禮(2년 : 郎中)·李擇成(2년 8월 : 殿中侍御史)· 李仁澤(2년 8월 : 監察御史→ 3년 5월 : 都部署→ 10년 8월 : 考功員外郎 → 15년 12월 : 侍御史)·李昉(2년 9월 : 西京副留守)·李守和(3년 6월 : 左 拾遺→ 7년 정월 : 左補闕→ 11년 정월 : 起居郎)·李周憲(6년 윤6월 : 刑 部尙書→ 7년 7월 : 尙書右僕射→ 7년 9월 : 西京留守→ 12년 10월 : 尙書 右僕射 參知政事)·李作忠(7년 정월 : 左拾遺→ 11년 정월 : 右補闕→ 20년 11월 : 給事中)·李成功(7년 4월 : 殿中司憲)·李懷(7년 4월 : 監察司憲→ 18년 9월 : 左承宣)·李周佐(7년 4월 : 監察司憲→ 14년 10월 : 侍御史→ 18년 6월 : 起居舍人→ 21년 8월 : 御史中丞)·李端(8년 3월 : 司憲臺中丞 → 17년 정월 : 御史大夫→ 17년 5월 : 右常侍 知中樞使→ 18년 정월 : 中 樞使→ 20년 11월 : 西京留守使→ 22년 4월 : 參知政事)·李龔(8년 5월 : 知中樞事→ 9년 5월 : 翰林學士承旨→ 9년 6월 : 左常侍→ 12년 9월 : 中 樞使檢校司空→ 13년 2월 : 刑部尙書→ 14년 2월 : 西京留守→ 14년 12 월 : 內史侍郎平章事 監修國史→ 15년 11월 : 尙書左僕射 同內史門下平章

의 순으로 되어 있다.

事→ 18년 정월 : 門下侍郞)·李元(8년 11월 : 龍虎軍上將軍兼戶部尙書→ 10년 7월 : 右僕射→ 14년 12월 : 檢校太子太保)·李玄載(11년 윤12월 : 殿中侍御司憲)·李可道(12년 5월 : 尙書左丞→ 13년 3월 : 同知中樞使→ 15년 11월 : 戶部尙書→ 20년 11월 : 檢校太尉 行吏部尙書 兼太子少師 參知政事→ 21년 8월 : 內史侍郞 判三司事)·李可遣(13년 10월 : 中樞使 國子祭酒)·李作仁(13년 10월 : 司憲大夫→ 21년 2월 : 參知政事)·李惟亮 (18년 6월 : 殿中侍御史)·李膺年(18년 6월 : 監察御史) 등이 그들이다. 모두 21명에 이른다. 물론 이들 중에는 성관을 알 수 있는 자들이 있다. 李周佐는 慶州 李氏이고 李周憲은 土山 李氏, 李端은 遂安 李氏, 李可道는 淸州 李氏 임이 밝혀져 있는 것이다.[125] 그러나 나머지 17명은 姓貫이 어디인지 알 수 없다. 그들 중 일부는 사천 출신이 아닌가 추측해 본다. 어렸을 때 현종을 잘 보필한 대가로 중앙에 올라가 관직생활을 했으리라 짐작되는 것이다.

3. 현종의 즉위와 사천

(1) 현종의 즉위과정

목종은 재위 기간 중 김치양을 제거하고자 했으나 뜻을 이루지 못하였다. 그러다가 의외의 사건이 발생하면서 최후를 맞이하고 현종이 즉위하게 되었다. 그 과정을 좀 더 자세히 보자.

목종 12년(1009) 왕이 연등회를 관람하던 중 大府의 기름 창고에 불이 나 千秋殿으로 번지면서 천추전이 불타 버렸다. 목종은 이를 슬퍼하고 탄식하다가 병이 들어 몸져눕게 되었다.[126] 이 기회를 틈타 千秋太后와

---

125) 李樹健, 『韓國中世社會史硏究』, 一潮閣, 1984, 222쪽 <표 5-3>.
126) 『高麗史』 권3 穆宗世家 12年 正月조.

김치양 일파는 자신의 아들을 왕위에 앉히려 하였다.

목종은 이를 두고 볼 수 없었다. 자신이 쫓겨나는 것은 좋았으나 100년 가까이 지켜온 왕실을 김치양에게 넘겨줄 수는 없었다. 그는 선수를 쳤다. 蔡忠順·崔沆 등과 상의하여 대량원군을 맞이하여 후사로 삼기로 하였다. 목종이 이렇게 결심하게 된 것은 두 통의 편지가 큰 역할을 하기도 했다. 한 통은 劉忠正이 올린 글이었고 한 통은 大良院君이 직접 올린 글이었다. 목종은 이를 채충순에게 보여주며 태조의 후손인 대량원군을 후계자로 삼도록 하였다. 이에 채충순은 최항과 상의하고 皇甫兪義를 신혈사에 보내 대량원군을 맞이하여 오게 하였다.[127]

당시의 급박했던 상황은 다음 사료를 통해 자세히 알 수 있다.

J. (채충순은) 목종 때에 누차 승진하여 中樞院副使에 이르렀다. 이때에 왕이 병석에 누워 있었다. 채충순은 劉瑨, 崔沆과 함께 銀臺에서 당직하고 있었는데 어느 날 왕이 채충순을 침실로 불러다 놓고 측근자 들을 피석시킨 후 말하기를 "나의 병은 점차 회복되어 가고 있다. 그런데 듣건대 외부에서 나의 자리를 엿보는 자가 있다 하는데 그대는 이것을 아는가?"라고 하였다. 그가 대답하기를 "저는 말을 들은 바는 있으나 그런 사실을 확인하지는 못하고 있습니다."라고 하였다. 왕이 베개 위에 있는 封書를 그에게 주었는데 그것은 劉忠正이 올린 글이었 다. 그 글의 내용은 "右僕射 金致陽이 왕위를 엿보고 있으며 사람을 보내 선물을 주면서 심복을 널리 배치하고 저에게도 은근히 원조해달 라고 요구하므로 저는 그에게 알아듣도록 타이르고 거절하였습니다 마는 이 일은 감히 아뢰지 않을 수 없는 일입니다."라고 하였다.

---

127) 『高麗史』 권93 蔡忠順傳.

또 다른 편지 한 통을 보여 주는데 이것은 大良院君 王詢이 올린 글이었고 편지 내용은 "악당들이 사람을 보내 저를 포위 핍박하며 술과 음식을 보냈는데 저는 독약을 넣었을까 의심하고 먹지 않고 까마귀와 참새들에게 주었더니 먹은 새들이 모두 죽었습니다. 그 음모의 위험이 이러하니 원컨대 전하께서는 저를 불쌍히 여기시고 구원하여 주시기를 바랍니다."라고 하였다.

채충순이 편지를 보고 나서 아뢰기를 "사세가 급박하니 빨리 손을 써야 하겠습니다."라고 하였다. 왕이 말하기를 "나의 병이 점차 위독하여 가니 조석간에 땅 속에 들어 갈 것 같고 태조의 후손은 오직 대량원군 뿐이다. 그대와 최항은 평소부터 충의로운 마음을 품고 있었으니 마땅히 성의를 다하여 그를 도와 사직이 他姓에게 속하지 않도록 하라."고 하니 채충순이 나와서 최항과 상의하였다. 최항은 말하기를 "나는 항상 이 일에 대하여 근심하고 있었는데 이제 주상의 뜻이 이러하시니 국가의 행복이다."라고 하였다.

劉忠正이 감찰어사 高英起를 보내 채충순과 최항에게 전달하기를 "지금 상왕께서 병석에 누워 계신데 악당들은 기회를 엿보고 있으므로 사직이 타성에 넘어 갈 염려가 있으니 만약 병환이 위독하시거든 태조의 손자로 하여금 후계자로 삼아야 하겠습니다."라고 하였다. 채충순 등은 거짓 놀라면서 묻기를 "태조의 손자가 어디 계시오?"라고 하니 또 말하기를 "바로 대량원군입니다. 그만이 왕위 계승자가 될 수 있습니다."라고 하였다. 이에 채충순 등이 대답하기를 "우리들도 역시 이런 말을 들은 지 오래 되었습니다. 마땅히 하늘이 시키는대로 하겠습니다."라고 하였다. 충정은 또 다시 고영기를 보내 전하기를 "내가 친히 가서 의논하고 싶으나 추종하는 호위병이 많아서 다른 사람들의 의혹을 살까 두려우니 두 분이 왕림하여 주시오."라고 하였

다. 채충순은 최항과 의논하기를 "이것은 개인의 일이 아니라 실로
국가의 대사이니 찾아 가서 만나야 한다."라고 하였다. 이리하여
드디어 그를 방문하고 일을 결정하였다.(『高麗史』 권93 蔡忠順傳)

여기서 보는 바와 같이 왕이 채충순을 불러 후계자를 논의하였다.
목종이 대량원군을 지목하고 최항과 상의하여 일을 도모할 것을 부탁하
였다. 그들이 후계자로 대량원군을 지목한 주요한 이유는 대량원군이
태조의 손자였기 때문이었다. 그런데 그 때 유충정이 감찰어사 고영기를
보내와 채충순과 최항에게 후계자 문제를 이야기하자 그들은 처음에는
모르는 척 하였다. 채충순과 최항은 유충정의 본심을 알 수 없었기
때문이었다. 유충정이 실제는 김치양 일파이면서도 목종의 동태를 떠보
기 위해 편지를 올렸을 가능성을 배제할 수 없었기 때문이었다. 그러나
자신들과 유충정의 마음이 일치함을 알고 나서 대량원군 추대 계획에
그도 참여시킨 것이었다.
곧 이어 그들은 구체적인 행동에 들어갔다. 다음 기록을 보자.

K. 당시 대량원군은 삼각산 신혈사에 있었다. 채충순이 궁중에 들어가서
이 사유를 왕에게 아뢰니 왕은 말하기를 "마땅히 문관, 무관을 각
한 명씩 선택하여 군교들을 거느리고 가서 영접하라."고 하므로 채충
순과 최항 및 고영기 등이 의논하고 宣徽判官 皇甫兪義를 왕에게
천거하였다. 채충순 등이 또 의논한 후 왕에게 아뢰기를 "군교들이
많으면 행동이 반드시 지연되어 악당들이 먼저 손을 쓸 우려가 있으니
10여 명 정도를 파견하되 지름길로 가서 영접하는 것이 마땅합니다."
라고 하였다. 왕도 그 의견이 옳다고 말하고 계속하여 말하기를
"내가 친히 왕위를 禪位하고 싶으니 빨리 사람들을 보내고 지체하지

말도록 하라. 만약 내 병이 회복되면 성종이 나를 책봉하던 옛일과 같이 하겠다. 명분을 일찍 정하면 틈을 엿보는 사람이 없어질 것이다. 내가 자식이 없고 계승자가 미정이므로 뭇사람의 마음이 동요되는데 이것은 나의 허물이다. 국가 대계로서 이보다 더 큰 일은 없으니 그대들은 각기 충심을 다하라."고 하면서 왕이 드디어 눈물을 흘리니 채충순도 울었다.

왕은 채충순에게 명령하여 대량원군에게 주는 글의 초안을 지으라고 하면서 친히 먹을 갈아주니 채충순이 사양하기를 "제가 스스로 갈아서 쓰겠사오니 청컨대 聖體를 수고롭게 하지 마십시오."라고 하였다. 왕이 대답하기를 "나의 마음이 심히 조급해지니 피로도 느껴지지 않는다."고 하였다. 채충순이 초안한 글은 다음과 같다. "옛날부터 국가 대사는 미리 결정하면 민심이 안정되는 법이라. 이제 내가 병석에 누워 있으니 간신들이 기회만 엿보고 있으며 명분을 정하여 두지 않았기 때문에 더욱 엿보고 있다. 그대는 태조의 嫡孫이니 빨리 길을 떠나오라. 내가 죽기 전에 면대하여 종묘, 사직을 그대에게 맡기면 죽어도 한이 없겠고 만약 내가 더 살게 되면 그대는 동궁에 거처하여 여러 사람들의 마음을 안정시키도록 하라." 하였다. 왕이 또 이 편지 끝에 다음과 같이 첨가하게 하였다. "길이 험하여 악당이 잠복하였다가 불의의 변을 일으킬 수도 있을 터이니 경계하고 조심하여 오라." 하였다.

당시 합문사인 庾行簡은 그를 맞아들여 세우는 것을 좋아하지 않았으므로 왕은 일이 누설될까 염려하여 채충순에게 당부하기를 "유행간이 알지 못하게끔 하라."고 하고 편지를 황보유의 등에게 주어 신혈사로 가서 맞아 오게 하였다. 이리하여 왕위에 오르니 이가 현종이다.(『高麗史』 권93 蔡忠順傳)

이들은 함께 목종과 논의하여 대량원군을 궁궐로 모셔오기로 하였다. 그리고 선휘판관 황보유의를 이 거사에 참여시켰다. 그러나 목종은 이 일을 유행간에게는 알리지 말 것을 채충순에게 특별히 부탁하였다. 유행간은 용모가 미려하여 穆宗의 사랑을 받은 男色의 대상이었다. 벼슬이 閣門舍人으로 뛰어올라갔으며 매양 임금이 지시할 일이 있으면 먼저 유행간에게 문의한 다음에 명령하였다. 이에 그는 왕의 총애를 믿고 매우 오만하였으며 백관들을 경멸하였다. 이리하여 왕의 측근 신하들은 그를 왕과 다름없이 보았다. 목종이 병환이 났을 때도 대신들의 면회를 불허했던 인물이었다. 또 그는 大良院君을 맞아 세우려 하지 않았다.128) 대량원군이 집권하면 자신의 지위에 오히려 해가 된다고 생각한 것 같다.

그런데 대량원군을 신혈사에서 직접 모셔올 인물로 특별히 황보유의를 추천한 것은 그의 가계와 연관이 있는 것이었다. 다음 기록을 보자.

L. 황보유의의 世系는 사료가 유실되어 알 수 없으며 목종 때에 벼슬이 여러 번 승차되어 宣徽判官이 되었다. 당시 목종이 병석에 눕게 되자 金致陽이 반란을 꾸미고 있는 것을 왕이 알고 문관, 무관 각 한 명씩 선발하여 그들에게 軍校를 인솔시켜 현종을 맞이하러 갈 것을 명령하였다. 이때 蔡忠順, 崔沆 등이 의논하기를 "황보유의는 애국자이고 또 그의 조상들도 국가에 공로가 있었으니 그 자손으로서 응당 가문의 명예를 훼손치 않기 위하여 전심전력을 다 바치어 사명을 완수할 것이니 이 사람을 어찌 보내지 않겠는가? 그리고 무관으로는 郎將 文演이 적당하다고 인정된다."고 아울러 추천하였다. 왕이 채충순에

---

128) 『高麗史』 권123 庚行簡傳.

게 명령하여 현종에게 보낼 교서의 초안을 작성시켜서 황보유의와 문연에게 주고 그와 함께 別將 李成彦, 高積 등 열 명을 三角山 神穴寺로 보내 현종을 맞이해 오게 하였다. 한편 開城府參軍 金延慶에게 병사 1백 명을 영솔하고 교외까지 마중하게 하였다.

황보유의 등이 신혈사에 이르니 그 절의 스님들은 姦黨들이 보낸 자가 아닌가 의심하여 현종을 숨기고 내놓지 않았다. 황보유의 등이 그 분을 왕으로 맞이하러 온 사유를 자세히 설명하고 마침내 그를 모시고 돌아왔다. 현종이 왕위에 오른 후 그를 殿中侍御史로 임명하였다가 吏部侍郎으로, 다시 內史舍人으로 임용하였다. 또 얼마 안 있어 中樞院日直員으로 임명하였다.(『高麗史』 권94 皇甫兪義傳)

이 기록에 의하면 황보유의의 가계는 사료가 없어 잘 알 수가 없다고 하고 있다. 그러나 이는 『고려사』 편찬 당시의 상황을 말하는 것이다. 그런데 그는 애국자이고 그 조상들이 국가에 공로가 있었다는 부분을 유의해 볼 필요가 있다. 이로써 본다면 그는 태조의 부인 神靜王太后 黃州 皇甫氏의 아버지 皇甫悌恭의 후예가 아닌가 한다. 황보제공은 帝弓·弟弓·悌弓 등으로도 나오는데 고려의 후삼국 통일에 많은 공로를 세운 인물이다. 즉 태조 8년에는 조물군 전투에 大相이란 관계를 가지고 참가하였고[129] 태조 13년에는 天安都督府使를 지내기도 하였으며[130] 태조 18년에는 나주를 경략할 인물로 유금필을 추천하는 역할을 하기도 하였다.[131] 광종의 후비 대목왕후 황보씨도[132] 그와 같은 성씨로 추정된

---

129) 『高麗史』 권1 太祖世家 8년조.
130) 『高麗史』 권1 太祖世家 13년 8월조.
131) 『高麗史』 권92 庚黔弼傳.
132) 『高麗史』 권88 后妃傳 光宗 大穆王后 皇甫氏조.

다. 이렇듯 황보유의의 선대는 고려 왕실과 밀접한 관련을 갖고 있었다. 이러한 가계적 내력으로 인해 그가 대량원군을 모셔오게 된 것이다.

또 목종은 李周楨이 김치양에게 붙은 것을 알고 그를 西北面都巡檢副使로 삼아 외방으로 내쫓는 대신 西北面都巡檢使였던 康兆를 불러 개경에 들어와 왕을 호위케 하였다. 강조는 개경을 향해 말을 휘몰아 달려 洞州의 龍川驛에 이르렀다. 그런데 목종에게 미움을 사 외직으로 쫓겨나 있던 魏從正·崔昌曾 등이 강조에게 거짓말을 하였다. 목종의 병이 위독한 틈을 타 천추태후와 김치양이 이미 권력을 장악하고 강조를 죽이기 위해 거짓 왕명으로 부른 것이라는 것이었다. 이 말을 듣고 강조는 지금쯤은 목종이 죽고 조정이 다 천추태후와 김치양의 세상이 되었을 것이라 생각했다. 그렇다면 개경에 들어가 봤자 소용없는 일이고 잘못하면 천추태후와 김치양 일파에게 죽음만 당할 뿐이라 생각하였다. 이에 본영으로 돌아갔다.

그러자 천추태후는 강조가 다시 오는 것을 꺼려하여 內臣을 보내 岊嶺을 막아 강조와의 연락을 봉쇄하였다. 그러나 강조의 아버지는 자신의 종을 스님으로 변장시켜 강조에게 가서 편지를 전하게 하였다. 그 편지의 내용은 목종이 죽었으니 급히 와 왕의 복수를 하고 국가를 보호하라는 것이었다. 강조는 다시 출동하여 平州[평안도 평산]에 이르렀다. 여기서 그는 충격적인 소식을 들었다. 죽은 줄 알았던 목종이 살아있다는 것이었다. 한편으로 안도의 한숨이 나오기도 했으나 군사를 다시 돌이킬 수는 없었다. 내친 김에 그는 정변을 단행하기로 했다. 그리하여 分司監察御史 金應仁을 보내어 군사를 거느리고 가서 대량원군을 맞이하게 하였다. 이리하여 목종이 보낸 황보유의와 강조가 보낸 김응인은 같이 신혈사에 가서 대량원군을 모시고 돌아왔다.[133] 이로써 대량원군이 왕위에 오르니 이가 곧 顯宗이었다. 당시 그의 나이는 18세였다.

이렇게 하여 정권을 잡은 강조는 우선적으로 김치양 부자와 유행간 등을 살해하였다. 목종은 폐위하여 충주로 내쳤다. 목종은 충주로 가는 도중 파주 적성현에 이르러 강조가 보낸 자에게 시해당하였다. 이 같은 강조의 정변으로 현종은 거란의 침입을 맞아 나주까지 피난을 가게 되었다.

(2) 사천에 대한 정책

현종이 즉위 후에 주로 취한 정책의 방향은 어떠했을까. 그것은 그의 어린시절 및 즉위과정과 관련이 있다. 즉 그는 주로 사원에서 성장했으며 목종이나 강조가 후계자로 대량원군을 선택한 이유는 그가 태조의 손자였기 때문이었다. 따라서 현종의 정책도 이와 관련이 깊다.

먼저 그가 즉위한 후 주로 취한 정책은 불교 숭배정책이었다. 그는 즉위하자마자 현종 원년(999) 2월 燃燈會를 복설하였다. 성종 때 번잡하고 불경스럽다 하여 폐지되었던 것을 이때에 와서 복구한 것이다.[134] 그 해 11월에는 八關會도 복설하였다.[135] 현종 2년 2월에는 거란을 피해 피난하던 중 청주행궁에서 연등회를 개최하기도 하였다. 이때부터 2월 15일에 연등회를 해마다 열게 되었다.[136] 현종 9년 윤4월에는 開國寺 탑을 수리하여 사리를 보관하고 戒壇을 설치하였으며 중 3,200여 명에게 度牒을 주기도 하였다.[137] 현종 11년 5월에는 궁정 안뜰에 獅子座 1백 개소를 설치하고 3일간 仁王經을 강의하였다.[138] 현종 12년 4월에도

---

133) 『高麗史』 권127 叛逆 康兆傳.
134) 『高麗史』 권69 禮志11 上元燃燈會儀.
135) 『高麗史』 권69 禮志11 仲冬八關會儀.
136) 『高麗史』 권69 禮志11 上元燃燈會儀.
137) 『高麗史』 권4 顯宗世家 현종 9년 윤4월조.

毬庭에서 3일간이나 인왕경을 강의하였다.[139]

　이러한 불교 숭배정책에 대해 일부 신하들은 반대 의견을 표출하기도 하였다. 즉 현종 18년 왕이 慧日寺·重光寺를 창건하기 위해 인부와 工匠들을 징발케 한 적이 있다. 그러자 당시 재상과 간관들은 모두 백성들이 피폐한 이때에 공사를 시작해서는 안 된다고 반대하였다. 오직 좌승선 이회 만이 찬성하였다.[140]

　그러나 그의 불교 숭배정책은 계속되었다. 그해 10월에 구정에서 다시 인왕경을 강론했는가 하면[141] 현종 20년 3월에는 藏經道場을 會慶殿에 설치하고 毬庭에서 1만 명의 중들에게 밥을 먹이는 행사를 가졌다.[142] 또 현종 20년 11월 重光寺 건축을 담당했던 造成都監의 관리들에게 벼슬을 한 등급씩 높여줬다.[143] 이로 미루어 신하들의 반대에도 불구하고 중광사 창건 공사가 진행되어 완공되었음을 알 수 있다.

　이러한 분위기에 편승하여 지방에서의 불사도 많이 행해졌으리라 추측된다. 우선 현종 원년 현 천안의 天興寺에 종을 만들어 봉안하였다. 이는 현종의 주관하에 만들어진 것으로 추측된다. 종이 거대하고 문양이 아주 우수하기 때문이다. 즉 현종은 태조가 창건한 천흥사에 종을 만들어 봉안하여 태조의 유업을 계승하려 한 것이 아닌가 한다.[144] 현종 2년에는 경북 예천에 開心寺의 석탑이 조성되었다. 여기에는 光軍과 香徒들이 동원되었다.[145] 이외에 다른 지방에서도 많은 불사가 있었을 것이나

138) 『高麗史』 권4 顯宗世家 11년 5월조.
139) 『高麗史』 권4 顯宗世家 12년 4월조.
140) 『高麗史』 권5 顯宗世家 18년 9월조.
141) 『高麗史』 권5 顯宗世家 18년 10월조.
142) 『高麗史』 권5 顯宗世家 20년 4월.
143) 『高麗史』 권5 顯宗世家 20년 11월조.
144) 김갑동, 「나말려초 천안부의 성립과 그 동향」 『한국사연구』 117, 2002, 51~56쪽.
145) 이기백, 「고려 광군고」 『역사학보』 27, 1965 ; 『고려병제사연구』, 일조각, 1968

기록의 미비로 잘 알 수가 없다.

현화사의 창건도 이러한 불교 숭배정책의 일환이었다. 즉 현종 9년 5월 왕은 돌아가신 부모의 명복을 빌기 위해 玄化寺를 창건하였던 것이다.[146] 이후에도 현화사에 대한 현종의 관심은 지대하였다. 현종 11년 (1020) 8월 왕이 安西道[황해도 해주]의 둔전 1천 2백 40결을 현화사에 施納하였다. 이에 대하여 兩省[中書省과 尙書省]에서 재삼 반대하였으나 왕은 이를 듣지 않고 강행하였다. 또 현종이 직접 현화사에 가서 친히 새로 주조한 종을 울린 다음 여러 신하들에게도 종을 치게 하고 그들에게 각각 의복과 비단을 나누어 주기도 했다.[147] 현종의 부모에 대한 사랑이 얼마나 애틋했는지를 보여주는 대목이다. 그해 10월에는 현화사의 승려 法鏡을 王師로 임명하였다.[148] 이듬해 8월에는 현화사 비문을 완성하였다. 한림학사 주저로 하여금 碑文을, 참지정사 채충순에게는 비 후면 글을 짓게 하는 동시에 글씨까지 쓰게 하였던 것이다. 그런가 하면 현종이 현화사에 가서 비면 제목을 친필로 쓰기도 했다.[149]

그러는 한편 현종은 太祖나 先王들에 대한 지대한 관심을 보였다. 자신이 태조의 후손이었기 때문이었다. 우선 현종 4년 선왕들을 위해 죽은 공신을 모셔놓은 功臣堂을 수리하였다.[150] 현종 7년 정월에는 태조의 관을 모셔다가 다시 顯陵에 장사하였다. 현종 원년 거란의 침입 때 태조의 관을 負兒山 香林寺에 모셨었는데 이때에 이르러 다시 원래의 자리로 모셔온 것이었다.[151] 현종 8년 10월에는 현릉을 수선하였으며[152]

참조.
146) 『高麗史』 권4 현종세가 9년 5월.
147) 『高麗史』 권4 현종세가 11년 8월조.
148) 『高麗史』 권4 현종세가 11년 10월조.
149) 『高麗史』 권4 현종세가 12년 8월조.
150) 『高麗史』 권4 현종세가 4년 10월조.

12월에는 현릉에 참배한 후 대사면령을 내렸다.[153] 현종 9년 정월에는 사신을 서경에 파견하여 성용전에서 태조를 제사하였다. 태조의 초상을 다시 만들었기 때문이었다.[154] 현종 9년 거란이 다시 고려를 침략하자 현종은 태조의 관을 다시 부아산 향림사로 옮겼다.[155] 그러나 이듬해인 현종 10년 11월 거란이 물러가자 태조의 관을 다시 현릉에 모셨고 그해 12월에는 현릉에 참배하였다.[156]

이와 함께 현종은 태조의 자손들에게 관직을 주기도 하였다. 즉 현종 3년 2월 종실을 부흥해야 한다는 강조의 건의에 따라 孝隱太子의 아들이며 태조의 庶孫이었던 禎과 琳에게 벼슬을 주었던 것이다.[157] 또 태조대에 공을 세운 태조공신의 자손들에게도 관직을 주었다. 즉 현종 5년 12월 태조공신의 자손들 중 관직이 없는 자들을 錄用한 것이다.[158] 이러한 태조공신 우대책은 이후에도 계속된 것 같다. 그러자 이에 대한 부작용도 있었다. 현종 21년 11월 참지정사 李作仁이 거짓으로 자신을 태조공신의 후손이라 속이고 그 아들에게 음직을 주었으니 免官하라는 御史雜端 權延壽의 탄핵이 있었음에서[159] 알 수 있다.

현종 18년 2월에는 선왕들을 모신 太廟를 수리하고 4월에는 태묘를 참배하여 왕과 왕후들의 존호를 높이고 배향공신들을 정하였다. 또 이때 流刑 이하의 죄수들을 석방하였다.[160] 이처럼 현종은 자신의 할아버

---

151)『高麗史』권4 현종세가 7년 정월조.
152)『高麗史』권4 현종세가 8년 10월조.
153)『高麗史』권4 현종세가 8년 12월조.
154)『高麗史』권4 현종 9년 정월조.
155)『高麗史』권4 현종세가 9년 12월조.
156)『高麗史』권4 현종세가 10년 11·12월조.
157)『高麗史節要』권3 현종 3년 2월조.
158)『高麗史』권75 選擧志3 凡敍功臣子孫조.
159)『高麗史』권5 현종세가 21년 11월조.

지인 태조에 대해 지극한 배려를 아끼지 않았을 뿐 아니라 선왕들에
대해서도 정성을 다하여 모셨던 것이다. 아마 이들의 陰助를 받아 국가를
잘 다스리기를 빌었던 것이 아닌가 한다.

그러면 현종이 왕위에 즉위한 후 사천 지역은 어떻게 되었을까. 현종은
어린 시절 성장한 사수현을 잊지 못하였다. 자신에게 많은 도움을 베풀어
준 사수현의 지방세력과 백성들에게 은혜를 갚아야 했다. 그리하여
그는 즉위한 이듬해인 현종 2년(1011) 사수현을 泗州로 승격시키는 조치
를 취하였다. 다음 사료를 보자.

> M. 泗州는 원래 신라의 史勿縣인데 경덕왕은 泗水로 고쳐서 固城郡 관할
> 하의 현으로 만들었다. 고려초에 본 牧에 소속시켰고 현종 2년에
> 지금 명칭으로 고쳤으며 명종 2년에 監務를 두었다.(『高麗史』 권57
> 地理志2 晋州牧 泗州조)

앞서 본 바와 같이 현종은 성종 12년부터 16년까지 4년 동안의 어린시
절을 사수현에서 보냈다. 그때 자의든 타의든 살아가면서 사수현 사람들
의 도움을 받았을 것이다. 이러한 어렸을 때의 추억과 그 지역 사람들의
도움이 사주로 승격하는 요인이 되었을 것이다. 또 그 아버지 안종
욱의 무덤이 여기에 있었다는 것도 승격의 한 큰 요인이 되었으리라
생각한다. 비슷한 예로 神宗은 자신의 태를 묻었다는 이유로 樹州의
속현이었던 金浦縣에 외관을 파견함으로써 주현으로 승격시키기도 한
적이 있다.[161]

그런데 김정호는 泗州로의 승격 이유를 "대량원군이 현종으로 즉위하

---

160)『高麗史』 권5 현종세가 18년 4월조.
161)『高麗史』 권56 地理志1 楊廣道 安南都護府 水州 金浦縣조.

였고 또 皇妣 孝肅王后 李氏의 고향이었다."162)라고 하여 효숙왕후의 성씨를 황보씨가 아닌 이씨로 적고 있다. 만약 효숙왕후가 이씨라면 『고려사』 지리지의 내용이 맞다고 할 수 있다. 그러나 효숙왕후가 이씨라는 근거는 어디에서도 찾을 수 없다. 아마도 합천이 효숙왕후의 고향이라는 『고려사』의 내용을 기정사실로 받아들이면서도 합천의 토성 중에는 황보씨가 없기 때문에 성씨를 이씨로 고쳐 기재한 것이 아닌가 한다. 따라서 사주로의 승격 이유는 효숙왕후와는 관련이 없고 현종의 어린시절 성장지라는 것과 안종 욱의 무덤이 거기에 있었기 때문이라 하겠다.

물론 이때에 사주만 탄생한 것은 아니었다. 사주 이외에 陝州[현재의 경남 합천]도 새로이 州로 승격하였다. 『고려사』 지리지에 의하면 합주는 본래 신라의 大良州郡이었으나 경덕왕 때 江陽郡이 되었다가 大良院君이 현종으로 즉위하였고 또 孝肅王后의 고향이었으므로 합주로 승격하였다고 되어 있다.163)

효숙왕후는 현종의 어머니 황주 황보씨를 가리킨다. 그런데 효숙왕후의 고향이 황주가 아닌 사주 혹은 합주로 기록하고 있어 문제가 된다. 그러나 『고려사』 지리지에 합천이 어머니 효숙왕후의 고향이었다는 기록이나 『대동지지』의 효숙왕후 이씨설은 잘못된 것이라 하겠다. 『삼국유사』나 『고려사절요』에는 효숙왕후가 아니라 안종 욱의 어머니 신성왕후 김씨가 합주출신 李正言의 딸로 되어 있기 때문이다.164) 따라서 현종 즉위년 합주로의 승격 이유도 효숙왕후의 고향이기 때문이 아니라 현종의 祖母인 신성왕후 이씨의 고향이기 때문이라고 정정되어야 할 것이다.165)

---

162) 『大東地志』 권9 慶尙道 陜川 沿革조.
163) 『高麗史』 권57 地理志 2 慶尙道 陜州조.
164) 『三國遺事』 권2 紀異2 金傅大王조 및 『高麗史節要』 권1 太祖 18年 12月조.

256

그러나 12개의 속현을 거느리게 된 합주는 물론이고 사수현도 사주로 승격하면서 속군현의 지위에서 벗어나 주현이 되었을 것이다. 이와 함께 외관이 파견되었으리라 생각한다. 그렇다면 사주는 어떤 혜택을 받은 것일까. 또 실질적인 이익은 무엇이었을까.

고려시대에 외관이 있는 주현은 중앙과 직접 통할 수 있어 중간에서 향리들의 착취가 적었다. 그러나 속현은 중앙의 명령을 받아올 때는 물론이고 자기 현의 실정을 보고하거나 조세를 수취할 때도 주현을 거쳐야 했으므로 그 부담이나 고통이 훨씬 심하였다. 조선시대의 경우이긴 하지만 예컨대 경상도의 比屋縣은 주읍인 尙州와의 거리가 60여 리였지만 그곳의 縣吏가 5일에 한 번씩 상주에 나아가 명령을 들어야 했다. 그러나 조금이라도 완급이 있으면 상주의 향리가 현에 와서 현리를 욕하기도 하였다 한다.[166] 이러한 상황은 고려시대에도 마찬가지였으리라 생각된다. 그리하여 春州[강원도 춘천]의 경우 安邊府의 속현이었으나 안변에 이르는 도로가 험난하였기 때문에 최충헌에게 뇌물을 주어 安陽都護府로 승격되었다.[167] 즉 속현의 지위에서 벗어나기 위해 뇌물공세까지 벌였던 것이다. 따라서 합주나 사주도 이렇듯 속현의 지위에서 벗어나 주현으로서의 혜택을 누렸을 것이다.

이듬해인 현종 3년(1012)에는 자신이 사수현에 있을 때 정성껏 도와준 두 사람에게 토지를 사여하고 있다.

N. (현종 3년) 가을 7월 무인일에 왕이 다음과 같은 교서를 내렸다.
　"내가 지난번 泗水에 있을 때 彦孝, 孝質 두 사람은 항상 나의 좌우에

165) 金甲童,「高麗 顯宗代의 地方制度 改革」『韓國學報』 80, 1995, 251~258쪽.
166)『新增東國輿地勝覽』 권25 慶尙道 比安縣 樓亭조.
167)『高麗史』 권129 叛逆 崔忠獻傳 및『高麗史』 권58 地理志3 交州道 春州조.

있으면서 주야를 가리지 않고 나를 도와주었으니 그들에게 좋은 땅을 주어 공로를 표창하라." 하였다.(『高麗史』 권4 顯宗世家 3年 7月조)

여기서 보듯이 자신을 도와 준 언효, 효질 두 사람에게 좋은 땅을 주도록 하였다. 이 땅은 중앙에 있는 땅일까 아니면 사주에 있는 땅을 말하는 것일까. 아마도 사주에 있는 땅을 준 것이 아닌가 생각된다. 이들은 姓이 없는 것으로 미루어 사주의 土姓은 아닌 것 같다. 즉 향리급이 아닌 일반 백성들이었다고 생각된다. 그러기에 중앙으로 끌어올려 관직을 주지는 못하고 땅만을 주어 포상한 것이 아닌가 한다.

현종 8년(1017)에는 사주에 있는 아버지 안종 욱의 梓宮을 옮겨 오게 하였다.

O. (현종 8년) 여름 4월에 문하평장사 崔沆과 중추부사 尹徵古를 泗州에 파견하여 安宗의 梓宮을 옮겨오게 하고 왕이 의식을 갖추어 東郊에서 맞이하였다.(『高麗史』 권4 顯宗世家 8年 4月조)

여기서 재궁은 무엇을 말하는 것일까. 이는 가래나무로 만든 관을 말하는데 특별히 천자와 같은 존귀한 사람의 관을 뜻한다. 그렇다면 그 때까지 안종 욱의 관이 존재하고 있었다는 뜻일까. 그렇지는 않을 것이다. 이미 무덤을 쓴 지 오래되었기 때문이다. 성종 15년(996) 안종 욱이 죽었으므로 이미 20여 년이 넘었다. 시신은 썩었을 테지만 뼈를 추려 가래나무로 만든 좋은 관에 다시 모셔 개경으로 옮겨온 것이었다. 그리고 다시 매장하여 그 무덤을 乾陵이라 하였다.[168] 이로써 아버지를 자신의 곁에 편안히 모시게 된 것이다.

현종 13년(1022)에는 왕실직속지에 속해 있던 泗州의 민전을 본 주인에게 돌려주는 조치도 취하였다.

> P. 현종 13년 2월에 戶部에서 보고하기를 "泗州는 豊沛의 땅[豊沛之地]인데 이전에 民田을 일부 축소시켜서 얻어 낸 토지를 宮莊에 소속시킨 결과 남은 백성들이 세납 징수[征稅]를 감당하지 못하게 되었습니다. 사주 경내에서 公田을 조사해 보고 이전에 궁장에 소속시킨 토지의 액수 만큼 돌려 주십시오."라고 하니 왕이 이 제의를 좇았다.(『高麗史』 권78 食貨志1 田制 經理조)

'豊沛之地'란 漢 高祖 劉邦의 출생지로 沛郡 豊縣 지역을 말한다. 유방은 자신이 황제에 오른 후 자신의 출신 지역 백성들에게는 세금을 면제시켰다고 한다. 사주가 현종 이후의 역대 왕들에 있어서 이러한 지방으로 명명된 것은 현종이 거기서 어린 시절을 보냈고 또 그의 아버지 安宗이 사주에 귀양 가서 그곳에서 죽었기 때문이었다. 그런데 위의 사료로 미루어 현종과 그의 아버지 안종이 사주에서 생활할 때 그들을 먹여 살리기 위해 백성들의 민전을 宮莊이라는 왕실직속지로 편입시켰음을 알 수 있다. 사주 백성의 민전이 궁장으로 편입됨으로써 세금 부담이 많아지게 되었던 것을 공전을 加給해줌으로써 보상해 주었던 것이다. 아마도 민전의 세액보다 궁장전의 세액이 훨씬 많았기 때문이 아닌가 한다.[169] 어린 시절 자랐던 사주의 백성이 다른 지역보다 고통스런

---

168) 『高麗史節要』 권3 顯宗 8년 4월조 및 『大東地誌』 권9 慶尙道 泗川 山水조.
169) 安秉佑, 『高麗前期의 財政構造』, 서울대학교출판부, 2002, 249쪽. 그러나 박종기는 백성들의 민전이 궁장으로 편입되었음에도 사주가 국가에 부담하는 조세액은 여전히 정액화되어 있었기 때문에 일반 백성들의 세금부담이 많아진 것이라 해석하였다.(『고려시대 부곡제연구』, 서울대출판부, 1990, 164쪽)

생활을 해서는 안된다는 생각 때문에 호부의 제의에 따른 것이었다.

그런데 이를 보면 현종이 어려서 사천에 있을 때 궁장으로 편입되었던 인근 지역의 민전이 현종 즉위 후에도 그대로 존속해 있었음을 알 수 있다. 그러나 왕위에 즉위한 지 13년이나 지난 뒤에 백성들의 불편을 해소해 준 것이다. 즉 왕위에 오른 후에도 사천 지역의 궁장으로부터 조세를 저장했다 漕運을 통해 개경으로 운반하였던 것이다.

고려초부터 사천에는 通潮浦[이전에는 末潮浦]라는 포구에 12漕倉 중 하나인 通陽倉이 있었다. 이 창고에는 判官이란 관리가 있었다. 이 통양창에서는 인근 고을들의 租稅를 저장하였다가 이듬해 2월 배를 이용해 개경으로 실어 날랐다. 개경까지의 운반비는 거리에 따라 달랐는데 통양창에서는 5섬의 운반비가 1섬인 것이었다.[170] 이처럼 사천은 고려 현종의 즉위 후에도 왕실 재정의 한 기반이 된 지역이었다.

Ⅳ. 순창과 성황사

1. 「城隍大神事跡」의 원문과 해석

1992년 전라북도 순창에서는 「城隍大神事跡」이라는 제목이 쓰여진 현판이 발견되었다. 이 「城隍大神事跡」 현판은 민속학계는 물론 역사학계나 국문학계에 큰 파장을 던져주었다. 이 현판은 순창의 玉川鄕土文化硏究所 顧問이었던 曺圭東 씨에 의하여 순창 薛氏 祭閣에서 처음 발견되었다. 1940년대까지만 하더라도 지금의 淳昌邑 淳化里 玉川洞에 순창의

---

170) 『高麗史』 권79 식화지2 漕運조.

城隍堂이 있었다고 하는데 이것이 일본인들에 의하여 헐리면서 설씨의 제각에 보관된 것 같다. 이 현판은 소나무로 된 송판 2장을 이어 붙인 것으로 총 크기는 가로 180㎝, 세로 54㎝이다. 이 현판에는 총 73행 1600여 자의 글자가 새겨져 있다. 그 원문을 소개하면 다음과 같다. 원문 앞의 번호는 행을 나타내는 것으로 필자가 편의상 붙인 것이다. 또 원문에는 띄어쓰기가 되어 있지 않지만 이해의 편의를 위해 문장을 띄어 놓았음을 밝혀둔다.

1   城隍大神事跡

2 高麗薛公儉 樞密院副使愼之子 愼母趙 四乳而生八子 三子登科 封國大夫 愼其一也

3 公儉高宗朝登科第 官至參理 引年乞退 加中贊致仕 卒諡文良 配享忠烈王 朝廷 公

4 儉廉謹正直 接物以恭 持己以儉 朝官六品以上 有親喪 雖素不相知 必素服 往弔 有造謁

5 者 無貴賤倒履出迎 嘗臥疾 蔡洪哲往診之 布被莞席 蕭然若僧居 出而嘆曰 自吾輩

6 望公 所謂壤虫之與黃鶴(事在輿地勝覽)

7 自高宗元年至嘉靖四十二年癸亥三百五十年

8   牒祠堂相傳準

9 淳昌城隍大王

10 右貼乙 成上爲白臥乎叱段 至元十八年正月初九日 左副承旨廉升益口 傳

11 王至 松岳爲首 國內名山大川加封爵令是良於爲 敎旨乙 付白良 貼金紫光祿大夫三韓

12 公身門下侍…(字破)…將軍 無量眷屬 貼至准

13 至元十八年辛巳九月 日 摠郎朝散大夫趙名署

14　自至元辛巳 至嘉靖癸亥 二百八十二年

15 淳昌城隍大夫 三韓國大夫人

16 右貼成上爲白臥乎事叱段 元貞二年

17 王旨復申 大德元年十一月初九日(字破) 名山大川神祇 加上尊號是良於
　 敎 京里摠郎林仲

18 沅報狀因于(字破)

19　自大德元年丁酉 至嘉靖癸亥二百六十七年

20 今我大哉 城隍 本郡薛門之長 巍巍門閥之族 性行淸麗 早登科第 廉謹正直
　 德洽仁協

21 位至一品三韓功臣 托於城隍之神 靈驗藉藉至於 國 祭 累加封爵 御印受牒
　 多在 年

22 來太久 因革 國祭 以後闔境之人 至今奉謹行祭者 自就如流 連路無窮
　 每年初一

23 日至五日 輪定于鄕吏五人 各自其家設堂 大王率夫人 表其大旗 巫覡之輩
　 紛紛群聚 羅列

24 呈才 巡行奉祀 亦而于今不廢者 其靈神之德 眼眼嚴肅矣

25 今我二天 綾城梁氏 本門閥之族 早擢生員壯元 次登科第 又登金試壯元
　 文名藉藉 性行

26 俊雅 翰林學士也 當年仲春 爲郡之宰 察其大神之行實 如巫覡輩 紛紜混雜
　 至於橫行

27 閭落 其弊不貲 誠可不當 辟去淫祀 與左道亂正之後 只擧朔望 奠物精備
　 式遺眼前可信

28 啇前 前期齋戒 盡情行祭 五月初吉朔 又遣吏房邕世彦 醫生吳仁豪 祝文貢
　 生林大春 亦

262

29 依齋戒 至誠行祭 吏房邕世彦 昔聞職牒在於祠宇 令出開見 則果爲多矣
　　爲蠹所破 不

30 解見者多 只見數張 是以記錄懸板 開刊以示後世 凡大小人員 敬之敬之

31 古人云 山城大母 元初 率其九子 嚴築城基 爲郡雄居 多儲穀物 因屬官家
　　已城國穀 其功

32 莫大 於此 得其靈神 太守親進行奠 年來太久因廢 代遣眼前通引 每年四月
　　晦日 正冠帶而

33 乘馴 前後步徒 羅列呈才 人至今遵行 旱則禱雨 其靈神之恩德 亦及於闔境
　　之民者 吁可

34 至哉 亦附未開刊矣

35 此貼 乃嘉靖癸亥夏 戶長趙仁亨 吏房邕世彦等以記 而林栢之所書也 板沒
　　塵埃 刻刓字

36 故 戶長林命龍 吏房崔元立 副吏房崔信有司林慶復 力立改刊 以永其傳矣
　　崇禎六年

37 癸酉九月下瀚 邕孝曾書云

38 恭惟尊神 生而縉紳 沒而英靈 麗朝以後 冊禮崇極 國祭官祀 莫不畢張
　　考諸上述 遺

39 跡昭昭 巍巍盛德 不暇彈記 降自中古 儀式中撤 替奠始擧也 星霜累移
　　祠宇數變 輾轉偏

40 隘 歲在庚申 前戶長林桂郁 慨然欲新 使巫覡之輩 鳩財董修 而第廟貌向配
　　失宜 亦頗

41 挾窄 殊非敬神永安之所 越二年癸亥夏 前千摠林大榮 前戶長崔德謙 朴永
　　碩等 撤

42 其古廟 易以新之 大增其舊制 又從而加彩焉 堂宇之華麗 不須道也 抑亦乾
　　坤神像 敬以改美之

43 其粉面儀形 恰似生貌 令人拭目 役才逾旬 告所成功 自非慷慨能幹 事神以
誠者 詎能然哉

44 蓋吾椽曺 將事以來 鄉吏之勤勤於此 前後一轍 今玆林大榮 卽上文所付林
命龍之孫也 崔德

45 謙 卽崔信兄仁之五代孫 林桂郁林栢之五代孫也 其履踐先蹟而繼美者 可
尙 撫古傷今

46 之歎 令人激切 亦知夫吾鄉之有誠於此堂也 非偶然也 豈無昭應永裔之道
哉 如予者 徒自羨

47 人之功 頓却愚拙之嫌 敢以荒辭代綴 以著厥美 仍俟後來志者嗣而葺之焉

48 乾隆八年癸亥端陽 昌寧曺槙玉僭記 戶長崔大謙謹書

49 自嘉靖癸亥至今癸亥共一百十一年

50 化士 林大榮 崔德謙 林桂郁 朴永碩

51 別座 白光釆

52 時任

53 戶長 崔大謙 吏房 曺夏郁 副戶長 崔得配 副吏房 林桂郁

54 戶房 李重培 禮房 薛昌連 兵房 曺廷玉 刑房 朱聖祿
曺后英

55 工房 李重茂 承發 金萬才 都書員 李重盛 米大同色 林桂郁

56 大大同色 朴永碩 本倉色 李啓興 營倉色 朴永碩 砲保色 崔浚謙

57 山城色 崔得培 社倉色 李重釆 官廳色 崔重碩 禁承色 朴聖番

58 御營色 李重燁 通引 林世遇 林桂葉

59 木手 李戒學 金榮 供餉 僧心悅 刻手 僧萬基 堂漢 金

60 癸亥重修 今纔一紀 因其地縮 忽然傾覆

61 告于官家 布於邑民 同力改建

62 乾隆十九年甲戌十月望 戶長 林啓震

63	吏房 崔大謙
64	成造色 成得厚
65	乾隆十九年甲戌十月日 重建 至
66	七紀 又傾圮 各廳相議出財 撤去
67	舊材 增制一新 而鄕中使各面鄕
68	約 亦爲助力改建
69	道光三年癸未五月日
70	時任戶長 林峻孝
71	吏房 曺益煥
72	監官 薛敬志
73	色吏 崔錫厚 申性旭

이에 대한 해석과 주해를 시도해 보면 다음과 같다.[171]

〔城隍大神事跡〕

고려 설공검은 추밀원부사 설신의 아들이다. 설신의 어머니 조씨는 네 번 출산하여[172] 여덟 아들을 낳았다. 세 아들이 과거에 올라 국대부인에 봉해졌는데 설신이 그 중의 하나이다. 공검은 고종 때 과거에 올라 관직이 參理[173]에 이르렀을 때 나이가 많아 물러가기를 비니 中贊[174]을 가직하여

---

171) 이에는 南豊鉉,「淳昌城隍堂 懸板에 대하여」『古文書硏究』7, 1995를 참고하였음을 밝혀둔다.

172) '四乳'에 대한 해석은 '젖이 네 개 있었다' 또는 '네 번 낳았다'라고 해석할 수 있다. 『北譯 高麗史』9, 신서원, 1991에는 전자의 해석을 따르고 있으나 인간에게 젖이 네 개 있을 수는 없다고 판단되므로 후자의 해석이 합리적이라 생각한다. 즉 쌍둥이를 네 번 낳았다는 것이다.

173) 參理는 고려전기의 參知政事에 해당하는 것으로 충렬왕 원년 중서문하성과 상서성을 합하여 만든 僉議府의 종2품 관직이었다.

致仕케 하였다.175) 그가 죽자 문량의 시호를 내리고 충렬왕의 廟廷176)에
배향하였다.

공검은 청렴하고 삼가며 정직하여 사물을 대할 적에 공손하였으며 검소
함으로써 몸가짐을 삼았다. 조정의 6품 이상 관원이 親喪을 당하면 평소에
서로 알지 못하였을지라도 반드시 소복을 입고 가서 조문하였다. 자기를
만나러 오는 자가 있으면 귀천을 따지지 않고 신을 거꾸로 신고 급히
나가 맞이하였다. 일찍이 병이 들어 누워 있을 때 채홍철이 가서 진찰을
하였다. (공검이) 베 이불을 덮고 왕골 자리에 거처하여 쓸쓸하기가
스님이 사는 것과 같았다. 채홍철이 나와서 탄식하기를 "우리 무리와
공을 보면 이른바 땅벌레가 황학에 비교되는 것과 같다." 하였다.(사적이
輿地勝覽177)에 실려 있다.)

고종 원년(1214)으로부터 嘉靖 42년(조선 명종 18 : 1563) 계해에 이르기
까지는 350년이다.

사당의 책임자에게 첩문을 보낸다. 전해온 王旨에 준한 것임.

순창의 성황대왕

위의 첩문을 만들어 올리는 일은 지원 18년(충렬왕 7년 : 1281) 정월
초 9일에 左副承旨인 廉承益178)이 王旨179)를 입으로 전달받아 송악을

---

174) 中贊은 충렬왕 원년 개편된 僉議府의 종 1품 관직으로 신하로서는 최고의 관직이었
다. 고려전기의 門下侍中에 해당하는 것이었다.
175) 고려시대에는 관직자가 70세에 이르면 관직에서 물러나는 것이 예의였으니 이를
致仕라 한다.
176) 원문에는 '忠烈王朝廷'이라고 되어 있으나 이는 문맥상 '忠烈王廟廷'의 誤記라
생각한다.
177) 원문에는 '轝地勝覽'으로 되어 있으나 이는 '輿地勝覽'이 맞다.
178) 원문의 '廉升益'은 충렬왕대에 주로 활약하여 副知密直司事·僉議評理 등을 지낸
'廉承益'을 말하는 것이라 생각된다. 密直司내에 左副承旨(종 6품)라는 관직이
있었기 때문이다.
179) 원문에는 '王至'로 되어 있으나 이는 '王旨'의 誤記로 생각된다.

首位로 삼아 국내 명산대천의 封爵을 더하여야 한다는 교지에 의거하여 '金紫光祿大夫 三韓功臣 門下侍……將軍 無量眷屬'[180]으로 결정하여 첩문을 보낸다. 첩이 이르거든 준행하라.

지원 18년 9월 일에 총랑 조산대부 趙 署

지원 신사년(1281)으로부터 嘉靖 계해년(1563)에 이르기까지는 282년이다.

淳昌 城隍大夫 三韓國大夫人[181]

위의 첩문을 만들어 올리는 일은 元貞 2년(충렬왕 22년 : 1296)에 王旨가 있었고 이를 다시 보고하여 大德 원년(1297) 11월 초 9일……명산대천 신지들의 존호를 더 높게 하라는 교지가 있다는 典理摠郞[182] 林仲沅[183]의 報狀에 근거하여……

대덕 원년 정유년(1297)으로부터 嘉靖 계해년에 이르기까지는 267년이다. 이제 위대하도다. 우리 성황은 本郡 설씨 가문의 어른으로 높고 높은 문벌의 씨족이다. 성품과 행동이 맑고 수려하여 일찍이 과거에 합격하였다. 청렴하고 정직하며 덕이 두루 미치고 仁에 和協하여 관위가 1품에 이르러 삼한공신이 되었다. 성황신에 의탁하니 영험이 많아 國祭에까지 이르렀고 여러 번 봉작을 더하여 御印을 찍은 첩문을 받은 것이 많이

---

180) 金紫光祿大夫는 종2품에 해당하는 문산계였다. 따라서 뒤의 관직도 2품에 해당하는 '門下侍郞平章事'가 아닌가 여겨지며 'ㅇㅇ 將軍'도 2품에 해당하는 무산계인 '輔國大將軍'이나 '鎭國大將軍'이 아닐까 한다. 또 원문에는 '三韓公身'으로 되어 있으나 이는 '三韓功臣'의 誤記일 것이다.

181) 이 부분을 남신과 여신에 대한 각각의 爵位로 볼 것인지 아니면 한 성황신에 대한 爵位로 볼 것인지에 대해서는 더욱 깊은 연구가 필요하다고 생각한다.

182) 원문에는 '京里摠郞'으로 되어 있으나 이는 '典理摠郞'의 誤記라 생각된다. '京里'가 들어가는 관청명은 찾을 수 없으나 충렬왕 원년 문관의 인사업무를 맡은 吏部와 祭享·朝會 업무 등을 맡은 禮部를 합하여 만든 관청이 典理司였기 때문이다. 또 이 전리사에 摠郞이란 관직이 있었던 것이다.

183) '林仲沅'은 혹 충숙왕대에 주로 활약한 순창 임씨 林仲沇이 아닌지 모르겠다.

있다. 세월이 아주 오래되어 國祭는 혁파되었으나 이후 온 경내의 사람들이 지금까지도 받들어 삼가 제사를 지내는 것이 스스로 이어져 물이 흐르는 것과 같았고 길에 이어짐이 끝이 없다.

매년 5월 1일에서 5일까지 향리 5명을 번갈아 정하여 각자 그의 집에 당을 설치하여 대왕이 부인을 거느리게 하고 큰 깃발을 세워 표시하였다. 巫覡의 무리들이 어지럽게 무리지어 모이고 나열하여 재주를 부리며 순행하여 제사를 받드니 역시 지금껏 폐지되지 않은 것은 靈神의 덕이 사람들의 눈마다 엄숙하였기 때문이었다.

지금 우리의 큰 恩人이신[184] 綾城 梁氏는 본래 문벌 좋은 씨족으로 일찍이 생원시에 장원을 하였고 다음에 과거에 올랐다. 또 金試에 장원으로 올라 文名이 자자하였고 성품과 행동이 뛰어나고 우아한 한림학사이다. 올해 仲春에 군수가 되어 大神을 모시는 실상을 살펴보니 巫覡의 무리들이 어지럽고 혼잡스러우며 마을에 횡행하기에까지 이르러 그 폐단이 헤아릴 수 없이 많아 진실로 가히 부당하였다. 淫祀를 물리침과 더불어 어긋난 道[185]의 어지러움을 바르게 한 뒤에 다만 초하루와 보름에만 제사를 거행하되 제물을 정결하게 준비하고 眼前에서 부리는 믿을 만한 아전을 보내어 제사지내는 전일에 齋戒를 하고 정성을 다해 제사를 행하게 하였다. 5월 초하룻날 또 이방 옹세언, 의생 오인호와 축문을 맡은 공생 임대춘을 보내어 역시 의식대로 재계를 하고 지성으로 제사를 행하게 하였다. 이방 옹세언이 전에 職牒이 祠宇에 있다는 말을 듣고 꺼내오게

---

184) '二天'은 '남의 특별한 은혜를 하늘에 비기어 이른 말'이다. 이는 뒤에 나오는 '爲郡之宰' 즉 郡守를 뜻하는 것으로 松川 梁應鼎이 이에 해당한다는 견해가 있다.(楊萬鼎, 「淳昌城隍大神事蹟 懸板의 發見과 그 考察」『玉川文化』1, 1993, 52쪽)

185) '左道'란 '옳지 않은 道'를 가리키는 말로 유교적 입장에서 볼 때 성황신을 숭배하는 의식이 혼란스럽고 비합리적이었음을 말하는 것으로 생각된다.

하여 열어보니 과연 많았다. 그러나 좀이 먹어 파손되어 알아보지 못하는 것이 많아 단지 몇 장만을 볼 수 있었다. 이에 현판에 기록하여 새기어 후세에 보여주는 것이니 무릇 대소 인원들은 공경하고 공경할지어다. 옛 사람이 이르기를 "山城의 大母가 元初[186)에 그의 아홉 아들을 거느리고 성터를 굳게 쌓아 군의 雄居를 만들고 곡물을 많이 쌓아두었다. 이어 관가에 귀속시켜서 나라의 곡식이 되게 하였다." 하니 그 공이 莫大하다. 이에 靈神을 얻어 태수가 친히 나가 전을 드리니 그 세월이 오래 되었다. 그러나 인하여 폐지하고 대신 眼前의 通引을 보내어 매년 4월 그믐날 관대를 단정히 하고 말을 타고 가니 앞뒤에는 걸어서 따르는 무리들이 있고 사람들이 벌려 서서 재주를 부리기도 하였으니 지금까지 그대로 이를 지켜 행한다. 가물으면 비를 빌었으니 그 靈神의 은덕이 또한 온 경내의 백성들에게 미쳤다. 아! 지극하도다. 이 역시 끝에 붙여 새긴다. 이 첩문은 가정 계해년(1563) 여름에 호장 조인형, 이방 옹세언 등이 기록하고 임백이 쓴 것이다. 현판이 먼지에 파묻혀 새긴 글자가 희미해졌다. 호장 임명룡, 이방 최원립, 유사 임경복이 힘써 다시 새겨 그 전하여짐이 영원하게 하였다. 崇禎 6년(인조 11년 : 1633) 계유 9월 下澣[187)에 옹효증이 쓰다.

공경히 생각건대 높으신 신명은 살았을 적에는 縉紳이었고 죽어서는 英靈이 되었다. 麗朝 이후로 책봉한 예가 높고 지극하였고 나라와 지방관아에서 제사를 지내었으니 다 기술할 수가 없다. 위에서 서술한 여러 가지를 상고해 보면 남긴 자취가 밝게 드러나 높고 높은 성덕을 다

---

186) '元初'가 '원나라의 초기'를 가리키는 것인지 단순히 '예전' 또는 '옛날'이라는 의미로 쓴 것인지는 확언할 수 없다.
187) 원문에는 '下瀚'이라 되어 있으나 이는 문맥상 '下澣'의 誤記라 여겨진다. '下澣'이란 '下旬'을 말한다. 중국 唐나라 때에 열흘에 한 번씩 관리들에게 목욕을 할 수 있게 한 데서 연유한 것이다.

기록할 겨를이 없다. 中古로 내려오면서부터 의식이 중간에 방치되었으므로 바꾸어 전을 드리는 일을 처음으로 거행하게 되었다. 세월이 여러 해 흐르고 祠宇가 수차례 변고를 만나 고민하던 차에[188] 경신년(1740)에 전 호장 임계욱이 개연히 새롭게 하고자하여 巫覡의 무리들로 하여금 재물을 모아 감독하여 수리하게 하였다. 그런데 사당의 모양, 방향 및 배치가 잘못되었으며 또한 자못 좁아서 신을 공경하고 길이 모실 곳이 못되었다. 2년이 지나 계해년 여름에 전 천총 임대영, 전 호장 최덕겸, 박영석 등이 옛 사당을 철거하고[189] 바꾸어 이를 새롭게 하였다. 옛 규모를 크게 늘리고 이어서 색깔을 칠하니 堂宇의 화려함은 모름지기 도에 맞았을 뿐 아니라 乾坤의 신상을 공경히 고쳐 아름답게 하였다. 그 분칠한 얼굴과 위엄 있는 모습이 살아있는 것과 흡사하여 사람들로 하여금 눈을 씻고 보게 하였다.[190] 일이 열흘을 넘자마자 완성하였음을 고하니 강개한 마음으로 일을 능란하게 잘 처리하고 정성으로 신을 섬기는 사람이 아니라면 어찌 능히 그렇게 되었겠는가. 대체로 우리 아전들이[191] 일을 맡은 이래로 향리들이 여기에 부지런히 한 것은 전후에 한결같이 똑같았다.

이제 이 임대영은 곧 위에 말한 임명룡의 손자이고 최덕겸은 곧 최신의 형 최인의 5대손이고 임계욱은 곧 임백의 5대손이다. 이들이 선대의

---

188) '輾轉'이란 '잠이 오지 않아 누워서 엎치락 뒤치락 하는 모양'을 말하는 것이고 '偏隘'는 '성격이 편협하고 좁음'을 말하는 것이다. 따라서 이를 복합적으로 보면 '심각하게 고민하였다'는 뜻으로 볼 수 있겠다.

189) 원문에는 '撤'로 되어 있으나 이는 문맥상 보건대 '徹'로 해석함이 옳을 것이다.

190) 이 부분은 한문 문형의 '不須(唯)~, 抑亦~'에 해당하는 것으로 '~일 뿐 아니라 ~도 그렇다'는 강한 이중 긍정의 의미로 해석해야 할 것이다. 이른바 영어의 'not only A, but also B'의 문형인 것이다.

191) 원문의 '椽曹'는 '掾曹'의 誤記로 보아야 할 것이다. 각 지방의 향리 내지 아전들이 집무하던 곳을 '掾曹'라 했기 때문이다. 조선 정조 때 李震興이 향리들의 사적을 집약, 정리한 책을 『掾曹龜鑑』이라 한 데서도 알 수 있다.

업적을 이어 아름다운 일을 실천한 것은 가히 가상하다 하겠다. 옛 일을 어루만지고 지금의 일을 감상하는 탄식은 사람들로 하여금 감격하고 간절하게 하니 이 또한 우리 고을이 이 신당에 정성을 두었다는 것을 알겠다. 이는 우연한 일이 아니니 어찌 밝게 응험하여 영원히 이어줄 도가 없겠는가. 나 같은 사람은 한갓 헛되이 남의 공덕을 부러워하여 어리석고 졸렬한 혐의를 까맣게 잊고 감히 거친 말로 남 대신 이 글을 지어 그 아름다운 일을 드러낼 뿐이니 인하여 뒤에 뜻있는 자가 있어 뒤를 이어 보수하기를 기다린다.

건륭 8년 계해년(영조 19 : 1743) 端陽節[192]에 창령 조정옥은 참람히 짓고 호장 초계 최대겸은 삼가 쓰다.

嘉靖 계해년(1563)으로부터 지금 계해년(1743)까지는 모두 181년이고 崇禎 계유년(1633)으로부터 지금 계해년(1743)까지는 111년이다.

화사 임대영   최덕겸   임계욱   박영석

별좌 백광채

　시임

호장 최대겸　이방 조하욱　부호장 최득배　부이방 임계욱

호방 이중배　예방 설창연　병방 조정옥　　형방 주성록 조후영

공방 이중무　승발 김만제　도서원 이중성　미대동색 임계욱

목대동색 박영석　본창색 이계홍　영창색 박영석　포보색 최준겸

산성색 최득배 사창색 이중채 관청색 최중석　금승색 박성번

어영색 이중엽　통인 임세우 임계엽

목수 이계학 김영　공향 승심열　　각수 승만기　당한 김

계해년(1743)에 중수한 지가 지금 겨우 10년밖에 되지 않았는데 그 터가

꺼져 홀연히 신당이 무너졌다. 관가에 고하고 邑民에게 선포하여 힘을
합쳐 고쳐 세웠다.

건륭 19 갑술년(영조 30 : 1754) 10월 15일

　　　호장 임계진　　이방 최대겸　　　성조색 성득후

건륭 19년 갑술년 10월 일에 중건한 지 70년에 이르러 또 무너졌다.
각 관청이 서로 의논하여 재물을 내어 옛 재목을 철거하고 규모를 크게
늘리어 새로 지었는데 鄕中에서 각 면의 鄕廳193)에도 힘을 돕도록 하여
고쳐 지었다.

道光 3년 계미년(순조 23 : 1823) 5월 일

시임 호장 임준효

이방 조익환

감관 설경지

색리 최석후 신성욱

2. 「城隍大神事跡」의 특징과 문제점

이 「성황대신사적」은 몇 가지 특징을 가지고 있다. 첫째는 고려시대에
존재했다고 하는 至元 18년의 공문과 大德 원년의 기록에 吏讀문자가
섞여 있다는 점이다. 고려시대에는 각종 공문이나 금석문에 가끔씩
이두가 쓰인 예가 있다. 따라서 「성황대신사적」의 고려시대 공문에
이두가 있다는 것은 그만큼 신빙성이 크다는 것을 반증해 주는 것이라

---

193) 여기의 '鄕約'은 문맥상으로 미루어 鄕約 그 자체를 가리키는 것은 아닌 것 같고
　　鄕約에 입각해서 지방을 통제하던 조선후기의 鄕廳을 말하는 것 같다. 향청은
　　조선초기에는 留鄕所라 불렸던 것으로 명목상으로는 지방의 수령을 보좌하는
　　기구였으나 실제적으로는 지방 수령보다 더 큰 힘을 가진 지방 자치 기구였다.

할 수 있다. 또 至元 18년(충렬왕 7 : 1281)의 공문은 『高麗史』忠烈王世家의 '中外의 城隍과 名山大川으로 祀典에 올라 있는 것은 다 德號를 加하였다'라는 기록을 반영하고 있어 자료의 신빙성을 더해 주고 있다.

두 번째 특징으로 이 기록은 순창의 성황 신앙에 대한 각기 다른 시기의 자료를 정리해 놓고 있다는 것이다. 대체로 연대순으로 되어 있지만 설공검에 대한 기록은 맨 앞에다 배치하고 있다. 물론 그것은 조선후기 당시의 관점에서 볼 때 순창 성황신의 主神이 설공검이었기 때문이라 생각한다. 그러나 그에 대한 기록은 『高麗史』의 것을 참조하지 않고 그보다 훨씬 시기가 뒤진 『新增東國輿地勝覽』의 기록을 轉載하여 놓은 것이 특징이다. 그 이유는 조선후기 순창 지역 향리의 입장에서는 『고려사』를 구해보기가 어려웠기 때문이 아닌가 한다. 序頭의 설공검 기사 뒤로는 모두 시대 순으로 정리를 함으로써 순창의 성황 신앙이 시대에 따라 어떻게 변했는가 하는 성황 신앙의 변천사를 살펴보는데 좋은 참고자료가 될 수 있게 하였다.

세 번째 특징은 성황신으로 남신과 여신 한 쌍의 신이 모셔졌다는 실증적인 자료를 제공하고 있다. 여기서는 남신인 大王이 여신인 夫人을 거느렸으며 乾坤의 神像이 있었다는 기록이 보이고 있는 것이다. 또 모셔진 신의 형태도 그림이 아닌 실제 모습과 같은 像을 깎아 모셨다는 점도 특이하다. 기록에는 "乾坤의 神像을 공경히 아름답게 하였는데 그 분칠한 얼굴과 모양이 살아있는 모습과 흡사하여 사람들로 하여금 눈을 씻고 보게 하였다."라고 되어 있는 것이다. 왜 이러한 두 神이 모셔지게 되었는지는 학자들이 규명할 일이다.

네 번째 특징은 성황신으로 武臣이 아닌 文臣이 모셔졌다는 점도 특이하다. 성황신의 본래 기능은 수호신이다. 따라서 기록을 보면 武臣이나 將軍들이 모셔지는 경우가 많다. 예컨대 崔瑩 장군이라든가 당나라의 장군이었던 蘇定方, 고려 태조의 휘하 장군이었던 申崇謙·金洪術 등이 성황신으로 모셔지고 있는 것이다. 그러나 순창의 성황신은 과거에도 합격하여 재상의 자리에 오른 문신 설공검이 모셔진 것이 독특하다.

다섯 번째 특징은 성황신을 언급하면서 大母山城이 언급되고 있다는 점이다. 그것은 大母를 여신으로 모신 데서 연유한 것이겠지만 한편으로는 성황 신앙의 본래 성격과 관련되는 것이기도 하다. 즉 조선후기나 현재의 시각으로 성황신 또는 서낭신을 보면 잘 이해할 수 없으나 성황신의 본래 성격을 알면 납득이 가는 문제다. 본래의 성황신은 城과 불가분의 관계가 있다는 것을 의미한다. 이것은 성황 신앙의 변천과정과 관련되는 중요한 문제로 주목해야 할 부분이다.

여섯 번째는 순창 城隍祠의 重修와 변천을 기록하면서 거기에 관련된 鄕吏들의 명단이 기재되어 있다는 점이다. 우리는 이 자료를 통하여 향리들이 지방사회에서 어떠한 역할을 하였으며 성황신에의 제사에는 어떻게 참여하고 있는가 하는 것을 알 수 있다. 또 조선시대 지방세력의 구조가 어떠했으며 시대에 따른 변화가 어떻게 이루어지고 있는가 하는 고찰도 가능하게 해주고 있다.

마지막으로 지적할 수 있는 것은 글자가 틀린 부분이나 빠진 부분이 제법 발견된다는 점이다. 글자가 파손되어 알 수 없는 것이야 어쩔 수 없다 하더라도 명확하게 보이는 곳에도 틀린 부분이 많다. 특히 시대가 앞서는 기록에 많이 있다. 예컨대 3행의 마지막 부분에 '忠烈王廟庭'을 '忠烈王朝廷'이라 한 것을 비롯하여 '王旨'를 '王至', '三韓功臣'을 '三韓公身', '典理摠郞'을 '京里摠郞'으로 기록해 놓고 있는 것이다. 이같이 틀린 이유는 「성황대신사적」문에서 밝힌 대로 원래의 공문이 세월이 오래되어 좀먹고 파손된 부분이 있는 것을 글자를 쓰는 자가 추측하여 보충하는 과정에서 발생했을 수도 있고 아니면 처음 현판이 오래되어 다시 제작하는 과정에서 파손된 글자를 보충해 넣을 때 실수한 것이라 생각한다. 이것은 당대의 시대상황을 고찰하여 바로잡으면 될 부분이다.

이러한 특징을 가진 「성황대신사적」의 기록에서 문제가 되는 부분도 있다. 우선 처음 이 현판을 새긴 嘉靖 癸亥年(조선 명종 18 : 1563)에 순창의 성황신을 언급하면서 고려 고종 원년(1214)부터 당시까지 350년이 지났다는 기록을 해놓고 있다. 그렇다면 고종 원년이 뜻하는 것은 무엇인가. 城隍祠가 이때 처음 건립되었다는 뜻인가. 자연신이었던 성황신이 이때 인격신으로 바뀌었다는 뜻인가. 아니면 이때 처음 순창의 성황신이 祀典에 등록되었다는 뜻인가. 이에 대한 명백한 규명이 필요하다.

두 번째 문제는 이 기록에서는 순창의 성황신으로 설공검이 모셔졌다고 하고 있지만 순창의 성황대왕에게 職貼이 내려진 至元 18년(충렬왕 7 : 1281)에 설공검은 살아있었다는 점이다. 그렇다면 당시의 성황신은 설공검이 아니었다는 것인데 이를 어떻게 해석해야 할 것인가 하는 점이 문제다. 단순한 자연신에게 내려진 직첩인가. 설공검이 아닌 다른 인격신에게 내려진 것인가. 이 역시 규명해야 할 문제다.

세 번째는 三韓國大夫人이란 작호를 가졌던 신은 누구였는가 하는 점도 문제다. 자연신인가 설공검인가. 아니면 또 다른 어떤 여인을 여신으로 삼은 것인가. 또 대모산성을 쌓고 그가 비축한 곡식을 관곡으로 주었다고 하는 '大母'와는 어떤 관계에 있는 것인가. 이러한 문제들이 해결해야할 부분이다.

요컨대 전북 순창에서 1992년에 발견된 「城隍大神事跡」 현판은 민속학계는 물론 역사학계나 국문학계에 큰 영향을 줄만한 것이었다. 이 현판의 내용은 고려시대 吏讀의 모습을 전하고 있을 뿐 아니라 성황신앙의 시대적 변천을 알 수 있게 해 주는 것이다. 아울러 성황 신앙의 원초적인 모습을 알 수 있고 조선시대 지방 향리들의 구조와 시대적 변천상을 살펴볼 수 있는 귀중한 자료인 것이다. 또 성황신으로 무신이 아닌 문신이 모셔지고 있어 다른 지역과 다른 순창의 독특한 면을 전하고 있기도 한 것이다.

3. 고려시대 순창의 지방세력과 그 동향

순창 지역은 원래 백제의 영역에 속해 있었다. 즉 백제의 道實郡이었다. 그러다가 신라가 삼국을 통일한 후인 경덕왕대에 와서 淳化郡이 되었다. 경덕왕 16년(757)에는 백관들의 녹읍 부활과 함께 전국적인 군현의 개명이 이루어졌는데[194] 이때 完山州가 全州로 개칭됨과 더불어 도실군이 순화군으로 개편되었다. 순화군은 당시 그 밑에 領縣으로 磧城縣과 九皐縣을 거느리고 있었다.[195] 이때 순화군에는 외관으로 태수가 파견되었을 것이다.

그 후 고려조에 와서는 淳昌縣으로 강등되어 南原府에 來屬하게 되었다. 이렇게 현으로 강등된 이유에 대해서는 분명히 알 수 없지만 고려 왕조의 성립에 협조하지 않았기 때문이 아닌가 한다. 왜냐하면 고려 태조 왕건은 자신에게 협조한 지역은 군현의 명호를 승격하였는가 하면 비협조적이거나 반항한 지역은 강등시켰기 때문이다. 예컨대 태조 왕건이 남쪽으로 정벌을 갈 때 金七·崔承珪 등 200여 인이 귀순하여 도와줬다는 이유로 신라시대의 水城郡을 水州로 승격시킨 바가 있고,[196] 태조 13년(929) 견훤과의 전투시에 그 지역 세력이었던 김선평·권행·장

---

194) 『三國史記』 권9 新羅本紀 景德王 16年조.
195) 『三國史記』 권36 地理志3 全州 淳化郡조.
196) 『高麗史』 권57 地理志1 楊廣道 水州조.

길 등이 도와준 대가로 신라의 古昌郡이 安東府로 승격하였다.[197] 반면 태조 5년(922) 元奉의 귀순으로 永安縣에서 順州로 승격했던 지역이 태조 13년 견훤의 침입에 원봉이 패하자 다시 下枝縣으로 강등시키기도 했던 것이다.[198]

그러다가 순창현은 고려 명종대에 이르러 監務가 파견되어 속현으로서의 위치를 벗어나게 되었고 충숙왕 원년에는 승려로서 國統의 지위에 있던 丁午의 고향이었다 하여 순창군으로 다시 승격하여 知郡事란 외관이 파견되었다. 이 순창군의 명호는 조선시대에도 그대로 존속되었다. 순창은 별호도 갖고 있었는데 烏山, 玉川 등이 그것이다.[199]

고려시대에 순창 지역이 속현으로 존재했던 시기는 물론이지만 감무나 지군사 같은 외관이 파견되던 시기에도 그 지역의 지방세력의 힘은 강대하였다. 여기서 지방세력이란 순창지역의 土姓을 일컫는 말로『世宗實錄地理志』나『新增東國輿地勝覽』을 보면 薛 - 廉 - 林 - 趙 - 邕씨의 순으로 토성이 나와 있다.[200] 이 토성은 고려시대나 조선시대에 그 지역을 실질적으로 지배하던 長吏 내지 鄕吏 집단이었다. 여기서 이들 지방세력의 동향과 그 인물에 대해 살펴보자.

우선 토성 제 1위로 나오고 있는 淳昌 薛氏를 보자. 순창 설씨는 신라 6두품 성씨인 경주 설씨에서 분파되어 나왔다. 즉 薛聰의 후예로 되어 있는 것이다. 이들이 집단적으로 순창에 살기 시작한 것은 고려중기 이자겸의 난을 피하여 薛子升이 내려오면서부터라고 한다. 그 후 설자승

---

197)『高麗史』권57 地理志2 安東府조 및『新增東國輿地勝覽』권24 安東大都護府조.
198)『三國史記』권12 新羅本紀 景明王 6年 및『高麗史』권57 地理志2 慶尙道 豊山縣조.
199)『高麗史』권57 地理志2 南原府 淳昌郡,『世宗實錄地理志』全羅道 淳昌郡,『新增東國輿地勝覽』권39 全羅道 淳昌郡조.
200)『世宗實錄地理志』全羅道 淳昌郡 및『新增東國輿地勝覽』권39 全羅道 淳昌郡土姓조.

은 郡司戶 즉 戶長을 지내면서 지방세력으로 위세를 떨쳤다.[201] 그러나 이후 다시 중앙으로 올라갔는지 확연히 알 수 없으나 그가 淳化伯에 봉해지면서 나름대로 족세를 떨치게 된 것 같다.

그러다가 이 가문의 세력이 더욱 커진 것은 薛愼과 薛公儉대에 와서였다. 설신은 20세에 司馬試에 합격하여 31세에 咸豊縣監務를 시작으로 관직생활을 개시하였다. 그때에 그는 치적이 뛰어나 최충헌으로부터 포상을 받기도 하였다. 그 후 式目都監錄事, 禮部員外郎, 兵部員外郎, 吏部員外郎을 거쳐 內侍로 보임되기도 하였다. 고려시대의 내시는 조선시대처럼 환관이 아니었다. 말 그대로 궁중 내에서 왕의 측근관료였기에 대단히 영광스럽고 중요한 관직이었다. 고종 19년에는 侍御史로서 상장군 趙叔昌과 함께 원나라에 사신으로 다녀오면서[202] 더욱 출세가도를 달리기 시작하였다. 元에서 그는 과중한 공물 부담에 대한 고려 측의 입장을 전달하였다. 그러나 그해 고려를 재침한 撒禮塔에게 억류되었다가 처인성에서 살례탑이 김윤후에게 살해되자 방면되었다.[203] 그 후 충주목부사, 호부시랑, 예부시랑을 거쳐 西北面兵馬使를 지냈고 고종 29년에는 判禮賓省事에 이르렀다. 이때 그는 同知貢擧로서 고시관이 되어 과거를 관장하기도 하였다.[204] 이후 東北面兵馬使를 거쳐 國子監大司成, 尚書左僕射를 지냈고 고종 38년(1251)에는 樞密院副使, 刑部尚書, 翰林學士, 承旨에 임명되었다. 그해 5월 그는 졸하였다. 그의 형제는

---

201) 『韓國金石文追補』 薛愼墓誌.

202) 「夏四月壬戌 遣上將軍趙叔昌 侍御史薛愼如蒙古 上表稱臣」(『高麗史』 권23 高宗世家 19年). 그러나 『韓國金石文追補』에는 大將軍 趙叔璋으로 되어 있다.

203) 尹龍爀, 「蒙古의 2차 侵寇와 處仁城勝捷 - 특히 廣州民과 處仁部曲民의 抗戰에 주목하여 - 」 『韓國史研究』 29, 1980 참조.

204) 「(高宗 29년 4월) 樞密院副使金敞知貢擧 判禮賓省事薛愼 取進士」(『高麗史』 권73 選擧志1 選擧1 科目1).

모두 8명이었는데 3인이 과거에 급제하여 어머니 趙氏가 國大夫人에 봉해지기도 하였다.

그의 아들이며 순창의 성황신으로 모셔진 薛公儉[205]은 고종 11년 (1224)에 설신과 그 부인 密州 朴氏 사이에서 장자로 태어났다. 그는 喬同監務를 시작으로 관계에 발을 들여놓았고 都兵馬錄事를 지낸 후 고종 말년에 과거에 합격하여 여러 관직을 거쳐 禮部郎中이 되었다. 그가 관직에 취임한 후 과거에 등제한 것을 보면 초직은 아버지 설신의 음덕 즉 蔭敍로 관직생활을 시작한 것 같다. 고려시대에는 父나 祖가 5품 이상이었으면 음서의 혜택을 받을 수 있었는데 그 아버지 설신이 정3품인 추밀원부사와 형부상서, 그리고 정2품인 상서좌복야를 지냈기 때문이다.

그 후 원종 12년(1271)에는 軍器監으로 세자 諶[후의 충렬왕]을 모시고 원나라에 가게 되었다. 이 해는 고려가 강화도에 들어가 몽고에 항거하다 개경으로 환도한 다음 해로 세자와 더불어 尙書右丞 宋玢, 戶部郎中 金惰, 軍器監 설공검 등 의관자제 20여 인 및 衙內의 직원 100여 인이 인질로 元에 가게 되었던 것이다.[206] 이때 세자와의 관계를 돈독히 하여 후일 충렬왕조에 현달할 수 있는 계기가 되었음에 틀림없다. 그리하 여 그 공으로 右副承宣이 되었으며 충렬왕조에 들어와서는 동왕 4년 좌승선이 되었고[207] 그 이듬해에는 아들인 之冲을 禿魯花로 몽고에

---

205) 이에 대해서는 『高麗史』 권105 薛公儉傳 및 楊正旭, 「高麗朝 巨星, 薛公儉의 功德」『玉川文化』 1집, 1993 참조.

206) 「己亥 遣世子諶 入質于蒙古 尙書右丞宋玢 軍器監薛公儉 戶部郎中金惰等二十人從 之 又命樞密院副使李昌慶 調護其行 表奏云 自臣至于輔相 欲令子弟 相遞入侍 而先 遣世子與衣冠胤胄二十人 衙內職員百人進詣」(『高麗史』 권27 元宗世家 12年 5月).

207) 「廣平公諴知密直韓康左承旨薛公儉等八人來謁 獻白苧布」(『高麗史』 권28 忠烈王 世家 4年 7月).

들여보냈다.208) 그 해에는 또 밀직부사로 승진하여 '必闍赤'이 되었다. 이때 필자적으로는 설공검과 더불어 金周鼎, 朴恒, 李尊庇, 廉承益, 趙仁規, 李之氏, 印公秀 등이 임명되었다.209) 곧이어 監察大夫, 知僉議府事를 거쳐 僉議參理로 승진하였으며 贊成事를 거쳐 첨의중찬으로 치사하였다.210) 僉議中贊은 고려전기의 중서문하성과 상서성을 합쳐 만든 첨의부의 최고관직으로 종1품에 해당하는 관직이었으니211) 그의 지위가 어떠했는가를 가히 짐작하고도 남음이 있다.212) 그리하여 그는 충렬왕의 廟庭에 배향되는 영광을 누렸다.213) 그의 아들 之冲도 贊成事(정2품)의 지위에까지 올랐다.

『高麗史』나 『新增東國輿地勝覽』의 기록에 의하면 그는 성격이 청렴하고 정직하였으며 남을 대할 때는 공손하고 자신은 검소하게 지냈다 한다. 그리하여 조정의 관리로서 6품 이상 되는 자가 親喪을 당하면 반드시 소복을 입고 가서 조문하였고 자신을 찾는 사람이 집에 오면 관품에 관계없이 신을 거꾸로 신을 정도로 급히 나가 맞이하였다 한다. 일찍이 그가 병이 들어 누워 있을 때 蔡洪哲이 가서 진찰을 하였는데 그는 베 이불을 덮고 왕골자리를 깔고 있어 그 거처하는 모습이 중과 같았다 한다. 이에 채홍철은 감탄하여 말하기를 "우리와 薛公을 비교한다

---

208) 「丁巳 遣帶方公澂率禿魯花如元 金方慶子忻 元傅子貞 朴恒子法 許珙子評 洪子藩子順 韓康子射奇 薛公儉子之冲 李尊庇子珤 金周鼎子深等衣冠子弟凡二十五人 皆超三等 授職送之」(『高麗史』 권29 忠烈王世家 5年 3月).

209) 『高麗史』 권104 金周鼎傳.

210) 「僉議中贊致仕薛公儉卒」(『高麗史』 권32 忠烈王世家 28年 2月).

211) 『高麗史』 권76 百官志1 侍中조.

212) 물론 薛公儉이 최후에 받은 僉議中贊은 致仕職으로 실제 업무를 맡아본 것은 아니었다. 그러나 형식상으로라도 국가의 최고 원로대신으로 대접한다는 의미가 있었던 것임에는 틀림없다.

213) 「忠烈王室 文敬公許珙 文良公薛公儉」(『高麗史』 권60 禮志2 禘祫功臣配享於庭).

면 이른바 벌레와 黃鶴의 차이와 같다."라고 하였다 전해진다.[214] 이는
앞서 본 바와 같이 「성황대신사적」에도 언급되어 있다.

淳昌 廉氏에 대해서는 크게 참고할 만한 기록이 없어 안타깝다. 다만
토성으로 나와 있는 점으로 미루어 중앙에서 크게 영달한 인물은 없었다
하더라도 고려말이나 조선전기까지는 지방에서 나름대로의 세력을
유지하고 있었다고 생각한다.

淳昌 林氏의 시조는 林八及으로 平澤 林氏와 시조를 같이 한다. 이것은
순창 임씨가 평택 임씨에서 갈라져 나온 것을 의미한다. 즉 고려말
林仲沇이 淳昌君에 봉해지고 순창에서 집단적으로 살게 되면서 족세가
번성한 것으로 여겨진다. 임중연은 언제 태어났는지 알 수 없다. 그러나
충숙왕 7년 폐지되었던 政房이 다시 설치되면서 그는 右常侍로서 銓注에
참여하였다.[215] 그 후 密直副使를 거쳐 충숙왕 9년에는 知密直司事로서
원나라 왕후 책봉의 축하사절로 원에 갔으나 婆娑府에 이르러 達魯花赤이
역마를 내주지 않아 돌아오기도 하였다. 충숙왕 11년에는 推誠亮節功臣
이 되었고 곧 이어 僉議贊成事(정2품)에 오른 뒤 충숙왕 14년 淳昌君에
책봉되었다. 1327년에 審陽王 暠의 일이 수습되면서 충숙왕이 원에
있을 때 보필한 신하들을 포상하였는데 이때 2등공신이 되었다. 그러다
가 충숙왕이 아들 충혜왕에게 왕위를 물려줬다가 복위했을 때[1332년]
다시 찬성사에 임명되었다.[216] 그러나 그는 뇌물을 좋아하였고 아첨을
일삼았으며 공정치 못한 인사로 비난을 받기도 하였다. 한번은 金馬郡에
있는 馬韓의 조상 武康王의 무덤을 도굴하여 典法司에 구속되어 있던

---

214) 『高麗史』 권105 薛公儉傳 및 『新增東國輿地勝覽』 권39 全羅道 淳昌郡 人物조.

215) 「(忠肅王 7年 12月) 辛未 復置政房 以代言安珪掌銓注 右常侍林仲沇議郎曹光漢應
    教韓宗愈等參之」(『高麗史』 권35 忠肅王世家).

216) 『高麗史』 권35 忠肅王世家 8年 10月, 9年 2月, 11年 2月, 11年 5月, 14年 11月,
    15年 4月 및 忠肅王 後元年 2月조.

도적이 자취를 감추자 鄭方吉 등이 典法官을 탄핵하려 하니 이를 말렸는데 그것은 도적과 내통하여 뇌물을 먹었기 때문이었다. 또 銓注에 참여한 적이 있었고 정동행성의 일을 攝理하였는데 충숙왕은 그를 보고 "너는 우리나라 정치를 어지럽게 했다. 사람들이 너를 '林權'이라 한다."라고 말하면서도 그를 내쫓지 못했다 한다.[217]

순창을 본관으로 한 토성 趙氏는 실은 玉川 趙氏라 할 수 있는데 이 가문에서 영달한 인물은 趙廉과 趙元吉 등이 있다. 조렴은 순창군 사람이며 字가 魯直으로 충숙왕 때 과거에 급제하고 원나라에 가 그곳의 制科에도 합격하여 遼陽等路摠管知府事라는 벼슬까지 받았다. 본국에 돌아와서는 典理佐郎이 되었다. 이때 그는 고려 종묘에 있어 昭穆의 서차가 古制에 어긋나 수정해야 한다고 건의하였으나 받아들여지지 않았다. 또 충혜왕 초년에는 正言이 되어 許邕, 鄭天濡 등과 함께 왕에게 상서하여 崔安道의 아들 崔璟이 남의 글을 빌어 과거에 급제한 것과 관련하여 韓宗愈의 선비 선발이 공정치 못함을 논하기도 하였다. 그러나 왕이 오히려 이들을 옥에 가두려 하자 왕의 총신이었던 朴連이 만류한 적도 있었다. 후에 左司議大夫가 되었는데 이때 원나라의 사신이 와서 왕이 그를 영접하지 않았다고 트집을 잡았다. 그러자 兩府는 왕의 과오라고 말하였다. 이에 그는 임금과 신하는 한 몸으로 禍難과 幸福을 같이 하는 것인데 신하가 임금을 잘못했다 하는 것은 도리에 어긋나는 것이라 하여 양부를 탄핵하였다. 이에 왕은 그를 密直副使에 임명하였다. 이렇게 司議로서 곧 바로 樞府에 들어간 것은 전례 없는 일이었다. 그는 충혜왕 후 4년(1343) 죽으니 나이 54세였다. 그는 학문에 출중하여 일찍이 중국의 사대부들과 經史를 토론하였는데 막히는 곳이 전혀 없었다 한다.[218]

---

217) 『高麗史』 권124 嬖幸2 鄭方吉 附 林仲沇傳.
218) 『高麗史』 권109 趙廉傳.

그러나 그는 옥천 조씨 족보에 실려 있지 않고 이와는 계통을 달리하는 것 같은 淳昌 趙氏 족보에 실려 있다.

趙元吉은 옥천 조씨의 시조인 趙璋의 증손이며 趙佺의 아들로 자는 聖中, 호는 農隱이었다. 그는 鄭夢周, 偰長壽 등과 함께 창왕을 폐하고 공양왕을 옹립하는데 공을 세워 1등 공신이 되었으며 玉川府院君에 책봉되었다. 1392년 고려가 망하자 순창으로 돌아가 벼슬하지 않음으로서 고려왕조에 대한 절의를 지켰고 牧隱 李穡, 冶隱 吉再 등과 함께 五隱으로 불렸다.[219]

玉川 邕氏는 족보에는 고려시대에 병부상서를 지냈다고 하는 邕義泰, 이부상서를 지냈다고 하는 邕慶星, 평장사 겸 병부상서를 지냈다고 하는 邕命廷 등이 있으나 『고려사』의 기록에서는 이들의 흔적을 거의 찾을 수가 없다.

이들 순창의 토성들은 그 지역의 향리직을 거의 독점하면서 순창지역의 지배세력으로 군림하였다. 순창 설씨인 설자승이 郡司戶 즉 戶長을 지낸 기록이 있으며 순창 조씨인 趙崇△도 순창군의 司戶였다는 기록이 이를 뒷받침해준다. 이들은 순창의 향리직을 독점하면서 한편으로는 상호간의 혼인으로 긴밀한 관계를 유지하기도 하였다. 특히 순창 설씨와 순창 조씨의 경우가 그러하였다. 설자승의 부인도 순창 조씨 趙永淑의 딸이었으며 설신의 어머니이며 薛宣弼의 부인도 순창 조씨 趙崇△의 딸이었던 것이다.[220]

이들은 또한 중앙에서 영달한 자신의 조상을 성황신이나 산신으로

---

219) 『한국민족문화대백과사전』趙元吉조.

220) 『韓國金石文追補』薛愼墓誌. 그러나 족보에는 설자승의 부인은 순창 조씨로 되어 있지만 薛宣弼의 부인은 옥천 조씨로 되어 있다. 그리고 선필의 부인의 아버지 즉 장인 이름도 족보에는 趙永純으로 나와 있다.

3장 지방과 토속신앙 283

奉祀함으로써 지역민들의 자발적인 복종심을 유발하고 단결을 강조하기도 하였다. 순창의 경우 순창 설씨인 설공검을 성황신으로 모신 것도 그 배경에는 이러한 이유가 깔려 있는 것이다. 梁山 金氏인 金忍訓, 義城 金氏 金洪術, 密陽 孫氏 孫兢訓이 각각 그 지역의 성황신으로 모셔진 것과 맥을 같이 하는 것이다.[221] 심지어는 순천의 경우처럼 한 지역에서 다른 토성이 각각 산신과 성황신으로 모셔진 예도 있다. 순천 박씨인 朴英規가 그 지역의 海龍山神으로 모셔진 반면 순천 김씨인 金惣이 그 지역의 성황신으로 모셔졌던 것이다.[222]

또 중앙 관리들이 자신의 고향에 있는 산신 내지 성황신에게 작호를 더하게 하여 貫鄕에서 자기 가문의 영향력을 과시하려 하기도 하였다. 1341년 일본을 정벌할 때 東征元帥 金周鼎이 각 지역의 성황신에게 제사를 지내는데 특히 자신의 고향인 武珍郡의 성황신은 깃대 위에 방울을 울려 응답하였다 하여 무진군의 성황신에게 封爵을 한 예가 있다.[223] 또 羅州 鄭氏였던 鄭可臣은 삼별초의 난을 토벌할 때 錦城山神이 크게 陰助하였다 하여 금성산신을 定寧公으로 봉하게 하기도 하였다.[224] 「성황대신사적」에 보이는 林仲沈이 순창 임씨인 林仲沈이라면 순창의 경우도 이 같은 예에 해당된다 하겠다.

한편 이들 순창의 토성들은 조선시대에 들어오면서 순창 염씨처럼 가문이 쇠잔한 경우도 있었고 「성황대신사적」에 보이는 吏房 崔元立, 副吏房 崔信, 戶長 崔大謙, 副戶長 崔得培, 吏房 曹夏郁, 戶房 李重培, 工房 李重茂의 예에서 보는 바와 같이 昌寧 曹氏나 草溪 崔氏 등 다른 성씨가

221) 『新增東國輿地勝覽』 권22, 권25, 권26 해당 지역 人物조.
222) 『新增東國輿地勝覽』 권40 順天都護府 人物조.
223) 『世宗實錄地理志』 全羅道 茂珍郡조 및 『新增東國輿地勝覽』 권35 光山縣 祠廟조.
224) 『高麗史』 권105 鄭可臣傳.

흘러들어와 향리직을 차지하기도 하였다. 그렇지만 조선 중·후기인 명종, 인조, 영조, 순조 때까지도 순창의 土姓들은 향리직을 세습하였다. 「성황대신사적」에도 순창 설씨인 영조대의 禮房 薛昌連, 순조대의 監色 薛敬志, 순창 조씨인 명종대의 戸長 趙仁亨, 순창 임씨인 인조대의 戸長 林命龍, 영조대의 副吏房 林桂郁, 호장 林啓震, 순조대의 호장 林峻孝, 순창 옹씨로 명종대의 吏房 邕世彦 등이 보이고 있는 것이다.

요컨대 순창은 본래 백제의 道實郡이었다가 고려조에 이르러 淳昌縣이 되어 南原府의 속현이 되었다. 고려 충숙왕 원년 다시 郡으로 승격하였다. 이 지역은 또한 烏山, 玉川 등의 별호로 불리기도 하였다. 이 순창 지역에는 다른 지방과 마찬가지로 그 지역의 토착세력이었던 土姓이 있었다. 『세종실록지리지』나 『신증동국여지승람』을 보면 薛, 廉, 林, 趙, 邕氏가 토성으로 나와 있는 것이다. 이 土姓은 고려시대나 조선시대에 그 지역을 실질적으로 지배하던 鄕吏집단이었다. 이들 순창 지역의 토성들은 고려 시대부터 호장 등의 향리로 있으면서 때때로 관인을 배출하였다. 순창 설씨의 薛愼·薛公儉, 순창 임씨의 林仲沈, 순창 조씨의 趙廉, 또 옥천 조씨의 趙元吉 등이 대표적인 인물이었다. 한편 재지에 남아 있던 세력은 향리직을 독점하면서 지방사회를 주도해 나갔다. 이 같은 경향은 조선시 대까지 이어져 「성황대신사적」에도 戸長 趙仁亨, 吏房 邕世彦, 戸長 林命龍, 副吏房 林桂郁, 禮房 薛昌連, 戸長 林峻孝 등의 인명이 보이고 있는 것이다. 그리고 이들은 혼인이나 협조의 형태로 긴밀한 관계를 유지하고 있었다. 薛愼의 어머니이며 薛宣弼의 부인인 趙氏도 순창군 사람이었으 며 「성황대신사적」에 보이는 바와 같이 순창의 성황여신에게 三韓國大夫 人의 작호를 주청한 林仲沈도 순창인이었던 것이다. 이들은 또한 자신의 지역을 통치하기 위한 수단으로써 자신의 가문 출신 중 크게 영달한 인물을 성황신이나 산신으로 추봉하여 지역민들의 자발적인 복종심과 단결을 유도하였다. 지역의 유지이면서 중앙에서 현달한 薛公儉을 성황신으로 모신 순창의 경우도 이러한 목적 의식이 개재되어 있다고 하겠다.

4. 순창 지역의 성황 신앙

城隍이란 원래 국가나 고을을 방어하기 위해 구축한 방어시설에 대한 명칭이었다. 즉 城과 그 둘레에 파놓은 塹壕에 대한 명칭이었던 것이다. 그러나 고대에는 여기에도 신이 있다고 생각하여 城隍祠를 건립하고 성황신을 모셨던 것이다. 이 성황 신앙은 중국에서부터 시작되었는데 우리나라에도 통일신라 내지 고려초에 전래되었다.[225]

성황이란 말이 처음 보이는 것은 후삼국 시기 무렵이다. 즉 궁예가 904년 국호를 摩震이라 하고 여러 관부를 설치하였는데 그 중 障繕府가 있었고 그 관장사항이 바로 城隍에 대한 수리였던 것이다.[226] 이로 미루어 우리나라에서도 성황의 본래 뜻은 방어시설에 대한 명칭이었음을 알 수 있다. 때문에 성황 신앙도 성과 밀접한 관련이 있는 것이었다. 그것은 고려 문종 9년 북쪽 변경 지역인 宣德鎭에 새로운 성을 수축하고 여기에 城隍神祠를 설치하여 춘추로 제사했다는 기록에서[227] 엿볼 수 있다. 또 김부식이 묘청의 난을 진압하고 난 후 사람을 보내 諸城의 城隍廟에 제사를 지내기도 했던 것이다.[228] 순창의 경우에도 「성황대신 사적」에 大母山城에 대한 기록이 함께 보이고 있다. 따라서 본래의 城隍神祠는 대모산성 근처에 있었지 않나 생각한다.

---

225) 金甲童, 「高麗時代의 성황 신앙과 地方統治」 『韓國史硏究』 74, 1991, 2~6쪽.
226) 『三國史記』 권50 弓裔傳.
227) 『高麗史』 권63 禮志5 雜祀조.
228) 『高麗史』 권98 金富軾傳.

대모산성은『세종실록지리지』에 나주의 금성산성과 함께 기록되어
있는 것으로 보아 이미 고려 이전에 축성되어 있었다고 보는 것이
합리적이다.229)『세종실록지리지』에는 대모산성의 주위가 290步이고
안에는 작은 샘이 있는데 여름이나 겨울에도 마르지 않으며 軍倉이
있다고 되어 있다.230)『신증동국여지승람』에도 이와 비슷한 내용을
전하고 있으면서 郡의 서쪽 4里 지점에 있는데 石築이었다는 내용이
첨가되어 있다.231) 조선 英祖代에 편찬된『東國文獻備考』권27 城郭조에
는 이 내용에다 '元나라 초기에 어떤 老嫗가 아홉 아들을 거느리고
성을 쌓아 거주하면서 많은 곡물을 쌓아놓았는데 그대로 관곡이 되었다'
라는 말이 더 첨가되어 있다. 이 내용은「성황대신사적」에 나오는 내용과
같은 것이다. 이로써 보건대 순창의 성황신은 '大母' 내지 그것이 의미하
는 神格과 밀접한 관련이 있다고 생각된다.

 이러한 城과의 관련성 때문에 성황신은 수호신의 기능을 담당하고
있었다. 즉 외적의 침입으로부터 국가나 고을을 방어하고 백성이나
주민을 보호해 주는 신이었던 것이다. 따라서 평상시는 물론이고 전쟁에
나아갈 때나 외적을 토벌할 때, 또는 전쟁에서 승리했을 때 성황신에게
제사를 지내는 것이 보통이었다. 고려시대 金周鼎이 일본을 정벌하러갈
때 각 관의 성황신에게 제사하였고,232) 공민왕이 홍건적을 물리치고
난 후 諸道 州郡의 성황신에게 제사하여 감사드렸다.233) 또 충청도 온양에
서도 몽고병을 격퇴하고 난 후 성황신의 陰助 덕택이라 하여 그 군의
성황신에게 神號를 더해주기도 했다.234) 순창의 성황신도 이러한 수호신

229)『淳昌郡文化遺蹟地表調査報告書』, 전북향토문화연구회, 1989, 42쪽.
230)『世宗實錄地理志』全羅道 淳昌郡조.
231)『新增東國輿地勝覽』권39 全羅道 淳昌郡 城郭조.
232)『新增東國輿地勝覽』권35 光山縣 祠廟조.
233)『高麗史』권63 禮志5 雜祀조.

적 성격을 지녔음은 물론이다. 즉 순창의 성황신에게 제사를 지내면서 순창 지역 주민들의 안녕과 평화를 기원했을 것임에 틀림없다.

그렇다면 순창의 성황신은 누구였는가. 하나였는가 아니면 둘이었는가. 후대에는 설공검이 모셔진 것이 분명하지만 원래부터 인격신이 모셔졌는가. '大母'와는 어떤 관련성을 갖고 있는가 하는 점을 규명해 보자.

우선 순창의 성황사에는 적어도 嘉靖 癸亥年(조선 명종 18년) 내지 乾隆 8년(조선 영조 19 : 1743)에는 부부의 신상이 모셔져 있었다. 그것은 「성황대신사적」 가정 계해년의 기록에 '大王率夫人 表其大旗'라는 표현과 건륭 8년의 기록에 당시 '乾坤神像'이 있었다고 표현되고 있는 것에서 알 수 있다. 그런데 1940년경 이 성황당 근처에 살았다는 禹在一 씨의 증언에 의하면 당시 당집 안에는 남신상과 여신상이 함께 있었다는 것이다. 즉 남신상은 사모관대를 하였고 여신상은 원삼 족두리를 썼으며 그 앞에는 '薛大王神位, 梁氏夫人神位'라는 위패가 있었다고 한다.[235] 그렇다고 하여 성황사 건립 초기부터 남신과 여신이 함께 모셔져 있었다고 단정할 수는 없다.

순창의 성황당 내지 성황사는 「성황대신사적」에 나오는 至元 18년(충렬왕 18 : 1281)에 처음 건립된 것은 아니다. 이 공문은 기존해 있던 성황신에게 '金紫光祿大夫三韓功臣門下侍○○○將軍'이란 관직을 봉한다는 의미인 것이다. 성황신사가 건립되고 성황신이 봉안된 것은 고종 원년(1214)이 아닌가 한다. 그것은 성황 신앙의 내력을 말하면서 고종 원년부터 嘉靖 42년(명종 18 : 1563) 현판에 성황신에 대한 기록을 새길

---

234) 『高麗史』 권23 高宗世家 및 『高麗史節要』 권16, 『新增東國輿地勝覽』 권19 溫陽郡 祠廟조.

235) 楊萬鼎, 「淳昌城隍大神事蹟 懸板의 發見과 그 考察」 『玉川文化』 1집, 1993, 61쪽.

때까지 350년이 지났다고 말하고 있기 때문이다.

그렇다고 이때 이미 설공검이 성황신으로 모셔졌다고 보는 것도 문제가 있다. 설공검은 고종 11년(1224)에 태어났으므로 1281년에는 58세로 아직 살아 있을 때이기 때문이다. 살아 있는 사람을 신으로 모신다는 것은 예나 지금이나 그 예가 별로 없다. 또 일반인들에게도 정신적 지주로서의 효과가 별로 없다. 따라서 적어도 이때는 설공검이 순창의 성황신이 아니었던 것은 분명하다.

이 문제를 해결할 수 있는 길은 몇 가지가 있다. 우선 많은 학자들이 생각하듯이 당시까지는 성황신이 인격신이 아닌 자연신이었다가 설공검이 죽은 후 고려말이나 조선초기에 설공검이 성황신으로 봉해진 것이 아닌가 하는 것이다. 자연신에게는 얼마든지 작호를 가할 수 있기 때문이다.

성황신이나 산신에 대한 작호의 수여는 중국에서 唐·宋대에 시작되었고 우리나라에서도 고려 목종 9년(1006) 天成殿에 지진이 일어나자 국내의 신들에게 勳號를 가한 적이 있으며,[236] 문종 8년(1054)에도 국내의 名山·大川의 神祇에 2字 功臣號를 가한 적이 있다.[237] 충렬왕 7년에도 中外의 城隍과 명산·대천으로 祀典에 등록된 것은 다 德號를 가하도록 하였다.[238] 이 공문은 충렬왕의 시책으로 전해진 것이라 생각한다.

그러나 大德 원년(충렬왕 23 : 1297)의 공문을 보면 순창의 성황신이 여성이 아닌가 하는 의문을 자아내게 한다. 이 공문은 앞의 지원 18년의 공문과 비교해 볼 때 종래의 城隍大夫 三韓國大夫人이었던 성황신을 임중연의 청에 의해 작호를 가한 공문이다. 그러나 그 작호는 글자의

---

236) 『高麗史』 권3 穆宗世家 9年 6월조.
237) 『高麗史』 권7 文宗世家 8年 5月조.
238) 『高麗史』 권29 忠烈王世家 7年 正月 丙午조.

탈락으로 알 수 없다. 이로 보건대 이는 순창의 성황여신에게 작호를 내린 것으로 추정된다. 그렇다면 그 대상은 누구인가. 혹 종래의 막연한 女山神이 성황신과 혼합되면서 성황여신으로 정착한 것일 가능성도 있다.[239]

또 다른 가능성은 그 성황여신이 설공검의 할머니이며 설신의 어머니인 趙氏 夫人일 수도 있다. 그렇게 생각하는 이유는 조씨부인이 우선 남들과 다른 특징을 갖고 있다는 데에 있다. 즉 『고려사』나 『신증동국여지승람』, 『순창설씨족보』 등을 보면 조씨 부인은 '四乳而生八子' 하였다는 기록이 있는 것이다. 이를 원문대로 해석하면 '젖이 4개 있었는데 아들을 여덟 낳았다'라는 뜻이 된다. 그런데 이것이 있을 수 있는 것인가. 보통 여자에게는 젖이 2개 있으나 조씨 부인에게는 4개 있었다면 범상한 일이 아닌 것이다. 아들을 여덟이나 낳았다는 것도 쉬운 일은 아니다. 이런 비합리적인 사실이 성리학을 공부한 고려말·조선초기의 사대부들에 의하여 편찬된 『고려사』에 전하고 있으니 보통 여자는 아니었던 것이 분명하다.

이를 좀 더 합리적으로 해석한다면 '乳'자를 '낳다'는 의미로 풀이하여 '4번 해산하여 여덟 아들을 낳았다'라고 해석할 수도 있다. 즉 네 쌍둥이를 낳았다는 것이다. 그렇게 해석한다 하더라도 보통 여자는 아님을 알 수 있다. 이리하여 그가 성황신으로 봉해진 것이 아닌가 한다.

그렇게 추정하는 또 다른 이유는 조씨 부인이 그의 아들 8명 중 3명이 등과한 공으로 國大夫人에 봉해졌다는 기록 때문이다. 國大夫人은

---

239) 고려말기에 오면 성황 신앙과 산신 신앙이 혼효되어 나타나는 변화가 일어난다. 그것은 성황 신앙과 산신 신앙이 모두 수호신의 성격을 갖고 있었으며 우리나라에는 산성이 많았기 때문이었다.(金甲童,「高麗時代의 山嶽信仰」『한국종교사상의 재조명』, 원광대출판국, 1993, 13~14쪽)

원래 大臣의 어머니나 왕의 장모, 왕을 길러준 유모 등에게 붙여진 칭호로 보통 '國大夫人'이나 '○○國大夫人'의 형태로 나타난다. 현종 때의 대신이었던 崔士威의 어머니 庾氏에게 贈職으로 國大夫人이 수여된 예가 있고,[240] 예종 및 인종의 장인이었던 이자겸의 妻와 母에게 각각 '朝鮮國大夫人', '通義國大夫人'이란 직함이 부여된 예가 있다.[241] 또 任元厚의 처이며 인종의 妃였던 恭睿太后 任氏의 어머니 李氏와 禑王의 乳媼이었던 張氏에게 '辰韓國大夫人'이 수여되었고,[242] 崔怡의 妻 鄭氏와 이자겸의 처 崔氏에게 '卞韓國大夫人'이 수여된 기록이 있다.[243] 禑王대에는 崔瑩의 어머니에게 '三韓國大夫人'이 수여되었는데[244] 그것은 '변한국대부인'이나 '진한국대부인'보다 한 단계 위였다. 우왕이 李琳의 딸을 들여 왕비로 책봉하면서 이림의 처 洪氏는 '변한국대부인'을 삼았지만 그 母는 '삼한국대부인'을 삼았다[245]는 기록에서 알 수 있다. 그러나 이들이 모두 '國大夫人'의 범주에 속하는 것이었으니 恭讓王대에 趙浚이 "諸妃와 翁主의 부모형제로서 樞密院과 中書省에 들어가 혹 府院君에 이르고 國大夫人, 翁主, 宅主로 봉한 자 역시 마땅히 그 職牒을 거두라."고 청하고[246] 있는 것에서 짐작된다.

그런데 대덕 원년의 공문에 의하면 순창의 성황신도 '城隍大夫 三韓國大夫人'이란 직함을 갖고 있어 양자의 직함이 같다는 것이다. 이때 무엇으로 다시 책봉되었는지는 모르지만 이때까지의 직함이 서로 비슷하다는

---

240) 『高麗史』 권94 崔士威傳.
241) 『高麗史』 권127 李資謙傳.
242) 『高麗史』 권88 后妃傳 및 권133 辛禑傳.
243) 『高麗史』 권127 李資謙傳 및 권129 崔忠獻 附 崔怡傳.
244) 『高麗史』 권113 崔瑩傳.
245) 『高麗史』 권116 李琳傳.
246) 『高麗史』 권118 趙浚傳.

것은 양자의 관련성을 시사해 주는 것이 아닌가 한다. 순천의 海龍山神으로 모셔진 朴英規의 妻나 경주 鵄述嶺의 神母로 모셔진 朴(金)堤上의 妻도 國大夫人에 봉해졌던 것이다.[247] 나아가 이가 곧 '大母'로 불린 여인이라고도 생각할 수 있다. 조씨 부인의 아들 8명과 대모의 아들 9명은 그 숫자가 서로 비슷하기 때문이다. 원래 '大母'의 뜻은 할머니나 먼 친척의 아내를 가리키는 말이지만 여기서는 '덩치가 큰 여자' 또는 '여러 아들의 어머니', '자식을 많이 낳은 여자'라는 뜻으로 쓰인 것이 아닌가 한다.

이렇게 추정할 경우 문제는 지원 18년의 공문이다. 여성신에게 과연 大王이란 칭호를 붙여줬겠는가 하는 것이다. 그러나 대왕이란 호칭은 性에 관계없이 수여되었다. 일찍이 통일신라 말기인 景明王(917~924) 때에 왕이 仙桃山에 올라갔다가 매를 잃어버렸는데 그곳의 神母에게 빌어 매를 찾게 되자 仙桃山神母를 大王으로 봉작한 예[248]가 있는 것이다.

또 다른 문제는 고종 원년(1214) 성황사가 건립될 때가 조씨 부인이 과연 죽은 뒤인가 하는 것이다. 설공검이 죽은 것이 1302년이고 그 아버지 설신이 죽은 해는 1251년이어서 부자간에 죽은 해가 51년의 차이가 난다. 그렇게 계산한다면 설신의 어머니가 죽은 해는 1200년 전후로 추정할 수 있다. 그렇다면 고종 원년(1214)은 조씨 부인이 죽은 지 10여 년 이상이 지난 해로 성황신으로 추봉될 가능성은 충분히 있다.

요컨대 처음 순창에는 옛날부터 女山神이 숭배되었지만 대모산성 근처에 성황사가 고종 원년에 건립되고 성황신으로 추봉된 것은 범상한 여자가 아니었던 조씨 부인 즉 大母였다. 그러다가 고려말 내지 조선으로

---

247) 『三國遺事』 권1 紀異1 奈勿王 金(朴)堤上 및 권2 紀異2 後百濟 甄萱조.
248) 『三國遺事』 권5 感通7 仙桃聖母隨喜佛事조.

넘어와 유교가 확산되면서 그와 같은 가문이면서 고관을 지낸 남성인 설공검이 모셔지고 여기에 후대에 '大母'가 전혀 다른 성씨인 梁氏夫人으로 부회되어 부부 성황신으로 탄생한 것이 아닌가 한다. 大母에 관한 설화가 嘉靖 癸亥年(명종 18)의 사실 뒤에 나온다든가 영조대의 『동국문헌비고』에 처음으로 나오는 것 등이 그것을 뒷받침해준다.

또 다른 세 번째 가능성은 고종 원년 성황사가 건립될 때부터 남신과 여신이 함께 모셔졌을지도 모른다는 것이다. 지원 18년의 것은 男神에 대한 봉작이고 대덕 원년의 공문은 男神과 女神에 대한 봉작이 아닌가 하는 것이다. 즉 淳昌城隍大夫는 남신을 말하는 것이고 三韓國大夫人은 여신으로 해석할 수 있는 것이다. 그렇다면 남신은 누구이고 여신은 누구인가. 생각건대 남신은 처음 淳化伯으로 봉해진 설자승이고 여신은 조씨 부인이 아니었나 한다. 즉 지원 18년에는 성황남신인 설자승에게 '금자광록대부삼한공신문하시랑○○장군'의 작호를 내려주고 대덕 원년에는 남신인 설자승과 여신인 조씨 부인에게 작호를 내려준 것으로 추정할 수도 있다. 그러다가 설씨 가문에서 설공검 같은 高官大爵이 배출되자 그를 배향하게 되었고 그렇게 되고 보니 祖母와 孫子를 같이 모시게 되는 불균형이 생겨 大母를 양씨 부인으로 대치한 것이 아닌가 한다.

이 중 필자는 두 번째 가능성이 가장 크다고 생각한다. 원래 대모산 내지 대모산성 근처에는 여성의 산신이 모셔져 있었으나 이것이 고종 원년 성황신으로 대치되면서 당시나 아니면 그 얼마 후 조씨 부인이라는 실존인물이 모셔지게 되었다. 고려 중기 내지 말기에 오면 산신과 성황신의 혼용이 일어나기 때문이다. 그러다가 고려말, 조선초 남성 중심의 유교사회가 정착되면서 설공검이 모셔지게 되었던 것이다. 그러나 설공검이 모셔짐으로써 할머니와 손자가 같이 있는 모순이 생기고 이를 부부신상으로 볼 때는 동일 가문의 근친결혼이 되는 유교적 비합리성이 나오게 되었다. 그리하여 여신이 梁氏 夫人으로 부회된 것이라 생각한다. 후에 여신으로 梁氏 夫人이 탄생한 것은 嘉靖 癸亥年(명종 18) 당시 郡守로 파견된 綾城 梁氏의 영향력 때문이 아니었나 한다. 당시 그는 성황신에의 제사에서 무당들이 어지럽고 혼잡스럽게 횡행하는 것을 보고 폐단이 많다하여 간소화시켰다. 이러한 그의 행적과 영향력 때문에 후일 조씨 부인이 양씨 부인으로 변화된 것이 아닌가 한다.

이렇듯 산신이나 성황신에게 작호를 수여하고 부부의 상을 모신 것은 이미 고려말, 조선초기에 흔했던 일이었다. 조선 세종대의 기록을 보면 각 지역의 산신과 성황신을 大王·太后·太子·太孫·妃라 칭하고 있는데 이는 심히 무리한 일이라는 점이 지적되고 있다.[249] 또 조선 태종대의 기록에는 "前朝(高麗)에 경내의 山川에 대하여 각기 封爵을 가하고 혹은 妻妾·子女·甥姪의 像을 설치하여 모두 제사에 참여했으니 진실로 未便하였습니다."라는 내용이 있는 것을 보아[250] 알 수 있다.

이제 성황신에의 제사는 어떠한 형태로 이루어졌는가에 대해 살펴보자. 먼저 향촌에서는 지방향리들의 주관 하에 제사가 이루어졌다. 이규보가 전주의 지방관으로 있을 때 향리들이 성황제에 고기를 쓰는 것을 금했다는 기록이나,[251] 공민왕 때 鄭習仁이 경상도 榮州의 지방관으로 가자 그곳의 향리가 새로 부임한 그에게 관례대로 消災圖에 분향하게 했다는 기록이[252] 그것을 말해준다. 「성황대신사적」에도 명종 18년까지 향리들이 해마다 5월 1일에서 5일까지 번갈아 자기 집에 당을 설치하고

---

249) 『世宗實錄』 권23 6年 2月 11日조.
250) 『太宗實錄』 권25 13年 6月 8日조.
251) 『東國李相國集』 권37 祭神文.
252) 『高麗史』 권112 鄭習仁傳.

제사를 지냈다는 기록이 보이고 있는 것이다. 이는 비록 조선시대의 기록이라 하더라도 고려시대부터의 전승이었다고 할 수 있다.

그러나 제사에의 실제적인 담당자는 巫覡이었다. 「성황대신사적」의 기록에도 성황대신을 제사지낼 때 무당의 무리들이 떼 지어 모여 재주를 벌이고 제사를 했다는 기록이 보이고 있지만, 고려시대에도 많은 무당이 있어 산신당이나 성황당에의 제사를 담당하여 먹고 사는 경우가 많았다. 나주의 금성산신이 자신에게 내렸고 그 신이 삼별초의 난을 진압하는데 陰助를 했다하여 무당이 읍의 祿米 5石을 해마다 받아먹었다는 기록이 있고,[253] 충선왕 때 姜融의 누이동생인 巫와 大護軍 김직방이 추천한 巫가 松岳祠에의 제사권을 둘러싸고 싸웠던 기록이[254] 있는 것이다.

한편 국가에서도 국가의 안녕과 평화를 위하여 각지의 산천신이나 성황신에게 사신을 파견하여 제사하게 하였다. 이를 주관한 중앙의 부서는 禮部, 고려말기에는 典理司였다. 예부는 禮儀·祭享·朝會·學校·科擧의 일을 관장한 부서였기 때문이다.[255] 그것은 「성황대신사적」에 보이는 典理摠郎(京里摠郎)의 청에 의해 작호가 내려진 예에서도 알 수 있다. 전리총랑은 충렬왕 원년 종래의 吏部와 禮部를 합쳐 만든 典理司의 정4품 관원이었던 것이다.[256] 물론 때로는 임시로 설치된 관청에서 제사 업무를 관장하기도 하였다. 예컨대 신종 원년의 山川裨補都監,[257] 명종 8년의 別例祈恩都監, 고종 4년의 祈恩都監[258]이 그것이다.

예부에서는 이들 산천신이나 성황신에게 봄·가을 정기적으로 사신을

253) 『高麗史』 권105 鄭可臣傳.
254) 『高麗史』 권124 嬖幸 鄭方吉 附 姜融傳.
255) 『高麗史』 권76 百官志1 禮部조.
256) 위와 같은 조항.
257) 『高麗史』 권21 神宗 元年조.
258) 『高麗史』 권77 百官志2 諸司都監各色조.

파견하여 제사하였다.[259] 파견한 사신은 때에 따라 달랐는데 內侍·內侍別監·祈恩使·祈恩別監·香別監·油脂別監 등[260]의 명칭으로 불렸다. 한편 국가에서 제사하는 산천신이나 성황신은 祀典에 등재된 것이었다. 德號나 尊號가 가해지는 것도 마찬가지였다. 따라서 대왕과 삼한국대부인이란 작호를 갖고 있던 순천의 성황신도 祀典에 등록된 것임에 틀림없다.

요컨대 성황 신앙은 중국에서 시작된 것으로 '城隍'은 말 그대로 성과 그 주위를 둘러싼 참호의 명칭이었다. 즉 국가나 고을을 방어하는 방어시설에 대한 칭호였던 것이다. 그러나 고대에는 여기에도 神이 있다고 생각하여 城隍祠를 건립하게 되었고 여기에서 성황 신앙이 생겨나게 되었다. 따라서 성황신의 본래 기능은 수호신이었다. 이 성황 신앙이 통일신라 내지 고려조에 우리나라에도 수입되어 전국 각지에 성황사가 설립되었던 것이다. 우리나라의 경우에도 그 전래 초창기에는 城과 밀접한 관련이 있는 수호신이었다. 순창의 경우도 예외는 아니어서 「성황대신사적」을 보면 大母山城이 언급되고 있어 성황신과 城이 밀접한 관련이 있다는 것을 알 수 있다. 또 이 성황 신앙은 고려말, 조선초에 이르면 종래의 산신 신앙과 혼효되기 시작하였다. 순창의 경우도 원래는 大母山의 女山神을 모셨으나 고려말 조선초에 설공검을 배향하면서 부부성황신으로 바뀌었던 것이다. 이 성황 신앙은 고려시대부터 지방의 고을 자체뿐 아니라 국가에서도 큰 관심을 갖고 때때로 제사를 지내게 하였고 사신을 파견하여 香이나 그 비용을 대주기도 하였다. 이를 관장한

---

259) 「(文宗 九年) 三月 壬申 宣德鎭新城置城隍神祠 賜號崇威 春秋致祭」(『高麗史』 권63 禮志5 雜祀조).

260) 『錦城日記』에 보면 이러한 사신들이 나주에 파견된 기록이 보이고 있다. 『금성일기』는 고려 공민왕 7년(1358)부터 조선 성종 12년(1481)까지 나주에 온 사신과 지방관들에 관한 것을 기록해 놓은 책이다. 이에 대해서는 김갑동, 「錦城日記」 『금호문화』, 1992년 11월호 참조.

부서는 禮部[고려후기에는 典理司]였으며 왕은 내시라든가 香別監, 祈恩別監 등을 파견하여 제사를 장려하였다. 순창의 성황신도 국가의 祀典에 등록된 것이었다. 그러나 실제로 성황신에의 제사를 주관한 것은 지방의 향리였으며 그 실질적인 담당자는 巫覡이었다. 「성황대신사적」은 이러한 지방사회 내부의 모습을 잘 보여주고 있는 것이다.

4장 결론

    고려는 이미 태조 왕건 때부터 사상 및 종교의 다양성이 보장되었다. 그것은 당시가 후삼국 정립기이어서 후삼국 통일을 달성하기 위해서는 어떤 종교나 사회세력과도 손잡을 필요성이 있었기 때문이기도 하였다. 태조의 재위 기간 동안 이루어진 불교, 유교, 풍수지리, 도교, 토속신앙 등에 대한 정책과 관심들은 후대에까지 영향을 미치게 된다. 그것을 단적으로 보여주는 것이 왕건의 훈요 10조이다. 훈요 10조의 10개 조항 중 8개 조항이 사상 및 종교와 관련된 내용이다. 즉 불교는 물론, 유교 및 풍수지리설, 토속신앙에 이르기까지 거의 모든 사상을 언급하고 있다. 도교는 풍수지리와 불가분의 관계에 있기 때문에 도교도 중시했다고 보는 것이 합리적이다. 九曜堂의 창설이 그것을 말해준다. 그러한 경향이 후대에까지 영향을 미쳐 고려 왕조에서는 사상과 종교의 다양성이 보장, 존재하게 되었던 것이다. 결론적으로 말하면 고려 왕조의 사상, 종교의 다양성은 그 기초와 배경이 이미 태조 왕건대에 마련되어 있었다는 것이다.

    고려시대에는 이러한 영향으로 여러 사상들이 유행하였는데 토속신앙 역시 마찬가지이다. 토속신앙에는 산신 신앙과 성황 신앙, 무격 신앙 등이 있다. 우선 산신 신앙은 산악을 인격화한 山神에 대한 숭배로

敬天 사상과 맥을 같이 한다. 고대인들에 있어 하늘은 매우 신성스러운 존재였다. 하늘의 동태 여하에 따라 그들의 생명이 좌우되었기 때문이다. 그런데 山은 이러한 하늘과 인간을 매개시켜 주는 구심체였다. 그리하여 山神에 대한 숭배와 신앙이 시작되었던 것이다. 그러나 고대인들은 이 산악을 자연물 그 자체로써 숭배한 것이 아니었다. 산도 하늘처럼 감정을 갖고 있는 人格神이라 생각하였다. 즉 산 자체에 대한 숭배가 아니라 山神에 대한 숭배였던 것이다. 한편 이러한 산신에 대한 숭배는 우리나라뿐 아니라 중국에서도 유행하였다. 중국의 천자나 제후들은 자기 영역 내의 山에 공식적인 제사를 드렸던 것이다. 그러나 우리나라의 산신 신앙은 중국의 영향을 받아 성립된 것은 아니었고 자생적으로 생긴 것이었다. 그리하여 『신증동국여지승람』에 기록된 山神祠만 하더라도 47개나 되었던 것이다.

이러한 우리나라의 산신 신앙은 이미 부족국가시대인 東濊시대부터 있었다. 그런데 초기에는 虎神 내지 女性神의 형태로 시작되었다. 물론 그 신앙은 국가적인 차원의 것이었다. 그러다가 新羅의 삼국통일을 전후해서 이 산신 신앙에 변화가 일어났다. 첫째는 女性神이 男性神으로 바뀐다는 것이고 둘째는 佛敎, 道敎 등의 외래사상과 습합되어 나타난다는 것이었다. 전자는 중국에서 전래된 父權本位思想의 영향과 통일전쟁 속에서 남성의 역할이 증대했기 때문이었다. 후자는 사상계의 변화에 따른 자연스런 현상이었다. 특히 후자와 같은 현상은 고려시대에 강하였다. 그리하여 妙淸에 의한 八聖堂 건립이 이루어지기도 하였다. 고려말 조선초에 와서 이 산신 신앙은 다시 변화하였다. 즉 성황 신앙과의 혼합과 民間化 현상이 일어났던 것이다. 전자는 그 신의 기능이 비슷한 데서 일어난 현상이고 후자는 고려말 정치기강의 문란과 관련이 있는 것이었다. 이리하여 조선초기의 집권세력은 일반 백성들에 의한 山神祭

를 淫祀라 비판하면서 國家 주도에 의한 제사를 주장하였다. 그러나
이 같은 변화는 막을 수 없어 조선후기 이후에는 성황 신앙과 산악
신앙이 모두 民間信仰化되었던 것이다.

이처럼 국가와 민간에서 숭배의 대상이 된 山神은 守護神적 기능과
降雨의 기능을 갖고 있었다. 그것은 인간이 생존해 나가고 식량을 확보하
는데 필수적인 것들이었다. 그리하여 전쟁에 나아갈 때에는 전쟁의
승리를 위하여, 또 전쟁에서 승리했을 때에는 감사의 표시로 山神에게
제사를 드렸다. 이러한 수호신적 기능은 城隍神과 비슷하여 양자가
혼합될 수 있는 여지를 제공하는 것이었다. 그리고 비가 오지 않을
때는 祈雨祭를, 비가 너무 많이 올 때는 祈晴祭를 산에서 행하였다.
원래 이 降雨의 기능은 天神이나 水神, 龍神 등이 갖고 있는 것이었으나
이 山神도 그 기능을 갖고 있었던 것이다.

山神은 원래 護國神이었기 때문에 국가적인 제사의 대상이었다. 그러
나 지방의 실력자인 지방세력들은 山神祠를 정신적 구심점으로 삼아
지역민들을 통제하고 결집하고자 하였다. 그리하여 이들은 山神祠에
대한 제사를 주관하는가 하면 경제적인 도움을 주기도 하였다. 또 자신들
의 조상을 산신으로 追封하기도 하였다. 이렇게 함으로써 그들은 그
지역의 支配勢力으로 계속 남을 수 있었다. 이러한 경향에 대하여 國家에
서는 지방세력들에 의한 山神祭를 금함과 아울러 祈恩別監과 같은 전담관
리를 파견하거나 地方官으로 하여금 제사를 주관케 하였다. 즉 같은
山神祠를 國家와 地方勢力은 각기 자신의 이해관계에 따라 운용하려
함으로써 갈등을 보이기도 했던 것이다.

고려에서는 城隍 信仰도 유행하였다. 城隍이란 원래 국가나 고을을
방어하기 위한 시설물에 붙여진 명칭이었다. 그러나 비과학적 사고가
지배하던 고대에는 여기에도 이를 주관하는 神이 있다고 생각하였다.

그리하여 城隍神은 국가나 고을을 방어하는 守護神的 의미를 지니게 되었다. 이러한 성황 신앙은 중국 고대에 비롯되었다. 그 후 唐·宋을 거치면서 보편화되고 明에 이르러 국가적인 측면에서 크게 장려되었다. 우리나라에서도 이미 고려 중·후기에는 널리 유행하였다. 그 개념도 중국과 비슷하였다. 그것은 城隍祠에 배향된 인물들이 전투에서 용맹을 떨친 將師들이거나 고을의 방어를 위해 힘쓴 자들이었음에서도 알 수 있다. 따라서 고려인들은 전쟁에 나갈 때 뿐 아니라 전쟁에서 승리했을 때에도 城隍神에게 제사를 드렸다. 한편 당연한 일이지만 城隍祠는 城 근처에 있게 되어 후일 그 城을 城隍堂(山)石城이라 부르기도 하였다. 또 그곳이 烽燧臺의 이름이 되기도 하였다.

우리나라에는 일찍부터 山神崇拜思想이 있었다. 높은 산에는 山神이 존재하여 하늘[天]과 인간[人]을 매개시켜주는 역할을 한다고 믿었다. 다시 말해 이 山神이 하늘을 대신하여 지역민들을 감싸주고 보호해 준다고 생각했던 것이다. 그리하여 일면 성황 신앙과 비슷한 측면도 없지 않았다. 그러나 엄격히 보면 양자는 확연히 구분되는 것이었다. 성황 신앙이 城과 불가분의 관계에 있었던 반면 산신 신앙은 본래 城과는 별 관련이 없는 것이었다. 그런데 우리나라에는 山城이 많아 점차 성황 신앙과 산신 신앙이 그 기능이나 성격 면에서 혼합되어갔다. 따라서 성황 신앙이 우리 고유의 산신 신앙에서 유래된 것은 아니며 우리말의 '서낭'도 '山王'이 아닌 '城隍'을 잘못 발음한 것이라 하겠다.

이 성황 신앙은 고려초기에 중국에서 전래되어 중기 이후 전국적으로 퍼져 나갔다. 특히 仁宗·毅宗 이후의 혼란상황 속에서 급속히 전파되었다. 거기에는 인종·의종의 심약한 마음과 집권무인들의 피해의식도 작용하였다. 그러다가 원 간섭기에 오면 성황 신앙이 서서히 민간화되면서 귀족화·타락화되어 가던 佛敎와 마찰을 빚기도 하였다. 조선건국 이후에는 明의 영향하에 國祭로서 자리를 잡게 되었다. 그러나 한편으로는 儒敎的 合理主義者인 新進士類들에 의해 위축되면서 淫祀를 행하고 있다고 비난받기까지 하였다. 그러다가 조선중기 이후에는 성황 신앙이 國行官祭로서보다도 民間信仰으로 정착하는 변화를 겪게 되었던 것이다.

고려초기에는 각 지방의 城隍祠가 國家가 아닌 地方勢力들에 의하여 건립되었다. 그것은 자신들의 조상을 城隍神으로 배향함으로써 그 지역의 支配勢力으로써 오랫동안 존속하기 위함이었다. 즉 그 家系의 神聖性을 강조하여 지역민들의 자발적인 복종심을 불러일으키려는 수단이었던 것이다. 그리하여 고려중기에는 몇몇 지방민들이 국가에 대한 반란을 도모하는데 城隍祠가 이용되는 경우도 있었다. 이러자 國家에서는 이러한 지방세력의 발호를 억제하기 위해 성황사를 직접 설치하는 한편 국가에서 파견한 지방관으로 하여금 성황사를 주관케 하였다. 즉 지역민들의 의식세계를 國家에서 장악하여 효과적인 地方統治를 달성하려고 했던 것이다. 이러한 경향은 조선초기에 이르러 더욱 강화되었다. 국가에서 파견한 觀祭使 및 守令으로 하여금 성황제를 주관케 하는 한편 民間에서 함부로 제사하는 것은 금하였던 것이다. 한편 성황 신앙에 대한 국가적인 관심은 爵號의 수여나 祿米의 지급 등으로 나타나기도 하였다. 그럼에도 불구하고 성황사는 地方勢力 즉 鄕吏들에 의해 장악되는 경우가 많았다. 그것은 수령의 빈번한 교체와 많은 屬郡·縣의 존재에 기인하는 것이기도 했다. 그리하여 조선후기 이후에는 성황 신앙이 民間化되면서 戶長들이 이를 주관하는 것이 관례가 되어버렸던 것이다.

한편 한국에는 고대로부터 각종 신에 대한 믿음이 있었다. 山神, 城隍神은 물론이고 天神, 地神, 龍神, 祖上神 등이 있었다. 그러나 이들 신들은 일반 사람들의 눈에는 보이지 않는 존재였다. 따라서 이들 신은 특별한 존재를 매개로 하여 인간과 접촉하였다. 이들이 바로 샤먼(Shaman) 즉

巫覡이었다. 초기에 이들은 司祭로서의 역할과 정치적 지배자 역할을 동시에 수행하였지만 점차 제사가 정치와 분리되면서 고유한 영역의 직업인이 되었다. 그들은 무격이 되는 과정에서 겪는 병적 상태를 극복한 정신적인 인간 또는 종교전문가였다. 그들은 또한 보통 엑스타시(Ecstasy)의 기술자였다. 엑스타시를 통해 신과 인간을 융합시키는 기술을 습득하였다. 그것은 보통 歌舞의 형태로 나타났다. 한국 고대에 있어 축제나 제례를 행할 때 종종 飮酒歌舞를 동반한 것도 그 때문이었다. 이러한 엑스타시를 통해 神靈과 교감하면서 국가나 인간의 吉凶禍福을 점치고 조절하는 기능을 수행하였다. 이것이 바로 무격 신앙이었다.

고려시대의 무격 신앙은 고대의 그것을 물려받았다. 고려시대에 있어 처음으로 보이는 공식적인 기록은 顯宗 때이다. 그러나 이미 태조 때부터 무격 신앙은 존재하였다. 팔관회 등을 통해 자연스럽게 계승되었다. 국가에서도 무당을 모아 비를 비는 祈雨 행사를 벌이는 것이 상례였다. 고려전기에 있어 무격 신앙이 가장 번성한 것은 仁宗 때였다. 그것은 이자겸의 난, 묘청의 난을 겪으면서 사회가 매우 혼란했던 데에 원인이 있었다. 물론 이에 대한 일부 비판이 있었지만 그 영향력은 크지 않았다.

1170년(의종 24) 무신란으로 무신 정권이 들어서자 巫俗은 더욱 성행하였다. 무당들에 의한 기우 행사도 계속되었다. 또한 당시 성행하던 불교와 도교 등도 무격 신앙과 융합되는 현상이 발생하였다. 무당이 불교의 帝釋天을 자칭하기도 하였고 도교의 七元, 九曜를 같이 모시기도 하였다. 원 간섭기에 들어오면서 무격 신앙은 절정에 이르렀다. 元나라 조차도 무격들을 우대하는 경향이 있었기 때문이다. 이리하여 때로는 왕실의 저주 사건에 무당들이 깊이 개입하기도 하였다. 무당의 친족들이 조정의 고위직을 차지하기도 하였다. 그러자 일부 유학자들은 무격 신앙을 배척하기 시작하였다. 무인 집정자나 왕들이 무당들을 도성 밖으로 쫓아내는 조치도 취해졌다. 그러나 근본적으로 무속을 금할 수 있는 상황은 아니었다.

고려말 공민왕대에 오면 무격 신앙의 폐해가 더욱 커졌다. 무당이 천제석이라 자칭하면서 백성들을 혹세무민하기도 하였고 伊金이란 자는 彌勒佛을 자칭하면서 무당들의 숭배를 받기도 하였다. 그러자 새롭게 등장하던 유학자인 신진사류들에 의하여 불교와 함께 심하게 배척받는 사태가 발생하였다. 閔霽 같은 이는 하인이 막대기를 들고 중을 때리는 그림과 개가 스님이나 무당을 쫓아내는 형상도를 그려 이를 벽에 붙여 놓기도 하였다. 金子粹나 鄭道傳 등은 불교와 더불어 무속을 신랄하게 비판하였다. 심지어는 과전법에서조차 무당들이 과전을 받는 것을 금하기까지 하였다. 金貂 같은 이는 무격들을 서울에서 내쫓고 淫祀를 행하는 자는 죽여 용서치 말 것을 건의하기도 하였다.

무격들의 역할과 기능은 다양하였다. 우선 산신사나 성황사 등과 같은 神祠를 관리하고 제사를 주관하였다. 이는 신령과 인간과의 매개 역할을 했던 그들이 당연히 해야 하는 일이기도 하였다. 신사에 오는 사람들을 위해 복을 빌어주고 정기적이거나 비정기적인 제사가 있을 때 이를 주관하였다. 따라서 개인으로부터 그 비용을 주로 받았지만 때로는 정부로부터 공적인 지원을 받기도 하였다. 그리고 비가 오지 않고 가뭄이 계속될 때는 이들을 모아 비를 빌기도 하였다. 무격들을 통해 천신을 감동시키거나 간절히 빌어 비가 내리기를 바랐던 것이다. 또 그들을 이용하여 앞날을 예견하고 개인이나 나라의 길흉을 점쳤다. 그러나 때로는 상대방을 저주하고 무고하는 역할도 담당하였다. 정쟁에 이용되기도 했던 것이다. 이는 특히 원 간섭기에 심하였다. 왕비들끼리의 질투나 권력가들끼리의 정쟁에 이들이 개입되었다. 원의 간섭으로 왕권이 약화되었고 자주성이 훼손되었기 때문이었다. 병을 치료하는데 이들이 이용되기도 하였다. 그러나 이는 실질적인 의료 행위라기보다 심리적인 안정과 치료에 기대는 것에 불과하였다. 또 이들은 엑스타시를 위해 가무와 소리를 기본으로 하였기 때문에 왕실이나 귀족을 위하여 가무나 음악을 하고 오락 행사에 동원되기도 했다. 이러한 무격들의 역할과 기능은 그들이 신령과 소통하여 무한한 기능을 갖고 있다고 믿는 사상에 근거한 것이었다.

이들 토속신앙과 그에 대한 神祠는 지방에도 다수 존재하였다. 우선 전라북도 남원에는 지리산신을 제사하는 智異山神祠가 있었다. 남원은 원래 백제의 古龍郡이었다. 그러다가 통일신라에 와서 남원소경이 되었고 후삼국 시기에는 견훤의 영역에 속해 있다가 고려 태조 23년(940) 南原府가 되었다. 남원부는 태조 23년에 성립되어 9개의 속군·현을 다스리는 主邑이 되었다. 그리고 여기에 土姓이 분정되었다. 남원 梁氏·鄭氏·晉氏·楊氏 등이 그것이다. 이들은 광종대부터 중앙에 진출하여 관인이 되어갔다. 그런데 특이한 것은 토성 중에 甄氏가 있었는데 이는 후백제 멸망 후 전주에 있었던 견훤의 일족을 남원으로 이주시켰기 때문이었다.

그런데 이 남원에 있는 지리산은 통일신라에 이르러 오악 중 하나인 南岳이었다. 그리고 그 神祠는 처음 천왕봉에 있었다. 따라서 지리산은 신라 9주 중 康州에 속한 것으로 파악되었다. 고려조에 이르러서는 도선의 말에 따라 신사를 노고단 밑으로 옮기게 되었다. 이 지역은 남원에 속해 있었기 때문에 지리산이 남원에 있는 것으로 파악되었다. 그러나 그 제사의 대상은 천왕봉의 神像이었다. 또 천왕봉의 신사와 신상은 민간 차원에서도 숭배되었다. 국가 차원의 신사와 민간 차원의 신사가 따로 존재하게 되었던 것이다. 그러다가 조선 세조 때에는 신사가 노고단의 더 아래쪽으로 옮겨졌다. 신에 대한 제사는 산 밑에서 지내야 한다는 사대부들의 주장 때문이었다. 그러나 천왕봉의 신사도 민간인들이 다시 지어 여전히 두 개의 신사가 존재하였다.

지리산신은 원래 여성이었다. 그리하여 신라에서 숭배하던 仙桃聖母라는 설이 대두하였다. 그러다가 고려왕조가 성립되면서 威肅王后說이 등장하였다. 위숙왕후의 출신지를 알 수 없었을 뿐 아니라 고려를 개창한 國祖의 어머니였기 때문이었다. 일종의 國祖信仰 때문이었다. 황해도 지역에서는 왕건의 6대조인 虎景을 산신으로 삼아 사당을 건립하여 숭배한 것과 궤를 같이 하는 것이었다. 고려말 불교가 지나치게 융성하면서 지리산신이 석가의 어머니인 마야부인이라는 설이 등장하였다. 배척받았던 승려들이 토속신앙의 힘을 빌어 명맥을 유지하고자 했기 때문이었다. 조선후기에 이르러 무격 신앙이 성행하면서는 팔도 무당의 시조라는 설도 등장하였다.

노고단 밑에 새로운 신사가 건립된 시기는 고려 태조대, 구체적으로 태조 23년(940)이었다. 이 해는 고려 태조가 후삼국을 통일한 지 4년이 되는 해로 三韓功臣을 제정하고 役分田을 주는 한편 지방제도도 정비하였다. 이때 남원부가 성립되면서 지리산신사가 건립된 것이다. 이는 산신의 힘을 빌어 후백제의 잔존세력을 제압하고자 함이었다. 토성으로 분정된 이 지역의 豪族들도 적극 이에 협조하였다. 중앙으로의 진출을 꾀해야 했기 때문이었다. 이 지역의 토성들은 광종대의 중소지방세력 흡수책을 기회로 삼아 지리산신이 위숙왕후라는 설을 제기하였다. 이를 계기로 중앙으로 진출하기 시작했다. 晉兢이 대표적인 인물이다. 이를 발판으로 그의 후손인 晉含祚는 목종 12년(1009)부터 중앙정계에서 두각을 나타내어 현종대에 內史侍郎(정2품)이란 재상벼슬을 지냈다. 梁稹도 현종 2년 御史中丞을 시작으로 하여 현종 18년(1027)에는 尙書左僕射(정2품)의 지위에 올랐다.

고려시대의 지리산신은 國祖信仰에서 나왔던 만큼 국가를 수호하는 기능을 가지고 있었다. 또 降雨를 조절하여 백성을 편안하게 하는 기능도 있었다. 그것은 우왕 9년(1383) 鄭地의 왜구 토벌에서 증명이 되었다. 정지는 병든 몸을 이끌고 남해 觀音浦의 왜구와 격전을 앞두고 있었다. 그러나 적의 수가 많고 비까지 와서 군사들의 사기가 저하되었다. 그러자 정지는 지리산신에게 비를 그치게 해줄 것을 빌었다. 산신은 그 기원을 들어주어 비가 그치고 날이 맑아졌다. 이 틈을 타 정지는 군사를 이끌고 왜구를 토벌하는데 성공했다. 국가의 수호신으로서 역할을 다했던 것이다. 또 이와 관련하여 병의 治癒기능도 가지고 있었다.

전라남도 나주 지역에는 금성산신을 제사하는 錦城山神祠도 있었다. 원래 신라말 나주 지역은 錦山郡 또는 錦城郡으로 불렸는데 후백제 영역에 속하였다. 그러다가 903년 羅聰禮를 비롯한 나주 사람들이 궁예 밑에 있던 왕건에게 협조하여 태봉의 수중에 들어오게 되었다. 이때 羅州로 승격하고 이들은 후일 '羅州'의 수위 집단이라는 의미로 '羅'씨라는 土姓을 분정 받게 되었다. 나총례는 그 대가로 三韓功臣으로 책봉되었다. 또 궁예 통치기 이 지역은 왕건의 제2세력 근거지가 되었다. 羅州道行臺와 같은 중앙과 비슷한 행정기구가 설치되기도 하였다. 그리하여 위험할 때면 왕건은 이 지역에 내려와 거주하였다. 그것은 이 지역이 이전부터 같은 해상세력으로 왕건 가문과 연결되어 있었기 때문이었다. 당진·개성과 더불어 해상무역의 거점이었던 것이다. 또 넓은 나주평야에서 나오는 곡식과 풍부한 해산물이라는 경제적인 이점도 작용하였다. 이 같은 왕건과의 관계 때문에 나주 나씨는 후일 중앙에까지 진출하여 영달하였다. 羅裕·羅益禧·羅興儒 같은 사람들이 그들이었다.

고려 태조 왕건은 나주 지역에서 后妃를 맞기도 하였다. 莊和王后 吳氏가 바로 그였다. 처음 그의 집안은 '側微'하여 왕건은 아들을 낳지 않으려 했다. 그러나 아들 武가 탄생하여 태조의 뒤를 잇게 되었다. 한편 태조 4년(921) 武가 7세의 나이로 태자에 책봉되면서 羅州 吳氏는 향리에서 지배세력이 되었다. 이들은 혜종이 죽은 후 그의 사당인 惠宗祠를 건립하였다. 왕실의 외척세력이었음을 잊지 않게 하기 위함이었다. 나주 오씨는 혜종사에 대한 제사를 주관하면서 지역에서 지배세력으로서의 위치를 공고히 하고자 하였다. 그러나 그의 가계는 한계가 있었던 것 같다. 중앙에서 영달한 인물이 보이지 않기 때문이다. 혜종 즉위 후 세력을 유지했다가 그가 죽으면서 그 가계도 약세를 면치 못했다고 생각된다.

이렇듯 나주 나씨와 나주 오씨가 고려의 건국과 후삼국 통일과 관련하여 세력을 떨치게 되자 羅州 鄭氏 세력은 錦城山神祠를 건립하여 이를 정신적 구심점으로 삼았다. 금성산신사에 대한 제사권을 확보함으로써 또 다른 세력으로 성장하였다. 이들은 나주의 戶長직에 있으면서 삼별초의 공격 시 지역민들을 결집시켜 고을을 방어하였다. 그리고 나주가 무사할 수 있었던 것은 금성산신의 陰助 덕분이라 선전하였다. 그들은 이 문제를 중앙에까지 끌고 가 금성산신을 定寧公으로 封爵하기까지 했다. 이들은 이를 발판삼아 중앙 정계에 활발히 진출하였다. 鄭可臣을 비롯하여 錦城君에 책봉된 鄭頎, 왜구 토벌에 큰 공을 세운 鄭地 등을 배출하였던 것이다.

錦城山神 역시 다른 산신과 마찬가지로 나주의 守護神이었다. 그리하여 고종 때 백제부흥운동을 표방한 李延年 형제가 반란을 일으키자 정부군을 도와 이들을 토벌하는데 협조하였다. 나주 지역을 보호하고자 함이었다. 또 삼별초의 침입으로부터 나주를 지켜 주었다. 이외에도 금성산신은 다른 산신들처럼 降雨의 기능도 가지고 있었다. 이러한 역할 덕분에 금성산신은 '定寧公'이란 작위를 받았다. 원래 작위는 왕의

친척인 종실들에게나 주는 것이었다. 따라서 비록 산신이지만 금성산신은 왕족과 같은 지위에 있었던 것이다. 그러다가 '大王'의 지위로 승격하였다. 이는 형식적이지만 王 보다도 높은 지위에 둔다는 뜻이었다. 실질적인 통치자인 왕을 통제하는 정신적 지주였던 것이다. 그리하여 국가에서는 祈恩使·祈恩別監·香別監 등을 파견하여 금성산신을 숭배하고 제사하였다.

경남 사천 지역에는 고려 현종과 관련된 성황당도 존재하였다. 현종은 성종 11년(992) 경종비였던 헌정왕후 황보씨와 태조의 아들 안종 욱의 사이에서 태어났다. 그러나 그는 태어나자마자 어머니를 잃고 아버지는 사수현으로 귀양을 가 보모에게서 자랐다. 그러나 이를 불쌍히 여긴 성종의 배려로 성종 12년(993)에 사수현에 내려가 아버지 안종 욱과 같이 살게 되었다. 그러다가 성종 15년 안종 욱이 사수현에서 죽자 그 이듬해인 성종 16년(997) 개경으로 올라오게 되었다. 약 4년간 사수현에서 살았던 것이다.

당시 안종 욱과 대량원군[현종]이 살았던 곳은 臥龍山 근처의 排房寺라는 절이었다. 와룡산이란 명칭은 '누워 있는 용 같이 생긴 산'이란 뜻으로 곧 대량원군이 왕위에 오를 수 있을 것이라는 이름을 담고 있었다. 한편 사수현에는 城隍堂이 설치되어 있었다. 그리하여 안종 욱은 때때로 성황당에 나아가 자신의 아들이 개경으로 돌아가 왕위에 오르기를 빌었을 것이다. 그가 죽을 때는 성황당 남쪽에 있는 歸龍洞에 엎어 묻어달라는 부탁까지 하였다. 귀룡동은 귀룡산 밑에 있었던 곳으로 '용이 되어 돌아가는 동네'란 뜻이었다. 이 역시 자신의 아들이 빨리 돌아가 왕이 되었으면 하는 안종 욱의 희망이 담겨있는 지명이다. 이 지역의 지방세력들도 이들을 도와 주는 한편 성황당의 제사를 주관하면서 대량원군[현종]이 왕이 되기를 빌어주었다. 이 대가로 사수현의 지방세력 즉 土姓 중 일부는 현종 즉위 이후 중앙정계에 진출하여 출세가도를 달렸다.

현종의 왕위 즉위는 순탄치 않았다. 목종 즉위 후 김치양과 천추태후(헌애왕후) 사이에서 아들이 태어나면서 그를 왕위에 앉히려는 책동이 있었던 것이다. 그리하여 천추태후는 대량원군을 강제로 중이 되게 하여 삼각산 신혈사에 거주케 했다. 그리고 몇 차례 그를 죽이려 했으나 여러 스님들의 도움으로 실패하였다. 그러던 중 목종 12년(1009) 천추전이 불타면서 목종이 병들게 되자 목종은 재빨리 채충순·최항 등과 상의하여 신혈사의 대량원군을 모셔오게 했다. 직접 신혈사에 간 인물은 황보유의 등이었다. 이런 차에 목종의 명을 받고 개경으로 오던 西北面都巡檢使 康兆가 몇 번의 시행착오 끝에 정변을 단행하여 대량원군을 왕으로 옹립하고 목종을 살해하였다. 그러나 목종이나 강조가 다 같이 후계자로 생각한 것은 바로 대량원군이 태조의 손자였기 때문이었다. 그리하여 목종이 보낸 황보유의와 강조가 보낸 김응인이 같이 대량원군을 모시고 와 왕위에 옹립하였던 것이다.

현종이 왕위에 즉위하게 된 주된 요인은 그가 태조의 후손이었기 때문이었다. 또 그는 왕위 즉위 전에 주로 사원에 살았으며 승려들의 많은 도움을 받았다. 그리하여 그는 불교 숭배정책을 실시하였고 태조 및 선왕들에 대한 정책적 배려도 잊지 않았다. 燃燈會·八關會를 복설하였으며 부모의 명복을 빌기 위해 玄化寺를 창건하였다. 태조의 능인 顯陵과 선왕을 모신 太廟를 잘 수리하고 배향공신을 정하기도 하였다. 태조나 태조공신의 후예들에게 관직을 수여하기도 하였다. 그는 또한 사수현에서의 어린 시절을 잊지 못하여 사수현을 泗州로 승격시키고 어린 시절 자신을 도와준 사수현의 사람을 포상하기도 하였다. 안종의 능을 개경으로 모셔오는 한편 예전에 사수현의 宮莊에 포함되었던 땅에 대한 보상을 하기도 하였다.

이처럼 현종은 불우한 어린 시절을 보냈지만 한편으로는 사수현에서의 추억도 떨쳐버릴 수 없었다. 성황당에서 빌었던 기도가 통했는지도 알 수 없다. 그리하여 즉위 후 사주에 대하여 여러 가지 정책을 아끼지 않았다. 그 때문에 사천은 '豐沛之地'로 불리게 되었다.

한편 전북 순창에는 그 지역에 있었던 성황당과 성황 신앙의 존재를 추적할 수 있는 중요한 기록이 발견되었다. 그것이 바로 1992년 발견된 「城隍大神事跡」 현판이었다. 이는 사료상 매우 가치가 큰 것이었다. 고려시대와 관련하여 본래의 문서 그대로는 아니지만 吏讀문자가 섞인 공문 일부가 轉載되어 있는 것이다. 성황 신앙에 대해서도 그에 대한 변천사를 볼 수 있도록 시대순으로 기록되어 있다. 그 내용을 보면 성황신으로 부부의 신을 모셨는데 男神은 무신이 아닌 문신을 모시고 있는 것이 순창 지역의 독특한 면이었다. 또 大母山城이 언급되고 있어 성황 신앙의 본래 성격을 암시해 주기도 한다. 순창의 성황 신앙과 현판 제작에 관여한 향리들의 명단도 기록되어 있어 지방사회 내부의 구조와 동태를 파악하는데 중요한 자료로 평가될 수 있다.

고려시대 전북 순창 지역에는 이곳을 본관으로 하는 많은 土姓들이 있었다. 薛·廉·林·趙·邕씨가 그들이다. 이들 토성들은 그 지역의 실질적인 지배세력으로 향리직을 독점하면서 때때로 중앙에 관인을 배출하였다. 순창 설씨의 경우 고종조에 尙書左僕射(정2품)와 刑部尙書(정3품)를 지낸 薛愼, 충렬왕대 僉議中贊(종1품)에 오른 薛公儉 등을 배출하였다. 순창 임씨에서는 충숙왕대에 주로 활약한 林仲沇을 배출하였고 순창 조씨 계열에서는 충혜왕 때 密直副使(종2품)에까지 오른 趙廉과 공양왕 옹립에 큰 공을 세운 趙元吉 등이 출세한 인물이었다. 한편 이들 土姓들은 상호간의 혼인으로 공고한 유대관계를 맺기도 하였다. 순창 설씨의 薛子

카이나 薛宣弼의 부인은 모두 순창 조씨였던 것이다. 또 자신의 조상 중 현달한 인물을 성황신으로 奉祀함으로써 지역민들의 자발적인 복종심을 유발하였다. 순창 설씨인 薛公儉을 성황신으로 追封한 것도 그 같은 이유에서였다. 이들 土姓들은 시대의 흐름에 따라 일부는 쇠잔해가고 다른 성씨가 지배세력으로 보충되기도 했다. 그러나 대부분은 조선시대까지도 재지에서의 실력을 존속시키고 있었다. 「성황대신사적」에도 명종·인조·영조·순조조의 향리 명단에 순창 설씨·조씨·임씨·옹씨 등이 戶長이나 吏房 등이 향리직을 차지하고 있는 것에서 알 수 있다.

순창의 성황 신앙을 보면 원래 大母山의 女山神을 숭배하다 여기에 성이 쌓여지면서 자연스럽게 이 산신이 성황신으로 전환되었다. 성황 신앙은 본래 성과 불가분의 관계에 있는 것이기 때문이다. 즉 고종 원년 築城과 함께 城隍祠가 대모산에 건립되면서 보통 사람과 다른 능력을 가졌고 3인의 아들을 과거에 급제시킨 薛愼의 어머니 趙氏 夫人이 성황신에 봉해졌다. 자연신에서 인격신으로 변모한 것이었다. 그러나 고려말·조선초 성리학의 전래와 남성 중심 사상의 확대로 문관으로 최고 관직에 오른 薛公儉이 함께 숭배되었다. 그러자 할머니와 손자가 부부신으로 탄생한 모순이 되어 잘못하면 근친결혼의 혐의가 있을 수 있었다. 그리하여 나중에 이곳의 군수를 지낸 사람의 성을 따 女神을 梁氏 夫人으로 부회한 것이었다. 이로써 薛公儉과 梁氏 夫人의 夫婦神이 탄생하게 되었던 것이다.

지금까지 살펴본 바와 같이 고려는 정부 차원에서 토속신앙에 대해 많은 관심과 배려를 아끼지 않았다. 사당을 건립하여 그들 신에게 제사를 하는가 하면 때로 爵號나 勳號를 가하기도 하였다. 왕실과 직접적인 관련이 있는 지방의 신사도 있었다. 惠宗祠나 경남 사천의 城隍堂이 그것이다. 또 이들 신사를 관리하고 제사하는 巫覡들을 우대하여 기우제를 지내거나 왕족들의 병을 치료하는 데 이용하기도 하였다. 그러나 그 부작용으로 왕실의 정쟁에 무격들이 개입하여 혼란을 초래하기도 하였다.

이러한 상황 속에서 지방에도 토속신앙과 관련된 많은 神祠가 건립되었다. 그런데 지방의 실력자인 향리들은 이들 신사에 대한 실질적인 권한을 행사하여 자신의 지역민들을 장악하려 하였다. 심지어는 자신들의 조상을 산신이나 성황신으로 추봉하기도 하였고 이들 신사를 관리하는 무격들에게 경제적인 도움을 주기도 하였다. 그러자 고려말 조선초에 오면 이들 토속신앙을 淫祀라 배척하는 한편 지방의 신사에 대한 제사권을 다시 중앙에서 장악하려 하였다. 중앙에서 파견한 지방관들에게 제사권을 부여하였던 것이다.

그런 측면에서 볼 때 고려의 토속신앙은 단순한 사상이나 신앙의 차원을 넘어 각 계층이나 세력간의 역학 관계 속에서 존재하였다. 즉 國家 - 地方勢力 - 民이라는 역학 관계 속에서 통치의 한 수단이었던 것이다. 예나 지금이나 인간의 정신이나 심리를 누가 장악하느냐 하는 과제를 안고 있었던 것이다. 현재의 투표권과 같은 존재였다고도 볼 수 있다.

때문에 이들 토속신앙은 유교 세력의 배척에도 불구하고 조선을 거쳐 지금까지도 존속하고 있는 것이다. 토속신앙은 때로 외래종교인 불교, 유교, 도교 등을 수용하기도 하고 융합하기도 하면서 우리 민족의 전통적이고 고유한 自主精神으로 자리잡았다. 따라서 우리의 土俗信仰은 단순한 迷信이 아니라 우리 안에 내재해 있는 끈질긴 生命力임을 알아야 할 것이다.

참고문헌

1. 자료

『高麗史』

『高麗史節要』

『高麗圖經』

『三國史記』

『三國遺事』

『新增東國輿地勝覽』

『世宗實錄地理志』

『韓國金石全文』

『韓國金石文追補』

『東國李相國集』

『錦城日記』

『文獻通考』

『增補文獻備考』

『禮記』

『宋史』

『明史』

『北史』

『後漢書』

『三國志』

『朝鮮王朝實錄』

『三峰集』

『朝鮮金石總覽』

『說文解字』

『辭源』
『圃隱文集』
『牧隱文藁』
『圓鑑國師集』
『牧民心鑑』
『牧民心書』
『五洲衍文長箋散稿』
『補閑集』
『舊唐書』
『北齊書』
『星湖僿說』
『臨瀛誌』
『訥齋集』
『帝王韻紀』
『續東文選』
『求禮續誌』
『漂海錄』
『大東地志』
『慶尙道地理志』
『東國文獻備考』
『求禮邑誌』
『순창설씨족보』
『두산백과사전』
『한국민족문화대백과사전』

2. 저서

李基白·李基東, 『韓國史講座(古代篇)』, 一潮閣, 1982.
고려대학교 한국사연구소 편, 『한국사』, 새문사, 2014.
金甲童, 『羅末麗初의 豪族과 社會變動 研究』, 高麗大學校民族文化研究所, 1990.
김갑동, 『고려의 후삼국 통일과 후백제』, 서경문화사, 2010.
김갑동, 『고려시대사개론』, 혜안, 2013.
金基德, 『高麗時代 封爵制 研究』, 청년사, 1998.
김철웅, 『한국 중세의 吉禮와 雜祀』, 景仁文化社, 2007.

316

金曉呑 譯註,『高麗史 佛教關係史料集(譯註 篇)』, 民族社, 2001.

金三龍,『韓國彌勒信仰의 研究』, 同和出版社, 1983.

金成俊,『牧民心鑑 研究』, 高大民族文化研究所, 1990.

金泰坤,『韓國民間信仰研究』, 集文堂, 1983.

국사편찬위원회,『한국사』16, 탐구당, 2003.

박용운,『고려시대사(상)』, 일지사, 1985.

박용운,『고려시대사』, 일지사, 2008.

박종기,『고려시대 부곡제연구』, 서울대출판부, 1990.

박종기,『5백년 고려사』, 푸른역사, 1999.

변동명,『한국중세의 지역사회연구』, 학연문화사, 2002.

변동명,『한국 전통시기의 산신·성황신과 지역사회』, 전남대학교출판부, 2013.

社會科學院古典研究室,『北譯 高麗史』9, 신서원, 1991.

邊太燮 등,『韓國史通論』, 三英社, 2006.

安秉佑,『高麗前期의 財政構造』, 서울대학교출판부, 2002.

안지원,『고려의 국가불교의례와 문화』, 서울대학교출판부, 2005.

유동식,『한국무교의 역사와 구조』, 연세대학교출판부, 1975.

윤이흠 등,『고려시대의 종교문화』, 서울대출판부, 2002.

李勛相,『朝鮮後期의 鄕吏』, 一潮閣, 1990.

이기백,『고려병제사연구』, 일조각, 1968.

李基白,『新羅政治社會史研究』, 一潮閣, 1974.

이기백,『한국사신론』, 일조각, 1999.

李能和,『朝鮮佛教通史(下)』, 新文館, 1918.

李能和,『朝鮮巫俗考』, 啓明具樂部, 1927.

이능화 지음, 서영대 역주,『朝鮮巫俗考』, 창비, 2008.

李樹健,『韓國中世社會史研究』, 一潮閣, 1984.

이병희,『뿌리깊은 한국사 샘이 깊은 이야기(고려편)』, 가람기획, 2014.

이정란,『주제로 보는 한국사(고려편)』, 고즈윈, 2005.

李貞信,『高麗 武臣政權期 農民 賤民抗爭研究』, 高麗大民族文化研究所, 1991.

이필영,『마을신앙의 사회사』, 웅진출판사, 1994.

李熙德,『高麗儒教政治思想의 研究』, 一潮閣, 1984.

王小盾,『原始信仰和中國古神』, 上海古籍出版社, 1989.

全北鄉土文化研究會,『淳昌郡文化遺蹟地表調査報告書』, 1989.

조용호,『동방』, 성산문화사, 1989.

최광식,『고대한국의 국가와 제사』, 한길사, 1994.

한국역사연구회 편, 『譯註 羅末麗初金石文(上·下)』, 혜안, 1996.

한국종교사연구회 편, 『성황당과 성황제』, 민속원, 1998.

한영우, 『다시찾는 우리역사』, 경세원, 2004.

허흥식, 『한국 신령의 고향을 찾아서』, 집문당, 2006.

弘法院編輯部, 『佛敎學大辭典』, 弘法院, 1988.

3. 논문

姜英卿, 「新羅 산신 신앙의 機能과 意義」 『淑大史論』 16·17合輯, 1992.

강영경, 「한국 고대사회에서의 龍의 의미」 『용, 그 신화와 문화(한국 편)』, 민속원, 2002.

강은경, 「고려시대 지방사회의 祭儀와 공동체 의식」 『한국사상사학』 21, 2003.

강은경, 「고려시대 祀典의 제정과 운용」 『한국사연구』 126, 2004.

金甲童, 「高麗時代의 성황 신앙과 地方統治」 『韓國史硏究』 74, 1991.

金甲童, 「錦城日記」 『錦湖文化』 89, 1992.

金甲童, 「高麗時代의 山嶽信仰」 『韓國宗敎思想의 再照明』, 圓光大學校出版局, 1993.

金甲童, 「高麗 顯宗代의 地方制度 改革」 『韓國學報』 80, 1995.

김갑동, 「고려시대의 戶長」 『韓國史學報』 5, 1998.

김갑동, 「高麗時代 羅州의 地方勢力과 그 動向」 『한국중세사 연구』 11, 2001.

金甲童, 「羅末麗初의 沔川과 卜智謙」 『韓國中世社會의 諸問題』, 2001.

김갑동, 「나말려초 천안부의 성립과 그 동향」 『한국사연구』 117, 2002.

김갑동, 「후백제의 멸망과 견훤」 『한국사학보』 12, 2002.

김갑동, 「왕건의 '훈요 10조' 재해석」 『역사비평』 60, 2002.

김갑동, 「고려시대 남원과 지리산 성모천왕」 『역사민속학』 16, 2003.

김갑동, 「고려 태조 초기의 중앙 관부와 지배세력」 『고려전기 정치사』, 일지사, 2005.

김갑동, 「고려 현종과 사천지역」 『한국중세사연구』 20, 2006.

金南奎, 「高麗 兩界의 都領에 대하여」 『慶南大學論文集』 4, 1977.

김성준, 「10훈요와 고려의 정치사상」 『한국중세정치법제사연구』, 일조각, 1985.

金成俊, 「朝鮮守令七事와 『牧民心鑑』」 『民族文化硏究』 21, 1988.

김아네스, 「고려시대 산신 숭배와 지리산」 『歷史學硏究』 33, 2008.

김아네스, 「고려시대 개경 일대 名山大川과 국가 제장」 『역사와 경계』 82, 2012.

김일권, 「고려시대 국가 제천의례의 다원성 연구」 『고려시대의 종교문화』, 서울대출판부, 2002.

김철웅, 「고려시대의 山川祭」『한국중세사연구』 11, 2001.

金澈雄, 「高麗時代「雜祀」研究 – 醮祀, 山川·城隍祭祀를 중심으로 – 」, 高麗大學校博士學位論文, 2001.

김철웅, 「고려 국가 제사의 체제와 그 특징」『한국사연구』 118, 2002.

金泰永, 「朝鮮初期 祀典의 成立에 對하여」『歷史學報』 58, 1973.

김포광, 「片雲塔과 후백제의 연호」『불교』 49, 1928.

南豊鉉, 「淳昌城隍堂 懸板에 대하여」『古文書研究』 7, 1995.

武田幸男, 「高麗·李朝時代의 屬縣」『史學雜志』, 1963.

文秀鎭, 「高麗建國期의 羅州勢力」『成大史林』 9, 1987.

朴漢卨, 「羅州道行臺考」『江原史學』, 1985.

박호원, 「高麗 巫俗信仰의 展開와 그 內容」『민속학연구』 창간호, 1994.

박호원, 「高麗의 산신 신앙」『민속학연구』 2, 1995.

박성규, 「李奎報 年譜研究」『韓國漢文學研究』 34, 2004.

변동명, 「고려시대 나주 금성산신앙」『전남사학』 16, 2001.

변동명, 「고려후기의 錦城山神과 無等山神」『남도문화연구』 7, 2001.

변동명, 「고려시대 순천의 산신·성황신」『역사학보』 174, 2002.

변동명, 「신숭겸의 곡성 城隍神 推仰과 德陽祠 配享」『한국사연구』 126, 2004.

서영대, 「東濊社會의 虎神崇拜에 대하여」『역사민속학』 2, 1992.

徐珍敎, 「高麗 太祖의 禪僧包攝과 住持派遣」『高麗 太祖의 國家經營』, 서울대출판부, 1996.

徐閏吉, 「九曜信仰과 그 思想源流」『高麗密敎思想史研究』, 불광출판부, 1993.

辛鍾遠, 「新羅 祀典의 成立과 意義」『新羅初期佛敎史研究』, 民族社, 1992.

심재명, 「고려태조와 4無畏大士」『고려태조의 국가경영』, 서울대출판부, 1996.

孫晋泰, 「朝鮮 古代 山神의 性에 就하여」『震檀學報』 1, 1934.

孫晋泰, 「朝鮮의 累石壇과 蒙古의 鄂博에 就하여」『朝鮮民族文化의 研究』, 乙酉文化社, 1948.

안지원, 「고려시대 국가 불교의례 연구」, 서울대 박사학위논문, 1999.

楊萬鼎, 「淳昌城隍大神事蹟 懸板의 發見과 그 考察」『玉川文化』 1, 1993.

梁銀容, 「高麗道敎의 爭事色考」『韓國宗敎』 7, 1982.

楊正旭, 「高麗朝 巨星, 薛公儉의 功德」『玉川文化』 1집, 1993.

柳洪烈, 「조선의 산토신 숭배에 대한 소고」『신흥』 9, 1937.

윤경진, 「고려 군현제의 구조와 운영」, 서울대학교 박사학위논문, 2000.

尹龍爀, 「蒙古의 2차侵寇와 處仁城勝捷 – 특히 廣州民과 處仁部曲民의 抗戰에 주목하여 – 」『韓國史研究』 29, 1980.

이기백, 「고려 광군고」 『역사학보』 27, 1965.

李基白, 「新羅 五嶽의 成立과 그 意義」 『震檀學報』, 1973.

李丙燾, 「仁宗朝의 妙淸의 西京遷都運動과 그 叛亂」 『高麗時代의 硏究』, 亞細亞文化社, 1980.

이재범, 「崔氏政權의 성립과 山川裨補都監」 『成大史林』 5, 1989.

이종봉, 「羅末麗初 梁州의 動向과 金忍訓」 『지역과 역사』 13, 부경역사연구소, 2003.

李熙德, 「高麗時代 祈雨行事에 대하여」 『東洋學』 11, 1981.

이해준, 「구례 南岳祠의 유래와 변천」 『남악사지지표조사보고』, 목포대학교박물관, 1992.

鄭勝謨, 「城隍祠의 民間化와 鄕村社會의 變動」 『泰東古典硏究』 7, 1991.

정용숙, 「왕실족내혼의 강화와 변질」 『고려왕실족내혼연구』, 새문사, 1988.

鄭淸柱, 「甄萱과 豪族勢力」 『후백제 견훤정권과 전주』, 주류성, 2001.

田川孝三, 「錦城日記에 대하여」 『朝鮮學報』 53, 1969.

趙仁成, 「高麗 兩界 州鎭의 防戍軍과 州鎭軍」 『高麗光宗硏究』, 一潮閣, 1981.

趙芝薰, 「累石壇 神樹 堂집 信仰 硏究」 『高麗大學校 文理論集(文學部篇)』 7, 1963.

崔南善, 「不咸文化論」 『六堂崔南善全集』 2, 玄岩社, 1973.

崔光植, 「新羅의 神宮設置에 대한 新考察」 『韓國史硏究』 43, 1983.

崔光植, 「韓國 古代의 祭天儀禮」 『國史館論叢』 13, 1990.

韓基汶, 「高麗太祖時의 寺院創建」 『高麗寺院의 構造와 機能』, 民族社, 1998.

韓基汶, 「寺院의 創建과 重創」 『高麗寺院의 構造와 機能』, 民族社, 1998.

허흥식, 「『고려사』지리지에 실린 名所와 山川壇廟와의 관계」 『한국사연구』 117, 2002.

허흥식, 「개경 山川壇廟의 신령과 팔선궁」 『민족문화론총』 27, 2003.

홍승기, 「고려초기 정치와 풍수지리」 『고려태조의 국가경영』, 서울대출판부, 1996.

洪淳昶, 「神話傳說에 나타난 固有思想」 『韓國民族思想史大系(古代篇)』 2, 螢雪出版社, 1973.

洪淳昶, 「新羅 三山 五嶽에 대하여」 『新羅民俗의 新硏究』, 書景文化社, 1991.

320

Abstract

Folk religion in Goryeo(高麗) Dynasty

Kim Gap-Dong

During Goryeo(高麗) period plenty of beliefs was prevalent all over the country, so was folk beliefs. Mountain spirit(山神) veneration, prosperity spirit worship and shamanism were one of those. For the ancient people heaven was the most sacred place, because of their belief that their life depends on its dynamics. However the mountain was the centripetal body around which heaven and human beings could meditate, thus worship and faith in the mountain spirit began. Nonetheless the ancients did not worship the mountain itself. Mountains as heaven, were appraised as Ishvara (supreme soul), that is, the object of the adoration was not a mountain itself but its spirit. This kind of veneration was favored not only by Koreans but also in China. Chinese emperor and feudal lords did perform official sacrifice rites to the mountain spirits in their areas. However, the mountain faith of Korea was not established under the influence of China, but it was born on its own. Consequently in Augmented Survey of the Geography of Korea(新增東國輿地勝覽) 47 Mountain Shrines were recorded. The representative ones are the Geumseongsan Shrine(錦城山神祠) of Naju(羅州) in South Jeolla Province(全羅南道) and the Jirisan Shrine(地理山神祠) of Namwon(南原) in North Jeolla Province(全羅北道).

This belief in the mountain spirit existed in Korea since the time of the ancient tribe of Dongye(東濊). However in early times the deification of a tiger and a goddess started to form on a national-belief level. Then, around the reunification of the Silla Kingdom(新羅) this mountain spirit faith started to change. Firstly, the goddess was converted into a male god, and secondly it started to appear

---

* 金甲童 (Professor of Daejeon University)

in harmony with foreign ideas such as Buddhism and Taoism. The former was due to the influence of the Chinese idea of paternalism and the role of men in the unification war. The latter was a natural phenomenon formed due to changes in the ideological system. The latter phenomenon was especially strong during the Goryeo period. Therefore the Palseongdang Shrine (八聖堂) was build by Myocheong (妙淸). In the end of Goryeo dynasty, and at the beginning of Joseon dynasty another change in mountain belief has occurred. Consequently prosperity spirit worship blended with privatization phenomenon. The former was related to the function of the god, and the latter was related to the disruption of political discipline in Goryeo. Thus, the ruling power in the early Joseon (朝鮮) period criticized the mountain-spirit ceremonial festival as the demonic worship by the commoners and insisted on performing sacrificial rites. However, these changes could not be prevented and after the late Joseon dynasty, both the prosperity spirit worship and mountain spirit veneration were popularized.

In this way, the mountain spirit, as the object of worship in the state and the private sector, had the function of guardian deity and the power to hold a ritual for rain. It became as essential to human survival as to be able to secure food. Thus, in case of war, the sacrifice was offered to the mountain spirit to press on for victory, and when they won the war, additional sacrifice was offered. Both functions of the god who protects the land and the village as well as its prosperous role started to meld into one. Furthermore the rain calling ceremony was performed during the time of drought, and in a time of excessive downpour during rainy season the ceremony to stop the rain was held. Originally the power overt he rain was bestowed mostly by the heavenly gods (天神), water spirits (水神) and the Sea God (龍神), however this particular ability was also granted to mountain spirits.

Mountain spirit was originally a guardian spirit of the state, thats why the act of its venerating was a national ritual. However, local authority figures tried to seize the substantive authority of the shrines and used it to gain control over the local community. They even went as far to offer financial help to shamans which held the shrine in their care and were performing sacrifices to mountain and prosperity spirits in their name. In some case they went as far as to put their ancestor in the place of a mountain spirit. Through that manner they were able to hold the power over the local community. Because of these tendencies the right to perform sacrificial rites was seized back by central power. Local shrines were forbidden to perform the religious ritual for the mountain spirit, and only the people send from the capital could perform sacrificial rites. In other words, the conflict of interests and management rose over mountain spirit shrines under the power of the state or local authorities.

Another popular belief in Goryeo period was the veneration of SungHwang spirit (城隍神). The SungHwang spirit was originally a name attached to a facility constructed to defend the country or a district. However, the ancients with their non-scientific way of thinking thought of SungHwang spirit as a spirit. Thus, the spirit of SungHwang spirit bestowed the guardian spirit's ability to protect the country or a district. This belief came to Korea from ancient China, through the universalization in Tang (唐) and Song (宋) dynasties to became almost a state belief in Ming (明) dynasty. In Korea, it was widely prevalent in the middle and late Goryeo period, with the concept similar to China's faith. This assumption can also be seen in the fact that the SungHwang spirit worshipers were mostly the brave soldiers who fought in battles or those who strived for the defense of the city. Therefore, people of Goryeo held the sacrificial rites to prosperity spirit not only when they went to war, but also when they won the war. On the other hand, obvious at it might seem the SungHwang spirit were considered to reside near the fortress, which later were called SungHwang spirit shrine (mountain) stone fortress. The beacon fire stations also acquired that name.

The idea of the mountain spirit warship was anchored in people beliefs since the early times. People believed that in high mountains the mountain spirit, the force that mediates between the human world and the spiritual realm exists. In other words, this mountain spirit was supposed to protect the locals in the name of heaven. Accordingly this aspect of belief did also exist in the SungHwang spirit worship. However both beliefs could be clearly distinguished. While the invisible connection between the SungHwang spirit belief and the fortress could be observed, in case of mountain spirit belief the same relation could not be noted. Nonetheless as Korea is a country of thousands of mountain fortresses this aspect of both beliefs have been gradually melded. Therefore, it the SungHwang spirit belief did not originate out of indigenous to Korea mountain spirit worship, both Seonang (local god) and Sanwang (mountain king) altogether with Seonghwang (prosperity) are pronounced wrongly.

The SungHwang spirit belief came from China in early Goryeo period, and slowly spread throughout the country in middle ages. Its spread developed rapidly through the ruling of Injong (仁宗) of Goryeo and Uijong (毅宗) of Goryeo. The weak-willed mind and the victim mentality of both rulers could also help its amplification. During Yuan (元) intervention period theSungHwang spirit belief gradually became privatized and stood in conflict with the aristocratization and depravity of Buddhism. After the founding of Joseon, under the influence of Ming (明) dynasty the SungHwang spirit belief became a national festival, but still it was reproached by confucian rationalists who believed it was a surreptitious demonic worship. Then, after the middle period of Joseon the SungHwang spirit faith undergone a change that settled it as a peoples' faith rather than the one under a national control.

In the early days of Goryeo, the SungHwang spirit shrines of each province was erected by local gentry, not by the state. SungHwang spirit shrine (城隍祠) of Sunchang (順昌) in South Jeolla Province and SungHwang spirit shrine (城隍祠) of Sacheon (泗川) in South Gyeongsang Province (慶尙南道) were one of those. The local gentry there wanted their ancestors to became the connected to those shrines and through that SungHwang spirit to strengthen their power over the area. In other words, by emphasizing the sacredness of their household they wanted to force the local people to obey. Hence, in the middle of Goryeo period, few local gentry tried to use the shrines to rise the rebellion against the state. That was the reason why the shrines and full control over them fell under the control of the central power. In other words, the government by taking control of people beliefs was able to effectively govern local lands. This tendency was further strengthened in the early Joseon period. Only the controller dispatched by the state was able to supervise the SungHwang festival which forbid people to mindlessly follow the sacrificial rites. On the other hand, the national interest in the prosperity faith might also have come from the government officials behavior when they

324

occasionally used shrines as a places to give Jakho (爵號) and Hunho (勳號) sobriquets. Nonetheless, SungHwang spirit shrines were often dominated by local gentry. This might have also be an effect of frequent changes among government officials. Thus, after the late Joseon dynasty, when SungHwang spirit spirit belief became privatized it became customary that the chief of the shrine known as Hojang took control over the practice.

The sky which covers the earth like a veil, is infinite, immovable and awe-inspiring. In a time long ago, it was considered much more. It was a sensation, and by its very essence it emanated power. So from this overwhelming sensation of sky, the ancients made the heavenly value their model of order and the highest deity. Cheonsin (天神), the "God of Heaven", is believed to have descended from the high mountain and became the Sansin (山神), the "God of the Mountains". In connection with farming Jisin (地神), the "God of Earth", Yongsin (龍神), the "God of Sea" and others were created. In order to worship dead ancestors the faith in Josangsin (祖上神), the "Ancestor Spirit God" had begun.

The "mu" (巫覡) are not self-ordained priests, but they come as media, intermediaries between the highest forms of being and humans. At the beginning mu as priests (司祭) were also acting as a political rulers, however gradually the veneration for the dead (ancestral rites) and politics were separated and indigenous domain of professionals started to form. To became a new shaman-priest a person must have go (should have gone) through a process called Sinbyeong (神病), "self-loss" (shamanistic illness), which is the state of being possessed by a god that had chosen mu. It is said to be accompanied by physical pain and psychosis. Through singing and dancing (歌舞) the mu begs the gods to intervene in the fortunes of men. The shaman wears a very colourful costume and usually speaks ecstatically. During a rite, a shaman changes his or hers costume several times. In ancient times in Korea there was a custom of drinking alcohol (飲酒歌舞) during the festivals and ancestor worship formalities. While performing in ecstasy the mu were able to connect with their a guardian spirit (神靈) and united they were able to provide fortune telling for the nation or for an individual and they were simultaneously able to fulfil their function as the "controllers" of political situation. All of this is a picture of beliefs concerning mu.

Shamanistic beliefs during the Goryeo period have their roots in ancient times. The first official record of mu beliefs can be found during the reign of Myeongjong of Goryeo (明宗), however it is said that mu's faith existed since the beginning of the rule of king Taejo of Goryeo (太祖). The natural succession occured through the rituals like for example Palgwanhoe (八關會). The rituals of singing and dancing during rainy days (祈雨) became common. The most prosperous era of the former Goryeo period was during the reign of Injong of Goryeo (仁宗). The treason of Lee Jakyum (李資謙) and Myocheong (妙淸) left the Korean society confused and with a wish for a change. Of course, shamans partially criticized those events, but their influence was not strong enough.

In 1170(24th year of Uijong of Goryeo (毅宗) reign's) with the beginning of military regime, the life of warriors and high-handed subjects were impoverished and shamanism was able to increase its prevalence. Mudang (무당) continued providing their rain rituals. At that time even though at that time Buddhism and Taoism were prevailing in Korea and they have been absorbed into mu's faith. Mudang adopted the belief in Děshětiān (帝釋天) from Buddhism, and Chilwonguyo (七元九曜) from Taoism. After Korea fell under Yuan's rule the mu's faith reached its zenith since the Yuan dynasty had an inclination towards shamanism. To prevent a curse being laid upon the royal family, the mu were taking the most profound measures. Mudang started adjusting high offices to be occupied by theirs relatives (nepotism in high offices), to the extent that some Confucian scholars began ostracising the shamanism. Kings and warriors started driving Mudang out of the capital city, leading to a situation in which only the fundamental shamanism was not prohibited.

Subjects of Goryeo used to say that the harmful effect of shamanism started increasing during Gongmin of Goryeo's reign. Mudang adopted the belief in Trāyastriṃśa (忉利天) all the more deluding the subjects, and the one called Yikym (伊金) proclaimed himself Maitreya (彌勒菩薩) thereby accepting a worship from other Mudang. The newly emerged Confucian scholars, by rising their Saryu (士類) supported by Buddhists began strongly ostracising this new process. Public servants such as Minjae (閔霽), who raised their heads in order to attack Buddhist Monks and Mudang with pictures and calumny started to even draw eviction notices on the shrines' walls. Politicians like Jeong Dojeon (鄭道傳) and Kim Jasu (金子粹) severely criticised Buddhism and shamanism. Even deeper was the effect of the Gwajeon Law (科田法). Mudang were prohibited from getting the gwajeon (land). Kim Cho (金貂) wanted all shamans removed from Seoul, and those who performed a gratuity Eumsa rites (淫祀) executed and given no burial.

Shamans roles, tasks and functions varied widely. Firstly they supervised shrines (神祀) like Sansinsa (山神祠) and Songhwangsa (城隍祠) and oversaw the ancestral rites. As media, intermediaries of the highest forms of being mu were standing in-between spirits and humans. Those who visited a shrine could have their fortune told. Occasionally or sometimes regularly, shamans were overseeing ancestral rites. Therefore through granting individual requests shamans were able to receive protection from the officials or government. When there was no rain, or a drought, shamans would perform the sacrificial rain dance ceremony. By eager prayers, using their powers as a medium mu were supposed to affect the heavenly gods and cause rainfall. The mu were supposed to possess powers which allowed them to see into the future, bad or good, wishing one for individuals or the whole country. They were supposed to prevent a course, a false accusation or even a political strife, which were extremely common during Yuan Intervention Period. Accordingly, when queens or men of power were fighting in their groups mu were supposed to intervene. When Korea was under Yuan rule, the authority of a sovereign was weakened and the country's autonomy badly damaged, shamans were treating sicknesses. More than a traditional treatment, the mu provide healing on physical, psychological and spiritual level.

What set shamans apart from other healers and priests is their ability to move at will into trance states. During a trance, the shaman's soul leaves his body and travelled to other realms, where helpful spirits guide him in his work. To get to this state of ecstasy they need to sing, dance, and utterances. Using it to their advantage they prepared events for the royal family and aristocracy as a form of entertainment. Shaman's role and function is to communicate with gods and spirits without boundaries—that was the main idea of Korean shamanism during Goryeo period.

Korean folk religion in Goryeo has been treated lightly by the government compared with their attitude toward other religions. After the shrine was erected government officials occasionally used it as a place to give Jakho (爵號) and Hunho (勳號) sobriquets and not only for its original usage to hold a sacrifice service for one's god. Provinces directly involved with the royal family had their own shrines. Hyejong (惠宗) shrine and situated in Sacheon (泗川), South Gyeongsang Province (慶尙南道) SungHwang-dang (城隍堂) are the example of that. The government officials however did use the help of the shamans which took care of the shrine and were performing sacrificial rites, when holding a ritual for rain or to treat the sickness of the member of the royal family. The side effect of this practice appeared when shamans involved themselves in royal family conflicts, which led to chaos.

Under the circumstances shrines related with folk religions were constructed in provinces. However local authority figures tried to seize the substantive authority of the shrines and used it to gain control over the local community. They even went as far to offer financial help to shamans which held the shrine in their care and were performing sacrifices to mountain and prosperity spirits in their name. Upon that, at the end of Goryeo and at the beginning of Joseon (朝鮮) period when the exclusion of shamanism started taking place due to a belief that they worship not gods, but demons the right to perform sacrificial rites was seized back by central power. Only the people send from the capital could perform sacrificial rites.

Folk beliefs when viewed from the side that is beyond the level of simple ideas and beliefs were in existence at the dynamics between social class and strengths. In other words, the dynamics between nation, local influence and people could be measured in its governance means. In all ages the one who dominates human spirituality and mentality has a task in hand. In present time the same situation can be observed in the existence of the right to vote. The folk religions were disregarded and rejected by Confucian influence and because of that they lasted throughout Joseon (朝鮮) until today. Folk beliefs at times blend with other religions such as Buddhism, Taoism and Confucianism and in the process create the distinct, traditional spirit of independence in hearts of people. Therefore Goryeo's folk beliefs were not just a simple.

찾아보기

329

지은이 | 김 갑 동

대전광역시 출생. 대전고·공주사범대학 역사교육과 졸업
고려대학교 대학원 사학과 석사·박사과정 졸업(문학박사)
원광대학교 국사교육과 부교수, 대전대학교 박물관장·인문예술대학 학장, 호서사학회·한국중세사
학회 회장, 교육부 역사교육심의위원, 중학교 및 고등학교 한국사 교과서 검정위원, 전국수학능력시
험·중등교사 임용시험 출제위원 역임
현 대전대학교 역사문화학과 교수

중요 저서

『나말려초의 호족과 사회변동 연구』(고려대 민족문화연구소, 1990), 『주제별로 본 한국역사』(서경문
화사, 1998), 『태조 왕건』(일빛, 2000), 『옛사람 72인에게 지혜를 구하다』(푸른 역사, 2003), 『고려
전기 정치사』(일지사, 2005), 『중국산책』(서경문화사, 2005), 『라이벌 한국사』(애플북스, 2007), 『고려
의 후삼국 통일과 후백제』(서경문화사, 2010), 『충청의 얼을 찾아서』(서경문화사, 2012), 『고려시대사
개론』(혜안, 2013)

고려의 토속신앙

김 갑 동 지음

초판 1쇄 발행 2017년 3월 30일

펴낸이 오일주
펴낸곳 도서출판 혜안

등록번호 제22-471호
등록일자 1993년 7월 30일

주 소 ⑳04052 서울시 마포구 와우산로 35길 3(서교동) 102호
전 화 3141-3711~2
팩 스 3141-3710
이메일 hyeanpub@hanmail.net

ISBN 978-89-8494-576-0 93380

값 27,000 원